생명의 강

RIVERS FOR LIFE
Copyright ⓒ 2003 Sandra Postel and Brian Richter
Published by arrangement with Island Press
All rights reserved.

Korean translation copyrightⓒ2009 by Puriwa Ipari Publishing Co.
Korean translation rights arrangement with Island Press through EYA(Eric Yang Agency).

이 책의 한국어판 저작권은 EYA(Eric Yang Agency)를 통해 Island Press 사와
맺은 독점계약에 따라 뿌리와이파리가 갖습니다. 저작권법에 의하여 한국 내에서 보호를 받는
저작물이므로 무단전재와 복제를 금합니다.

생명의 강

인간과 자연을 위한
21세기 강살리기의 새로운 패러다임

샌드라 포스텔·브라이언 릭터 지음
최동진 옮김

뿌리와
이파리

우리만큼이나 강을 사랑하고 우리의 열정을 무한히 북돋아주는
에이미와 헨리, 마서에게 바칩니다.

차례 감사의 말씀 ·· 9

01 강들은 모두 어디로 사라졌을까 ············ 13
인간에게 건강한 강이 필요한 까닭 ············ 21
자연스러운 하천의 흐름이 무너지면 ············ 33
위기에 몰린 담수생물 ····························· 47
인간과 생태계 물수요의 균형점이라는 새로운 관점 ···· 60

02 강에는 얼마만큼의 물이 필요한가 ········ 69
하천관리의 새로운 패러다임 ····················· 75
생태계의 건강을 지키기 위한 유황 권고안 ········ 84
생태학적 목표를 설정한다 ························ 95
실천을 통해서 배운다 ····························· 99
하천의 자연 유황을 복원한다 ···················· 104
저수위의 복원   105
고수위의 복원   108
홍수의 복원   112
콜로라도 파이크미노의 교훈 ···················· 115

03 정책결정의 도구상자 ························ 121
생태계를 유지하기 위한 물의 배분 ·············· 125
남아프리카공화국의 물 '필수유보' ·············· 130
호주의 대대적인 물정책 개혁과 '취수상한제' ···· 135
생태계의 건강이라는 관점 자체가 없는
미국의 물정책 ····································· 142
연방정부의 정책들   145
주정부가 가진 강력한 도구들   156
연방과 주의 협력   167

하천의 흐름을 확보하기 위한 경제적인 수단 ············ 169
하천정책의 윤리 ·· 176

04 하천복원의 사례 ·· 181
미주리 강은 되살아날 수 있을까 ························· 186
호주 브리즈번 강의 유량복원 ······························ 200
지하수 취수와 산페드로 강의 미래 ······················ 208
열대의 에스피리투산토 강, 새우를 보호하라! ········ 219
그린 강, 댐의 영향을 어떻게 줄일 것인가 ············· 225
남아프리카공화국 사비 강의 물배분 ····················· 233

05 더 바람직한 하천 거버넌스를 위한 기본원칙 ··· 245
생태계 서비스의 가치를 평가하자 ······················· 250
세계댐위원회가 주는 교훈 ·································· 261
풀뿌리 거버넌스의 시도 ······································ 268
기존의 틀을 벗어나서 활동하는 하천유역위원회 ···· 273
새로운 리더십의 반짝임 ······································ 286

06 맺는글: 우리는 지구의 강들을 구할 수 있을까? ······ 291

옮긴이 후기 ·· 303
미주 ·· 310
참고문헌 ··· 334

감사의 말씀

2000년 5월, 웅장한 로키 산맥이 굽어보는 콜로라도 주 키스톤에서 북미수저생물협회 연례회의가 개최되었다. 그 회의석상에서 이 책은 처음으로 싹을 틔웠다. 우리 두 사람은 개막식에서 기조연설을 하기로 되어 있었다. 서로의 연구 활동에 대해서는 익히 알고 있었어도, 얼굴을 마주한 것은 그날이 처음이었다. 그날 오전에 일어난 일은 그만큼 더 큰 충격이었다. 우리가 각자 했던 강연내용은 청중들이 사전조율이 있었다고 생각할 만큼 엇비슷했다. 우리는 점심식사를 하면서, 물관리 문제들과 관련하여 서로 협력을 한다면 시너지 효과를 낼 수 있으리라는 결론에 도달했다. 그로부터 일 년 뒤, 시너지 효과를 올릴 수 있는 협력관계를 바탕으로 이 책을 집필하자는 착상이 탄생했다.

먼저『생명의 강』의 연구와 집필에 필요한 시간과 에너지를 투자할 수 있도록 우리에게 재정적인 지원을 아끼지 않은 자연보전협회에 깊이 감사드린다. 이 책이 지구의 담수 생물다양성과 생태계를 보전하기 위해서 자연보전협회가 진행하고 있는 중요한 활동을 더욱 향상시킬 수 있기를 바란다. 그러나 이 책의 내용은 온전히 우리의 것이며, 자연보전협회의 직원, 임원 혹은 이사진이 동의한 것은 아님을 분명히 밝혀둔다.

고마움을 전해야 할 분들이 너무나 많다. 가장 먼저 이 책의 도표를 맡아 그려준 니콜 루스마니어에게 감사드린다. 니콜은 독창성과 유능한 재능을 발휘하여, 우리가 내놓은 단조로운 도표와 그래프를 산뜻하고 흡인력 있는 모습으로 바꾸어주었다. 이 책을 위해서 흔쾌히 시간과 재능을 제공해준 니콜에게 깊은 감사의 말을 전한다. 카렌 샌더스는 우리의 연구에 대한 지원을 아끼지 않고 이 책의 내용을 뒷받침해주었다. 카렌이 자연보전협회를 위해서 수집한 '유량복원 데이터베이스' 역시 우리에게 대단히 큰 도움이 되었다.

앤절라 아싱턴, 재키 킹, 케빈 로저스에게 감사드린다. 이들은 우리와 함께 호주의 브리즈번, 미국 콜로라도 주의 포트콜린스, 남아프리카공화국의 케이프타운 등에서 여행을 하거나 회의를 하거나 이메일을 주고받으면서, 하천관리에 관한 깊이 있는 통찰력을 제공해준 사람들이다. 이들은 이 분야의 선도적인 연구자들이다. 호주와 아프리카 대륙에서 새로운 길을 개척하는 이들의 연구활동은 이 책에 수많은 착상을 공급해주었다.

이 책의 초고를 검토해준 수많은 동료들과 전문가들에게 그지없는 감사를 드린다. 미셸 레슬리와 에이미 비커스는 전 세계적인 범위로 확산되고 있는 하천 보전노력의 현황에 대한 설명, 그리고 마지막 장과 몇 개의 중요한 도표를 추가할 필요가 있다는 소중한 제안을 해주었다. 많은 사람들이 바쁜 일정을 쪼개어 우리의 원고 전체 혹은 일부를 검토하고 유익한 자료와 정보를 보내주었다. 앤절라 아싱턴, 크리스틴 서루나, 데이비드 갈라트, 데이비드 해리슨, 존 호킨스, 마서 호지킨스, 재키 킹, 미셸 레슬리, 루스 매튜, 패트릭 맥컬리, 앤 밀스, 로버트 무스, 샘 페어셀, 르로이 포프, 캐더린 프링글, 캐더린 란셀, 홀리 릭터, 케빈 로저스, 니콜 실크, 샤드 스미스, 클레어 스탈네이커, 레베카 담, 그렉 토머스, 에이미 비커스, 로버트 위징턴, 이 모든 분에게 감사의 뜻을 전하고 싶다.

아일랜드 출판사의 바버라 딘은 처음부터 책의 내용과 구성에 대한 유익한 제안으로 기본적인 집필방식을 안내해주었다. 바버라를 비롯해서 우리의 원고를 완성된 책자로 만들기 위해 열정과 노고를 아끼지 않은 아일랜드 출판사의 모든 이에게 감사드린다.

우리가 『생명의 강』을 집필하는 동안 우리의 가족과 친구, 동료들은 갖은 부담을 짊어지고 우리가 지치지 않도록 버팀목이 되어주었다. 사랑과 지원, 그리고 이해심을 아끼지 않은 수와 랠프 데이비스, 헨리 그린, 마서 호지킨스, 미켈 레슬리, 해럴드와 클라라 포스텔, 월트와 앤 릭터, 니콜 실크, 그리고 에이미 비커스에게 특별히 감사의 뜻을 전하고 싶다.

마지막으로, 지구의 강들을 보호하기 위해서 활동하는 수많은 사람들과 조직들에게 감사와 존경의 마음을 전한다. 일일이 이름을 들 수는 없지만, 수많은 헌신적인 하천보호활동가들이 선도하고 있는 유량복원운동이 이 책을 기반으로 삼아 왕성한 활동을 펼치기를 바라마지 않는다. 강물을 거슬러 올라가기 위해서 힘겨운 노질을 하고 있는 듯한 느낌을 받을 때도 있지만, 우리의 수는 나날이 늘어나고 우리의 의지는 나날이 강력해지고 우리의 꿈은 나날이 강렬해질 것이다. 우리는 다양한 생물이 살아가는 건강한 강, 생명의 강을 되찾는 날을 꿈꾼다.

2003년 6월
샌드라 포스텔, 브라이언 릭터

01

강들은 모두
어디로 사라졌을까?

- 인간에게 건강한 강이 필요한 까닭
- 자연스러운 하천의 흐름이 무너지면
- 위기에 몰린 담수생물
- 인간과 생태계 물수요의 균형점이라는 새로운 관점

1901년, 테오도어 루스벨트는 미국 대통령 취임연설에서 그후 한 세기 동안 지구상의 하천이 겪게 될 사상 유례없는 엄청난 변화에 대해 다음과 같이 언급했다.

"하천의 유량을 균일하게 유지하고 홍수 때 불어난 물을 저장하기 위한 대규모 저수사업이 필요합니다."[1]

이듬해 연방의회에서 국토매립법이 통과되면서, 미국은 하천관리가 경제와 사회 발전의 기반이라는 관점에서 인류의 수자원 이용 역사의 새로운 장을 열었다. 토목기술자들은 관개와 홍수조절, 수력발전, 상수 공급을 목적으로 댐과 저수지를 건설하고, 배가 드나들 수 있도록 강바닥을 준설하고, 홍수 때 범람한 물을 가둬놓을 수 있도록 제방을 쌓았다. 국내의 물수요와 전력수요, 홍수대책 요구가 점점 높아지면서, 하천들은 잇달아 인간의 목적에 부합하는 방향으로 변형되었다. 세계 각국에서도 똑같은 경향이 나타났다. 미국 토목업계는 자신의 경험과 전문적인 기술을 거리낌없이 해외에 제공하면서 세계 각국에서 전개되는 하천 개조 활동을 지원했다.

루스벨트가 하천행정과 관련하여 앞서와 같은 지침을 제시한 때로부터 미처 100년이 지나지 않아, 미국의 대표적인 정치가 한 사람이 전혀 다른 내용으로 충격적이고 통찰력 있는 의견을 내놓았다. 1997년, 애리조나 주 상원의원 배리 골드워터(1964년 대통령선거 때 공화당 후보로 나선 바 있다)는 어느 텔레비전 방송 제작진으로부터 다음과 같은 질문을 받았다. "지금 콜로라도 강에 글렌캐년 댐을 건설하는 문제에 대해서 찬성하는가 반대하는가라는 질문을 받는다면, 당신은 어느 쪽을 선택하겠습니까?" 1963년에 완공된 이 초대형 댐은 아름다운 계곡에 댐을 쌓고 물을 가두어, 강물이 거의 바다로 흘러들어가지 않을 만큼 콜로라도 강의 유황을 완벽하게 조절하고 있었다. 30년 전에 글렌캐년 댐의 건설을 강력하게 옹호했던 골드워터는 이렇게 대답했다. "반대할 겁니다. 강에 댐을 세우면 반드시 잃는 게 생기니까요." 진보의 대가가 너무나 컸다는 것을 인정하는 발언이었다.2)

　루스벨트와 골드워터, 이 두 사람의 발언은 각각 하천에 대한 20세기식 접근법의 시작과 끝을 대표하는 중요한 이정표다. 사회의 필요와 가치관이 바뀌었을 뿐 아니라, 인간의 목적에 맞춘 하천의 대규모적인 변경이 환경에 얼마나 큰 피해를 안겨주는가가 연구자들에 의해서 드러나기 시작했다. 오늘날 세계 각지의 크고 작은 많은 강들은 본래의 목적지에 이르기 전에 말라붙어 버린다. 콜로라도 강뿐 아니라, 아시아의 5대 강인 갠지스 강, 인더스 강, 황하 강, 아무다르야 강, 시르다르야 강은 연중 거의 대부분의 기간에 바다에 도달하지 못한다.3) 유럽의 라인 강과 미국 중서부의 미주리 강의 대부분 등 많은 강들이 인공적인 수로 변경 공사로 인해서 굽이굽이 흐르지 못하고 선박의 운항과 화물의 적하에 편리하도록 수로가 직선화되고 수심이 깊어졌다. 거대한 미주리 강에 수많은 제방들이 건설된 뒤로 본래의 범람원 가운데 90퍼센트가 강과 연결되지 못하고 있다.4)

　댐의 건설과 분수로diversion의 정비는 하천 유황 즉, 하천 유량의 규모와 시간적 변동을 대대적으로 변화시키고 있다. 세계 각지의 대규모 하천 227개 가운데 약 60퍼센트가 댐, 분수로 등 각종 구조물에 의해서 조각조각 잘려 있다.5) 유럽, 일본, 미국 등 공업국가에서는 대부분의 하천이 자연에 의한 통제보다는 인간에 의한 통제를 더 많이 받고 있다. 즉 강물이 자연의 리듬에 따른 수문순환hydrologic circle 과정을 거치는 것이 아니라, 정교하게 제작된 배관설비처럼 인간이 주무르는 대로 흘렀다 멈췄다 하는 것이다.

　인간 사회는 이런 식의 하천 변형을 통해서 수력발전, 관개농업의 발전, 선박운항에 의한 교역의 확대 등 막대한 경제적 이익을 얻고 있다. 그러나 생태학적인 측면에서 이익과 손실을 따져보면, 심각한 손실이 계속 늘어나고 있다. 건강한 하천은 자연상태에서 물의 정화와 홍수와 가뭄의 완화, 어류, 조류를 비롯한 야생생물 서식지의 유지 등 다양한 기능을 수행한다. 하천은 내륙과 연안을 이어주고, 삼각주로 퇴적물을 날라주며, 근해의 어류에게 영양분을 제공하고, 습지대의 염도의 균형을 유지하여 높은 생물생산력을 지탱해준다. 하천생태계는 수원으로부터 바다에 이르기까지, 하도로부터 범람원에 이르기까지, 자연적인 순환에 맞추어 융설수와 빗물을 모으고 저장하고 운반한다. 유수流水에 서식하는 생물의 다양성과 풍부함은 자연적인 순환에 따라 수백만 년 동안 이어져온 진화의 역사를 반영하고 있다.

인간의 입장에서만 보아도, 건강한 하천은 무수한 '생태계 서비스', 즉 인간 사회와 경제에 이로움을 주는 자연생태계의 활동을 수행한다. 강과 습지를 비롯한 담수생태계는 인간의 경제를 계속해서 번창하게 만드는 자연적인 토대의 일부를 구성한다. 습지에 서식하는 동식물들은 공장에서 일하는 노동자들처럼 높은 생산성을 올리면서 부지런히 일한다. 이들은 오염물질을 흡수하고 폐기물을 분해하여 깨끗하고 신선한 물을 생산한다. 주기적으로 발생하는 홍수는 대단히 효율적으로 수로를 형성하여 퇴적물을 분배하고 어류 등 강에 서식하는 생물들에게 중요한 서식지를 제공한다. 그런데 하천은 이런 일들을 한푼도 받지 않고 수행한다. 설령 인간이 강이 수행하고 있는 중요한 기능들을 빠짐없이 모방할 수 있는 방법을 알고 있다고 해도, 인간이 그 모든 일을 직접 하려면 엄청난 비용이 들 것이다. 습지의 생태계 서비스만 따져도 1헥타르당 연간 2만 달러에 이르는 경제적 가치가 있는 것으로 추정된다.[6)]

지질학적 연대로 따지면 눈 깜짝할 만큼 짧은 기간이지만, 최근의 약

100년 사이에 인류 사회가 수행해온 대대적인 하천 개조의 결과, 하천은 지금까지 생명의 진화에서 수행해왔던 역할과 경제가 의존해왔던 생태계 서비스를 제대로 수행할 수 없게 되었다. 세계적으로 담수생물 가운데 상당한 비율(담수어류만 따지면 그중 20퍼센트 이상)이 멸종위기에 있거나 이미 멸종된 상태다. 홍수로 불어난 물이 범람원의 습지로 들어가 정화되지 못해 오염물이 내륙과 연해로 들어간 결과, 멕시코 만에서는 산소 함유량이 낮은 '죽음의 수역Dead Zone'이 나타나고 유럽 흑해에서는 환경이 악화되는 등 큰 피해가 발생하고 있다. 간단히 말해서, 세계 각지의 많은 지역에서는 하천을 경제활동에 이용하여 얻는 이익보다 그로 인한 피해가 더 많아지고 있다. 그러나 이런 피해의 대부분은 사람들의 눈에 띄지 않거나 평가되지 않기 때문에, 대개는 비용 대비 편익의 방정식에서 누락되어 하천관리 방침을 결정하는 과정에서 고려대상이 되지 않는다. 그 결과 하천 건강의 악화를 중단시키고 더 나아가 하천의 건강을 향상시키려는 노력은 거의 이루어지지 않고 있다.

　지금까지는, 하천을 복원하거나 보호하려는 노력은 대부분 수질개선과 하천이 완전히 말라붙지 않도록 하기 위한 유지유량의 확보, 이 두 가지 목적에 집중되어 있었다. 이런 활동에 의해서 많은 지역에서 하천의 상황이 개선되었다. 예컨대, 미국 오하이오 주 북부의 쿠야호가 강은 예전처럼 기름으로 오염된 강물에서 화재가 발생할 만큼 위태로운 상황에서는 벗어났고, 수질이 개선되어 어류 개체수가 늘어나고 있다. 그러나 유지유량의 확보와 수질개선에 초점을 맞추는 것만으로는 전체 하천 시스템의 온전성을 유지하는 기능과 과정을 회복시키는 데에서 큰 효과를 거두기 어렵다.

　1990년대에 연구자들은 하천 본래의 유황(流況 : 일년 혹은 여러 해에 걸친 고수위와 저수위의 변동패턴)을 조사하여 유황이 하천의 건강에 막대한 영향을 미친다는 것을 보여주는 여러 가지 증거를 확보했다.[7] 자연 유황의 구성요소들은 제각각 전체 하천 시스템에 이로운 영향을 미친다. 예를 들면, 홍수로 불어난 물은 어류의 산란을 자극하고 곤충들에게 생애주기의 다음 단계를 시작하도록 자극한다. 한편으로, 적은 유량은 강물 속이나 강가에 서식하는 식물의 번식에 필수적이다. 다시 말해서, 현재 인간에 의해서 과도하게 관리되고 있는 하천을 복원시키기 위해서는 단순히 수로에 물을 채우는 것만으로는 충분치 않다. 하천 본래의 유황 패턴은 생태계의 중요한 과정에 많은 영향을 미치므로, 유황을 어느 정도까지는 재현할 필요가 있다. 유황 패턴의 복원에는 댐과 저수지를 적절히 운용하여 그 시설이 건설되기 전의 고수위와 저수위를 재현하는 것도 포함된다. 아직 댐 건설과 인공적인 통제가 많이 진행되지 않은 하천(개발도상국에 있는 여러 하천도 포함된다)에서는, 경제적인 목적을 위해 하천을 이용하는 경우에도 하천 본래의 유황을 충분히 재현해서 생태적 기능을 유지하는 것이 시급한 과제다.

간단히 말하자면, '21세기형 하천관리'의 주요 과제는 인간의 물수요와 하천 자체의 물수요를 균형 있게 유지하는 것이다. 이런 과제를 충족하기 위해서는 하천의 경제적 가치 산정 및 하천관리와 관련한 근본적인 접근방식을 개선할 필요가 있다. 다행스럽게도, 호주, 남아프리카공화국, 미국 등 많은 나라들의 하천연구자들과 정책입안자들은 인간의 물수요와 하천 자체의 물수요를 균형 있게 유지하기 위해서 새로운 아이디어를 개발하고 검증하고 있다. 2장과 3장에서 논의하겠지만, 가장 기대되는 접근법에는 새로운 과학적 지식과 새로운 관리방식, 그리고 새로운 정책도구가 포함되어 있다. 그러나 이런 전략을 확대하기 위해서는 하천관리의 새로운 접근법이 필요하다. 즉 하천은 어떻게 관리되어야 하고, 하천에서 이익을 얻는 자는 누군가에 대한 지침과 사례를 확립하고 그것을 실행에 옮기는 노력이 필요하다. 이에 대해서는 5장에서 다룬다.

지금 세계 각지의 하천과 그 환경에서 서식하는 생물은 대단한 위험에 직면해 있지만, 우리에게는 하천이 건강한 상태를 회복할 가능성이 있다는 낙관적인 전망을 가져도 좋을 만한 이유가 있다. 4장에서 살펴보겠지만, 세계 각지의 230여 개 하천에서 이미 상당한 정도의 유황복원이 이루어지고 있다. 댐을 허물고 제방을 무너뜨려 하천과 범람원이 다시 연결되고, 물절약 정책들이 시행되면서 물의 일부가 자연으로 되돌아가고, 저수지의 방류도 하천 본래의 유황 패턴에 가깝게 조절되고 있다. 전체적으로 볼 때, 이런 활동들은 자연의 물수요와 인간의 물수요 사이에 적절한 균형을 잡으려는 움직임의 가장 선두에 있다. 또한 이런 활동들은 아직 인공적인 설비가 설치되지 않고 인공적으로 관리되고 있지 않은 하천에 있어서는 생태계를 유지할 수 있는 유량, 즉 '생태계 유지유량'을 확보하는 것이 얼마나 중요한가를 강조하고 있다.

사회적으로, 정치적으로 영향력이 있는 사람들이 특정한 과제에 공통된 인식을 가지면 결과적으로 사회 전체가 그 과제를 인식하고 대처하는 방식으로 획기적인 전환이 일어난다. 지금은 하천의 건강을 보전하기 위한 이런 공통된 인식이 형성되는 초기 단계라고 할 수 있다. 이 공통된 인식에는 세 가지 중요한 요소가 있다. (1) 생물다양성의 중요성과 자연의 생태계 서비스의 가치에 대한 인식을 제고하는 것, (2) 하천 본래의 유황 패턴을 어느 정도 복원하는 것이 하천의 건강과 기능을 보호하고 복원할 수 있는 최선의 방법이라는 점에 대해서 과학적인 합의가 이루어지는 것, (3) 더 개방적이고 공정하며 생태학적으로 지속가능한 결과를 제공할 가능성이 높은, 하천관리에 관한 새로운 의사결정 모델을 만들어내는 것.

이런 공통된 인식은 새로운 가능성으로 통하는 문을 열어놓는다. 그러나 우리 앞에 놓인 과제는 결코 만만하지 않다. 과학자와 환경보호활동가, 하천관리자, 정책입안자와 시민이 학문분야와 직업적인 경계를 넘어 협력해야 한다. 그리고 사회는 인간과 하천의 상호의존관계를 인식하고 그 인식을 토대로 하여 하천 거버넌스의 원칙을 채택해야 한다. 푸른 강은 지구상의 생명유지 시스템을 지탱하면서 흘러가는 지구의 동맥이다.

인간에게 건강한 강이 필요한 까닭

오랜 세월에 걸쳐서 하천은 인간 사회의 발전의 중심에 있었다. 다수의 위대한 고대문명들은 큰 강을 끼고 일어났다. 고대 메소포타미아 문명은 티그리스 강과 유프라테스 강의 비옥한 평원에서, 고대 이집트 문명은 나일 강 계곡에서, 고대 중국 문명은 '어머니강'이라고 부르는 황하 계곡에서 일어났다. 강은 청렴과 부활, 영원, 치유의 상징으로서, 적지 않은 자연계의 다른 사물들과 함께 인간의 정신세계를 형성해왔다. 지금도 수백만에 이르는 인도의 힌두교도들은 정신생활의 가장 중요한 의식으로 갠지스 강물에 몸을 씻는다. 강은 또한 경관의 기본을 형성하고, 침식작용에 의해 웅장한 협곡을 만들고, 퇴적물을 이동시켜 거대한 삼각주를 만든다. 강은 마력과 신비, 절경을 만들어냄으로써, 동서고금을 막론하고 화가들과 시인들, 음악가들에게 영감을 불어넣으면서 인간의 경험을 무한히 확대하고 있다.

수문학적인 관점에서 볼 때, 강은 바다와 대기, 육지의 수문순환에서 중심적인 역할을 담당한다. 강은 지하 대수층과 더불어 강수를 모으고,

그것을 바다로 옮기고, 바다는 대기를 통해서 수증기를 육지로 되돌린다. 이런 수문순환은 대륙에 공급할 수 있는 유한한 양의 물을 끊임없이 되돌려줌으로써 지구상의 모든 생물을 부양한다. 인간의 입장에서 보면, 강은 음용수, 취사용수, 목욕용수, 그리고 강우가 충분치 않은 지역의 농업용수, 발전용수, 온갖 소재를 가공하는 데 필요한 공업용수를 공급하는 주요한 원천이다.

인간은 때로는 정신적인 이유에서, 때로는 심미적인 이유에서, 때로는 실용적인 이유에서 강을 필요로 하고 강을 소중히 여긴다. 그렇지만 인간은 최근에 들어서야 건강한 강은 어떤 것인가에 대한 과학적인 인식을 갖추고, 인공적인 개조가 이루어지지 않은 강이 인간을 둘러싼 자연계에서 얼마나 중요한 역할을 담당하고 있는가를 파악할 수 있게 되었다. 강은 단순히 물이 지나가는 통로가 아니라 복잡한 활동을 수행하는 복잡한 시스템이다. 강은 물이 흘러가는 수로뿐 아니라 강바닥과 강둑, 범람원에 형성된 물웅덩이와 습지, 강물이 운반하는 퇴적물, 하구 가까이에 형성되는 비옥한 삼각주, 그리고 강물이 흘러들어가는 연안해나 내해內海에서 이루어지는 먹이사슬과 영양소의 순환을 포함하고 있다. 하천 수계에는 강의 물리적인 구조뿐 아니라 강을 건강하게 유지하고 계속 움직이게 만드는 무수히 많은 종의 동식물이 포함된다.

많은 댐이 설치되거나 수로가 변경된 하천의 하류까지 가본 사람은 누구나 하천 수계의 건강성이 파괴될 때 어떤 일이 일어날 수 있는지를 목격한다. 이런 결과를 어느 누구보다 잘 알고 있는 사람들은 중앙아시아의 아랄 해 주변의 주민들이다. 그곳 주민들은 옛 소련 중앙정부가 50년 전에 입안했던 경제계획이 남긴 해악, 즉 비참한 환경파괴 때문에 하루하루 고통을 겪고 있다. 당시 경제계획 입안자들은 이 지역의 주요한 강인 아무르다르야 강과 시르다르야 강의 물이 아랄 해로 흘러가는 것보다 사막지대의 목화농장에서 관개용수로 쓰이는 편이 훨씬 경제가치가 높다고 판단했다. 세계에서 네 번째로 큰 호수였던 아랄 해는 지금은 면적이 과거의 3분의 1 수준으로 줄어들었고, 인근 주민들에게 일거리와 생계대책을 제공했던 어업이 무너졌으며, 주변 지표가 건조해져서 염분농도가 높아지고 독성까지 내뿜는 바람에 주민들은 갖가지 질병에 시달리고 있다.[8] 지구상에서 생태계의 건강도와 생태계에 의존하는 인간, 지역사회, 경제의 건강도 사이의 관계를 이처럼 여실하게 보여주는 장소는 달리 찾아보기 어렵다.

최근 몇 년 사이에, 수많은 생태학자들과 경제학자들이 자연생태계가 담당하고 있는 기능을 사회적인 평가에 포함시킬 것을 권장하고, 일반적인 경제학 용어를 이용해서 자연생태계의 기능을 설명하고 그 가치를 산정하려고 시도하고 있다.[9] 연구자들은 삼림과 분수령, 토양, 강을 '자연자본'으로 취급하고 그것은 산업자본이나 금융자본과 똑같이 사회에 이익을 주는 것이라고 설명한다. 자연자본이 제공하는 이익은 흔히 생태계의 '상품'과 '서비스'라고 불린다. 그렇다고 해서 인간에게 직접적으로 금전적인 이익을 제공하는 생태계 서비스만을 자연의 가치라고 보는 것은 아니다. 생태계의 경제가치를 산정하는 것은 정책결정 과정에서 자연생태계의 건강 유지와 보전을 더 직접적으로 고려하기 위한 수단이다. 지금까지 생태계 보전의 경제적 이익은 흔히 무시되어왔다. 자연이 제공하는 생명유지 서비스는 시장을 비롯한 종래의 경제체계에서는 평가되지 않기 때문이다. 우리는 자연자산의 가치를 측정하거나 검증하지 않고, 거기서 나오는 이익을 고려하지 않는다. 결론적으로 말해서, 우리는 어떤 손실이 빚어지는지 제대로 따져보지도 않고 방만하게 자연자산을 탕진하고 있는 것이다.

강과 습지를 비롯한 담수생태계의 경우, 이런 자연의 서비스에는 깨끗한 음용수와 식용 가능한 어류의 공급 등 손에 넣을 수 있는 사항들뿐 아니라, 홍수와 가뭄의 완화, 먹이사슬의 유지, 해안 근처의 하구에 대한 영양분 공급 등 상당히 복잡한 기능도 포함된다(표 1-1). 이런 서비스 가운데는 금전적인 가치를 평가하는 것이 그다지 어렵지 않은 것도 있다. 예를 들어, 담수어가 지니는 최소가치는 어획의 시장가격에 여가용 낚시와 관련된 관광수익 등 각종 수익을 더하여 구할 수 있다. 그러나 강에 사는 물고기의 문화적·미적 가치를 산정하기는 어렵다. 뿐만 아니라, 나이 많은 연어가 노닌다거나 고유어종이 계속 서식하고 있다는 사실 그 자체에 대해 사람들이 부여하는 가치 역시 산정하기 어렵다.

강을 비롯한 각종 담수시스템의 가치를 평가하는 것 역시 자연상태의 수원 대신에 바닷물을 담수화하는 경우에 드는 비용에 근거하여 산정할 수 있다. 현재 전 세계에서 소비하는 담수의 총량, 즉 연간 2,000 세제곱킬로미터의 담수를 해수 담수화로 충당하려고 한다면(그 실현가능성 여부는 잠깐 제쳐두고 생각하자) 그 비용은 연간 3조 달러에 이른다. 이 금액에는 소비자에게 공급하는 경비와 에너지를 대량 소비하는 담수화설비 가동으로 인한 대기오염 및 기후변동 대책에 소요되는 비용은 포함되지 않은 것이다.[10] 다시 말해서, 우리는 현재 자연이 무료로 공급하고 있는 물을 이용하고 있지만, 만일 강과 호수, 습지가 고갈될 경우에는 똑같은 양의 물을 얻으려면 최소한 세계의 총 GNP의 7퍼센트를 들여야 할 것이다. 뱃놀이와 수영, 낚시 등 각종 레크리에이션 역시 사라질 텐데, 이것 역시 금전적인 가치로 환산할 수 있는 손실이다. 그러나 출렁이며 흐르는 강과 산을 타고 흐르는 계곡물을 감상하고, 담수 속에 다양한 생물이 살고 있다는 것을 아는 데서 나오는 미적·문화적·정신적 편익을 상실하는 것은 금전적인 가치로 환산할 수 없는 손실이다. 그리고 이와 같은 손실은 금전적인 가치로 환산되는 손실보다 훨씬 중

생태 서비스	편익
수자원의 공급	세계의 관개용, 산업용, 가정용 물 공급의 99퍼센트 이상이 자연의 담수 시스템에서 유래한다.
식량의 제공	물고기, 물새, 홍합, 조개류 등은 인간과 야생생물의 중요한 식량이다.
수질 정화 및 폐기물 처리	습지는 오염물질을 여과하고 분해하며, 수질을 보전한다.
홍수의 완화	건강한 유역과 범람원은 강수와 하천 유량을 흡수하고, 홍수 피해를 줄인다.
가뭄의 완화	건강한 유역과 범람원, 습지는 강수를 흡수하고, 유출속도를 느리게 하며, 지하수의 함양을 돕는다.
서식지의 제공	하천과 소하천, 범람원, 그리고 습지는 물고기와 조류와 야생생물, 그리고 수많은 다른 생물종에게 안식처와 생육장소를 제공한다.
비옥한 토양의 유지	건강한 하천-범람원 시스템은 주변 토양을 끊임없이 비옥하게 만든다.
영양분의 공급	하천은 영양분이 풍부한 퇴적물을 삼각주와 하구로 실어날라 그 생산성을 유지하도록 도와준다.
해안 염수지대의 유지	담수의 흐름은 삼각주와 해안 환경에 염분농도의 완충지를 유지하도록 해주며, 생물학적인 풍요와 생산성을 유지하도록 도와준다.
미적 가치와 만족도의 제공	자연적인 하천들과 수변경관들은 영감을 불러일으키고, 깊은 문화적·정신적 가치의 원천이 된다. 그 아름다움은 인간의 삶의 질을 높여준다.
레크리에이션 기회의 제공	수영, 낚시, 사냥, 뱃놀이, 야생생물 관찰, 수변 하이킹, 소풍.
생물다양성의 보전	생물종의 다양한 집합이 이 표의 모든 서비스를 포함한 자연의 작업을 수행하며, 사회는 이러한 작업에 의존하고 있다. 유전적 다양성을 보존하는 것은 미래 세대의 선택권을 남겨두는 것이다.

표 1-1 하천, 습지 그리고 다른 담수생태계들이 제공하는 생명 유지를 위한 서비스

요한 것일 수 있다.

생태계 서비스의 경제적 가치를 평가하는 방법은 정량화가 가능한 가치를 정량화가 불가능한 가치보다 우위에 두는 잘못을 범할 우려가 있긴 하지만, 대체로 경제적으로 중시되지 않던 생태계에 큰 가치가 있다는 것을 밝히는 데에 기여해왔다. 1990년대 중반, 미국 남부 버몬트 대학의 로버트 코스탄자는 생태학자들과 경제학자들로 연구팀을 꾸려서 16개 생물군계의 17가지 생태계 서비스가 지닌 경제적 가치를 평가했다.11) 연구 결과, 지구 전역에서 수행되는 이런 생태계 서비스의 가치는 연간 16조 달러에서 54조 달러(1994년 달러 시세를 기준으로) 사이에 위치하는 것으로, 평균으로 따지면 연간 33조 달러에 이르는 것으로 추정되었다. 이 금액은 1990년대 중반의 세계 총 GNP와 맞먹는 규모다. 결국 우리는 이 연구를 통해서, 금전적인 측면에서 볼 때 생태계 서비스가 인간 복지에 기여하는 정도는 시장가치를 지니는 일체의 상품과 용역이 인간 복지에 기여하는 정도와 거의 맞먹는다는 것을 짐작할 수 있다.

이런 지구적인 차원의 추정치는 자연의 경제가치에 대한 대략적인 근사치에 지나지 않는다. 동일한 생태계 기능(예컨대, 홍수완화 기능)이라고 해도 나라와 문화에 따라 그 가치는 다르게 평가된다. 따라서 특정 지역의 작은 샘플을 이용한 추정치를 기초로 하여 지구적인 차원의 가치를 추정하는 방식은 문제가 있다. 달리 대체할 방법이 없는 생명유지 시스템에 정량적인 가치를 부여하는 것 자체도 모순이다. 예컨대, 자연의 서비스가 연간 33조 달러 남짓의 경제가치를 가진다고 가정할 경우, 만일 인간 사회가 이것보다 많은 가치를 산출하여 그것을 자연의 각종 기능들을 재창조하는 데에 투자한다면 인간은 자연에 의지하지 않고도 살아갈 수 있다는 논리가 된다. 물론 그것은 불가능한 일이다. 인간 사회는 과학기술을 활용하여 생태계가 제공하는 일부 상품과 서비스를 대체할 수 있다. 예컨대, 우리는 천연 어류자원이 고갈되면 양식장에서 어류를 양식하고, 음용수가 부족해졌을 때 해수를 담수화하는 기술에 의존할 수 있다. 그러나 이런 대체방식들은 불완전할 뿐 아니라 항상 한정적으로만 이용될 수 있다. 더 중요한 문제는 자연생태계가 수행하는 고도로 복잡한 과정을 현재의 과학과 기술로는 재현할 수 없다는 점이다.

이론적으나 방법론적으로나 현실화하기 어려운 것이기는 하지만, 33조 달러라고 평가된 경제가치는 사람들의 관심을 불러일으켜서 생태계 서비스가 엄청나게 막대한 가치를 지닌다는 점을 강조하는 데에 크게 기여했다. 실천적 관점에서 보면, 더 중요한 것은 전체적인 평가액이 아니라 연구진이 조사했던 개별적인 생태계 서비스의 평가액이다. 다시 말해서 생태계는 흔히 구체적인 경제가치를 인정받지 못하는데, 이와 같은 생태계 서비스 가치평가(조사하기가 어렵다는 문제가 있긴 하지만)는 생태계가 지닌 엄청난 가치를 부각시키는 데에 도움이 된다.

예컨대, 코스탄자 연구팀은 담수 습지와 하천 범람원은 헥타르당 연간 약 2만 달러의 수익을 낸다고 평가했다. 16개 생물군계 가운데 하구가 창출하는 가치가 가장 높고, 담수 습지와 하천 범람원이 창출하는 가치가 두 번째로 높다. 담수 습지와 하천 범람원은 물을 저장, 보유하고, 홍수를 완화하고, 오염물질을 분해하는 등 특별히 중요한 역할을 담당한다. 연구팀은 강과 호수를 통합한 경제가치가 헥타르당 연간 8,500달러에 이른다고 평가하고 있다. 강과 호수는 수문순환을 안정적으로 보증하고 물을 공급하는 기능에서 가장 높은 가치를 지니는 것으로 평가된다. 이 연구에 따르면, 습지와 호수, 강은 연간 약 6조6,000억 달러의 가치를 지니는 생태계 서비스를 제공한다는 점에서 대단히 귀중한 자연자산이다.

생태계 서비스의 가치를 대략적으로라도 평가하는 이점은 특정한 프로젝트를 구상하고 그 비용과 편익을 평가하는 정책결정자들이 이런 생태계 서비스의 경제적 효과를 무시하기 어렵다는 점에 있다. 하천의 범람원은 단순히 '개발'하기 적합한 유휴지가 아니라, 연간 헥타르당 수천 달러의 가치를 산출하는 고정자산으로 평가된다. 현실적으로 범람원의 경제가치는 장소에 따라 달라진다는 점에서 정확한 평가가 불가능하다고 해도, 예전에 흔히 그랬던 것처럼 모든 범람원을 경제가치가 전혀 없는 토지라고 평가할 수는 없다. 더욱이 생태계 서비스는 대체가 불가능한 생명유지 시스템이기 때문에, 점점 줄어들고 희귀해질수록 생태계 서비스의 가치는 무한히 치솟을 것이다.

건강한 하천과 범람원 생태계는 지금까지 자연자산으로서 그 가치가 가장 낮게 평가되는 부문에 속한다. 근대의 수리공학은 생태계가 지닌 자연적인 홍수조절 기능을 둑과 도랑을 쌓아 강물이 강기슭을 넘어가는 것을 막는 방법으로 대체하는 데에 치중해왔다. 이러한 대체 시도는 지나치게 많은 비용을 들이고도 별다른 성과를 내지 못하는 경우가 적지 않을 뿐 아니라, 건강한 범람원의 생명유지 기능을 방해한다. 계절에 따라 발생하는 홍수는 하천을 범람원을 비롯한 주변 환경과 연결시켜서 다양한 동식물 서식지 사이에 영양분과 유기물의 교환이 이루어지는 것을 촉진함으로써 종의 다양성을 향상시키고 생물생산력을 증대시킨다. 범람원의 대다수는 어류가 번식을 하고 먹이를 구하는 중요한 지역이다. 연구자들에 따르면, 거대한 범람원이 딸린 열대지역의 하천에 서식하는 어류는 범람원에서 지내는 기간에 연간 성장의 무려 75퍼센트를 달성한다.[12] 결론적으로 말해서, 하천과 범람원 생태계에는 생물학적인 측면에서 지구상에서 생물학적으로 가장 풍요롭다고 손꼽히는 지역들이 포함된다. 그 예로는 남아메리카의 판타날 대습지, 아프리카 남부의 오카방고 습지대, 수단의 수드 습지대 등을 들 수 있다.[13]

개발이 진행 중인 지역, 특히 아프리카에서는 주기적으로 발생하는 홍수와 범람원의 생물생산력에 맞추어서 주민들이 생활과 생업을 영위한다. 그 기원은 5,000년 전 고대 이집트의 나일 강 유역까지 거슬러 올라간다. 과거의 역사를 보면, 이집트의 농민들은 해마다 달력처럼 거의 정확한 날짜에 찾아오는 나일 강의 홍수를 반겼다. 에티오피아 고지에서 몬순성 강우가 시작되고, 8월 중순쯤이면 홍수는 이집트 남부의 아스완에 도달한다. 홍수는 나일 강 협곡을 지나 북상하다가 대략 4~6주 후에는 하구에 있는 삼각주와 지중해에 도달한다. 홍수가 최고조에 달할 때는 물에 잠긴 범람원의 수심이 무려 1.5미터에 이른다. 10월 초에서 11월 말 사이에 물이 빠지면, 농민들은 밀을 비롯한 여러 가지 작물을 파종한다. 범람원에는 수분이 충분히 확보되어 있어서, 4월 중순 혹은 5월 초순의 수확기가 될 때까지 식물이 성장하는 데에 적합한 환경을 제공한다. 추수가 끝난 뒤에는 다시 새로운 주기가 시작된다. 오늘날에도 6월 17일은 '빗방울의 밤', 즉 '하늘에서 눈물이 떨어져서 나일 강이 불어나는 것'을 경축하는 날이다.[14]

이처럼 홍수가 빠진 뒤 범람원에서 농사를 짓던 고대 이집트의 농업은 매년 발생하는 나일 강의 홍수가 제공하는 생태계 서비스를 적극적으로 활용한 것이었다. 고수위 때 강의 유량은 약 1,000만 톤의 영양분이 풍부한 실트(silt : 모래와 점토의 중간 굵기의 퇴적물)를 범람원으로 실어날랐고, 9,000만 톤을 하구의 삼각주로 운반했으며, 덕분에 이곳의 토양은 영양분이 충분한 비옥한 땅으로 다시 태어났다. 과거에나 지금이나 수많은 건조지역의 농민들은 심각한 토양 산성화로 고통을 겪지만, 나일 강의 홍수는 토양에 쌓인 과도한 염분을 씻어낸다. 따라서 고대 이집트 사람들이 나일 강의 신인 하피Hapi를 숭배하고 찬양했던 것은 전혀 이상할 것이 없는 일이다. 나일 강의 홍수와 그것을 지속가능한 방식으로 이용했던 이집트 사람들의 관행 덕분에 나일 강 유역의 범람원에서는 5,000년 동안(지구상의 그 어느 곳보다도 오랫동안) 계속해서 경작이 이루어지고 있는 것이다.15)

최근 들어 많은 연구자들이 특정한 범람원 생태계와 거기서 이루어지는 생명활동의 가치를 정량화하려고 노력하고 있다. 그들은 범람원 생태계가 제공하는 이익과 종래의 하천 '개발' 사업이 제공하는 이익을 비교한다. 서구적인 하천개발 모델을 본떠 세계 각지에서 진행되는 하천개발사업은 댐과 저수지를 건설하여 홍수를 없애고, 홍수로 불어난 물을 수력발전과 관개농업용으로 저장한다. 아프리카에는 하천의 범람원이 많지만, 이런 하천개발사업으로 인하여 그 가치가 저하되거나 완전히 파괴되고 있다. 이는 20세기 초에 미국과 유럽에 있는 많은 하천의 범람원이 파괴되었던 것과 맥락을 같이하는 것이다.

나이지리아 북동부에도 이러한 사례가 있다. 차드 호 유역에 속하는 하데지아 강과 자마레 강의 합류점에는 드넓은 범람원이 있다. 이 범람원은 나이지리아의 전원지대에 사는 수많은 주민들에게 식량과 소득원을 제공한다. 이들은 이곳에서 가축과 농작물을 기르고 땔감을 모으고 물고기를 잡는다. 이 범람원은 대수층에 물을 공급하는데, 이 대수층은 가뭄이 들었을 때는 중요한 물공급원이 된다. 또한 하데지아 강과 자마레 강의 합류점에 있는 습지는 반유목생활을 하는 목축민들이 건기에 사용하는 목초지이자 철새들의 중요한 서식처다.

현재 이 범람원은 상류지역에 이미 건설되었거나 건설될 예정인 댐들과 관개시설들 때문에 서서히 위기로 내몰리고 있다. 에드워드 바비어와 줄리언 톰슨은 범람원의 직접적인 이용으로 얻어지는 경제적 수익을 평가했다. 그는 이곳이 특히 농업용과 땔감수집용, 어업용으로 이용된다는 것에 주목하여, 관개사업에 의한 경제적 수익과 비교했다. 둘을 비교한 결과, 자연상태의 범람원 이용에 의한 순수익은 관개사업에 의한 순수익의 60배를 넘어서는 것으로 나타났다(기간을 30년, 50년 간격으로 정하여 분석한 것이다). 이 지역에서는 수자원이 제한요인이기 때문에 바비어와 톰슨은 수량 단위로 비교하는 방식을 시도했는데, 결과는 범람원이 제공하는 수익은 1세제곱미터당 9,600~1만4,500달러인 데에 비해 관개사업으로 발생하는 수익은 1세제곱미터당 26~40달러에 지나지 않는다는 것이었다. 만일 서식지 공급, 지하수 보충 등 자연상태의 범람원이 제공하는 중요한 생태계 이익을 고려에 넣었다면, 두 수익의 차이는 훨씬 크게 벌어졌을 것이다.[16]

건강한 강과 범람원의 가치에 대한 인식은 미국에서도 점차 확산되고 있다. 1990년부터 1997년까지 홍수로 인한 피해액은 340억 달러에 이르는데, 이것은 1930년대부터 60년 동안 하천공사에 지출된 공적 지출의 총액을 웃도는 규모다.[17] 특히 1993년 미국 중서부에서 일어난 대홍수로 120억~160억 달러의 재산손실이 발생한 뒤로, 자연적인 홍수완화, 서식지 제공 등 자연적인 범람원이 제공하는 이익을 복원하고 보호하는 방향으로 하천관리 방식을 재고해야 한다는 데에 관심이 모아졌다. 홍수 후에 연구자들은 미시시피 강 상류 유역의 습지 530만 헥타르를 복원하는 경비는 20억~30억 달러인데, 이 비용으로 습지를 복원할 경우 범람 규모를 크게 줄일 수 있을 것이라고 평가했다.[18] 미국 조사연구심의회USNRC는 미국 내의 습지지역을 절반가량 복원할 경우 농업, 임업, 시가지에 이용되고 있는 토지의 3퍼센트만이 영향을 받는다고 밝혔다. 이는 비용 대비 효과 면에서 강변 습지가 제공하는 홍수완화 등 생태계 서비스 가운데 상당 부분을 효율적으로 회복시킬 가능성이 크다는 것을 시사한다.[19]

큰 홍수가 일어나면서 건강한 범람원의 필요성에 대한 관심이 높아지는 것과 마찬가지로, 삼각주와 하구 수역이 크게 후퇴하면서 하천과 바다를 연결할 필요성에 대한 관심도 높아지고 있다. 담수가 연안 환경에 유입되는 시기와 그 양은 삼각주와 하구 수역의 생물생산력에 큰 영향을 미친다. 자연상태의 하천이 생태계에 제공하는 특히 중요한 서비스는 염분농도 변화를 보장하고 영양분과 침적토, 유기물을 연안 환경에 공급하는 것이다. 최근 들어 갠지스 강, 인더스 강, 아무다르야 강, 시르다르야 강, 그리고 미국 새크라멘토의 산호아킨 강, 콜로라도 강(그리고 그 밖의 많은 강들)에서는 삼각주로 흘러드는 담수의 양이 줄어드는 바람에, 삼각주 생태계의 생물학적인 다양성과 생물생산력이 크게 쇠퇴하고 있다. 가령 갠지스 강과 인더스 강의 삼각주에서는, 담수 유량이 감소하면서 대수층에 함유된 염분전선salt front이 삼각주 상류 쪽으로 이동하고, 그 결과로 귀중한 맹그로브 삼림 생태계가 위기에 빠져 있다. 미국에서 진행된 일련의 연구는 담수 유량의 급격한 감소와 중요한 어업자원의 쇠퇴 사이에 밀접한 연관관계가 있음을 지적하고 있다. 예를 들자면, 에버글레이즈 강 습지에서 플로리다 만으로 유입되는 유량과 멕시코 만 인접 지역의 홍새우 수확량 사이에는 밀접한 연관관계가 있다.[20]

담수생태계 서비스의 파괴가 어디까지 진전되면 생명유지 시스템이 정지될까? 우리로서는 알 수 없는 일이다. 설사 우리가 환경보호활동가 알도 레오폴드가 제안한 대로 '슬기로운 땜질intelligent tinkering'의 원칙에 따라서 자연의 하부구조를 해체해놓은 상태 그대로 유지한다고 해도, 그 요소들을 다시 조립할 수 있는 방법은 알아낼 수 없을 것이다. 담수생태계 서비스는 생물에게 없어서는 안 되는, 또한 다른 무엇으로도 대체할 수 없는 중요한 것이므로 중요한 공공재에 적용되는 '사전예방의 원칙'을 가장 우선적으로 적용해야 한다. 보존 대상을 지나치게 좁힐 경우에는 돌이킬 수 없는 막대한 손실이 발생할 우려가 있다. 따라서 우리는 인간이 반드시 필요로 하는 것보다 더 많은 양을 보존한다는 것을 가장 중요한 원칙으로 삼아야 한다.

자연스러운 하천의 흐름이 무너지면

인간의 행동은 여러 가지 방식으로 강에 영향을 미친다. 무절제한 오염은 수질을 악화시키고 어류를 비롯하여 강에 의지하여 살아가는 생물이 필요로 하는 산소를 고갈시킨다. 계획적인 혹은 우발적인 외래어종의 유입은 먹이사슬을 비롯해서 토착 생물집단 사이의 여러 가지 관계에 변화를 일으킨다(표 1-2). 그러나 하천의 건강에 미치는 위협 가운데 가장 심각한 것은 그 무엇보다도 생태계의 파괴다. 댐의 설치, 수로 변경, 제방 건설 등 자연 하천 흐름의 변경으로 인한 생태계의 파괴는 사실상 지질학적인 규모에 이르고 있다.

세계 각지의 하천의 흐름을 차단하고 있는 크고 작은 규모의 댐은 약 80만 개로 추산된다.[21] 유수에 의해 운반되는 세계적인 퇴적물 총량의 4분의 1가량이 범람원과 삼각주, 강 어귀에 영양분을 공급하는 역할을 수행하지 못한 채 저수지에 갇혀 있다.[22] 스웨덴 과학자 매츠 다이네시우스와 크리스터 닐슨의 연구에 따르면, 미국, 캐나다, 유럽, 옛 소련, 즉 세계 육지 가운데 북극에 가까운 3분의 1의 지역에 분포하는 대규모 하천 수계의 77퍼센트는 댐과 저수지, 우회수로, 관개시설 등에 의해서 크게 혹은 작게 변경되어 있다. 연구자들은 일부 지역의 경우에는 하천의 극심한 변경으로 폭포와 급류, 범람원 습지 등의 주요 서식지가 완전히 사라지는 바람에 유수에 의지해서 살아가는 숱한 동식물종이 멸종

인간 활동	생태계에 미치는 영향	위기에 처한 편익 또는 서비스
댐 건설	하천 유량의 시기와 규모, 수온, 영양분 및 토사의 운반, 삼각주의 보충 등의 변경. 물고기의 이동 차단	토착종의 서식지 제공, 내수면어업과 낚시, 삼각주와 그것을 기반으로 한 경제활동의 유지, 하구어업의 생산성
제방과 둑 건설	하천과 범람원 서식지 사이의 수문학적 연결 차단	서식지, 스포츠와 내수면어업, 자연적 범람원의 생산성, 자연에 의한 홍수억제
과도한 유로변경	하천 유량을 손상이 가는 수준까지 감소시킴	서식지, 스포츠와 내수면어업, 레크리에이션, 오염희석 효과, 수력발전, 수운
습지의 배수	수문환경의 핵심적 요소를 없앰	자연에 의한 홍수조절, 물고기와 물새의 서식지, 레크리에이션, 자연적인 수질정화
삼림의 벌채와 조잡한 토지이용	유출패턴의 변경, 자연적인 지하수함양 방해, 점토로 인한 탁수와 탁질	급수의 양과 수질, 물고기와 야생생물의 서식지, 수운, 홍수조절
오염의 방류	수질의 악화	물공급, 서식지, 내수면어업, 레크리에이션
과도한 어획	생물종 개체수의 감소	스포츠, 내수면어업, 물새와 다른 생물종의 개체수
외래종의 유입	토착종의 절멸, 번식과 영양분 순환(먹이사슬)의 변경	스포츠와 내수면어업, 물새, 수질, 물고기와 야생생물의 서식지, 수운
대기와 물을 오염시키는 금속 및 산화유발 오염물의 방출	하천과 호소의 화학적 특성 변경	서식지, 어업, 레크리에이션, 인간의 건강
기후변화를 유발하는 대기오염물질의 방출	기온 상승과 강우의 변화로 유출패턴이 크게 변화할 가능성	물공급, 수력발전, 수운, 물고기와 야생생물의 서식지, 오염의 희석, 레크리에이션, 어업, 홍수조절
인구 및 소비의 증대	더 많은 수자원 확보를 위한 댐과 도수시설 건설 압력의 증가, 습지 배수 압력의 증가, 수질오염 및 산성비의 증가, 기후변화의 가능성	사실상 거의 모든 물 생태계 서비스가 위기에 처함

표 1-2 인간의 활동으로 위협받고 있는 담수생태계 서비스(출처: Postel and Carpenter, 1997)

될 가능성이 있다고 경고한다.[23] 인간이 수문환경에 미치는 막대한 영향과 관련된 가장 충격적인 연구 결과는 북반부 고위도 지역에서 저장된 물의 무게 때문에 지축이 약간 기울어서 지구의 자전속도가 약간 높아지고 있다는 내용이다.[24]

인간의 활동이 하천의 본래의 유황에 미치는 영향의 거의 대부분은 지난 100년, 그중에서도 특히 지난 50년 사이에 이루어진 것이다. 제2차 세계대전 이후 인구증가와 경제성장으로 인해 관개와 용수공급, 수력발전 수요가 팽창하면서 역사상 전례가 없는 댐과 저수지 건설 붐이 일어났다(그림 1-1). 1950년 시점에서 세계 각지에 세워진 대형댐(높이 15미터 이상)의 수는 5,000개였고, 그중 4분의 3이 북미와 유럽 등 공업국가에 분포되어 있었다. 2000년 시점에서는 140개가 넘는 국가에 4만 5,000개의 대형댐이 분포되어 있었다. 평균적으로 보면, 인간 사회는 지난 50년 사이에 대형댐을 하루에 두 개씩 건설했다는 이야기다.[25]

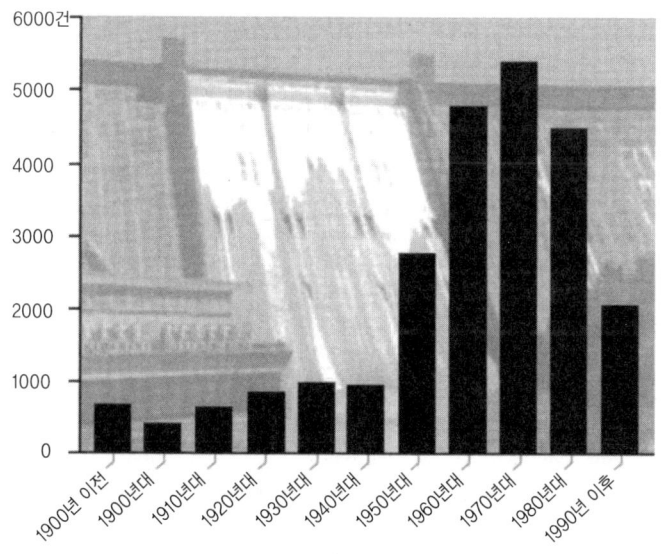

그림 1-1 세계의 댐 건설 추이(중국의 댐은 제외)
(출처: 세계댐위원회, 2000, 배경사진은 미국 개척국의 양해를 얻어 실음.)

중국에는 세계 인구의 5분의 1이 살고 있지만, 그곳에 건설된 대형댐의 수는 지구상의 대형댐 수의 절반에 이르고, 그중 90퍼센트가 1950년 이후에 건설된 것이다. 세계 인구의 4퍼센트가량이 거주하는 미국은 지구상의 대형댐의 14퍼센트에 해당하는 약 6,600개의 대형댐을 건설하여 2위를 기록하고 있다. 세계 인구의 17퍼센트가 거주하는 인도는 지구상의 대형댐의 9퍼센트에 해당하는 약 4,300개의 대형댐을 건설했다. 세계댐위원회World Commission on Dams의 발표에 따르면, 현재 인도에서 건설 중인 대형댐의 수는 지구상에서 건설 중인 대형댐의 약 40퍼센트에 이른다. 일본에는 2,600개 이상의 대형댐이 있고, 스페인에는 얼추 1,200개의 대형댐이 있다.26)

국가	대규모 댐의 수	비율(%)
중국	22,000	46.2
미국	6,575	13.8
인도	4,291	9.0
일본	2,675	5.6
스페인	1,196	2.5
캐나다	793	1.7
한국	765	1.6
터키	625	1.3
브라질	594	1.3
프랑스	569	1.2
남아프리카공화국	539	1.1
멕시코	537	1.1
이탈리아	524	1.1
영국	517	1.1
호주	486	1.0
기타	4,969	10.4
세계 전체	47,655	100.0

표 1-3 국가별로 본 대형댐의 세계적 분포
(출처: 세계댐위원회, 2000)

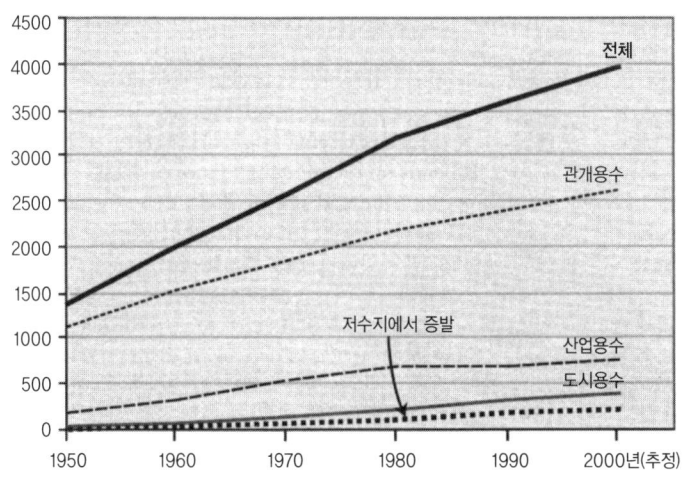

그림 1-2 세계 전체의 취수량 추정치, 1950-2000.
(출처: Shiklomanov, 1996)

댐과 저수지가 인간 사회와 경제활동에 결정적인 이익을 제공하고 있다는 것은 분명한 사실이다. 오늘날 수력발전은 세계 전력의 19퍼센트를 생산하고 있다. 전 세계 국가의 3분의 1은 전력수요의 절반 이상을 수력발전에 의존하고 있다. 또한 댐과 저수지는 홍수로 불어난 물을 저장했다가 나중에 이용하는 방식으로, 도시생활용수, 공업용수, 농업용수의 공급에 기여하고 있다. 1950년과 비교하면, 세계의 물 수요는 약 세 배로 증가했는데, 이런 수요는 대부분 댐과 하천의 유량 조정에 의해서 충족되고 있다(그림 1-2). 세계의 대규모 댐 가운데 절반가량은 관개를 유일한 목적 혹은 주된 목적으로 하여 건설되었다. 아시아의 대규모 관개용 댐 가운데 대부분은 '녹색혁명'이 확산되던 시기에 건설된 것이다. 오늘날 대형댐은 세계의 식량생산의 약 12~16퍼센트에 직접적으로 기여하고 있는 것으로 추정되고 있다.[27]

한편 손실 측면에서 따지자면, 댐을 비롯한 각종 수리시설들은 수계 서식환경과 생태계 서비스를 파괴하는 결과를 낳고 있다. 홍수조절, 수력발전, 관개, 용수공급, 선박운항 등의 목적을 위해서 운영되고 있는 모든 댐은 연중 특정 시기에 하천 본래의 유황을 변경시키고 있다.

모든 하천은 저마다 기후, 지질, 지형, 식생, 그 밖의 각종 자연조건에 의해서 결정되는 고유한 유황 특징을 가지고 있다. 이런 특징은 유량의 시기별 변화를 나타낸 수문곡선hydrograph으로 표현될 수 있다(그림 1-3). 가령, 몬순 기후에서 하천의 유량은 우기에 최고수위에 도달하고, 건기에는 최저수위로 떨어진다. 이와 마찬가지로, 산에 쌓인 얼음덩어리를 수원으로 하는 하천은 봄철 해빙기에 최고수위에 달했다가 여름철에는 최저수위로 떨어진다. 융설수가 대량으로 흘러내리는 시기나 뚜렷한 우기가 없는 지역에서는 일반적으로 계절에 따른 유황 변화가 적지만, 해당 유역의 강수 상황에 따라서 수위가 달라진다. 일년 단위의 수문곡선을 이용하면 하천의 전형적인 유황 특징을 포착할 수 있지만, 큰 홍수나 큰 가뭄 따위의 극단적인 상황을 포착하기 위해서는 수십 년에 걸친 수량 기록이 필요하다. 이런 극단적인 상황은 50년에 한 번 발생할까 말까 한 일이기는 하지만, 하천의 자연적인 유황을 구성하는 중요한 요소다.

하천의 수문곡선을 구성하는 개개의 요소, 즉 고수위, 저수위, 그리고 평균수위는 하천 수계와 그 안에서 생활하는 생물의 건강에 중요한 영향을 미친다(그림 1-4). 큰 홍수가 담당하는 여러 가지 중요한 역할 가운데 몇 가지 사례를 들자면, 큰 홍수는 산란장소로 잔자갈과 왕자갈을 운반하고, 수생동물의 먹이가 되는 유기물을 수로에 공급하고, 곤충이 생애주기의 다음 단계로 이행하는 것을 촉진하고, 어류에게 이동과 산란을 시작할 때라는 신호를 준다. 정기적으로 형성되는 중소규모의 홍수 때에는 물웅덩이와 얕은 여울 등 수로의 물리적 특징을 결정하고, 산

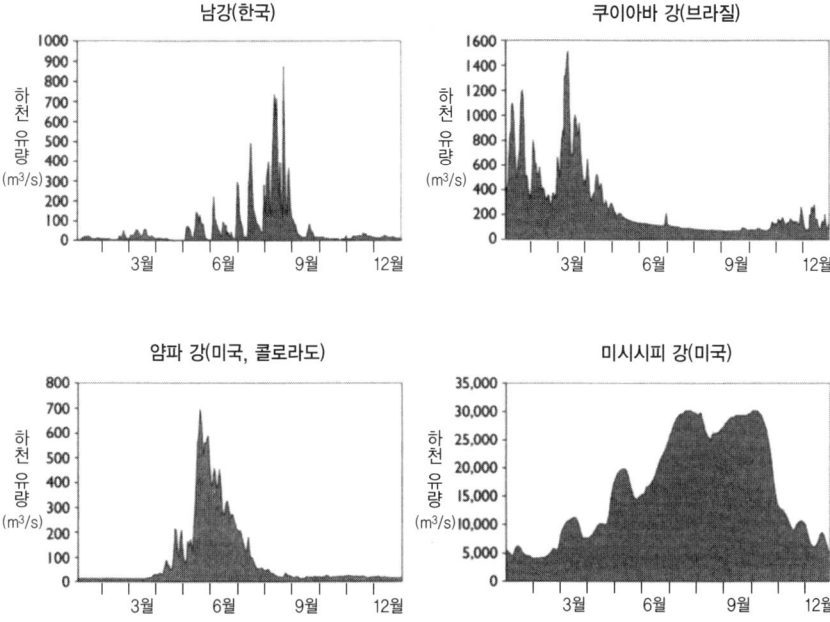

그림 1-3 세계 하천들의 수문곡선(유량그래프): 4개의 유량그래프는 각각 서로 다른 기후와 유역 크기에 의해 영향을 받는 일년 동안의 하천 유량의 변화를 보여주고 있다. 한국의 남강은 상대적으로 작고, 여름철의 계절적 집중호우에 반응하여 그래프가 빠르게 상승한다. 브라질의 쿠이아바 강은 훨씬 넓은 유역으로부터 흘러들어오는 물이 유출된다. 유량의 상승은 연초부터 좀 더 긴 기간에 걸쳐서 완만하게 이루어진다. 미국 콜로라도 주의 얌파 강에는 융설수가 유입되며, 그 결과는 늦봄에 장기간의 확연히 구분되는 홍수 정점으로 나타난다. 미시시피 강의 유량은 많은 큰 지류하천들에서 물이 유입되면서 느리게 증가하여 한 해의 중반에 정점을 이룬다.

란지 잔자갈 아래 숨겨진 어류의 알들에게 산소를 공급한다. 유지유량이라고도 불리는 저수위는 수중생물의 서식지 범위를 결정하고, 수온과 수질을 적정하게 유지하며, 어류에게 먹이활동 지역이나 산란장소로 이동할 수 있는 기회를 제공한다. 자연적으로 발생하는 갈수기의 유량 역시 특정한 범람원의 식물군을 보충하고 하천에서 외래종을 제거하는 것과 같은 중요한 역할을 한다.

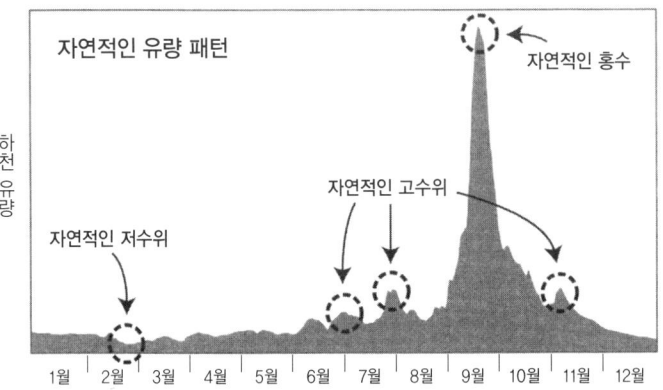

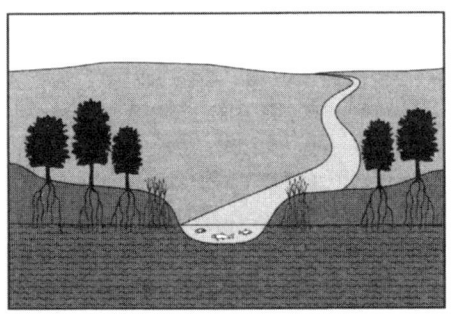

자연적인 저수위
- 물고기에게 필요한 산소가 있고, 물고기는 먹이를 찾아 상하류로 이동할 수 있다.
- 수변의 식생은 낮은 지하수면에 의해서 지탱된다.
- 곤충들은 하류로 흘러온 유기물을 섭취한다.
- 새들은 건강한 수변의 식생과 수중의 먹이를 먹고 살아간다.

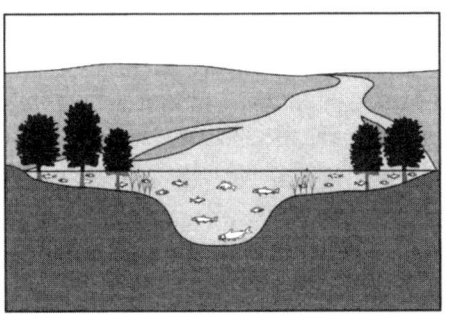

자연적인 홍수
- 물고기는 범람원 지역에서 먹이를 찾고 알을 낳을 수 있다.
- 수변식생들의 씨앗이 홍수가 운반해온 퇴적토 위에서 발아한다.
- 곤충들은 그들의 생의 순환을 완성하기 위해서 물에서 나온다.
- 수금류와 섭금류의 물새들은 얕게 잠긴 지역에서 물고기와 식물들을 먹는다.

그림 1-4 자연적인 하천 홍수에 의해서 지탱되는 생태계의 기능들: 자연적인 유황은 많은 중요한 생태계 기능들을 지탱한다. 정상적인 저수위 시기에는 물고기와 강에서 사는 다른 생물들이 먹이와 번식을 위한 충분한 공간을 갖고, 먹이와 짝을 찾아 상류와 하류로 이동할 수 있을 정도의 수심이 유지된다. 지하수면은 범람원의 식생을 지탱하기에 충분할 정도로 높게 유지된다. 수위가 더 높아지면, 노폐물들이 쓸려 내려가서 수질이 회복되고, 하도가 형성되며, 하천 시스템의 전 영역으로 먹이가 이동한다. 홍수는 물고기가 이동하도록 자극하고, 물고기와 이동할 수 있는 다른 생물들은 더 따뜻하고 영양분이 풍부한 범람원 일대로 이동해서 먹이를 얻고 산란을 한다.

댐으로 변경된 유량 패턴

하천 유량

1월 2월 3월 4월 5월 6월 7월 8월 9월 10월 11월 12월

부적합한 저수위

- 물고기들은 수위가 낮아지고 수질도 떨어진 물에서 개체수가 과잉이 되고, 먹이가 있는 다른 곳으로 이동할 수도 없다.
- 수변식물들은 지하수위가 너무 낮아져서 시들어간다.
- 곤충들은 수위가 급격하게 상승하고 하강할 때 고통을 받는다.
- 새들은 수관배엽에서 먹이를 찾고 쉬고 번식할 수가 없다.

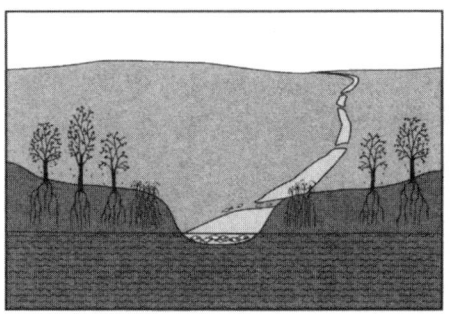

홍수의 부재

- 물고기는 알을 낳고 먹이를 찾을 범람원으로 접근할 수가 없다.
- 수변식생들이 하천 수로를 잠식해 들어온다.
- 곤충의 서식지들이 점토와 모래로 묻혀버린다.
- 많은 새들이 식물종의 변화 때문에 수변 지역을 이용할 수 없게 된다.

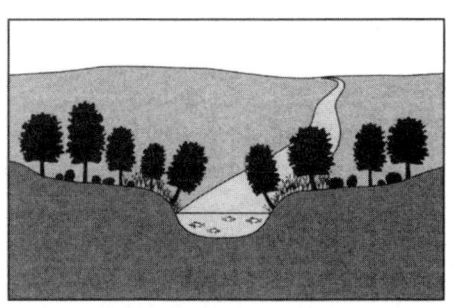

그림 1-5 **대형댐은 하천 유량을 변경하고, 생태계의 기능들을 붕괴시킨다**: 이 유량그래프는 〈그림 1-4〉와 동일한 하천의 상류에 수력발전용 댐이 건설되어 하천의 유량 패턴이 크게 변경되었을 때의 상황을 나타낸 것이다. 댐의 조작에 따라 하천의 수위는 불안정하게 변동한다. 자연적이지 않은 저수위는 물고기를 죽이고, 수온이 높아지고 산소함유율이 떨어지는 데에 민감한 종들의 개체수를 감소시킨다. 하천에 의해서 함양되지 못해 낮아진 지하수위 때문에 범람원의 식생들을 말라간다. 고수위가 없어진 탓에 식생이 하천 수로에까지 침입해 들어오고, 그 결과 수중의 서식공간은 그만큼 더 좁아지게 된다. 중소규모의 홍수가 없는 상태에서는, 저수위 때의 혹독한 조건들이 오랫동안 지속될 가능성이 높아진다. 큰 홍수가 없을 경우, 많은 어종들은 알을 낳고 먹이를 찾을 범람원으로 접근할 수가 없다.

댐을 비롯한 각종 수리시설은 하천의 자연 유량 패턴을 변화시켜 생태계를 유지하는 과정 가운데 상당 부분을 교란시킨다(그림 1-5). 예를 들어, 홍수조절을 위해 세운 댐과 제방은 고수위 때의 유량을 평준화하고, 하천과 범람원이 연결될 기회를 차단한다. 미국 중서부에 있는 대부분의 하천에서 홍수가 없어진 까닭에 프레리피시prairie fishes가 멸종위기에 몰리고 있다. 이 물고기는 홍수기에 산란을 하는데, 그 알은 부화할 때까지 흐르는 물을 타고 떠다니기 때문이다.[28] 관개를 주된 목적으로 하는 댐은 관개가 잦아지는 여름철에 유지유량을 지나치게 고갈시킨다. 아스완 댐이 건설되기 전에는 나일 강의 고수위와 저수위의 비율은 평균 12 : 1이었는데, 댐 건설 후에는 이 비율이 2 : 1로 급락했다.[29] 수력발전용 댐은 전력수요가 급증할 경우 갑자기 저수지의 물을 방류하기 때문에, 하루 사이의 유량 변동이 대단히 크고 변동패턴이 부자연스럽다.

호주의 연구자인 스튜어트 번과 앤절리나 아싱턴은 하천의 유량 변경이 생태계에 미치는 영향을 종합적으로 분석했다. 그들은 유량 변경이 하천생태계와 거기에 서식하는 생물종에게 파괴적인 영향을 미치는 이유와 관련해서 네 가지 주요 원칙을 제시했다.[30] 첫째, 하천 유량, 특히 홍수는 하천과 범람원의 물리적 서식지의 형태를 결정짓기 때문에, 동식물의 분포와 개체수에 큰 영향을 미치며 심지어는 유량이 변경되어 서식지를 이용할 수 없게 된 생물종들을 완전히 멸종시킬 수 있다. 둘째, 수생 생물종의 생존과 번식 전략은 자연 유량조건에 맞추어 짜여 있다. 만일 유량이 변해서 생물종의 생애주기를 순조롭게 진전시키는 조건이 충족되지 않으면 그것에 의존하고 있던 종은 급속하게 감소하거나 사라질 가능성이 높다. 셋째, 많은 생물종은 한 해 중 중요한 기간에 상류 혹은 하류로 이동하거나 수로에서 인근 범람원으로 이동하기 때문에 적절한 수심을 필요로 한다. 유량 변화가 일어나서 이런 이동이 차단되면, 이 종들은 성장과 번식을 위해서 꼭 필요한 먹이활동 및 산란의 장소에 도달하지 못한다. 넷째, 변경된 유황 조건은 종종 강 외부에서 하천 수계로 침입한 외래종에게 유리한 조건을 제공하고, 고유종의 생존에 압박을 가한다.

1963년 콜로라도 주 그랜드캐년 협곡 상류에 글렌캐년 댐이 완공된 후에 콜로라도 하천 유역에서 연쇄적으로 발생한 상황을 살펴보자.31) 댐이 완공되어 수문이 닫히자 퇴적물이 전혀 흘러들지 않게 되었고, 과거에는 진흙이 많이 섞여 불그스레했던 강물(콜로라도는 스페인어로 '붉다'라는 뜻이다)이 수정처럼 맑고 밝은 녹색을 띠며 흐르기 시작했다. 댐 완공 이후에는 강물이 60미터 높이의 수문에서 파웰 호 수면 아래로 떨어져 내리기 때문에, 과거에는 연중 시기에 따라 섭씨 0도에서 30도 사이를 자연스럽게 오르내리던 수온은 항상 섭씨 9도를 유지한다. 과거에는 햇빛이 탁한 수면에 부딪혀 반사되었지만, 댐 완공 이후에는 햇빛이 맑은 물을 꿰뚫고 깊은 곳까지 들어가서 수생식물과 곤충의 폭발적인 성장을 촉진하여 하천의 자연적인 먹이사슬에 큰 변화를 일으켰다. 고유어종은 과거에는 진흙이 많이 섞인 강물에 적응해서 눈에 뜨이지 않는 방법으로 먹이를 찾아 먹었는데, 물이 맑아진 뒤로는 맑은 물에서 먹이를 쉽게 찾을 수 있는 잉어, 송어 따위의 외래종에게 쉽게 노출되면서 생존경쟁에서 열세에 몰리게 되었다. 콜로라도 강에 서식하던 고유어종 8종 가운데 예전처럼 많은 개체수를 유지하는 종은 3종에 불과하고, 나머지 종들은 그 지역에서 완전히 멸종되었거나 간신히 멸종위기를 넘기고 있다.

또한 글렌캐년 댐은 콜로라도 강의 자연적인 홍수 유량을 급격하게 감소시켰다. 1963년 이전에 콜로라도 강의 홍수 유량은 초당 평균

2,550세제곱미터였지만, 댐 완공 이후의 홍수 유량은 해빙을 비롯한 각종 자연적인 조건과는 무관하게 수력발전용 터빈의 방류량에 의해 결정되게 되었다. 글렌캐년 댐의 방류량은 일일 최고 방류량이 일일 최저 방류량의 30배에 이를 정도로 하루 단위로 극심한 변화를 보였다. 예전에는 미숙한 어류와 곤충이 포식자의 공격을 피하기 위해서 유속이 느리고 얕은 강기슭에서 활동했지만, 수위의 극심한 변화가 일어나면서 강기슭은 이런 생물들을 죽음으로 몰아넣는 함정으로 돌변했다. 수위가 급격하게 상승하면 움직임이 빠르지 못한 수생곤충들은 강기슭으로 이동하지 못하고 뭍에 남겨지거나 물에 떠밀려 내려가고, 수위가 급격하게 낮아지면 작은 물고기들은 포식자들이 득실거리는 수로의 중심으로 이동하지 않을 수 없기 때문이다.

글렌캐년 댐은 또한 콜로라도 강의 강력한 운반 시스템을 차단했다. 댐 건설 이전에 콜로라도 강은 하루 평균 38만 톤의 퇴적물(침몰한 타이타닉 호 중량의 다섯 배에 이른다)을 하류로 실어날랐지만, 댐 완공 이후에는 이런 엄청난 양의 퇴적물이 하류로 흘러내리지 못하고 댐 위에 있는 파웰 호에 쌓이게 되었다. 댐 아래에서는 모래와 자갈이 저수지에서 방류되는 물에 쓸려 내려가지만, 새로운 퇴적물이 운반되지 않기 때문에 강바닥은 메워지지 않은 상태로 남아 있게 되었다. 결국 수문이 닫힌 지 한두 해 만에, 하류 강바닥의 수심은 무려 9미터나 깊어졌다. 수많은 생물종들에게 생명활동의 장소를 제공하던 역동적이고 다채로운 수로의 서식지는 단시일 내에 균일하고 안정된 수로로 돌변하고 말았다. 하천의 넓은 모래톱이 쓸려 내려가는 바람에 사람들은 캠핑할 곳을 잃고, 수변식물과 곤충, 도마뱀, 두꺼비, 몸집이 작은 포유류, 조류는 중요한 서식지를 잃었다.

콜로라도 강에서 일어난 것과 같은 생태 변화는 인간의 목적에 맞추어 하천 변경을 해온 세계 각지의 하천으로 확산되고 있다. 하천은 저마다 고유한 유황 패턴을 가지고 있으므로, 인간이 어떤 하천의 고유한 유황을 변경시키면 하천마다 다른 반응을 보인다. 그러나 대개는 생태학적 온전성이 무너지고 하천 건강이 훼손되는 결과가 나타난다. 하천 변경은 이처럼 생태계 자체에 해악을 미칠 뿐 아니라 인간 사회와 경제가 의존하고 있는 유익한 물자와 서비스 가운데 상당 부분을 파괴한다.

예를 들면, 동남아시아 메콩 강 유역에서는 5,000만이 넘는 사람들이 영양원 혹은 생계수단을 어류에 의존하고 있다. 본래의 유황 조건 속에서는 이 어류 가운데 90퍼센트가 자연적인 홍수로 물에 잠긴 들판과 숲에 산란을 한다. 그러나 메콩 강 하류에 수많은 댐과 수리시설 건설이 예정되면서 주민의 생활은 위기에 몰리게 되었다. 예컨대, 메콩 강의 대규모 지류인 태국의 문 강에 빡문 댐이 완공되고(1994년), 메콩 강의 또 하나의 지류인 라오스의 테운 강에 남테운힌분 수력발전 댐이 완공된 이후(1998년), 어획고는 급격하게 줄어들었다. 남테운힌분 댐의 경우에는 석 달 간의 건기에는 댐 하류의 유량이 띄엄띄엄 물웅덩이가 만들어질 정도로 줄어들 것이라는 예상이 있었음에도 불구하고 건설이 강행되었고, 결국 140개 어종이 서식지를 잃었다.[32] 미국과 멕시코의 국경을 이루는 리오그란데 강(총 길이 2,019킬로미터)의 경우에는, 댐과 저수지의 운영으로 홍수 유량이 급감하면서 지류에서 운반되는 막대한 양의 퇴적물이 하류로 내려가지 못하게 되었다. 그 결과, 지류의 홍수로 불어난 강물이 밀려들자 퇴적물이 잔뜩 쌓인 리오그란데 강 본류는 강둑을 넘어 범람하고 말았고, 광범위한 지역이 경제적 손실을 입지 않을 수 없었다.[33]

또한, 댐이나 제방, 대규모 인공수로 사업으로 강과 범람원의 연결이 끊기면, 하천 수계는 유역을 통과하면서 자체 수질을 정화하는 능력을 대폭 상실하게 된다. 수질정화 능력은 생태계 서비스 가운데서 대단히 중요하게 평가되는 것이다. 만일 강물이 범람원을 넘어 퍼져나가지 못하면, 영양물이 풍부한 운반물은 범람원의 식물군락에 이르지 못하고, 따라서 식물에 흡수되어 정화되는 기회를 상실한다. 하천은 대량의 오염물질을 하류로 실어나른다. 미국 중서부 지역의 경우에는, 농민들이 옥수수와 콩을 재배하면서 대량의 비료를 살포하는데, 앞서 말한 하천의 중요한 생태계 서비스가 사라진 까닭에 하류에서는 대단히 심각한 오염 피해가 발생한다. 멕시코 만에 유입되는 담수의 90퍼센트 이상은 미국 면적의 40퍼센트 가량을 포함하는 미시시피 강 유역에서 유래한다.[34] 미시시피 강 하구에서는 운반물의 질소함유량이 개발 전보다 두세 배나 증가한 것으로 추정되고 있다. 이 영양물이 조류藻類의 번성을 촉진하기 때문에, 멕시코 만에서 형성된 산소함유량이 낮은 '죽음의 수역'에서는 어류를 비롯한 해양생물이 죽어가고 있다.[35] 수계가 과도하게 변경되어 오염이 심각해진 세계 각지의 하천에서 해안까지 운반된 질소의 양은 유럽의 아드리아 해, 발트 해, 흑해와 멕시코 만에서 크게 늘어나고 있다.[36]

  수로의 직선화와 강물의 삼각주 및 하구로의 유입 차단으로 인해 세계 각지에서 수생생물과 귀중한 생태계 서비스가 심각한 위협에 시달리고 있다. 하천에서 하구로 이어지는 시스템을 보면, 담수의 유입이 감소하면서 바닷물이 내륙까지 유입되어 습지와 하구에서 수중 염분농도가 높아지는 현상이 적지 않게 나타난다. 예를 들어, 캘리포니아 주에서는 센트럴밸리 지역의 농민들과 캘리포니아 주 남부 주민들에 대한 급수량 증가로 강물이 삼각주로 유입되지 않게 되면서 샌프란시스코 만과 인근 삼각주에서 이러한 현상이 나타나고 있다. 이처럼 물의 경로를 변경하면 염수와 담수가 섞이는 구간이 샌프란시스코 만의 얕은 수역에서 삼각주의 좁고 깊은 수로로 이동하고, 하구에 서식하는 생물종의 생존에 불리한 조건을 형성한다.[37] 삼각주에 서식하는 바다빙어(delta smelt, 학명은 *Hipomesus transpacificus*)는 서식지의 소멸과 대형 양수펌프 때문에 많은 개체가 죽어나가 멸종될 위기에 처해 있다. 마찬가지로, 세계 최대의 삼각주 지역인 갠지스 강과 브라마푸트라 강의 삼각주 지역 역시 심각한 생태계 파괴를 겪고 있다. 하천 유황의 변경에 따라 삼각주를 거쳐 벵골 만으로 흘러드는 담수의 유입량이 크게 줄어들고, 그 결과 염분전선이 삼각주 서쪽 지역으로 이동하여 귀중한 맹그로브 삼림과 어류의 서식지를 파괴하고 있는 것이다.[38] 방글라데시의 500만에 이르는 저소득층은 이 삼각주 지역에서 고기를 잡거나 다른 일을 해서 생계를 유지하고 있다.[39]

위기에 몰린 담수생물

댐을 비롯한 각종 수리시설로 인해 서식지와 유량조건이 변화되면서, 예전의 환경에 수천 년 동안 적응해온 각종 생물종이 차츰 위험한 지경으로까지 감소하고, 그 가운데 다수는 멸종위기에 처해 있다. 수중의 건강한 생물군집은 자연의 활동에서 많은 역할을 담당하는 까닭에, 주요한 종들의 감소는 하천의 건강상태를 후퇴시키는 원인이면서 동시에 결과라고 할 수 있다. 담수의 생물다양성의 현황은 하천 유황 변경이 미치는 영향을 입증하는 증거이면서 동시에 위험한 추세가 전환되지 않으면 생태계의 건강이 악화될 것이라는 경고이기도 하다.

지구상의 전체 생물서식지의 면적 비율을 보면, 해양생태계는 71퍼센트, 육상생태계는 28퍼센트, 담수생태계는 1퍼센트 미만이다. 그러나 서식지의 면적 대비 종의 다양성은 담수생태계가 가장 높다. 담수생태계는 지구상의 전체 생물서식지 면적의 0.8퍼센트를 차지하지만, 담수생태계에는 지구상에서 확인된 전체 생물종 가운데 2.4퍼센트가 서식한다. 따라서 담수생태계는 육상생태계나 해양생태계보다 종의 밀도가 높다.[40] 바꾸어 말하면, 상대적으로 면적이 좁은 담수 서식지가 사라지게 되면 다양한 담수생물 가운데 상당한 비율이 멸종할 가능성이 높다. 많은 생물종이 발견도 명명도 되기 전에 멸종할 수도 있는 일이다. 실제로 연구자들은 최근 20년 사이에 매년 300여 개의 새로운 담수생물종을 발견하여 명명하고 있다.[41]

안타까운 일이지만, 지구상에 서식하는 담수생물의 다양성에 대한 종합적인 평가는 불가능하다. 저소득국과 중소득국은 물론, 많은 선진국에서도 담수생물 다양성에 관한 데이터는 확보되어 있지 않다. 그러나 연구자들의 추산에 따르면, 최근 수십 년 사이에 세계 전체 담수어종 1만여 종 가운데 20퍼센트 이상이 멸종되었거나 멸종위기에 처하게 되었다.[42] 담수 서식지에 의존하는 조개류, 조류, 양서류, 식물, 그 밖의 생물종 가운데서도 상당수의 종이 위험한 상태에 있는 것으로 여겨지고 있다.

북미 지역에는 생물다양성 데이터가 비교적 완벽하게 갖추어져 있는 까닭에, 담수생물의 멸종위기가 대단히 심각하다는 것이 뚜렷하게 확인된다. 북미 지역에서는 1900년 이후로 적어도 123종의 담수어류와 연체동물류, 가재류, 양서류가 멸종되었다. 생물학자인 앤서니 리치아디와 조지프 라스무센은 북미 지역에서는 최근 수십 년 사이에 담수동물종이 10년마다 평균 0.5퍼센트씩 멸종하고 있다고 추정하면서, 머지않아 이 비율은 10년마다 3.7퍼센트씩 멸종하는 수준으로까지 늘어날 것이라고 예측한다.[43] 이와 같은 예상멸종률은 육상생물종의 예상멸종률의 약 다섯 배에 해당하는 것이다. 이것은 북미 지역에 서식하는 담수생물의 다양성이 육상생물보다 훨씬 더 위태로운 상태에 있다는 것을 의미한다. 매우 충격적인 사실은 북미 지역 담수생물종의 상대적인 멸종률은 현재 지구상에서 극심한 곤경에 처해 있는 생태계로 몇 손가락 안에 꼽히고 있는 열대우림 지역의 담수생물종 멸종률과 거의 비슷하다는 점이다. 열대우림 지역에는 북미 지역 담수보다 훨씬 많은 종이 서식하고 있음에도 불구하고, 두 생태계는 비슷한 비율로 생물다양성이 감소하고 있는 것으로 나타나고 있다.

미국은 담수생물의 다양성이 높기로 세계적으로 손꼽히는 곳이다. 이미 확인된 종류로 따져서, 미국은 민물홍합, 달팽이, 도롱뇽, 그리고 3종의 주요 담수곤충(날도래, 하루살이, 강도래)의 종류 면에서 세계 1위를 달린다. 미국에는 300종의 민물홍합류가 서식하고 있는데, 이것은 세계 전역에서 확인된 민물홍합류 종의 29퍼센트, 유럽, 아프리카, 인도, 중국에서 확인된 민물홍합류의 종수의 약 두 배에 이르는 것이다. 미국에는 약 800종의 담수어류가 서식하고 있다. 미국은 담수어류의 다양성 면에서 세계 7위, 온대 기후 국가 가운데서는 세계 1위다. 미국의 어느 수로(테네시 주의 덕 강)에 서식하는 어종은 유럽의 전역에 서식하는 어종보다 많다. 농어과에 속하는 다터darter의 경우에는 단일 속으로서 미국의 어류 가운데 가장 많은 종이 미국에 서식하고 있다. 다터의 125종이 미국 고유종, 즉 미국 이외에는 세계 어디에서도 서식하지 않는 종이다. 다시 말해서 미국의 담수생물 가운데는 미국 고유종이 대단히 높은 비율을 차지하는데, 담수어류의 경우도 약 3분의 2가 다른 지역에서는 발견되지 않은 종이다.

지금까지 미국은 풍부하고 세계적으로 중요한 담수생물이라는 자산을 제대로 돌보지 못했다. 미국의 생물다양성과 관련하여 가장 종합적인 연구(자연보전협회와 생물다양성협회에서 실시한 연구)에 따르면, 미국에는 동식물의 주요 그룹이 14개 있는데 그 가운데 멸종위기종이 가장 많이 포함되어 있는 상위 5개 그룹은 대부분의 생애주기 혹은 특정한 생애주기를 담수생태계에 의존하는 동물이다(표1-4)[44]. 무려 민물홍합류의 69퍼센트, 가재류의 51퍼센트, 담수어류의 37퍼센트, 양서류의 36퍼센트가 멸종위기에 몰려 있다. 현화식물은 33퍼센트, 포유류는 16퍼센트, 조류는 14퍼센트가 멸종위기에 있는 것과 비교하면 대단히 높은 비율이다. 미국에서는 멸종의 위험도가 높은 생물종을 '멸종 또는 사라진 종 presumed/possibly extinct', '위급종 critically imperiled', '위기종 imperiled', '취약종 vulnerable', 이렇게 네 개의 범주로 분류한다. 똑같이 이 네 범주에 속하는 경우라도, 담수환경에 의존하는 생물은 다른 주요 생물그룹보다 위험도가 높은 단계의 그룹에 드는 경향이 있다. 가령, 미국에 서식하는 민물홍합류의 38퍼센트, 가재류의 18퍼센트, 담수어류의 14퍼센트가 멸종위급종이거나 혹은 이미 멸종된 것으로 추정된다. 이에 비해서, 미국에 서식하는 동식물종 가운데 위험도가 상당히 높은 이 두 개의 범주에 들어가는 종의 비율은 8퍼센트에 지나지 않는다. 말하자면, 미국의 담수생물이 육상생물보다 멸종 위험도가 높다는 이야기다.

　홍합류의 멸종 위험도가 매우 높다는 사실은 특별히 우려되는 일이다. 홍합류는 담수생태계의 건강상태를 판단할 수 있는 효과적인 지표일 뿐 아니라, 생태계의 건강을 보존하는 데에서도 중요한 역할을 한다. 거의 정착생활을 하는 홍합류는 물의 특정한 유량과 온도, 청정도, 산소농도, 영양물 등의 조건이 충족되어야만 생존할 수 있다. 이런 조건은 다른 종들에게 있어서도 중요한 영향을 미치며, 전체 담수생태계의 건강을 좌우하는 것이다. 생태학적인 면에서 볼 때, 홍합류는 자연계의 정수기 역할을 한다. 홍합류는 주위의 물속에 있는 미세한 플랑크톤을

동물군	전체 종수	멸종종, 위급종, 위기종, 취약종의 비율(%)
민물홍합	292	69
가재	322	51
잔걍도래	606	43
담수어류	799	37
양서류	231	36

표 1-4 담수생태계에 의존하는 미국 동물종들의 위기상황(출처: Stein, Kutner, Adams, 2000)

섭취하고 강과 호수의 수질을 정화하여 인간이 이용할 수 있는 수질을 유지한다. 홍합류는 또한 다양한 조류와 야생생물의 식량원이다. 홍합류는 담수생태계의 이른바 '탄광 속의 카나리아'다. 다시 말해서, 홍합류가 멸종되었거나 멸종될 위험이 높은 상황이라는 것은 머지않아 담수생태계와 담수생물에게 위험이 닥치리라는 전조다.[45]

홍합류는 수천 년 전부터 오늘날까지 물 환경에서 성공적으로 번성하기 위해 무수히 많은 신비롭고 복잡한 적응방법을 개발해왔다. 홍합은 먼 거리를 이동하지 않는다. 대부분의 재래종 홍합류는 한 개 이상의 어종에게 의존해서 자손을 퍼뜨리고 새로운 서식지로 이주한다. 연구자들은 최근에 이런 과업을 달성하기 위해서 홍합류가 개발해온 일련의 다양한 행동들을 포착하는 데에 성공했다. 가령, 앨라배마 주 모빌 강 유역에서만 발견되는 오렌지-네이커 머켓orange nacre mucket이라는 홍합은 유생幼生을 새로운 장소로 이동시키는 대단히 신비로운 방법을 개발했다. 홍합 암컷은 물속으로 2, 3미터까지 뻗어나갈 수 있는 젤리 같은 관 끝에 유생을 넣어놓고 그 관을 이용해서 지나가는 물고기를 유혹한다. 지나가던 물고기가 맛있는 피라미로 착각하고 그 관을 입에 물면 관이 찢어지면서 유생이 물속으로 퍼져나간다. 일부 유생은 물고기 아가미에 달라붙어서 그곳에 있는 영양분을 섭취하면서 성장하다가 1,

2주 후에 물고기 몸에서 떨어져 나온다. 독립한 유생은 강바닥으로 내려가서 새로운 장소에 부착한 다음, 바로 물을 정화하는 중요한 활동을 시작한다.[46]

안타깝게도, 다른 수많은 홍합류와 마찬가지로 모빌 강 유역의 오렌지-네이커 머켓 역시 무수한 댐 건설과 각종 하천 변경으로 생존을 위협받고 있다. 모빌 강 유역 홍합류 가운데 17개 종이 '멸종위기종법'에 의해 위급종 혹은 위기종으로 분류되어 있다. 홍합류를 위협하는 주된 요인은 수력발전과 선박운항을 목적으로 모빌 강과 지류에서 진행된 대규모 개발사업들이다. 수력발전을 위해서 건설된 댐 15개와 선박운항을 위해서 건설된 갑문댐Lock & Dam 19개가 약 44퍼센트의 모빌 강 본류 유량과 그보다 훨씬 높은 비율의 주요 지류의 유량을 가두고 있다. 그 결과 자연상태 그대로의 하천생태계는 대폭 감소하고, 재래종 홍합류뿐 아니라 앨라배마청어, 앨라배마철갑상어, 크기가 작은 10개 어종 등 수많은 어종들이 모빌 강 유역에서 사라질 위기에 처해 있다.[47]

미국 대륙에서는 사라질 위기에 처해 있는 담수어종 가운데 다수는 다양한 어종이 생식하고 또한 대규모로 하천 변경이 이루어진 남동부의 유역에서 발견된다. 광대한 미시시피 강 유역은 북쪽에서 남쪽으로 흐르기 때문에 수천 년 전 홍적세의 빙하기 때 많은 종들이 남쪽으로 이동해서 살아남을 수 있었다. 따라서 미시시피 강 본류가 아니라 그 지류들, 특히 애팔래치아 산맥과 오자크 산맥의 일부 지역을 지나는 지류에서 생물다양성이 두드러진다. 실제로, 미국 대륙에서는 위기에 처해 있는 생물종의 수가 많은 상위 20개 하천 가운데 18개가 테네시, 오하이오, 컴벌랜드, 모빌 등 남동부의 4개 유역에 집중되어 있다. 1위는 테네시 주와 버지니아 주의 경계를 이루는 클린치 강 상류인데, 이곳에 서식하는 48종의 어류와 홍합류가 멸종위기종 혹은 취약종으로 지정되어

있다.48)

미국의 어종 중 가장 우람한 자태를 뽐내는 연어는 다른 어종보다 훨씬 많은 주목을 받아왔다. 독특한 회유성을 가진 연어는 종 차원에서 보면 희소하다고 볼 수 없지만, 연어가 처한 곤경은 대단히 심각하다. 많은 아종(동일한 종에 속하지만 유전학적으로는 상이한 개체군)들이 개체수가 희소할 뿐 아니라 멸종위기에 처해 있다. 연어와 무지개송어 7개 종에 속하는 217개 이상의 아종이 멸종될 위험에 처해 있다. 특히 태평양 북서부 연안에서는 수력발전용 댐의 건설, 과도한 어획, 불건전한 토지이용 등의 복합요인으로 인해서 연어의 수가 급감하고 있다.49)

유럽과 미국 동북부에서도 마찬가지로 야생 대서양연어의 수가 급감하고 있다. 예전에는 대서양 양쪽으로 흘러드는 2,000개 이상의 강이 대서양연어의 번식처였다. 세계야생생물기금WWF의 최근 연구에 따르면, 300개 이상의 강에서 야생 대서양연어가 사라졌다고 한다. 대서양연어는 독일, 스위스, 벨기에, 네덜란드, 체코, 슬로바키아에서는 완전히 사라졌고, 포르투갈, 폴란드, 에스토니아, 미국, 그리고 캐나다 일부 지역에서도 머지않아 사라질 것으로 보인다. 건강한 상태에 있다고 판단되는 야생 대서양연어의 약 90퍼센트는 스코틀랜드, 아일랜드, 아이슬란드, 노르웨이 4개국에 집중되어 있다. 세계야생생물기금의 연구는 야생 대서양연어를 위협하는 주요한 요인으로 과도한 어획과 댐 건설, 각종 수리시설, 환경오염, 그리고 연어 양식장을 꼽았다. 연어 양식장은 병을 확산시키고 야생 어종의 유전자풀gene pool을 손상시키는 요인이다.50)

대부분의 개발도상국에서는 담수생태계에 대한 종합적인 연구가 이루어지지 않고 있다. 그러나 수많은 연구들을 종합해서 보면 담수생태계가 건강하지는 않다는 것을 알 수 있다. 댐 건설과 수로 변경, 각종 토목공사가 계속되어 하천의 대폭적인 변경이 이루어지면서 상황이 급격하게 악화되고 있는 것만은 분명하다. 지금까지 기록된 담수어 종류가 많은 순위로 몇 개의 강을 꼽는다면, 남미의 아마존 강 유역, 아프리카 중부의 자이레 강 유역, 동남아시아의 메콩 강 수계를 꼽을 수 있다. 아마존 강 유역에는 2,000개의 담수어종이 서식하는데, 이것은 세계 전역에서 확인된 담수어종의 약 20퍼센트에 해당한다. 연구자들은 아마존 강 유역의 2,000개 담수어종 가운데 90퍼센트가 다른 지역에서는 발견되지 않는 고유종이라고 추정한다.[51] 그런데 브라질 국내의 아마존 강 유역에만 70여 개의 댐이 건설될 예정이다. 따라서 머지않아 온대성 담수어종뿐 아니라 열대의 담수어종 역시 이동로 차단, 서식지 파괴 등의 하천 변경 행위로 인하여 생존을 위협받게 될 것이다.[52]

아프리카의 담수생물종이 다양한 것은 서식지 조건이 다양한 데에서 비롯된 것이다. 아프리카 대륙에는 호주를 포함한 다른 어떤 대륙보다 반건조 혹은 사막 지역이 넓게 분포되어 있다. 아프리카의 모든 하천을 합한 길이의 90퍼센트 이상은 9킬로미터 미만의 강들로 구성된다. 이 강들 가운데 대다수는 특정한 계절에만 물이 흐르기 때문에 다양한 조건이 조합된 서식지 환경이 탄생한다. 아프리카의 담수어종은 약 2,800종으로, 남미와 아시아 열대지역의 담수어종 추정치와 비슷하다(표 1-5).

빅토리아 호 담수어종의 급격한 감소가 아프리카의 담수생물 다양성에 대한 우려를 불러일으키는 것과 마찬가지로, 하천 수계의 생물상 역시 똑같은 위기상황으로 내몰리고 있다. 관개 및 수력발전용 댐 건설이 급속하게 진행되어, 1980년 이후 아프리카에서는 560개 이상의 대형 댐이 착공되었다.[53] 1960년대에 건설된 이집트의 아스완 하이 댐은 나일 강 북부의 생물다양성과 서식지에 막대한 변화를 야기했다. 댐 건설 이전, 나일 강에는 상업적인 어업의 대상 어종이 47종이나 서식하고 있

지역	추정된 종수
아프리카	2,780
남아메리카	2,400~4,000
열대 아시아	2,500
북아메리카	1,033
유럽	319
중앙아메리카	242
호주	188

표 1-5 세계 주요 지역별로 본 담수어류의 다양성
(출처: Stiassny, 1996)

었지만, 댐이 완공된 지 10년 만에 그중 30종이 사라져버렸다.[54]

아프리카 남부의 잠베지 강 유역의 경우에는 볼망태두루미가 '탄광 속의 카나리아'다. 즉 볼망태두루미의 급격한 감소는 하천의 인공적인 유량변경으로 인한 생태계의 악화 상황을 알 수 있는 전조다(그림 1-6). 볼망태두루미의 번식은 하천의 자연 유황과 긴밀하게 연관되어 있다. 홍수기에 물이 불어났다가 빠지면, 볼망태두루미는 그것을 신호 삼아 둥지를 짓기 시작한다. 볼망태두루미는 새끼를 포식자로부터 보호하기 위해서 범람원에 들어찬 넓고 얕은 물에 둥지를 짓는다. 홍수기가 끝날 때까지 기다리기 때문에 둥지가 물에 쓸려갈 위험은 없다. 한 쌍의 볼망태두루미는 홍수에 의지해서 번성하는 식물과 곤충을 먹이로 삼아 딱 한 마리의 새끼를 기른다. 그런데 볼망태두루미의 80퍼센트 이상이 서식하던 잠베지 강 유역에서 댐 건설과 수로 변경이 시작되면서, 볼망태두루미는 곤경에 빠지고 말았다. 오늘날 잠베지 삼각주의 광대한 범람원에서는 볼망태두루미의 생존에 중요한 영향을 미치는 일년 주기의 홍수가 발생하지 않기 때문에 볼망태두루미의 모습을 거의 찾아볼 수 없다.[55]

그림 1-6 볼망태두루미의 둥지 짓기: 매년 주기적으로 발생하는 홍수의 정점을 지나면, 볼망태두루미는 잠베지 강의 범람원으로 넘쳐 들어온 얕은 물에 둥지를 틀어 딱 한 마리의 새끼를 기른다.(사진: Richard Beilfuss)

아시아는 담수환경에서 서식하는 동물군이 믿기지 않을 만큼 다양한 곳인데, 그 가운데 대다수는 정확히 기록되어 있지 않을 뿐 아니라 멸종 위험도와 관련해서 서식환경과 위기의 정도를 추정하는 목록에도 수록되어 있지 않은 실정이다. 인도네시아에는 1,200~1,700종, 중국에는 717종, 태국에는 500종 이상의 담수어종이 서식한다. 아시아에는 지구상에 현존하는 다섯 종의 강돌고래 가운데 세 종이 서식한다.[56] 한 종은 아시아 남부의 갠지스 강과 브라마푸트라 강에서, 또 한 종은 파키스탄의 인더스 강에서, 나머지 한 종은 중국의 양쯔 강에서 서식한다. 바다로는 전혀 나가는 일이 없는 이 세 종의 강돌고래는 모두 멸종위급종이다. 아시아의 열대지역에는 세계에서 가장 많은 민물거북이 서식하고, 지구상에 현존하는 23종의 악어 가운데 여덟 종이 서식하는데, 이 여덟 종의 악어가 모두 멸종위급종이다. 아시아에는 외관 면에서 앞서 소개한 종들만큼 인상적이지 않은 종들도 풍부하다. 인도에 서식하는 날도래는 4,000종에 이른다. 날도래는 날벌레를 이용해서 낚시를 하는 사람들에게 잘 알려져 있는 수생곤충이다.57)

육생종으로 분류되는 아시아의 수많은 포유동물은 연중 내내 혹은 일정 시기 동안 강기슭에 있는 서식지에 크게 의존한다. 예컨대, 홍콩대학의 수생생태학자 데이비드 더전에 따르면, 코주부원숭이, 게를 주로 잡아먹는 짧은꼬리원숭이, 말레이맥, 멸종 우려가 높은 오랑우탄은 강기슭의 습지대와 습지 삼림을 주된 서식지로 이용한다. 말레이맥은 낮에는 조밀한 습지 삼림에서 지내다가 밤이 되면 습지대의 초지나 범람원을 찾아 먹이를 구한다. 이들보다 행동반경이 훨씬 넓기는 하지만, 아시아코끼리와 자바코뿔소 역시 건기가 되면 강기슭의 습지에서 물과 먹이를 구한다. 아시아의 물사슴은 계절성 몬순으로 물에 잠긴 범람원에 난 풀을 먹고 산다. 또한 사불상 Père David's Deer은 야생에서는 멸종된 상태지만, 그 서식지는 양쯔 강 인근의 습지로 한정되어 있다. 습지사슴은 거대한 뿔 때문에 조밀한 삼림이나 우거진 덩굴숲을 지나다니기 어렵기 때문에, 서식지를 훤히 트인 범람원에서 구한다.58)

남미의 열대지역과 아프리카의 일부 지역과 마찬가지로, 아시아에서도 역시 담수생물의 앞날은 그리 밝지 않다. 아시아의 많은 하천환경은 몬순성 기후에 의해 좌우된다. 몬순은 건기와 우기를 뚜렷하게 나누고, 그에 따라서 연중 일정한 시기에 높아지거나 낮아지는 하천 유량 패턴을 결정한다. 이런 환경에서 서식하는 생물들은 시기에 따른 유량 패턴에 적응하여 생활하고, 그에 맞추어서 생애주기를 운영한다. 가령, 메콩 강의 물고기들은 수위가 높아지는 우기가 되면 상류로 이동해서 알을 낳고, 수위가 내려가는 건기에는 다시 하류로 이동한다. 우기에 발생하는 홍수를 예방하거나 건기에 대비하여 물을 저장하기 위해서 설치된 댐들은 하천 유량 패턴을 균일하게 하고 범람원의 침수기간을 단축하기 때문에, 어류를 비롯한 각종 생물이 서식지와 생애주기를 전환할 때임을 알리는 환경의 신호에 의지할 수 있는 기회를 빼앗는다. 다른 곳에서는 댐 건설 이후의 어류 이동을 도울 목적으로 어도와 같은 구조물을 설치하는 것이 일반적이지만, 메콩 강의 어류는 대부분 뛰어오르지 않는 종이기 때문에 이런 방법으로는 효과를 거둘 수 없다.[59] 메콩 강위원회는 라오스와 태국, 캄보디아를 흐르는 메콩 강 본류에 10여 개의 댐 예정지를 결정했지만, 현재 건설은 보류된 상태다(5장 참조). 중국은 메콩 강 상류에 일곱 개의 대형댐 건설을 계획하거나 공사를 진행하고 있는데, 그중 일부는 이미 메콩 강에 악영향을 끼치고 있다.

중국 최대의 강인 양쯔 강의 담수생물 역시 매우 위태로운 형편이다. 중국 정부는 세계 최대의 산샤 댐을 건설하고 있다(2006년에 완공되었다 - 옮긴이). 이미 완공된 양쯔 강의 거저우바 댐은 회유성 어종인 중국철갑상어의 산란을 위한 회유를 가로막고 양쯔 강에만 서식하는 다비철갑상어와 회유성 어종인 중국주걱철갑상어의 개체수를 격감시키고 있다. 현재 다비철갑상어는 댐의 하류에는 거의 남아 있지 않고, 다른 지역에서는 발견된 바가 없는 중국주걱철갑상어는 곧 멸종될 가능성이 크다.[60]

생태학자 데이비드 더전은 상황을 다음과 같이 요약하고 있다.

"아시아의 강들과 강 연안 지역에서는 서식지를 파괴하거나 서식조건을 악화시키는 활동이 불처럼 번져나가고 있다. 이것이 주민들과 이동성 생물에게 초래할 결과는 충분히 예상할 수 있다.…… 아시아 열대지역은 인구가 조밀할 뿐 아니라, 경작할 농지가 없는 다수의 가난한 사람들이 급속히 팽창하는 도시에 밀집해서 산다. 사람들은 누구나 생활을 향상시키기를 원한다. 결국 일인당 자원사용량이 늘어나고, 이에 비례해서 물의 소비와 물의 오염, 유량 변경, 서식지 파괴가 늘어날 것이다. 30세기에 접어들 무렵에 아시아의 강들이 어떤 상황에 처하게 될지, 생각만 해도 끔찍하다."[61]

조류藻類, 균류, 벌레 따위의 강 수로와 호수 바닥, 습지, 범람원의 퇴적물에서 서식하는 각종 민물생물들은 사람 눈으로는 확인할 수도 없고 인상적인 풍채를 가지고 있지도 않지만, 생태계의 기능을 촉진하는 생물학적·화학적·물리적 과정에서 중요한 역할을 담당한다. 이런 생물들은 자연이라는 기구를 움직이는 톱니바퀴와도 같이, 생태계 서비스의 상당 부분을 묵묵히 수행한다. 이 생물들은 수질을 유지하고 유기물을 분해하고, 오염물질을 흡수하거나 이동시키고, 먹이사슬의 상위에 존재하는 동물들이 먹을 식량을 생산한다. 우리가 퇴적물에 서식하는 생물들과 관련하여 가지고 있는 정보량은 어류와 조개류에 관한 정보량을 크게 밑돌지만, 이런 생물들은 종도 다양하고 수적으로도 엄청나다. 세계적으로 담수 퇴적물 안에는 10만 종 이상의 무척추동물과 1만 종의 조류, 2만 종의 원생동물과 박테리아가 살고 있는 것으로 추정된다.[62]

담수 퇴적물에 서식하는 생물의 다양성과 그 역할에 관한 정보는 턱없이 빈약하다. 그 가운데 수적으로 가장 많은 생물은 대부분 현미경으로나 볼 수 있을 만큼 작고, 퇴적물의 하단에 깊이 묻혀서 살기 때문에, 샘플을 채취해서 연구하기 어렵다. 따라서 과학자들은 채취한 샘플에서 생물을 찾아내서 분류하는 통상적인 방법 대신에, 특정 장소에서 어떤 과정이 진행되는가를 관찰하면서 그곳에 어떤 종들이 살고 있는지를 추론하기도 한다. 습지대에는 1,500종 이상의 무척추동물과 이와 비슷한, 혹은 훨씬 많은 수의 미생물들이 산다. 이에 미치지는 못하지만 엄청난 수의 생물종이 강이나 호수의 바닥과 지하수 퇴적물에서 생활한다.[63] 이런 생물들의 활동은 퇴적물 위의 물에서 진행되는 여러 가지 과정들에 영향을 미칠 뿐 아니라, 그 과정들로부터 영향을 받는다. 가령, 물이 불어나서 먹을 것이 풍부한 시기가 되면, 퇴적물에 서식하는 동물들은 알에서 깨어난 다음 뿔뿔이 흩어져 물속으로 들어가 먹이를 구한다.[64] 댐을 비롯한 각종 수리시설이 들어서면서 홍수 유량이 통제되면, 이런 중요한 생태적 과정들이 무너진다. 퇴적물에 서식하는 생물들은 대부분 수위변화와 유량규모, 홍수의 빈도 등 각종 수문학적 변경에 무척 민감하게 반응하기 때문이다.

인간의 하천 통제가 늘어나고 담수 서식지의 변경이 심화되면, 이런 생물종 군집의 수와 구성 역시 변화를 겪는다. 이런 변화는 대체로 우리로서는 설명할 수도 예측할 수도 없는 방식으로 진행되며, 큰 손실을 야기하는 데서 그치지 않고 돌이킬 도리가 없는 결과를 초래한다. 담수생물의 다양성과 수가 감소하면 예측할 수 없는 생태적 변화가 일어날 가능성이 커진다.

인간과 생태계 물수요의 균형점이라는 새로운 관점

오늘날 인간 사회는 엄청난 도전에 직면해 있다. 무수히 많은 과학적 증거들이 우리가 막대한 돈을 들여서 설치하는 수리시설들에 의해서 물속 세계가 파괴되고 있음을 입증하고 있다. 담수생물종의 멸종 사례는 계속 늘어나고 있다. 인간의 경제활동에 보탬이 되는 각종 서비스를 제공하는 기능을 비롯해서 모든 생물을 부양하는 역할을 하는 생태계의 여러 가지 기능들이 점차 쇠퇴하고 있다. 그런가 하면 인구와 소비수준은 계속 증가하고 있고, 그에 따라서 물과 식량, 에너지, 각종 원료에 대한 수요는 훨씬 가파르게 상승하고 있다.

이런 추세가 미래에도 이어진다면 시나리오는 암울해진다. 그러나 지금까지와 같은 물관리 관행을 지탱해온 사고방식 또한 대단히 공고하다. 수천 년에 걸쳐서, 정치지도자들은 백성들의 지지를 얻고 자신의 권력과 정당성을 입증하기 위한 수단으로 강을 효과적으로 통제하고 조종하는 방법을 동원해왔다. 기원전 8세기에 오늘날의 이라크 북부인 아시리아를 통치했던 삼무 라마트 여왕의 묘에는 다음과 같은 구절이 새겨져 있다. "나는 거대한 강을 내 뜻대로 흐르게 만들었고, 강물을 끌어다가 아무도 살지 않던 메마른 땅을 비옥한 땅으로 만들었다." 20세기 초, 역사 속에서 흔히 볼 수 있는 정치가들의 이런 오만한 태도에 수문학 및 수공학의 발전이 맞물리면서, 강의 흐름에 대한 인간의 통제력은 수십수백 배로 향상되었다. 1908년, 윈스턴 처칠은 영국군의 나일 강 원정이 끝난 뒤에 다음과 같이 예언했다. "언젠가는, 지금 나일 강 유역으로 흘러들어가는 물 한 방울 한 방울은 나일 강 주변 사람들 사이에 공평하게 또 사이좋게 분배가 될 것이고, 나일 강 그 자신은…… 바다에 도달하지 못한 채 영예로운 죽음을 맞게 될 것이다."65) 1930년대에 콜로라도 강 하류에 후버 댐(이 댐은 처음에는 볼더 댐이라고 불렸다)을 건설하면서, 공학자들은 큰 강을 길들이는 것이 기술적으로 가능하다는 것을 입증했다. 높이 220미터로, 콜로라도 강의 한 해 평균유량의 1.7배를 저장할 수 있는 후버 댐은 당시까지의 댐 건설과 관련된 모든 공학 기록을 갱신하고, 그후 20세기 말까지 이루어진 물개발 활동의 특징이라고 할 수 있는 공학만능주의를 확산시켰다.

최근 20~30년 사이에 강 생태계 연구가 진전되면서, 우리는 이런 공학적인 선택이 생태계에 극심한 손실을 안겨준다는 것을 깨닫게 되었다. 여러 정부와 관련 기관들은 이에 대응해서 댐을 비롯한 대규모 수리 사업을 시작하기 전에 그 '환경영향성'을 조사해야 한다는 원칙을 도입하는 등 물개발 사업의 원칙을 조금씩 수정해가고 있다. 그러나 이런 일시적인 대처방법들은 당면한 문제의 규모와는 전혀 어울리지 않는 것이다. 인간의 필요를 만족시키면서 동시에 수중환경을 건강하게 보호해야 하는 어려운 문제를 해결하기 위해서는, 인간 사회가 담수를 이용하고, 관리하고, 그 가치를 평가하는 방법과 관련해서 더욱 근본적인 전환 — 애초부터 건강한 생태계를 유지하는 것이 중요하고, 인간은 생태계에 의존하고 있는 존재라는 것을 인정하는 — 이 이루어져야 한다. 이런 관점의 전환이 전제되지 않고서는 그 어떤 것도 만족스러운 결과를 낳을 수 없을 것이다. 유명한 물리학자 앨버트 아인슈타인이 말했듯이, 우리는 어떤 문제를 만들어낼 때의 관점에 사로잡혀서는 결코 그 문제를 해결할 수 없다.

 오늘날까지 일반화되어 있던 물개발과 관련된 관점은 더 많은 물을 끌어다가 농업과 도시, 산업 발전에 이용하고 화물선의 운항과 수력발전을 가능하게 하는 등 담수생태계를 인간 사회의 경제를 발전시키기 위해서 이용해야만 하는 자원으로 여기는 것이다. 이런 관점은 생태계 자체의 건강성을 보전하는 활동과 생태계가 제공하는 자연적인 서비스의 보호를 분명한 목표로 삼지 않기 때문에, 자연이 필요로 하는 물수요는 대개는 아예 무시되거나 누락된다. 이런 접근방식은 한동안은 효과가 있는 듯이 보인다. 즉 일정한 수준까지는 인간 사회가 관개와 수력발전 등 경제적인 목적을 위해서 물의 이용량을 늘려가더라도 그 나머지 물만으로도 자연생태계를 적절한 수준으로 부양할 수 있다. 그러나 인간이 물 시스템에 가하는 압력이 점차 늘어나면서 생태계의 기능에 할애되는 물의 비율이 위험한 수준으로까지 줄어들고 있다(그림 1-7). 오늘

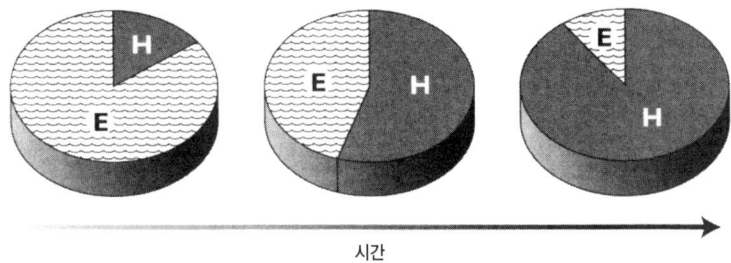

그림 1-7 20세기의 물할당 방법: 물할당의 전통적인 방법은 '물파이water pie'에서 자연생태계(E)의 물의 몫이 얼마나 남든지 상관없이 농업, 도시, 산업을 확장하기 위한 인간의 이용(H)을 허용하는 물할당 방식이다. 시간이 지남에 따라 남은 조각이 너무 작아서 생태계의 기능을 적절하게 지탱할 수 없게 되고, 그 결과 생물종들이 사라지고 귀중한 생태계 서비스를 잃게 된다.

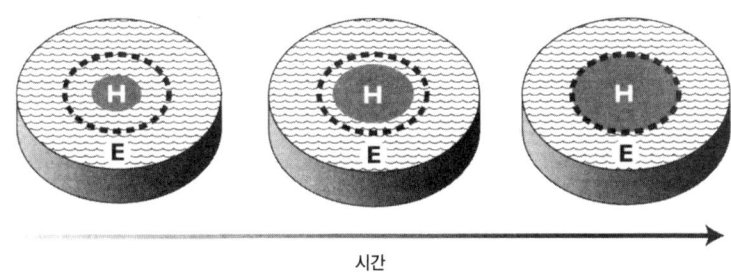

▪▪▪▪ 지속가능성 경계선

그림 1-8 21세기형의 물할당 방법에 대한 제언: 물할당에 관한 이 새로운 접근방법에서는, 과학자들과 정책결정자들이 담수생태계의 건강을 지탱하기 위해 필요한 하천 흐름의 양과 시기를 정의한 다음 인간의 이용과 변경으로부터 이러한 유량을 보호하기 위한 '지속가능성 경계선'을 설정한다. 인간의 물이용(H)은 시간이 지남에 따라 증가할 수 있지만, 그것은 지속가능성 경계선까지만 늘어날 수 있다. 경계선에 다다르게 된 시점에서 새로운 물수요는 물절약과 물생산성의 개선 그리고 이용자들 간의 물 재할당을 통해서 충족시켜야 한다. 자연적인 하천 유량에 대한 인간의 영향을 제한하고 생태계의 부양(E)을 위해 충분한 물을 할당함으로써, 인간 사회는 지속가능한 방식으로 하천 수계로부터 최적의 편익을 얻는다.

날 세계의 태반의 지역에서는, 인간이 쓰고 남아 자연의 몫으로 남겨지는 물만으로는 생태계의 기능을 유지하고 담수생물들을 부양하기에 충분치 않다.

  우리는 사고의 새로운 전환을 제안한다. 우리는 사고를 전환하여 건강한 생태계의 보전을 물을 개발하고 관리하는 활동의 분명한 목적으로 삼아야 한다. 이런 사고는 인간의 물경제는 자연의 물경제의 부분집합이며, 인간 사회는 건강한 생태계에 의존하고, 생태계로부터 여러 가지 귀중한 혜택을 받고 있다는 것을 인정한다. 따라서 인간 사회는 이런 혜택을 보전하기 위해서 '생태계부양 할당ecosystem support allocation 또는 생태부양 할당eco-support allocation' 원칙을 도입할 필요가 있다. 즉 강 시스템 자체의 건강과 적절한 작동을 보호하기 위해서 필요한 유량의 양과 질, 시기를 지정하는 것이다. 이런 생태계부양 할당 원칙은 인간 사회가 자연적인 강의 유량을 변경할 수 있는 정도에 일정한 제한을 둔다는 것을 의미한다. 이런 한계를 '지속가능성 경계sustainability boundary'라고 부른다. 담수생태계는 인간의 물수요를 충족시키고 남은 나머지 몫— 점점 줄어가는 파이 조각— 을 받는 것이 아니라 건강을 유지하는 데에 필요한 만큼의 몫을 받는다. 〈그림 1-8〉에서 볼 수 있듯이, 경제적인 목적을 위한 강의 유량 변경은 점차 늘어나지만, 그것은 지속가능성 경계에 도달할 때까지만이다. 지속가능성 경계는 생태계 부양의 목적으로 할당된 유량에 의해서 결정된다.

  얼핏 보기에는, 하천관리와 관련한 이런 한계는 경제발전을 가로막는 방해물처럼 느껴지지만, 실제로는 지속가능한 발전을 실현하는 데에 필수적인 요소다. 어떤 강 유역에서 인간의 취수와 유량 변경 활동이 이런 한계에 도달하고 난 뒤에는, 새로운 물수요를 충족시키기 위해서는 강을 더 심하게 변경하는 방식에 의존하는 대신에 물의 생산성을 향상시키는 방식(이미 인간의 목적을 위해서 쓰고 있는 물에서 더 많은 편익을 산출하는 방식)과 지금까지보다 더 공평하게 물을 할당하는 방식에 의존해야 한다.

이런 식의 생태계부양 할당량 설정은 수자원의 보호와 재활용, 효율적인 이용의 잠재력을 배가시킴으로써 인간 사회가 강으로부터 최대의 가치(하천 내 이용으로 얻는 편익과 취수를 통해 얻는 편익을 포함해서)를 끌어낼 수 있게 한다. 하천관리의 이러한 변화는 댐 건설과 수리시설 건설에 투입되던 일자리를 줄이겠지만, 한편으로는 자연조경 및 녹색건축 기술, 점적관개drip irrigation 기술, 생태농업, 도시환경 보호계획 등 다양한 분야에서 새로운 일자리를 만들어낼 것이다. 이런 변화는 또한 한 나라에서 특정 지역들이 공유하는 하천이나 여러 나라가 공유하는 국제하천의 유량을 공평하게 배분하는 활동의 의의를 더욱 부각시킨다.

하천관리에 관한 이런 생태학적 관점을 구체적인 정책과 관리방침 속에 녹여내는 것은 쉽지 않을 것이다. 하지만 어떤 강에 얼마만큼의 물이 필요한가(이것은 2장의 주제다)를 판정하는 과학적인 역량은 꾸준히 성장하고 있고, 각 하천의 생태학적인 유량을 지정할 수 있는 수준으로까지 발전을 이루었다. 이런 생태학적 유량 관리를 실행에 옮기기 위해서 어떤 정책적인 수단을 쓰느냐 하는 것은 법적·문화적 환경에 따라 달라지는 문제이긴 하지만, 3장에서 다루는 바와 같이, 어느 지역에서나 일반적으로 적용될 수 있는 정책수단들은 많이 있다.

하천 변경이 지난 200년 동안 점진적으로 진행되어왔듯이 하천복원 역시 점진적으로 진행될 수 있다. 미국에서는 현재 환경에 미치는 손실이나 안전상의 위험을 정당화할 만큼의 편익을 제공하지 못하는 댐들을 철거하는 방안에 관심이 집중되고 있다. 미국에서는 이미 1970년대에 20개의 댐이, 1980년대에 91개의 댐이, 1990년대에 177개의 댐이 철거되었다.[66] 철거 대상으로 거론되고 있는 댐들은 대부분 소형댐이지만. 콜로라도 유역의 스네이크 강에 있는 네 개의 댐을 비롯한 일부 대형댐들도 포함된다. 전 국무장관 브루스 바비트는 최근에 "5년 전에 사람들은 댐 철거 문제가 나오면, 왜 하느냐, 해야 하느냐 말아야 하느냐를 따졌습니다. 요즘 사람들은 어떤 댐을, 언제, 어떤 방식으로 철거할 거냐고 묻습니다."[67] 댐을 철거하자는 생각은 한때는 과격한 생각이라고 여겨졌지만, 요즘에는 점점 일반화되어가고 있다. 또 한편, 여전히 가동되고 있는 댐들을 그 하천의 자연적인 형태와 기능을 되살리는 방식으로 운영할 수 있고, 아직 착공되지 않은 댐들은 애초부터 생태학적인 목적을 고려하는 방식으로 설계와 운영에 변화를 줄 수 있다는 최근의 제안들 역시 큰 의의를 지닌다.

이미 멸종에 내몰린 종들을 다시 볼 수는 없는 일이지만, 댐을 비롯한 각종 유량 변경 시설로 인한 생태학적인 악영향 가운데에는 되돌릴 수 있는 것들이 많다. 기회만 주어진다면, 많은 강들이 상처를 씻어낼 수 있다. 메인 주 케네벡 강에서 에드워드 댐이 철거되고 나서 1년 만에 청어 200만 마리가 돌아왔고, 댐이 있었던 지점 상류에서도 청어과의 아메리칸섀드, 줄무늬농어, 대서양연어, 철갑상어가 발견되었다. 미국 중서부에서는 1990년대 중반에 홍수가 발생한 뒤로, 강과 범람원이 다시 연결되면서 미주리 강 범람원의 자연적인 생물군을 회복시키는 엄청난 복원능력을 과시했다. 태국의 각 지역에서는 2001년 빡문 댐 수문을 개방하는 조치를 취한 뒤로 문 강에 152개 어종이 돌아왔다고 보고하고 있다.[68] 멕시코 북부 콜로라도 강의 경우에는 1990년대 대부분의 기간 동안 유례없이 많은 강 유량이 유효 저수용량을 훨씬 넘겨서 콜로라도 삼각주 습지대를 확장했다.

하천복원 활동이 정력적으로 진행되고 있기는 하지만, 광범위한 개발이 이루어지지 않은 강들의 건강성과 다양성, 그리고 생태계 서비스를 보호하는 문제는 여전히 큰 문제로 남아 있다. 특히 저소득국들과 중소득국의 경우에는, 20세기의 공업국들이 관행으로 삼았던 것처럼 식량과 에너지, 물에 대한 수요를 충족시키기 위해 댐을 짓고 물길을 돌리는 등의 하천 변경 활동에 박차를 가하고 있다. 전 세계인 앞에는 정당한 인간의 수요를 충족시키면서 동시에 인간이 하천으로부터 제공받는 이익과 서비스를 계속 유지해야 한다는 과제가 놓여 있다. 이를 위해서는 하천의 심각한 손상을 막고 이미 손상된 것들을 복원시키는 노력을 기울여야 한다. 최근 10여 년 동안 발견된 풍부한 과학적 지식은 완전히 새로운 사람과 하천의 관계가 정립될 수 있는 조건을 창출하고 있다. 사람과 하천 양쪽이 모두 건강을 유지하면서 공존하는 관계야말로 우리 세대와 미래 세대에게 막대한 혜택을 줄 것이다.

02

강에는 얼마만큼의 물이 필요한가

- 하천관리의 새로운 패러다임
- 생태계의 건강을 지키기 위한 유황 권고안
- 생태학적 목표를 설정한다
- 실천을 통해서 배운다
- 하천의 자연 유황을 복원한다
- 콜로라도 파이크미노의 교훈

남부 아프리카에는 몸은 뱀이지만 머리는 물고기 모양을 한 큰 뱀을 신성시하는 부족이 있다. 원주민들은 이 뱀을 냐미냐미라고 부르는데, 원주민들은 이 뱀신을 통해서 조상들과 대화를 나눈다.[1] 이 뱀신은 원주민들과 옛날부터 전해져오는 지혜와 세상 만물을 이어주는 통로다. 그러나 냐미냐미는 사람 눈에 잘 띄지 않는다. 냐미냐미는 자갈이 많은 여울이나, 강물이 넓은 강바닥을 가득 메운 큰 바위에 부딪혀 하얗게 거품을 일으키는 급류에서만 살 수 있기 때문이다.

아프리카 사람들이 냐미냐미를 찾아다니는 곳은 때에 따라 다르다. 강의 수위는 높아지기도 하고 낮아지기도 하기 때문이다. 강의 수위가 낮을 때는 강물이 얕게 깔린 자갈 위를 구르듯이 흘러가는 곳에서 냐미냐미를 찾을 수 있다. 수위가 높아지면 자갈이 물속 깊이 잠겨서 급류가 생겨나지 않기 때문에, 뱀은 강물이 큰 바위들 사이를 빠르게 소용돌이치며 흘러가는 곳으로 이동한다. 수심은 날마다, 철마다 달라지기 때문에, 냐미냐미는 거처로 삼을 급류를 찾아 상류로 하류로 끊임없이 옮겨 다닌다.

남부 아프리카의 통가 족 원로들은 1950년대 말 짐바브웨의 잠베지 강에 카리바 댐이 건설되는 동안 냐미냐미가 큰 고초를 겪었다고 생각한다. 댐이 건설되는 동안, 큰 홍수가 여러 차례 덮쳐서 다리가 부서지고 강둑이 무너져내리는 바람에 그때마다 댐 건설이 지연되었다. 부족 노인들은 이러한 사태가 냐미냐미의 분노 때문이라고 여겼다. 커다란 댐이 강을 막으면 냐미냐미가 서식지를 찾아 자유롭게 움직이지 못하는 건 아닐까? 댐이 강물의 흐름을 통제하면 하얀 거품을 일으키는 급류가 남아나지 않는 건 아닐까? 노인들의 걱정은 컸다. 1959년에 댐이 완공되자, 우려는 적중했다. 댐이 가동되기 시작하면서 잠베지 강의 흐름은 완전히 바뀌었고, 뱀신의 신성한 서식지인 급류는 거의 사라지고 말았다.

　카리바 댐은 냐미냐미가 사는 신성한 영토를 넘어 훨씬 넓은 지역에 영향을 미쳤다. 약 5만 7,000명의 통가 족이 카리바 댐 건설 때문에 조상 대대로 살던 고향을 떠나야 했다.[2] 한때 비옥했던 범람원에는 영양분이 풍부한 홍수가 찾아들지 않게 되었다. 댐이 강물의 자연스러운 흐름을 바꿔놓으면서, 강에서 사는 대부분의 동식물이 의존해온 각각의 특정한 서식환경이 파괴되었다.

　세계 각지에 주요한 댐들이 건설되었던 지난 한 세기 동안, 잠베지 강을 비롯한 수많은 강에서는 댐 건설 사업이 되풀이되었다. 그리고, 하천 변경의 자세한 상황은 하천마다 다르지만, 댐이 건설된 모든 강에서는 하천이 제공하는 서비스를 경제성장과 경제개발에 이용하는 과정에서 (미리 예상했던, 그리고 미처 예상하지 못했던) 훼손이 일어났다.

　강의 흐름을 억제하면 생태계 혹은 문화가 누려온 혜택이 훼손된다는 것에 대한 사회적 인식이 확산되고 있는 지금, 우리는 '강은 얼마만큼의 물을 필요로 하는가'라는 질문의 답을 찾아야만 한다. 하천이 지역 주민들의 정신적인 요구나 하천생태계 자체의 요구를 충족시키면서 동시에 수력발전과 관개를 위한 인간의 물수요를 충족시킬 수는 없을까? 카리바 댐 관리자들이 때에 따라 방류량을 잘 조절한다면 냐미냐미의 분노를 달래고 하천생태계의 건강을 증진시킬 수 있지 않을까? 통가 족이 냐미냐미를 통해서 조상과의 대화를 계속할 수 있도록 특정한 하천 구간에 주기적으로 뱀신이 필요로 하는 급류를 만들 수는 없을까? 댐의 방류방식을 개선하면, 잠베지 강의 생물다양성을 보존하는 데에 필수적인 다양한 서식지가 회복되지 않을까? 세계 전역에서 강을 연구하는 과학자, 사회학자, 물관리 책임자들은 이와 같은 여러 가지 문제에 직면하여 하천생태계를 건강하게 유지하면서 동시에 인간의 다양한 물수요를 충족시키기 위해 노력하고 있다.

하천생태계에서 살고 있는 동식물들이 의존하고 있는 서식환경을 좌우하는 주된 요인은 하천 유량이다. 하천 유량은 연중 시기에 따라, 그리고 해에 따라 엄청난 변화를 보이면서, 변화무쌍하고 역동적인 서식환경을 형성한다. 하천의 생물은 수백수천 년 동안 자연적인 유량 변동과 그에 따른 서식지의 변화에 적응해왔다. 예컨대, 산란기를 맞은 연어는 바다를 떠나 강 상류로 이동할 준비를 마친 다음, 강물이 불어나기를 기다린다. 연어는 강물이 충분히 불어나야만 바위투성이 여울이나 작은 폭포를 거슬러올라가 알맞은 산란지에 다다를 수 있다는 것을 알고 있다. 알에서 갓 깬 치어들은 홍수기가 지나 수위가 낮아지고 물의 흐름이 느려진 시기 동안 하류로 쓸려 내려가는 일 없이 성장해서 능숙하게 헤엄을 칠 수 있을 만큼 튼튼하게 자란다. 큰 홍수가 다시 찾아오면, 연어는 강물에 휩쓸려 내려가서 바다를 무대로 하는 생애주기를 시작한다.

아마존 강의 범람원에 서식하는 나무 가운데에는 홍수기가 시작될 때 씨앗을 퍼뜨리는 수종이 많다. 홍수로 넘쳐든 물은 씨앗을 광대한 범람원 구석구석으로 운반하여 번식성공률을 극대화한다. 홍수기에 물고기들은 물에 휩쓸려 다니는 과일과 씨를 배불리 먹는다. 아마존 강은 해마다 홍수기가 되면 어마어마한 몸집을 가진 매너티(manatee : 아마존 강 유역에 서식하는 몸집이 매우 큰 초식동물)가 물에 잠긴 나무의 제일 꼭대기 잎을 먹을 수 있을 정도(약 13미터)로 수위가 올라간다. 막대한 양의 체지방을 축적할 수 있는 홍수기가 없다면, 매너티는 건기의 빈약한 먹이만으로는 살아남지 못한다.[3]

강에 의존해서 살아가는 동식물은 저마다 불리한 환경에서 견뎌내는 능력도 다르고 필요로 하는 서식지환경도 다르며 선호도도 다르다. 이러한 환경조건과 선호도는 각 동식물의 생애주기 중에도 다양하게 변화한다. 토착종들은 수천 년에 걸쳐서 변화무쌍한 자연의 '시험'을 통과한 종들이다. 환경이 유리할 때 충분히 성장, 번식하고, 혹독한 시기에도 지나치게 개체수가 줄어들지 않는 생물종만이 살아남는다. 인간이 하천의 자연 유량을 변경시키는 순간, 각 생물종의 생존가능성이 달라진다. 자연적인 홍수는 연어들에게 상류로 이동할 때임을 알리는 역할과 새끼들을 강물에 실어 바다로 떠나보내는 역할을 수행한다. 미국 북서부 콜럼비아 강 유역에 대형댐이 건설된 뒤로 자연적인 홍수가 사라져서 연어의 이동이 차단되자, 사람들은 연어 성어를 트럭이나 화물선에 실어다 댐 위쪽 상류에 풀어놓았다. 하지만 어린 연어들은 댐 때문에 홍수가 차단되어 흐름이 멈춘 물에 갇혀 대부분 죽고 말았다.

물론 하천 유량이 하천생태계의 동식물에게 영향을 미치는 유일한 요인은 아니다. 강물의 화학적인 성분과 수온 역시 하천 생물에게 큰 영향을 미친다. 햇빛은 강물을 투과해 들어가서 수생식물의 성장을 촉진하고, 강으로 떨어지거나 쓸려 들어온 나뭇잎 따위의 여러 가지 유기물은 하천생태계 먹이사슬의 최하부에 속하는 곤충들에게 영양분을 공급한다. 강물에 실려 운반되는 퇴적물(모래, 잔자갈, 왕자갈 따위)의 양과 크기는 수로와 범람원의 물리적 구조에 영향을 준다. 또한 숱한 생물종들의 운명은 각각의 종이 먹이로 삼는 종이나 그 종을 잡아먹는 종, 혹은 경쟁관계에 있는 생물종에 의해 좌우된다. 이러한 각종 요인들은 하천의 건강에 강력한 영향을 미치는 요인들이지만, 결국은 이런 요인들 역시 유황(flow regime : 하천의 유량, 유속, 수위 등의 변화 특성)에 의해 영향을 받는다.

최근의 10년 사이에 과학자들은 하천 유량의 자연적인 변화 양상과 하천 생물종 및 하천생태계의 건강 사이에 중요한 연관성이 있음을 입증하는 많은 지식을 축적했다. 이런 지식의 축적은 인간 사회를 생태계 서비스의 장기적인 공급량을 최적화하는 최선의 물관리 방법을 선택하면서 동시에 인간이 필요로 하는 그 밖의 여러 가지 물수요를 충족시키는 방향으로 이끌어갈 것이다. 그러나 이런 사회변화를 이루기 위해서는, 물정책 입안자들과 물관리자들이 과학적인 지식을 정책결정과 집행 과정에 반영하는 임무를 훨씬 더 효과적으로 수행해야 한다. 앞으로 논의하겠지만, 오늘날 급속히 확대되고 있는 하천복원 사업 분야는 과학자들과 공학자들이 긴밀한 협력을 이룰 때에만 그 가능성을 실현할 수 있다. 초기의 몇몇 성공사례들을 보면, 과학자들과 공학자들이 각자가 가진 지식을 공동의 목적을 위해서 조화시킨다면 하천을 되살리면서 동시에 인간 사회가 필요로 하는 물수요를 더욱 효과적으로 충족시키는 방법을 찾을 수 있다는 것을 확인할 수 있다.

하천관리의 새로운 패러다임

1956년에 미국 어류야생생물보호청에서 일하게 된 어류생물학자 도널드 테넌트는 얼마 지나지 않아 자신이 일반적인 미국인들과는 다른 길을 선택했다는 것을 깨닫게 되었다. 그에게는 대다수 미국인들이 댐 건설에 대해 품고 있는 억제할 수 없는 열정이 없었다.

  미국인들은 국고를 고갈시킨 제2차 세계대전의 충격에서 벗어나 경제를 회복시키는 성과를 올리고, 그것에 자신감을 얻어 1950년대부터 강력한 국가의 건설에 관심을 돌리면서 공공 기반시설에 대한 막대한 투자가 필요하다는 생각을 가지게 되었다. 연방과 주 차원의 고속도로 건설이 급속히 증가했고, 다른 나라에서는 찾아볼 수 없는 댐 건설 붐이 일어났다. 1950~60년대에 미국에서는 대형댐이 해마다 200여 개씩 건설되었다. 이 댐들 덕분에 미국의 사막은 경작지로 바뀌었고, 서부 도시들은 엄청난 재앙을 불러일으키는 홍수로부터 집과 가축을 지키고, 건조한 기후의 속박에서 벗어날 수 있었다.

그러나 테넌트는 이런 댐들이 하천으로부터 생명수를 빼앗아 수생생물들의 삶을 유린하게 되리라는 것을 알고 있었다. 1975년, 그는 『어업』이라는 잡지에 "철학적인 면에서 볼 때, 무한한 시간을 거치면서 진화해온 수중환경 속의 생명체들의 생존에 꼭 필요한 최후의 물까지 빼앗는 것은 자연에 대한 범죄행위다"라는 글을 기고했다.[4]

테넌트는 하천에는 얼마만큼의 물을 필요한지를 측정한 최초의 과학자 그룹의 일원이었다. 그는 1958년부터 1975년까지 미국 전역의 하천에서 생물학적·수문학적 데이터를 체계적으로 수집하고 각 하천의 생물학적 특성을 수문학적 조건과 비교했다. 그는 이런 관찰 결과를 토대로 해서, '테넌트 방식'[5]이라는 이름으로 알려지게 된 유량보호의 지침을 제시했다. 테넌트는 '최적의' 생물학적 조건을 유지하기 위해서는 하천 평균유량의 60~100퍼센트가 보호되어야 하고, '훌륭한 서식지'를 제공하기 위해서는 하천 평균유량의 30~50퍼센트가 보호되어야 한다고 주장했다. 테넌트 방식은 적용하기 쉽고 간단하기 때문에 미국 내에서 생태적 필요유량을 결정하는 방법으로 가장 흔하게 쓰이게 되었고, 점점 퍼져나가 24개 이상의 나라에서 활용되게 되었다.[6]

그러나 물관리자들과 댐 운용자들이 강에 남겨진 물은 곧 관개용수나 도시생활용수, 발전용수 같은 다른 용도로 이용되지 못하고 있는 물이라고 여기게 되면서, 테넌트 방식은 점점 까다로운 검증을 거치게 되었다. 1969년에 제정된 환경정책법, 1973년에 제정된 멸종위기종법 등 각종 연방법률들에 의거한 소송과 개인 소유의 발전용 댐에 대한 인허가정책을 변경하는 규제 과정에서, 이 방식이 논거로 거론되기 시작했다. 물관리자들과 댐 소유자들은 물이 더 줄어들어도 물고기가 예전처럼 살 수 있는지 여부에 관한 수많은 사례를 조사해가며 테넌트 방식이 근거로 삼고 있는 과학적 전제의 신빙성에 의문을 제기했다. 유량조건이 점진적으로 악화되면, 예컨대 특정 하천의 자연적인 유량의 20퍼센트 혹은 10퍼센트만 방류된다면, 어떤 결과가 나타날까? 공학자들과 경제학자들은 인간이 수력발전용 저수지의 수위를 1미터 높일 때 얻을 수 있는 경제적 이익, 혹은 1세제곱미터의 강물을 관개용수로 이용할 때 얻을 수 있는 경제적 이익을 쉽게 계산해낸다. 그렇다면 생물학자들도 물고기를 위해 그런 계산을 못 해낼 이유가 없지 않은가?

생태계와 관련한 강물의 가치를 정당하게 평가해야 한다는 목소리가 높아지면서 1970년대, 80년대에 미국의 하천과학은 커다란 발전을 이루었다. 그 과정에서 수생생물학에 하천개발이 환경에 미치는 영향을 평가하는 새로운 분과가 탄생했다. 야생생물보호단체 혹은 환경컨설팅 회사에서 활동하던 수백 명의 어류학자들과 수자원공학자들은 하천에 남겨두어야 하는 물의 양을 판정하기 위한 새로운 도구와 방법론의 개발에 열정적으로 매달렸다. 수자원과 관련한 이해조정과 규제 절차에 정보를 제공하기 위해서는 이런 도구들이 반드시 필요했다. 결과적으로 이들 응용과학자들은 대학 및 각종 연구기관에서 하천 시스템의 기본적인 기능과 하천 시스템에 서식하는 동식물의 생태를 연구하는 수생생태 연구과학자들로부터 독립하게 되었다. 이들 응용과학자 진영과 연구과학자 진영은 1990년대 말에 이르러서야 재통합을 이루게 된다.

응용과학자 진영은 '수로 내 유량'의 최소요구량, 즉 하천에 남겨두어야 하는 물의 최소량과 그것이 어류에 미치는 영향을 평가하는 데에 심혈을 기울였다. 이들이 어류를 기준으로 최소유량을 보존하자고 주장한 데는 적어도 세 가지 배경이 있었다. 첫째, 최소유량 평가는 대부분 어류를 기준으로 이루어졌는데, 그것은 어류 쪽이 다른 수생생물보다 연구가 훨씬 더 진척되어 있고, 일반인에게도 홍합류나 달팽이류가 필요로 하는 조건보다 어류가 필요로 하는 조건이 훨씬 이해하기 쉽다는 점 때문이었다. 둘째, 그 이전까지는 댐 운용지침에 하천 생물을 고려해서 물을 방류하라는 규정이 없었기 때문에, 강물이 마르지 않게 물을 흘려보내면 생물학적으로 어떤 뚜렷한 편익이 생기는지를 밝히는 것은 (댐 운용지침을 좌우할 수 있는) 급박하게 풀어야할 현실적인 문제였다. 그러나 이런 초기의 생태유량 연구는 하천에 남겨두어야 하는 물의 최소량에 맞추어져 있었다. 1970년대, 80년대의 생물학자들은 대부분 하천의 저수위가 수생생물 건강의 주된 제한요인이며, 저수위 때 물의 공급량이 늘어나면 늘어날수록, 그에 비례해서 하천과 하천에 서식하는 어류의 건강은 더 개선된다고 보았다.[7] 따라서 많은 생물학자들이 건기에 자연적인 상태에서 흐르는 유량보다 더 많은 유량을 인위적으로 하천에 공급하여 수위를 높이면 하천의 상태가 더 개선될 수 있을 것이라고 주장했다.[8]

1970년대와 80년대에 개발된 대부분의 생태 유량기준은 최소유량과 어류에 집중하고 있던 연구자들의 인식을 반영하고 있었다.[9] 미국 북동부의 경우에는, 미국 어류야생생물보호청이 발표한 '수생생물에 근거한 유량기준'은 8월 평상시 유량의 중간값을 최소유량으로 정했다(그 지역에서 8월은 일반적으로 유량이 가장 적은 달이다). 미국 서부에서 흔히 쓰이던 '알투크로스R2-Cross' 방식은 물고기가 얕은 여울을 지나갈 수 있는 유량을 최소유량으로 정했다. 그리고 또다른 잘 알려진 접근방법인 '윤변 wetted perimeter 방식'은 하천 수로는 일반적으로 'U'자 모양으로 되어 있으므로 'U'자 모양의 곡선 부분, 즉 저변이 항상 물에 잠기도록 하면 충분하다고 보았다. 그 이상으로 물을 공급해도 수위만 높아질 뿐 하천 폭이 넓어지지는 않기 때문이다.

1970년대에는 미국 어류야생생물보호청의 과학자들과 하천정책 전문가들, 컴퓨터모델 개발 전문가들이 '수로 내 유량 증가 방법론Instream Flow Incremental Methodology, IFIM'을 개발했다.[10] IFIM은 분석방법론과 컴퓨터 프로그램을 조합한 방법론인데, 그중에서 어류생물학자들 사이에 퍼져나간 한 프로그램이 대표적인 생태유량 분석방법론으로 확립되어 세계적으로 확산되었다. '물리적 서식지 시뮬레이션 모델physical simulation model' 혹은 PHABSIM이라고 불리는 이 프로그램은 상이한 유량조건에서 특정한 관심 종, 특히 물고기가 이용할 수 있는 서식지 면적을 산정하기 위해서 설계된 것이었다. 특정한 종의 서식지 선호도는 여러 가지 변수를 이용한 모델로 표현할 수 있다. 그런데 PHABSIM을 이용한 응용프로그램들은 대부분 수심과 유속, 이 두 가지 변수만으로 어류 서식지를 표현한다. PHABSIM은 여러 가지 상이한 종들이 이용할 수 있는 서식지 면적을 추정할 수 있는 모델이지만, PHABSIM을 이용한 응용프로그램들은 대부분 2, 3개 어종만을 대상으로 삼는다. 한 종의 서식지 선호도에 관한 데이터를 수집하는 데만도 상당한 시간과 비용이 소요되기 때문이다. 어류생물학자들은 이 모델의 예측치를 근거로 해서 표적 어종이 이용할 수 있는 서식지의 면적이 최대가 되는 유량수준을 찾는다.

이 산정방식은 수자원관리자들이 수력발전량을 비롯한 각종 수자원 관리 목표량을 산정하는 방식 즉, '투입'이라는 입력변수에 따라 발생되는 '산출'을 평가하는 것으로, 하천유량을 투입으로 물고기가 살 수 있는 서식지 면적을 그에 따른 산출로 보는 것이다. PHABSIM은 순식간에 세계적으로 가장 널리 이용되는 생태적 필요유량 산정 프로그램이 되었고, PHABSIM을 이용한 모형화 작업은 수백 개 댐의 최소유량 판정에 이용되고 있다.

　1970년대, 80년대에 대학을 비롯한 각종 연구기관에서 활동하던 수생생태학자들은 몇 가지 중요한 발견을 거쳐서, 그때까지의 생태 필요 유량에 대한 응용생물학자들의 정의와는 현저하게 다른 새로운 생태학 이론을 개발했다. 이들의 연구는 수생생물을 연구하는 두 과학자 진영의 대립을 불러왔고, 두 진영은 1990년대 내내 과학전문지를 통해 격렬한 논쟁을 전개했다.

　기초연구생태학자들은 응용생물학자들이 제안하는 균일한 최소유량 방식을 인정하지 않고, 하천의 건강과 토착 생물종을 유지할 수 있는 더 폭넓고 전체적인 유량조건의 스펙트럼이 필요하다고 주장했다.[11] 그들은 PHABSIM 모델의 정확성 혹은 실용성에 대해 의문을 제기했다. 그들은 PHABSIM 모델은 수심과 유속, 단 두 개의 요소만을 가지고 물고기들에게 주어지는 편익을 예측할 뿐 아니라, 생태계 보호에 필요한 최소수위를 하나의 고정된 값으로 정하는 경우가 많다는 점을 지적했다.[12] 기초연구생태학자들은 응용생물학자들의 방법론은 단일한 종과 물고기에 초점을 맞추는 지나치게 편협한 방법론으로, 하천생태계 전체의 건강을 지키는 데에는 아무런 도움도 되지 않는다고 비판했다. 그들은 물고기를 비롯한 각종 수생생물들이 생활할 수 있는 적절한 저수위를 유지하는 것도 중요하지만, 저수위 이외의 유량조건 역시 똑같이 중요하다고 주장했다(표 2-1). 폭풍우나 해빙으로 야기되는 고수위는 물리적인 서식지(웅덩이와 얕은 여울 등)의 형태를 끊임없이 변화시키고, 어류의 이동성을 증대시키고, 풍부한 먹이를 공급하고, 낮아진 지하대수층에 물을 공급한다. 홍수는 범람원 서식지를 형성하고, 다양한 수변식물 군집을 유지하고, 물고기가 범람원의 산란지로 이동할 수 있게 한다. 저수위 역시 꼭 필요하다. 저수위는 낙우송과 같은 식물의 번식을 촉진하

유량 수준	생태적 역할
저수 유량 (기저유량)	(1) 평상시의 저수 유량 ● 수생생물을 위한 적절한 서식지를 제공한다. ● 적절한 수온, 용존산소, 수중의 화학물질을 유지한다. ● 범람원의 지하수위와 식물에 필요한 토양의 수분을 유지한다. ● 육상의 동물에게 마실 물을 제공한다. ● 어류와 양서류의 알을 수중에 부유시킨다. ● 어류가 먹이를 찾고 알을 낳기 위해 이동할 수 있게 한다. ● 하천 흙 속에 사는 혼합대 생물을 유지시킨다. (2) 가뭄기의 저수유량 ● 특정한 범람원 식물의 이입(침입)을 가능하게 한다. ● 침입해왔던 외래식물을 수중 및 하천변의 생물군집에서 쫓아낸다. ● 먹이가 되는 생물을 한정된 공간에 집중시킴으로써 포식자에게 이익을 준다.
고수 유량	● 여울과 소 등을 포함하는 하도의 물리적 특성을 형성한다. ● 하상의 기질(모래, 자갈, 바위)의 크기를 결정한다. ● 하천변 식물이 하도에 침입해오지 못하도록 막는다. ● 오랫동안 계속된 저수위 기간에 쌓인 폐기물과 오염물질을 흘려보내고 통상적인 수질조건을 복원한다. ● 산란을 하는 자갈지대에 공기를 공급하고, 점토질에 매몰되는 것을 막는다. ● 하구에 적절한 염분조건을 유지한다.
대규모 홍수	● 어류에게 회유와 산란의 자극을 준다. ● 곤충 등에게 생애주기의 새로운 단계로 옮겨가는 계기를 제공한다. ● 범람원에 물고기가 알을 낳고 새끼를 돌볼 장소를 제공한다. ● 물고기와 물새들이 새로운 먹이를 얻을 기회를 제공한다. ● 범람원의 지하대수층에 물을 다시 공급한다. ● 침수(또는 관수)의 장기화로 범람원 삼림 형태의 다양성을 유지한다 (다른 식물종에는 서로 다른 내성이 있음). ● 범람원의 식물의 분포와 과잉번식을 통제한다. ● 범람원에 영양분을 퇴적시킨다. ● 수권 및 하천변의 생물군집의 균형을 맞춘다. ● 이입식물의 유입 장소를 만들어낸다. ● 범람원에 물리적 서식지를 형성한다. ● 산란지에 자갈과 작은 돌을 옮겨준다. ● 유기물(먹이)과 나무의 파편들(생식장소의 구조물)을 흘려보낸다. ● 침입해왔던 외래생물종을 수중 및 하천변의 생물군집으로부터 제거한다. ● 하천변 식물의 씨와 열매를 퍼뜨린다, ● 하도의 횡단방향의 이동을 유발하고, 새로운 서식지(2차수로, 우각호)를 형성한다. ● 토양 중의 수분을 장기간 유지시켜 식물의 싹이 잘 발아되도록 한다.

표 2-1 하천 유량의 수준에 따른 생태적 기능

고, 혹독한 환경에 의해서 이따금씩 사멸하는 과정을 겪지 않으면 다른 종들을 완전히 몰아내고 마는 경쟁력이 강한 종들을 억제하는 역할을 한다. 바다로 흘러드는 담수는 하구를 비롯한 연안 서식지의 건강과 생물생산력을 유지하는 데에 중요한 역할을 한다. 특정한 강에 남겨져야 하는 물의 양을 산정할 때는 이런 요소들을 빠짐없이 고려해야 한다.[13] 세계 각지의 수백 개 하천과 관련한 연구 결과들은, 특정한 하천생태계에서 수문학적 다양성의 한 가지 측면 혹은 여러 가지 측면이 제거되거나 억제되면 많은 생물종이 피해를 입는다는 사실을 분명히 입증하고 있다.

서식지 모델을 비롯한 각종 수로 내 유량 판정방식에 대한 비판은 응용생물학자 진영과 댐 및 수자원개발 규제 담당자들의 작업방식에 대한 심각한 의문으로 이어졌다. 이런 비판은 그들을 위축시켜서 수자원개발의 규제 자체, 더 나아가서는 하천복원 노력마저 무력화시킬 가능성이 있었다. 어떻게 하면 하천생태계에 서식하는 수백수천의 생물종이 필요로 하는 복잡한 요구와 유량과 수질, 서식지의 물리적 조건, 생물종 간의 경쟁 등 서로 복잡하게 얽혀 있는 요소들을 빠짐없이 고려할 수 있을까?

많은 하천생태학자들이 기초적인 연구와 현실적인 하천관리 사이의 간격을 줄일 필요성을 인식하고, 1990년대 초부터 하천 보호와 복원을 위한 새로운 방법론의 개발에 착수했다. 1992년에 호주 그리피스 대학의 앤절라 아싱턴은, 새로운 방법론은 자연적인 유황에 기초해야만 하고 '그 하천의 특징적인 환경조건의 지표'를 파악해야 한다고 주장했다.[14] 같은 해에 세계 각지의 거대한 하천 범람원을 연구해온 일리노이 자연사조사팀의 하천생태학자 리처드 스파크스는 이렇게 썼다. "한 개 혹은 서너 개의 종을 위한 유황을 최적화하는 것보다 더 나은 방법이 있다. 그것은 전체 생물종을 유지하는 자연적인 유황과 유사한 상황을 만들려고 노력하는 것이다."15)

스파크스의 주장에는 생물종들은 저마다 홍수, 가뭄과 같은 수문학적인 사건들에 대해 서로 다르게 반응한다는 사실이 내포되어 있다. 홍수는 홍수기에 번식하는 물고기에게는 이로운 것이지만, 갑각류나 수생곤충을 하류로 쓸어내려 개체수를 감소시키는 역할을 한다. 큰 홍수가 발생하지 않는 해에는 곤충과 갑각류의 개체수는 다시 늘어난다. 자연적인 유황은 여러 해 혹은 수십 년에 걸쳐서 각 생물종들에게 어떤 해에는 순조로운 환경을, 어떤 해에는 혹독한 환경을 제공한다. 순조로운 해는 자주 찾아오고, 순조로운 해가 제공하는 혜택을 망쳐놓는 혹독한 해는 매우 드물게 찾아오기 때문에, 모든 야생의 종들이 세대를 이어가고 있는 것이다.

1995년에 호주의 담수생태학자 케이스 워커가 발표한 글에 따르면, 하천관리 현장에서는 수질과 먹이, 생물종들 간의 상호작용 등의 많은 요인들을 고려하되, 가장 우선시해야 하는 것은 다른 요인들에 강력한 영향을 미치는 자연적인 유황이다. 워커의 글을 인용하면, 유황은 "하천 내부에서 이루어지는 모든 패턴과 과정을 조화롭게 편성하는 오케스트라 지휘자".16) 1990년대에 이르러, 워커를 비롯한 많은 생태학자들은 유황을 하천 시스템 내부의 '주 변수master variable'로 인식하게 되었다.17) 그들은 다른 환경요인도 중요하지만, 하천의 건강을 유지하거나 복원하기 위해서는 강력한 영향력을 지닌 유황을 반드시 고려해야 한다고 역설했다.

세계 전역의 하천생태학자들은 자연적인 유황을 최대한으로 보호 또는 복원할 것을 주장하기 시작했다. 1997년에 르로이 포프가 이끄는 연구팀은 '자연적인 유황 패러다임'을 둘러싸고 학계에서 새롭게 형성된 공통된 의견을 요약하면서, 자연적인 유황 패러다임은 강 복원 및 보호와 관련해서 시간에 의해서 검증된 처방이라고 주장했다.[18] 하천 유황은 자연적으로 변화하면서 여러 계절, 여러 해, 수십 년, 수백 년에 걸쳐서 강에 서식하는 모든 생물종의 요구를 충족시킨다. 그들은 다음과 같은 결론을 내렸다. "유수체계의 통합성은 그 체계에 고유한 역동적인 특징에 크게 의존한다. 따라서 자연적인 하천 유황의 다양성을 보호하고 복원하기 위해서는 통합적인 활동이 필요하다."

자연적인 유황조건을 모방해야 한다는 학계의 공통적인 의견은 타당성이 있는 것이었지만, 응용생물학자들은 자연적인 유황 패러다임을 어떻게 응용할 것인가에 대한 적절한 지침을 찾을 수 없었다. 하천이 인간에 의해 통제되어 자연적인 유황조건이 온전하게 보전되고 있지 않는 조건에서, 응용생물학자들은 하천생태계를 유지하기 위해서 요구되는 유량을 어떤 방식으로 알아낼 수 있을까?

생태계의 건강을 지키기 위한 유황 권고안

남아프리카공화국과 호주의 생태학자들은, 미국에서 벌어진 하천 필요 유량 논쟁과는 무관하게, 하천생태계에 필요한 유량을 판정하는 독자적인 방법을 개발했다. 두 나라의 생태학자들은 하천환경의 악화와 수자원개발을 요구하는 압력이 증대되던 1980년대 중반에 하천생태계에 필요한 유량을 판정하는 일에 적극적으로 나서게 되었다.[19]

남아프리카공화국과 호주의 연구자들은 생태학적으로 바람직한 유량에 관한 논의에 뒤늦게 발을 들여놓았지만, 미국의 연구자들에 비해 대단히 유리한 입장에 있었다. 미국 연구자들이 기존의 유량 권고안 산정방식을 개혁하기 위해서 분투하고 있는 사이에, 아프리카와 호주의 연구자들은 생태적 유량 예측이라는 문제를 새롭고도 객관적인 관점에서 고찰했다. 이들은 다른 나라 연구자들의 업적과 자국 내에서 수십 년 동안 축적된 연구 성과를 토대로 해서 처음부터 자연적인 유황이 하천 생태계에 있어서 결정적으로 중요한 역할을 한다는 견해를 가지고 있었다.

남아프리카공화국과 호주의 연구자들은 생태적 필요유량을 판정하는 효과적인 방법과 도구를 탐색하는 과정에서 먼저 세계 각지에서 사용하는 생태적 유량 산출법과 도구를 종합적으로 검토했다.[20] 그러나 만족할 만한 방법과 도구를 찾을 수 없었다. 기존의 접근방법들은 하나같이 홍수와 극단적인 저수위 따위의 중요한 수문학적 사건들이 전체 생태계의 건강에 미치는 생태학적 영향을 적절히 고려하지 못하고 있었다.[21] 기존의 방법들은 유량과 하천환경의 각종 조건, 즉 수질, 퇴적물의 이동, 지하수 수위와의 상호관계, 혹은 수생생물들이 때때로 범람원으로 이동해야 할 필요성을 고려하는 경우가 드물었다. 1990년대 초에 이르러, 남아프리카공화국과 호주의 연구자들은 생태적 필요유량을 판정하기 위한 독자적인 방법을 개발해야 한다는 결론을 내렸다. 1991년에 환경을 고려한 물할당을 주제로 열린 회의에서 남아프리카공화국과 호주 연구자들은 상호협력과 상호 의견교환 활동의 토대를 마련했다. 이 회의에 참석한 두 국가의 연구자 여덟 명은 하천생태계 전체를 시야에 넣고 자연적인 유황을 기준으로 하여 하천 유량을 보호하는 '총체적인 접근법'을 제의했다.[22]

1990년대에 호주에서는 총체적인 접근법과 이것을 다양하게 변화시킨 접근법들이 급속하게 발전하기 시작했고, 남아프리카 과학자들은 이것을 자국의 상황에 맞추어 수정했다.[23] 남아프리카공화국에서

1993년 7월에 열린 전국학술회의에서 케이프타운 대학의 재키 킹과 레베카 탐은 17명의 연구자들과 함께 총체적인 접근법을 남아프리카공화국에서 운용할 수 있는 방법을 논의하는 분과모임을 열었다.[24] 분과모임 토론의 모두에, 그들은 동료 연구자들에게 각자가 자세하게 파악하고 있는 하천을 골라 자연상태에서 전형적인 수위의 연간 변동상황을 기록한 자연 수문곡선을 작성해달라고 요청했다(그림 2-1). 나아가 하천의 건강을 유지하면서 동시에 인간의 물수요를 충족하는 최선의 균형을 모델화하기 위해, 그들은 연구자들에게 자연 유량의 절반만 공급되는 조건에서 하천의 건강을 최대한 유지할 수 있도록 조정된 수문곡선도 함께 작성해달라고 요청했다. 연구자들은 남아프리카공화국의 7개 지역의 하천에서 수문곡선을 그려냈다.

조정된 수문곡선의 이론적 근거에 대해 토론하던 남아프리카공화국의 연구자들은 각자의 관점에 공통점이 많다는 것을 발견했다. 이들은 이 공통의 인식을 기반으로 하천 유량을 관리하는 일반적인 원칙을 8대 항목으로 정리했다.[25]

- 하천의 유황을 바꿀 때는 자연적인 유황을 모방하여, 특정한 시기마다 자연상태에서 발생하는 유황 패턴을 유지해야 한다.
- 각 하천이 자연상태에 있을 경우에 한 해 동안 지속되는 유황 혹은 일시적으로 발생하는 유황이 유지되어야 한다.
- 대부분의 취수는 우기에 하천에서 해야 하고, 건기의 취수는 최소한도로 이루어져야 한다.
- 우기에는 비교적 높은 기저유량이 유지되어야 한다.
- 일반적인 우기에는 홍수가 발생해야 한다.
- 홍수의 기간은 단축시킬 수 있지만, 거기에는 제한이 있어야 한다.

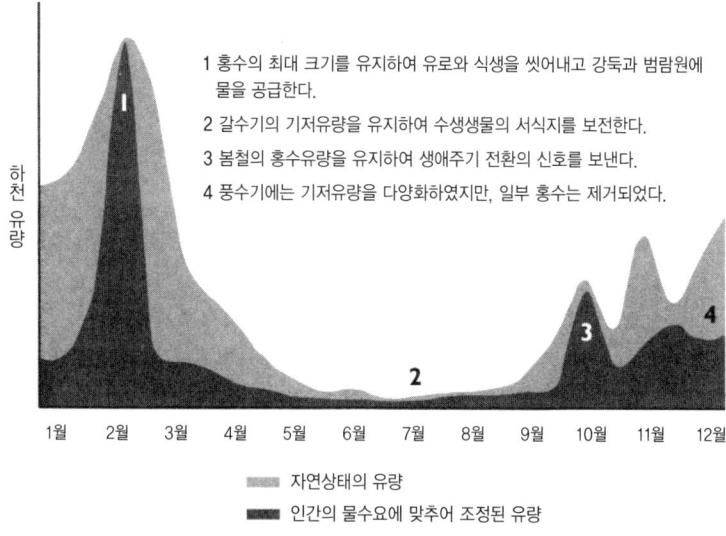

그림 2-1 남아프리카공화국의 자연적인 수문곡선과 조정된 수문곡선: 1993년 남아프리카공화국의 한 워크숍에서 과학자들은 그들이 자세히 파악하고 있는 하천들을 골라 자연적인 수문곡선을 그렸다. 그리고 나서 그들은 하천을 가능한 한 건강하게 유지하면서 인간의 물이용을 도모하는 방법을 찾기 위해 절반의 유량만 유지되는 것을 가정하여 조정된 수문곡선을 그렸다. 그 제안들의 공통적인 내용에 근거하여, 그들은 하천의 건강성을 유지하는 데에 적절한 유량을 보호하기 위한 몇 가지 일반적 원칙을 정리했다.(Tharme and King, 1998)

- 일체의 홍수 혹은 대부분의 홍수를 약화시키는 것은 바람직하지 않다. 어떨 때는 홍수를 원래 규모대로 보전하고 또 다른 때는 홍수 발생을 억제하는 편이 더 낫다.
- 우기에 처음(혹은 비교적 초기에) 발생하는 홍수는 완전히 보전되어야 한다.

이렇게 해서, 남아프리카공화국의 연구자들은 건강한 하천생태계에는 얼마만큼의 물이 필요한가에 대한 대답을 내놓기 시작했다. 그후 4년 동안 재키 킹과 수자원산림국의 델래나 루는 신중하게 구축되고 과학적으로 신뢰할 수 있는 문제해결 방법을 제공하는 '빌딩블록 방법 Buiding Block Methodology, BBM'의 개발을 주도했다.[26]

특정한 강에 BBM을 적용하기 위해서는, 여러 분야의 과학자들로 연구팀이 꾸려져야 한다. 수문학자는 강의 자연적인 유량조건의 특징을 파악해서, 예상되는 홍수의 빈도와 규모, 기간을 연도별로 산정하고 다달이 예상되는 저수위와 고수위의 통상적인 범위를 산정한다. 컴퓨터 모델을 구축하는 전문가는 유량 수위에 따라서 얼마나 많은 강과 범람원이 범람하는가를 보여주는 그래프를 만든다. 다른 연구자들은 강에 서식하는 어류와 포유류, 수생곤충, 양서류, 수중식물과 수변식물, 물리적 서식지에 관한 생물학적 데이터와 수질 정보를 수집한다. 이러한 정보를 이용하면, 각 생물종 혹은 자연적인 생물군집이 상이한 유황에 어떤 식으로 의존하고 있고 어떤 식으로 영향을 받는가를 파악할 수 있다.

연구자들은 이런 정보를 여러 가지 형식의 그래프와 표, 그림, 문안으로 요약한 다음, 하천 필요유량에 관한 합의를 도출하기 위해서 학술회의를 열었다. 연구자들은 저수위 시기에 필요한 유량 이외에도 고수위와 홍수를 규모에 따라 분류하고, 각각 얼마만큼의 빈도로 얼마 동안 지속시킬 것인지, 혹은 홍수가 발생하는 것이 바람직한 시기는 언제인지 등에 대해 협의했다. 이렇게 물과 관련된 벽돌(빌딩블록)이 하나씩 차곡차곡 쌓이고, 이것이 수자원관리자의 목표유량, 즉 종합적인 유량관리 권고안으로 제시된다(그림 2-2). 이렇게 해서 구축된 여러 가지 요소의 조합은 하천 유역의 개발과정에서 일정한 유량을 보호하거나 댐의 운용조건을 설정하는 데에 이용된다.

BBM 혹은 총체적인 접근법에서 사용되는 기본적인 과학적 과정을 발전시킨 방법들이 세계 각지에서 나타나고 있다.[27] BBM은 특정한 종

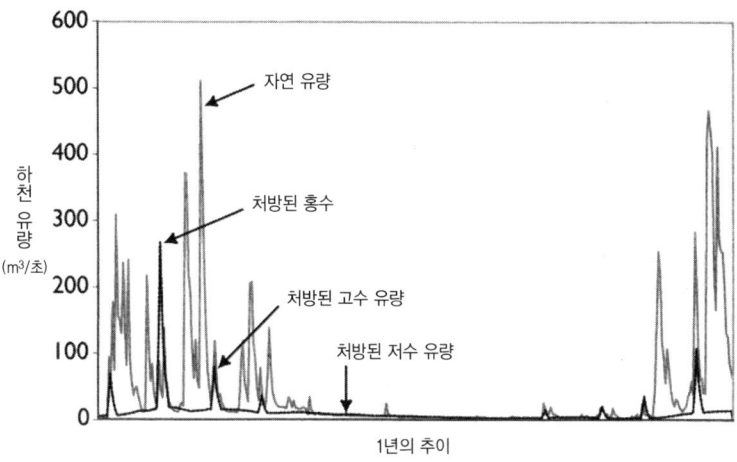

그림 2-2 남아프리카공화국의 투겔라 강에 대한 유량 처방: 빌딩블록 방법BBM을 이용한 투겔라 강의 생태유량 처방에는 건기의 적절한 저수위 조건, 우기의 간헐적인 고수위 돌출, 하천의 건강성을 유지하기 위해 간간이 필요한 홍수 등이 포함되어 있다.

만이 아니라 하천생태계 전체를 고려한다는 점에서 흔히 '통합적인 방법론'이라고 불린다. BBM은 현실에 적용될 때 특정 하천 유역의 생태학적 조건, 수자원개발 조건, 사회경제적 조건의 독특한 조합에 맞게끔 수정된다. 어떤 상황에도 들어맞는 한 가지 모델 혹은 도구는 있을 수 없다. 상이한 하천의 생태적 유량 산정을 완결하는 데에 활용할 수 있는 정보와 기술력, 자금, 시간은 장소에 따라 다르기 때문이다. 따라서 각각의 장소마다 그곳에 적합한 도구들의 조합이 이루어진다.[28] 어떤 환경에서는 초기의 필요유량 산정이 2~3만 달러의 비용으로 몇 달 만에 이루어지지만, 다른 환경에서는 수십만 달러의 비용과 여러 해의 시간이 소요된다. 그러나 이런 각종 총체적인 접근법들을 관통하는 공통점은 인간의 물이용을 허용하면서도 생물학적·물리적으로 바람직한 서식지 혹은 수질 등을 보호 또는 복원하기 위해서 필요한 하천 유량을 파악하고자 하는 의도에 있다.

총체적인 접근법의 핵심은 자연상태의 유황을 지표 또는 준거로 이용하는 것이다. 연구자들은 자연적인 유황 패턴 혹은 유황 변화를 모방하면 하천생태계의 보호 혹은 복원 가능성을 최대화할 수 있다고 확신하고 있다.

총체적 분석의 과정은 일반적으로 하천의 자연적인 수문곡선을 검토하는 일에서부터 시작된다(수문곡선이란 특정한 강의 특정한 지점에서 나타나는 시간에 따른 유량의 변화를 그래프로 나타낸 것을 말한다). 비교적 개발이 많이 진전되지 않은 유역의 수문곡선은 하천 유역의 지리, 지형, 토양, 식생과 상호작용하는 수문순환 과정(특히 강우, 증발, 식물의 증산蒸散 과정)의 자연적인 변동을 반영하고 있다. 환경조건과 기후조건이 조합되어 형성되는 수문환경은 유역마다 독특하기 때문에, 각 하천의 수문곡선에는 생태학자들이 연구해야 할 뚜렷한 특징이 표현되어 있다.

미국의 경우에는 하천관측소들이 수천 개의 강에서 일어나는 일일 유량 변동량을 측정하는 일을 담당한다. 그러나 다른 국가들에는 대부분 그런 데이터가 축적되어 있지 않다. 유량 데이터를 구할 수 없는 하천의 경우, 수문학자들은 컴퓨터로 처리되는 수문 시뮬레이션 모델을 사용하여 인위적으로 자연적인 유량조건을 산정한다. 하천 연구자들은 유량 데이터를 활용하여 수문곡선을 구축하고, 이 수문곡선을 이용해서 반복되는 하천 유량 패턴을 파악한다.

예를 들어, 캘리포니아 북부 트리니티 강의 자연적인 수문곡선에서는 여러 가지 독특한 패턴이 나타난다(그림 2-3). 10월부터 1월 사이에, 습기를 머금은 폭풍우 구름이 태평양을 가로질러 동쪽으로 이동하다가 트리니티 알프스에서 부딪혀 심한 호우가 내리면, 트리니티 강의 수위는 급격히 상승한다. 폭풍우가 지나가면 하천 수위는 단시간에 다시 낮

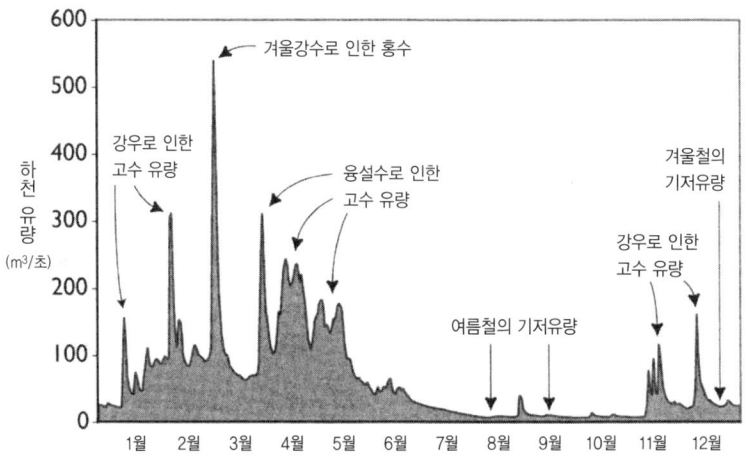

그림 2-3 미국 캘리포니아 북부 트리니티 강의 연간 수문곡선

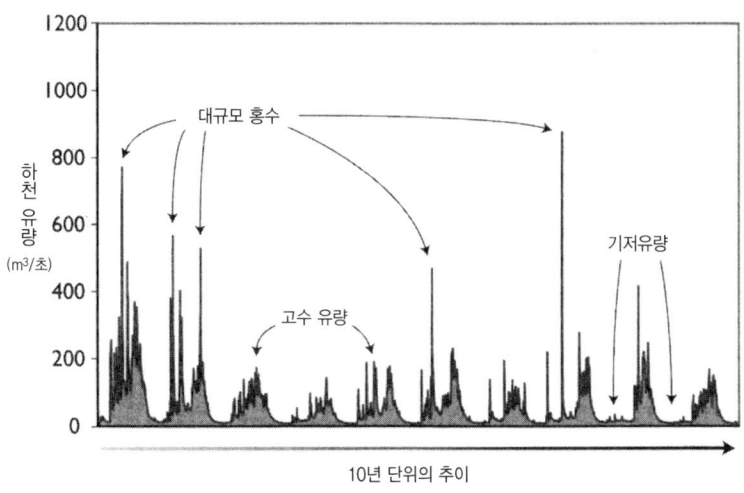

그림 2-4 트리니티 강의 10년간의 수문곡선

아진다. 작은 규모의 폭풍우는 트리니티 강 수문곡선상에 작은 상승으로 나타나는 '고수위'를 이루고, 큰 규모의 폭풍우는 홍수를 일으킨다.

1월과 2월에 기온이 하락하면 산간지역에는 눈이 내리고, 그 눈은 이른 봄까지 녹지 않은 채 쌓여 있다. 3월부터 6월 사이에 기온이 올라가면 얼어붙은 눈덩어리들이 녹으면서 서서히, 그리고 꾸준히 수위가 상승한다. 여름이 시작되면, 높아진 수위가 서서히 낮아진다. 강우로 인한 고수위 기간과 해빙으로 인한 고수위 기간 사이에는 비교적 낮은 수위가 유지된다.

하천 연구자들은 여러 해의 유량 변화를 담아내는 수문곡선을 그림으로써 어떤 특정한 하천의 유황에 반복해서 나타나는 패턴들을 명확하게 인식할 수 있다. 1년 동안의 수문곡선(그림 2-3)에서 나타나는 기본적인 유량 패턴은 10년간의 수문곡선(그림 2-4)에서도 나타난다. 홍수의 규모와 고수위, 저수위는 해마다 달라질 수 있지만, 수문곡선의 기본적인 패턴은 해마다 거의 그대로 반복된다.

수문곡선의 특성과 변동은 지역마다 다르고 하천마다 다르지만, 거의 모든 하천의 수문곡선에는 일반적인 패턴이 있다. 즉 정기적으로 일어나는 저수위, 고수위와 해마다 찾아오는 것은 아닌 대규모 홍수와 극단적인 저수위가 나타나는 것이다. 생태학자들은 해마다, 그리고 여러 해에 걸쳐서 반복되는 수문학적 패턴들이 하천생태계에서 대단히 중요한 역할을 한다는 것을 알고 있다. 그들은 특정한 하천을 연구할 때 하천의 자연적인 유량 패턴과 특정 생태적 역할을 연계시킨다. 이렇게 해서 생태학자들은 바람직한 생태조건을 유지하고 복원하기 위해서 필요한 유량의 크기, 빈도, 시기, 지속기간, 그리고 해에 따른 변동 등에 대한 권고안으로 이루어지는 유량지침을 개발한다.

최근의 10년 동안 생태학적 지식은 급속히 진보했지만, 과학에 근거한 하천관리가 장래에 어떤 경로로 발전할 것인가를 예측하기란 쉬운 일이 아니다. 하지만 최근 호주에서는 주목할 만한 발전이 이루어졌다.

앤절라 아싱턴은 호주의 여러 하천들에 대한 유량 권고안을 개발하기 위해서 진행된 여러 가지 실험에 참여하고 나서, 하천생태계, 특히 본래 지니고 있던 유량 특징을 모두 혹은 대부분 보유하고 있는 하천에 대한 권고 유량이 상대적으로 작다는 점에 대해 갈수록 우려가 깊어졌다. 예를 들어, 퀸즐랜드의 로건 강에 대해 권고되고 있는 유량은 자연적인 유량의 50퍼센트에도 미치지 못했다.[29]

아싱턴의 판단에 따르면, 연구자들은 대개 확실한 생태정보를 가지고 정당화할 수 있는 한도 내에서만 유량을 지정하는 식으로, 유량 권고안을 제시하는 데에서 매우 소극적인 태도를 취하고 있었다. 아싱턴은 생물의 생활사와 그와 연관된 유량조건은 각 하천에 서식하는 일부 종에 대해서만 한정적으로 파악되어 있고, 유량이 생태계 기능에 미치는 영향을 완벽하게 밝히는 것은 불가능하다는 점을 고려할 때, 기존의 유량 권고안들은 건강한 생태계를 유지하는 데에 필요한 유량을 과소평가하고 있다고 우려했다. 아싱턴은 과학자들에게 전혀 다른 질문을 던지면 그들이 내놓는 결론, 즉 유량 권고안 또한 판이하게 달라질 것이라고 예상했다. 어떤 하천이 얼마만큼의 물을 필요로 하는가라는 질문 대신에, 자연적 유황이 얼마만큼 변경되면 지나치다고 보는가라는 질문을 던진다면, 연구자들은 어떤 유량 권고안을 내놓을까?

아싱턴은 얼마만큼의 유량 변경이 이루어지면 중요한 생태적 변화가 관찰되기 시작하는가를 확인하기 위해 동료들과 함께 '벤치마킹법'의 개발에 착수했다.[30] 이 방법을 활용하기 위해서는 큰 하천 유역의 여러 지점에서 물리적 서식지, 수변식물 및 수생식물, 수생곤충, 어류, 하구 혹은 바다와 관련된 조건들에 관해 광범위한 조사를 실시해야 한다. 이들은 각 환경변수의 조건들을 '자연상태', '자연에 가까운 상태' 혹은 '심한 변경으로 자연에서 크게 벗어나는 상태'로 분류한다. 그런 다음에 이들은 각 지점에서 측정된 환경변수를 축적하여 수문 과정의 변경 정도에 대해, 환경에 미치는 영향이 미미하거나 전혀 관측되지 않는 유량 변경 수준과 영향을 미치는 유량 변경 수준을 판정한다.

벤치마킹법을 적용하여 얻어진 초기 연구 결과는 특정한 생태적 편익을 유지할 목적으로 설계된 유량 권고치는 전체 생태계의 파괴를 막을 목적으로 설계된 유량 권고치와 다를 수밖에 없다는 것을 암시한다. 아싱턴의 연구팀은 퀸즐랜드 주 버넷 강 유역의 생태적 건강을 완벽하게 보전하기 위해서는 연간 유량의 79~84퍼센트, 자연적인 대규모 홍수의 71~91퍼센트가 보호되어야 한다는 사실을 확인했다.[31] 이 연구 결과는 전체 생태계의 파괴를 예방하기 위해서는 높은 수준의 유량 보호가 필요하다는 것을 암시한다.

이런 통찰은 각각의 하천의 특수한 상황에 알맞은 유량을 예측하는 과학적 수단과 기법을 주의 깊게 선택하는 것이 중요하다는 점을 시사한다. 아직은 비교적 본래 상태를 유지하고 있으나 앞으로 지속적인 개발이 고려되고 있는 하천의 경우에는, 하천 유량을 얼마만큼 변경해야 하는지 판정할 수 있는 접근법이 적합하다. 이런 상황에서는 어느 정도의 유량 변경이 이루어지면 생태계가 얼마나 악화될 수 있는가를 예측하는 벤치마킹법 혹은 그와 유사한 접근법이 가장 효과적인 접근법이다. 이미 손상을 겪어서 생태계의 건강을 복원시킬 필요가 있는 하천의 경우에는, 자연적인 유황의 특정한 요소들을 점진적으로 복원해갈 경우 생태계를 얼마나 복원할 수 있는지를 예측할 필요가 있다. 이런 경우에는 남아프리카공화국의 연구자들이 개발한 '빌딩블록 방법'과 생물종을 기준으로 한 PHABSIM 등의 접근법이 도움이 될 것이다.

생태학적 목표를 설정한다

연구자들과 하천관리자들이 앞에서 소개한 새로운 복원방법을 효과적으로 활용할 수 있게 하기 위해서는, 전체 사회의 구성원들은 다음과 같은 중대한 질문에 대답해야만 한다. 해당 하천이 얼마나 건강하기를 원하는가? 하천 건강의 악화를 어느 정도까지 허용할 수 있는가? 만약 허용한다면, 어떤 것을 희생시킬 것인가? 이미 훼손된 하천이라면, 생태계를 얼마만큼 복원시키는 것이 바람직한가? 우리는 여기에서 다시, 앞서 살펴보았던 남아프리카공화국의 경험을 통해서 연구자들과 지역사회가 이런 질문에 대답하기 위해 협력할 수 있는 방안과 관련된 몇 가지 아이디어를 얻을 수 있다.

남아프리카공화국의 하천관리자들이 생태적 유량 권고안을 현실에 적용하기 시작한 것은 은 1990년대였다. 그러나 당시는 관개용수, 생활용수 같은 물수요가 급속하게 늘어나던 때였으므로 권고안을 그대로 이행하기는 무리였다. 따라서 하천관리자들은 연구자들에게 권고안을 수정하고 그렇게 수정된 유황이 생태계에 어떤 영향을 미치는지를 예측해달라고 요청했다. 재키 킹의 말을 인용한다. "우리가 어떤 유황을 제시하면 그들은 그것을 깎아내리고, 우리가 하향조정된 유황과 하천조건을 제시하면 그들은 다시 또 그것을 깎아내리고, 계속 이런 식이었다."[32] 이런 일이 반복되는 것은 시간과 비용의 낭비였기에, 유량 권고안을 수정해달라는 요구는 연구자들과 수자원 계획입안자들에게 상당한 부담으로 작용했다. 재키 킹과 동료들은 권고 위주의 접근법(BBM)이 아니라 상호 소통에 의거한 시나리오에 바탕을 둔 접근법으로 전환해야 한다고 생각했다. 재키 킹은 케이프타운에 본사를 둔 서던워터스 사의 컨설턴트였던 생태학자 케이트 브라운과 함께 BBM을 새로운 접근법으로 전환하는 일에 착수했다. 이들은 특정 하천에서 기존의 유량조건이 점차적으로 변경되거나 복원될 때 예상되는 생태계 건강의 변화 수준을 명시적으로 밝혀낼 수 있는 새로운 접근법을 고안해내고, 이 접근법을 '유량변화에 대한 하류의 반응Downstream Response to Imposed Flow Transformation'을 예측한다는 의미에서 드리프트DRIFT법이라고 불렀다.33)

드리프트법의 핵심은 A등급에서 D등급까지 몇 개의 단계로 등급을 설정하고 각 등급별로 생태계의 건강(혹은 지속가능성 경계)를 기술하는 것이다(표 2-2). 생태계의 건강을 가장 높은 수준으로 보전하는 A등급은 자연적인 유황이 거의 손상되지 않고 유지되는 상황이다. 등급이 낮아질수록 댐과 수자원 시설들에 의한 하천 유량 변경이 심해지고 생태계의 건강은 갈수록 악화된다(그림 2-5). 드리프트법을 이용하면 다양한 수자원관리 시나리오에 따른 생태계의 건강수준을 예측할 수 있다. 예를 들어, 한 해에 하나 이상의 자연적인 홍수가 사라지거나 기저유량이 고갈될 경우, 그 하천의 조건이 A등급에서 B등급으로, 혹은 B등급에서 C등급으로 떨어질 것이라고 예측할 수 있다.

어떤 연구자들은 하천 유량의 변경에 따라 생태계가 얼마나 악화되는지를 정확하게 예측하는 것이 가능한가, 하천생태계의 악화를 추상적인 카테고리를 이용해서 표현하는 것이 가능한가에 대해 의문을 제기한다. 그렇지만 드리프트법은 사회가 하천의 사용과 관리에 대해서 내린 결정 내용을 공개한다는 점에서 중요한 진전이다.34) 이 방법은 또한 기본적인 생존을 위해서 하천을 이용하는 행위의 경제적 가치에 대한 분석을 아우르고 있다는 점에서, 또한 수자원정책 입안과정에서 생태계의 건강과 생태계가 담당하는 역할을 통합적으로 고려할 수 있다는 이점을 제공한다.

등급	유황	생태적 조건
A (자연상태)	자연조건에 가까움	하천 내 및 강변 서식지와 생물상의 변경이 무시할 수 있을 정도임
B (좋음)	전반적으로 자연조건이 남아 있으며, 약간의 변경이 이루어짐	기본적으로는 양호한 상태의 생태계로, 생물상이 거의 손상되지 않음
C (보통)	적당히 변경됨	소수의 민감한 생물종들이 사라질 수 있음. 일부 생물종의 개체수는 줄어드는 경향. 환경의 부하에 내성이 있는 종이나 기회종이 번성함
D (나쁨)	전반적으로 변경됨	서식지의 다양성과 이용가능성이 줄어듦. 대부분 내성이 강한 종들만 살아남지만, 그 종들도 병들어 있는 경우가 많음. 개체군의 동력학이 무너짐(즉, 생물상이 더 이상 유지되지 못하고, 외래종이 생태계로 침입함)

표 2-2 남아프리카공화국에서 사용된 생태적 관리 등급

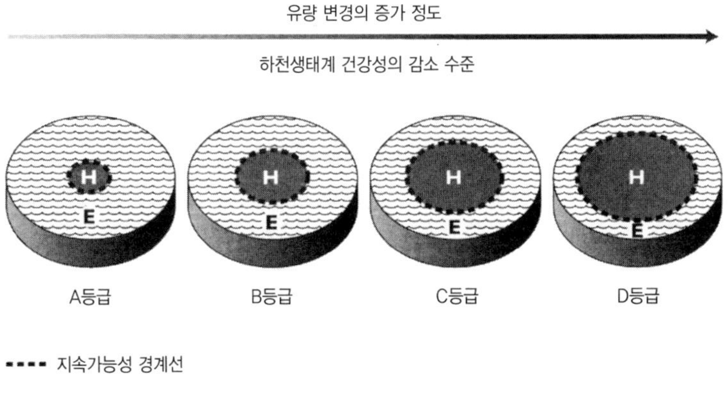

유량 변경의 증가 정도 →

하천생태계 건강성의 감소 수준

A등급   B등급   C등급   D등급

▪▪▪▪ 지속가능성 경계선

그림 2-5 하천 건강성의 서로 다른 범주들을 구분하기 위한 지속가능성 경계의 설정: 자연적인 하천 유량이 점점 더 변경됨에 따라 하천생태계의 건강은 나빠진다. 사회는 어느 정도의 건강 악화까지 받아들일 수 있는가를 결정해야 하는데, 여기에는 선택 가능한 방안들로 하천 건강성의 서로 다른 단계들이 제시되어 있다.

남아프리카공화국의 경우에는, 하천생태학자와 물관리자, 사회과학자들이 지역사회 및 정부 지도자들과 협력하여 각 하천의 바람직한 생태계 보호수준을 결정한다. 즉 현재와 장래의 인간의 물수요, 혹은 하천복원 강화시책의 타당성에 입각하여 하천의 건강성을 보호하는 수준을 결정한다. 여기서 주목해야 할 것은, 수자원관리자들과 이용자들은 생태계의 건강의 특정한 목표수준(A~D등급 가운데 하나)을 설정하고 그것을 달성하기 위한 수자원관리 방법을 선택할 때 더 이상은 하천의 생태학적 조건의 악화를 용인할 수 없다고 판단되는 수준에서 한계를 설정한다는 점이다. 하천이 A등급에서 B등급으로 악화되는 것을 허용한다는 결정을 내린다면, 유량 변경의 목표선을 B등급에 맞춘다는 의미다. 〈그림 2-5〉에서 보듯이, 네 가지 생태계 건강 등급에서 점선은 허용되는 유량 변경의 한계치(지속가능성 경계)를 나타내고 점선 안의 영역은 인간의 물이용을 나타낸다. 이처럼 사회가 어느 정도로 하천생태계를 보호할 것인지를 선택하고 나면, 과학자들은 선택된 상황을 창출하기 위해서 필요한 생태적 유량 권고안을 개발하는 것이다.

하천별로 생태계 건강의 목표수준을 설정한다는 개념은 새로운 것이 아니다. 인간 사회는 수천 년에 걸쳐서 자체적으로 물이용의 한계를 설정하거나, 물을 이용하거나 오염시키는 행위와 관련된 각종 금기를 만들어서 인근의 하천, 호수, 샘물들을 보호해왔다. 최근 들어 많은 나라들이 채택하고 있는 정교한 수질관리 시스템에서는 하천별 생태목표를 반영하여 하천을 범주화하고, 그에 기초하여 정책을 펼치고 있다. 예를 들어, 미국은 담수서식지, 농업용수, 친수 문화활동 등의 '지정용도'로 하천을 범주화하고, 범주에 따라서 정량화된 수질기준을 지정하고 있다. 하천의 유량 변경이 생태계에 미치는 영향에 대한 사회 전체의 인식은 나날이 개선되어갈 것이고, 결국 미국을 비롯한 여러 나라들은 남아프리카공화국의 사례를 좇아 유량보호와 관련한 목표설정 방식을 채택하게 될 것이다.

연구자들은 최근 수십 년 동안 개발해온 수단과 방법들에 의지해서 향후 수자원관리에서 더욱 핵심적인 역할을 담당하게 될 것이다. 그러나 인간이 하천생태계의 복잡한 과정과 관련해서 축적한 과학적인 지식은 아직 턱없이 부족하다. 따라서 연구자들은 수자원개발 혹은 유량변경이 생태계에 미치는 영향을 완벽하게 예측할 수 없다. 이러한 불확실성은 아무 대책도 세우지 않는 구실로 이용되는 경우가 많다. 기존의 수자원 관리방법이 하천의 건강을 보호하지 못하는 경우에도 말이다. 연구자들이 생태학적 목표를 달성하는 데에 필요한 유량조건에 대한 완벽한 확신을 가지고 있지 않으면, 수자원관리자들은 인간의 물이용을 제한하거나 하천복원을 실행에 옮기는 것을 꺼린다. 지구상의 하천 가운데 3분의 2 이상이 크게 훼손되어 있고, 인간의 물과 에너지에 대한 수요가 급증하면서 나머지 3분의 1 역시 갈수록 위기로 내몰리고 있는 상황에서, 이런 관리의 마비 상태는 용인될 수 없는 일이다. 다행히도, 연구자들과 수자원관리자들이 새로운 위기관리 철학을 받아들이고 있다. 새로운 위기관리 철학은 불확실한 상황에서도 행동을 하고 그 행동의 결과로부터 배우는 것을 지지한다.

실천을 통해서 배운다

지역사회가 하천 유량을 복원한다는 결정을 내리는 것은 일반적으로 상업형 어업이나 자급자족형 어업 등 가치가 높은 생태계 서비스가 사라지거나 어떤 생물종의 멸종이 가까워졌을 때다. 하천의 유량을 복원하기 위해서는 가장 먼저 하천 유량에 영향을 주는 물 또는 토지 관리 시책의 변화가 선행되어야 한다. 여기에는 물의 이용량의 변화나 하천 취수방법의 변화, 혹은 댐의 저수방식 및 방류방식의 변화뿐 아니라 벌목이나 경작 등 각종 토지관리 활동의 변화도 포함된다.

〈그림 2-6〉은 기존의 유량 변경이 과도하여 바람직한 조건(지속가능성 경계)을 크게 웃도는 상황을 나타낸다. 그러나 우리는 지속가능성 경계를 정확하게 알지 못한다. 또한 우리는 하천의 건강을 바람직한 수준으로 유지하기 위해서는 어느 정도로 유량을 복원하는 것이 바람직한 것인지 정확히 알지 못한다. 이 두 가지 조건은 거의 모든 하천의 복원 노력이 직면하고 있는 공통된 난관이다.

이런 상황에 대처할 수 있는 현실적인 방법으로 '적응형 관리' 방법이 있다.[35] 적응형 관리법은 흔히 '실천을 통해서 배운다'는 표현으로 대표되는 유연하고 적응성이 높은 방법이다. 적응형 관리법에서는, 하천생태학의 연구자는 전문지식에 기초하여 하천관리자와 함께 하천의 건강을 개선할 수 있는 유황복원 실험을 개발하고, 각 실험의 효과를 관찰하고, 결과의 평가에 기초해서 생태계 건강의 바람직한 수준에 근접하도록 유량 권고안을 수정한다. 이러한 반복적인 과정을 통해서 사회는 인간이 필요로 하는 몫과 자연이 필요로 하는 몫으로 물을 배분하는 과정에서 최적의 균형점을 찾아간다.[36]

현재 그랜드캐년의 콜로라도 강,[37] 캘리포니아 주 트리니티 강,[38] 플로리다 주 키시미 강,[39] 플로리다 주 에버글레이즈 강,[40] 미시시피 수계 상류,[41] 호주의 머레이 강[42]을 포함한 많은 하천 유역에서 적응형 유량복원 프로그램이 시행되고 있다. 각 지역의 복원 프로그램들은 단계가 저마다 다를 뿐 아니라 적응형 관리를 실행에 옮기는 방법도 저마다 조금씩 다르다. 그러나 각 복원 프로그램의 기본적인 절차는 비슷

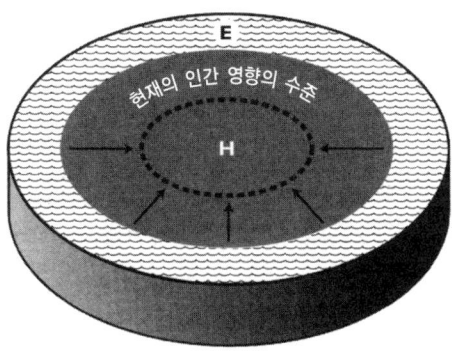

••••• 지속가능성 경계선

그림 2-6 인간의 필요와 생태계의 필요 사이에서 유량할당의 균형 잡기: 자연적인 하천 유량이 과도하게 변경된 경우에는, 인간의 영향을 지속가능성 경계 안의 바람직한 수준까지 줄이고 하천의 건강성을 지탱하는 자연 유량의 핵심적인 패턴을 복원해야한다.

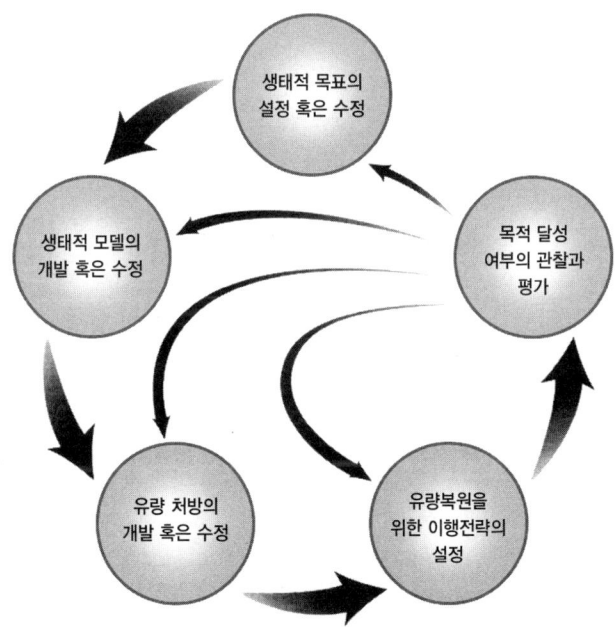

그림 2-7 유량복원을 위한 적응관리 과정: 적응관리는 생태적 목표를 설정하고 그러한 목표를 달성하기 위한 전략을 시험하고 구체화하면서 계속해서 진화하는 과정이다.

강에는 얼마만큼의 물이 필요한가 101

하다(그림 2-7).

 앞에서 강조한 바와 같이, 적응형 복원 프로그램에서 결정적으로 중요한 것은 착수 단계에서 그 프로그램이 의도하는 성과를 명확히 전달해주는 생태적 목표를 정의하는 일이다.[43] 생태적 목표는 하천 내 특정한 생물종의 보호로 정할 수도 있고, 전체 하천생태계의 건강의 향상(예컨대 C등급에서 B등급으로의 향상)으로 잡을 수도 있다. 일단 생태적 목표가 정해지면, 이 목표가 적응형 관리과정 전체를 이끌고 나간다. 연구자들은 우선 유량 변경과 그로 인한 영향을 표현할 수 있는 하천생태계 모델을 개발하고, 다음에는 앞서 언급한 수단과 방법들을 이용하여 목표 달성에 적합하다고 판단되는 유량 권고안을 개발하며, 수자원관리자들과 협력하여 바람직한 유황에 도달할 수 있도록 기존의 물관리 시책들을 변경하기 위한 전략을 개발한다. 맨 마지막 단계로, 그들은 유량복원 실험이 진행되는 과정에서 하천생태계를 관찰하여 생태적 목표가 충족되는지를 평가한다. 어류는 종을 유지할 수 있을 만큼 번식하고 있는가? 하천생태계의 건강은 목표수준에 도달하고 있는가? 과학자들과 관리자들은 프로그램의 성과가 목표에 얼마나 근접했는가를 평가하고 적응형 관리 순환과정의 어떠한 부분에서 변화가 필요한가를 평가한다.

 노스캐롤라이나 주 로어노크 강에서는 댐 소유자와 환경보호단체가 적응형 관리 프로그램을 진행하고 있다. 앞서 소개한 과정이 현실에서 어떻게 진행되는지 확인하기 위해서 이 복원 프로그램을 자세히 살펴보도록 하자. 로어노크 강에는 1955년과 1963년에 개인 소유의 수력발전용 댐 두 개가 건설되었다. 이 두 개의 댐은 가동을 시작한 이후로 로어노크 강 하류의 어류와 드넓은 범람원 삼림에 영향을 미치고 있다. 연방에너지규제위원회는 두 댐의 사업허가권을 1951년에 승인했는데, 그 허가권이 만료되어 댐 소유자는 허가권을 새로 취득해야 했다. 연구자들과 환경보호활동가들은 사업허가권 갱신과정을 댐 소유자인 도미니언 제너레이션 회사와 댐 운용규칙(이 협약은 연방에너지규제위원회의 최종 검토와 승인을 거쳐야 한다)에 대해 협상을 벌일 수 있는 기회로 이용했다. 민간환경단체인 '자연보전협회'는 로어노크 범람원에 상당히 많은 토지를 소유하고 있었고, 따라서 댐 사업허가권 갱신협상의 결과에 상당히 큰 이해관계가 걸려 있었다. 자연보전협회의 생태학자 샘 퍼샐은 이 두 개의 댐이 댐 하류의 범람원 삼림에 비정상적인 홍수를 야기하는 원인이라는 것을 알고 있었다. 예전에는 여름철이 되면 범람원 삼림의 바닥에 떨어진 씨앗들이 싹을 틔웠지만, 상류에 세워진 댐이 장기간의 대량 방류를 시행한 뒤로는 어린 묘목들은 물에 잠겨서 살아남지 못했다. 퍼샐은 묘목의 생존과 홍수의 양의 상관관계에 관한 가설을 세웠다. 그러나 퍼샐은 자신의 가설에 대한 확신이 부족했기 때문에 30~50년(연방에너지규제위원회의 일반적인 허가기간) 동안 지속될 댐 운용규칙에 제한규정을 포함시키는 것이 옳은 것인지 아닌지 분명한 판단이 서지 않았다. 운용조건 변경은 곧 발전량의 감소를 의미하기 때문에 도미니언 제너레이션 사 역시 삼림의 적절한 복원이 보장되지 않는 운용조건 변경의 요구는 받아들이지 않을 것이 분명했다. 퍼샐은 댐 사업허가권이 갱신될 경우 생태학적 피해가 우려된다는 것을 밝히고 도미니언 제너레이션 사에 적응형 관리 프로그램을 도입할 것을 요청했다.

자연보전협회와 도미니언 제너레이션 사는 삼림이 지속가능한 수준으로 복원될 때까지 댐 운용으로 인한 유량 변경을 지속적으로 축소한다는 협정을 체결했고, 연방에너지규제위원회는 이를 승인했다. 구체적으로 말하자면, 도미니언 제너레이션 사는 처음 5년간은 댐에 의해서 야기되는 인공적인 홍수량을 50퍼센트 줄이고, 그후에는 5년 간격으로 직전 단계의 유량이 미치는 영향을 50퍼센트씩 줄여나가기로 결정했다. 자연보전협회를 비롯한 환경단체들은 인공적인 홍수량 축소에 따른 삼림의 반응을 관찰하기로 했다. 목표했던 생태조건이 달성되면, 도미니언 제너레이션 사는 더 이상 유량을 조정할 필요가 없게 된다.

로어노크 강에 적용된 적응형 접근법은 여러 가지 흥미로운 특징을 가지고 있다. 환경보호활동가의 입장에서는 삼림의 건강이 복원되기까지 어느 정도 시간이 걸리기는 하겠지만 이상적인 생태조건이 달성될 것이라고 낙관할 수 있다. 한편 댐 사업자인 도미니언 제너레이션 사의 입장에서는 유황복원의 각 단계들이 짧은 기간이므로 댐 운용방식의 변경이 생태적인 목표를 달성하는 데에 필요한 수준을 넘어서지는 않을 것이라고 안심할 수 있다. 더욱이 복원과정은 댐 사업자가 수력발전량의 감소와 로어노크 강에서 얻을 터였던 수입의 감소를 벌충할 방안을 개발할 수 있을 만큼 여유 있게 진행되고 있다.

하천의 자연 유황을 복원한다

현재 세계 곳곳에서 진행되고 있는 하천 유량 복원정책은 댐 운용방식을 변경하는 것에서부터 수자원보호법령을 통하여 인간의 물수요를 줄이는 것에 이르기까지 다양한 전략을 활용한다. 대부분의 유량복원 정책은 하천의 자연적인 유황의 핵심적 요소를 복원하는 것을 목표로 삼는다. 여기서는 유량 변경에 의해서 야기된 다양한 생태학적 문제점들과 현실적으로 유량복원의 성과를 올리고 있는 혁신적인 방법들을 사례를 들어 설명할 것이다.

저수위의 복원

대부분의 하천에서, 지배적인 유황조건은 저수위다. 저수위는 하천의 수생생물이 1년 중 대부분의 기간 동안 이용할 수 있는 서식지의 규모를 결정하는 근본적인 조건이다. 저수위는 어류를 비롯해서 하천에서 서식하는 각종 생물들의 종의 다양성과 개체수에 큰 영향을 미친다. 저수위가 인공적으로 상승할 때뿐 아니라 하락할 경우에도 하천의 건강성은 파괴된다.

미국 조지아 주 플린트 강의 경우, 저수위 기간에는 유속이 느리고 조용하기 때문에 어류를 비롯한 수생동물들이 비축해둔 에너지를 보존할 수 있다. 또한 한정된 서식공간에 밀집해서 생활하는 수생생물들은 포식자인 어류, 너구리, 푸른가슴왜가리들에게 풍부한 먹이를 제공한다. 간혹 나타나는 극단적인 저수위 기간은 낙우송과 흑고무나무 따위 특정한 수종의 번식에 필수적이다. 이 수종들은 일생의 대부분을 뿌리와 밑동이 물에 잠긴 채 살아가는데, 극심한 가뭄이 들어 범람원 토양이 충분히 건조해질 때에만 씨앗을 퍼뜨린다.

플린트 강은 강우의 영향을 크게 받는 대표적인 하천이다. 조지아 주 남서부에서는 늘 비가 퍼붓듯이 쏟아진다. 극심한 호우는 겨울과 봄에 자주 발생하는데, 이때 초당 약 40세제곱미터의 저수위였던 플린트 강 물은 한두 시간 만에 초당 700세제곱미터 이상의 고수위를 이룬다. 플린트 강의 연간 수문곡선을 보면, 저수위 기간 중에 극심한 홍수가 돌출하는 식의 특이한 유량 변화가 자주 일어나는 것을 확인할 수 있다. 폭우가 끝나면 플린트 강은 다시 저수위를 회복한다.

최근 수십 년 사이에 플린트 강의 저수위는 무려 25~30퍼센트나 낮아졌다. 최근에 심한 가뭄이 여러 차례 발생한 까닭도 있지만, 농지관개를 위한 지하수 양수량이 240퍼센트 이상 급증한 것 역시 저수위의 하락을 가속화한 요인이었다. 플린트 강 주변의 수많은 우물들이 하천의 저수위의 유지에 필요한 지하수를 가로채가고 있는 것이다.

저수위가 고갈되면 플린트 강에는 심각한 생태적 문제가 발생한다. 겨울이 되면, 플린트 강의 수많은 어종들이 지하수가 유입되는 구역으로 모여든다. 유입되는 지하수가 주위의 강물보다 따뜻하기 때문이다.[44] 하천으로 유입되는 지하수가 줄어들면, 물고기들이 이용하던 따뜻한 은신처는 사라진다. 범람원의 지하수위와 인근의 하천수위는 수문학적으로 연관되어 있다. 하천수위가 낮아지면 지하수위도 낮아지고, 낮아진 지하수위까지 뿌리를 내리지 못하는 식물은 말라죽고 만다.

조지아 주는 갈수기 동안 플린트 강의 저수위에 영향을 미치는 지하수 양수 관행을 개선하기 위해 적극적인 정책을 실시하고 있다. 2000년에 제정된 '플린트 강 가뭄방지법'은 갈수기 동안 특정 지역에서 관개를 줄이는 농민들에게 보상금을 지급하는 규정을 두고 있다.[45] 이 법이 가진 집행상의 난관은 생태적으로 가장 큰 영향을 미치는 농민들을 찾아내고, 저수위가 충분히 회복될 수 있도록 최대한 많은 수의 농민들을 설득하는 것이다.

널리 인식되고 있지는 않지만, 지하수 양수가 하천 유량에 미치는 영향은 실로 세계적인 문제다.[46] 세계 인구의 4분의 1, 미국 인구의 2분의 1 정도가 지하수를 식수로 쓴다.[47] 미국에서 소비되는 물의 85퍼센트가량이 관개농업에 쓰이는데, 그중 3분의 1 이상이 지하수에서 끌어올린 물이다.[48] 지하수 취수가 하천에 미치는 생태적 영향은 캔자스 주에서 극단적으로 나타난다. 캔자스 주 서부의 3분의 1을 차지하는 지역의 강들은 예전에는 연중 마르지 않고 흘렀지만, 지금은 대부분 과도한 지하수 취수 때문에 이따금 바닥을 드러낸다.[49] 애리조나 주의 경우에는 지하수 취수로 인해서 사막지대를 흐르는 강의 90퍼센트 이상이 완전히 말라붙거나 축소되었다.[50] 탄자니아의 그레이트루아하 강은 관개를 위한 지하수 취수 때문에 저수위가 심각하게 고갈되어, 어류가 대량 폐사하고 하마와 악어들이 늪지대로 과밀하게 몰려든다.[51]

저수위 복원 시도는 다양한 생태적인 목적하에서 여러 가지 다른 전략을 활용하면서 진행되고 있다.[52] 푸에르토리코의 이카코스 강에 건설된 생활용수 공급용 댐은 민물숭어와 민물새우 군집의 보호를 목적으로 최소방류량을 늘렸다. 미국자연보전협회는 애리조나 주 산페드로 강 인근의 관개용 취수량을 90퍼센트까지 줄일 목적으로 870헥타르의 농지를 사들였다. 컴퓨터 모델에 의한 예측치를 보면, 큰비가 올 때만 물이 흐르는 산페드로 강의 30킬로미터가 넘는 구간에서 연중 물이 흐르도록 유량을 복원할 수 있는 것으로 나타난다. 영국에서는, 이스트앵글리아의 바빙리 강과 햄프셔의 이첸 강의 기저유량을 복원할 목적으로 생활용수 공급을 위한 지하수 취수를 규제하고 있다. 미국 오리건 주 베어크리크에서는 여름철 저수위 시기에 대서양연어의 서식조건을 개선할 목적으로 소규모 관개용 댐이 철거되었다. 오리건 주의 경우에는 코트니크리크의 철갑상어와 왕연어의 서식조건을 개선할 목적으로 민간 환경단체인 '오리건 물 신탁'에게 수리권이 기부되었다. 이 조직은 수리권의 장기임대권을 매입하는 방식으로 다른 여러 하천들에서도 저수위를 확보하고 있다. 호주의 경우에는, 뉴사우스웨일즈 주 머레이 강과 머림비지 강의 습지를 복원하고 하천의 건강을 회복시킬 목적으로 농업용 댐의 방류량을 개선하고 있다. 미국의 앨라배마 주 쿠사 강에서는 멸종위기에 처한 톨로토마달팽이를 보호할 목적으로 수력발전용 댐 하류의 저수위가 복원되었고, 핀란드의 키미조키 강에서는 어류의 이동조건을 개선할 목적으로 저수위가 복원되었다.

이러한 저수위 복원정책이 거둔 생태적인 성과를 평가하기에는 아직

이른 감이 있다. 그러나 앨라배마 주 탤러푸사 강의 사례는 이런 정책이 생태계에 커다란 영향을 미칠 수 있음을 시사한다. 설로 댐은 1991년부터 하류의 저수위를 평균 초당 2.5세제곱미터에서 초당 34세제곱미터로 복원시켰는데, 그로부터 6년 뒤에 서식 어종수는 25종에서 40종으로 늘어났고, 전체 어류의 개체수는 무려 70퍼센트나 급증했다.[53]

고수위의 복원

고수위는 마치 음악에 스타카토를 삽입하는 것처럼 저수위을 일시적으로 중단시키는 중요하고도 필수적인 역할을 담당한다. 이런 역할은 저수위가 심각한 수준으로 낮아지는 갈수기에 더욱 중요해진다. 따뜻한 계절의 갈수기에는 흔히 고수온과 저산소 현상이 나타나는데, 이때 신선한 물이 조금만 공급되어도 이런 현상이 크게 완화되고, 유기물 등 영양분이 풍부한 먹이가 공급되어 수중 먹이사슬이 유지된다.

고수위 복원은 하천 본래의 특성을 복원하는 데에 결정적으로 중요한 요소다. 고수위는 무엇보다도 하천의 기본적인 외형을 형성함으로써 토착종의 번성에 이용될 수 있는 수중 서식지의 넓이와 깊이, 물리적인 복합성 따위의 일반적인 서식조건을 형성한다. 뿐만 아니라 고수위 복원은 생태계 복원과 관련된 이익만이 아니라 수력발전량의 증대, 선박운항 가능 수역의 확대, 생활폐수와 공장폐수의 희석효과 증대 등 여러 가지 뚜렷한 이익을 창출한다.

캘리포니아 주 트리니티 강의 경우에는 과거에는 해마다 봄철 해빙기가 되면 시계바늘처럼 규칙적으로 고수위가 발생했다. 봄철 고수위는 왕연어나 흑고무나무 등의 생물들에게 생애주기의 새로운 단계를 시작하라고 알려주는 일종의 자명종 소리다. 해빙으로 인한 고수위가 자연적으로 줄어드는 5월 말에서 6월 초 사이에는 솜털로 덮인 미루나무 씨앗이 습기를 듬뿍 머금은 범람원의 흙으로 내려앉는다. 연어 치어들은 차갑고 맑은 물이 밀려들면 그 물을 타고 바다로 갈 때라는 신호로 받아들인다.

해빙이 되어 불어난 트리니티 강물은 처음에는 자그르르 낮게 울리는 소리를 내며 흐르다가 점차 빨라져서 천둥치듯 요란한 소리를 내며 흘러간다. 처음에는 강바닥에서 모래입자와 유기물이 움직이기 시작하고, 차츰 홍수 유량이 늘어나고 속도가 붙으면서 잔자갈과 왕자갈들이 굴러내리기 시작한다. 이처럼 고수위는 하천 수로의 물리적 특징을 형성하는 데에 중요한 역할을 한다. 고수위는 마치 물로 만들어진 불도저처럼 퇴적물을 밀어붙여 유속이 낮은 지역으로 몰아넣는다. 이와 같은 역동적인 침식과 퇴적 활동은 수로의 형태를 만들고 강바닥의 퇴적물을 이동시킴으로써, 여울과 웅덩이, 자갈밭과 섬과 같은 중요한 서식지를 형성한다.

강을 구성하는 이러한 물체들에 의한 수로의 조형造形 과정은 하천의 동식물들에게 큰 영향을 미친다. 모래와 잔자갈, 왕자갈, 둥근 바위가 뒤섞여서 만들어지는 강바닥의 특성은 수생곤충과 어류에게 특히 중요한 의미를 갖는다. 고수위는 진흙, 모래 따위의 작은 입자들을 빠른 속도로 쓸어내려서 왕자갈들 틈에 쌓여 있던 이물질을 씻어내는 활동(인간이 치과에서 치석을 제거하는 활동과 비슷하다)을 통해서 어린 연어들이 서식할 수 있는 공간을 만들어낸다.

캘리포니아 주 트리니티 강에서는 1964년에 댐이 건설된 이후로 이와 같은 생태계의 과정들이 심하게 훼손되었다. 센트럴밸리 농지관개 사업의 일환으로 건설된 트리니티 댐은 새크라멘토 강 유역으로 유입되던 강물의 90퍼센트 이상을 막아 트리니티 강의 연간 고수위를 큰 폭

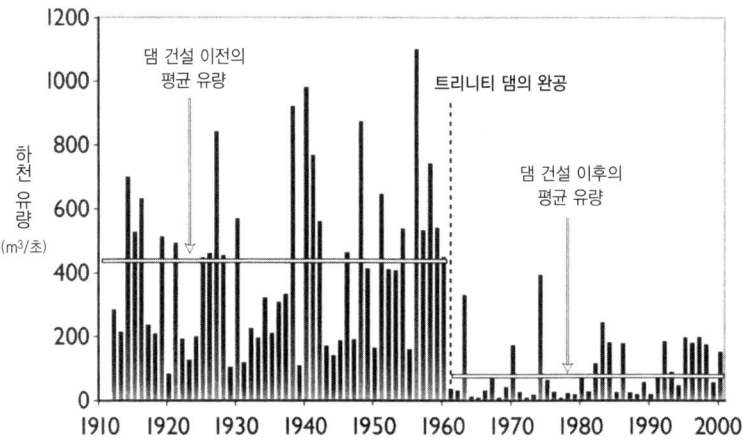

그림 2-8 댐이 유발한 트리니티 강 고수 유량의 변화: 캘리포니아 트리니티 강의 고수 유량은 트리니티 댐의 건설로 인해 극적으로 줄어들었다.

으로 낮춰버렸다(그림 2-8).[54] 이 정도로까지 강물의 흐름을 고갈시키는 것은 지나치거나 이상한 짓으로 여겨지지만, 미국 서부의 하천들은 대부분 이와 비슷한 형태로 착취당해왔다. 현재 이 지역의 큰 강 유역에서는 이용가능한 지표수의 75퍼센트 이상이 인간 활동에 소비되고 있는데, 그 가운데 80퍼센트 이상이 관개농업용으로 쓰인다.[55]

이런 유량 감소는 곧바로 트리니티 강의 생물들에게 영향을 미쳤다. 연어 성어가 이용하던 깊은 웅덩이들은 빠른 속도로 모래로 채워졌다. 해마다 되풀이되던 고수위가 사라지자, 수생식물들이 하천 기슭까지 급속하게 퍼져나가서 하천 폭이 60퍼센트나 축소되는 구간이 생겨날 정도로 수생생물들의 서식지가 크게 줄어들었다.[56] 자연적인 유황에서는 하천 수로가 동적이고 복잡하기 때문에, 어린 연어들은 폭이 넓고 깊이가 얕아서 포식자들이 거의 접근할 수 없을 만큼 완만한 물에서 안전하게 생활할 수 있었다. 노란발개구리들은 물살이 느린 강기슭에 알을 낳았다. 수로를 깎아내는 고수위가 없어지자, 하천 폭이 좁아지고 물살이 세지면서 어린 연어를 비롯한 작은 수생생물들의 피난처가 사라졌다. 결국 왕연어의 개체수는 단기간에 5분의 1로 급감했다.57)

수천 년 전부터, 트리니티 강 주변에서 살아온 후파 족과 유록 족은 자급자족, 문화, 종교의식, 교역 등의 목적을 위해서 물고기와 식물, 동물을 이용해왔다. 이런 생태계 서비스가 사라지고 왕연어가 멸종위기종 목록에 오르자, 1990년부터 트리니티 강 복원사업이 시작되었다. 1999년, 연방과 주의 행정기관과 학술기관들에 소속된 수많은 연구자들이 '트리니티 강 유량평가 연구보고서'를 발간했다. 이 연구보고서는 연간 강우량을 기준으로 가뭄이 극심한 해부터 강우량이 대단히 많은 해까지를 다섯 단계로 나누고, 각 단계에 적합한 5단계의 댐 방류지침을 내놓았다.58) 이 방류지침은 어류가 알을 낳을 수 있도록 자갈들을 배치하고, 자갈 틈에 쌓인 이물질을 씻어내고, 하천의 쓰레기를 쓸어내리고, 연중 적절한 수온을 제공하고, 수변식물들을 통제하고, 어린 연어들을 바다로 실어나르는 등의 수없이 많은 생태계 기능을 지탱할 수 있도록 설계되어 있었다.

트리니티 강의 조사에 참여하고 있는 연구자들은 댐 건설 이전의 하천생태계의 조건이 그대로 복원될 것이라고 기대하지는 않는다. 대신 댐 건설 이전의 강의 특징들을 보여주는 역동적인 하천의 모습을 작은 규모로나마 다시 만들어내는 것을 목표로 삼고 있다. 이런 생태적 목표는 이미 심하게 고갈된 하천에서의 수로 내instream 이용과 수로 밖outstream 이용의 균형점을 찾으려고 할 때 필연적으로 발생하는 정치적·경제적 어려움을 반영하고 있다. 요컨대, 이들의 의도는 트리니티 강을 D등급에서 C등급으로 격상시키는 데에 있다(그림 2-5). 비가 많은 해에는 자연 유량의 35퍼센트가 수로 내에 남아 있고, 비가 적은 해에는 이 양은 최대 80퍼센트까지 증가하게 될 것이다. 이런 조치는 유역의 물이용을 평균 28퍼센트 감소시키면서 트리니티 강 이용의 균형점을 찾아갈 것이다. 그러나 트리니티 강은 센트럴밸리 관개사업에 포함된 하천들 가운데 하나일 뿐이므로 센트럴밸리의 취수량 감소분은 4퍼센트 미만에 그친다. 트리니티 강 복원사업은 2000년 말 내무부장관 브루스 바비트의 공식적인 승인을 받아 현재 실행에 옮겨지고 있다. 그러나 센트럴밸리의 농업 관계자들은 복원사업의 축소를 요구하는 소송을 벌이고 있다.

다른 여러 하천에서도 다양한 생태적 목표를 위해서, 특히 고유어종의 복원을 위해서 고수위가 복원되고 있다.[59] 아프리카에서는 멸종위기에 처한 어종의 개체수를 회복시키기 위해 고수위를 제공하는 등 많은 복원 노력들이 진행되고 있다. 남아프리카공화국의 그루트 강에서는 레드핀미노red fin minnow의 산란을 돕기 위해서, 뉴멕시코의 페코스 강에서는 블런트노즈샤이너bluntnose shiner의 산란을 돕기 위해서, 워싱턴 주 콜롬비아 강에서는 어린 연어를 보호하기 위해서, 잠비아에서는 습지 영양인 카푸엘레추에Kafuelechwe를 보호하기 위해서 고수위가 복원되고 있다. 플로리다 치폴라 강에서는 댐 철거 후 자연적인 고수위가 복원되어 어종이 34종에서 61종으로 늘어났다.

홍수의 복원

홍수기는 대규모 하천과 하구에 서식하는 여러 생물들의 일생에서 매우 풍요로운 시기다. 하천에서 이동하는 여러 생물들은 홍수기 때 상류와 하류, 그리고 범람원과 물에 잠긴 습지 등으로 이동해서 2차수로, 즉 만의 가장자리, 늪, 얕게 물에 잠긴 지역과 같은 서식지에 접근할 수 있다. 홍수기가 아니면 접근할 수가 없는 곳이다. 홍수기를 맞은 물고기들은 이런 서식지를 찾아와 잔치를 벌인다. 얕게 물에 잠긴 지역은 대체로 하천 본류보다 수온이 높고, 어린 물고기들의 급속한 성장을 촉진할 영양분과 곤충들이 많다. 대규모 하천을 연구하는 생태학자들은 이러한 현상을 '고수위 기간의 생태계 지원'이라고 표현한다. 대규모 하천에 서식하는 어종 가운데는 얕게 물에 잠긴 지역에서만 산란을 하는 종이나, 그런 지역에서 산란을 하면 다른 지역에서 산란을 할 때보다 생산성이 높아지는 경우가 많다.

카메룬 중부 로곤 강의 비옥한 범람원은 기린, 코끼리, 사자, 그리고 다양한 영양류 등 야생생물들이 큰 무리를 지어다니는 장관을 볼 수 있는 곳이다.[60] 아다마와 고원에서 발원하는 로곤 강은 매년 홍수기에 약 6,000제곱킬로미터의 범람원을 침수시켜서 와자 국립공원을 포함한 드넓은 습지지역에 양분을 공급했다. 로곤 범람원은 댐이 건설되기 전까지는 매년 홍수기를 맞아 수백만 마리의 물고기들이 이동해 들어와서 왕성한 번식활동을 벌이는 곳이었다.

이처럼 생산성이 높은 어장은 대부분의 코토코 족 주민들이 일 년에 넉 달만 일해도 2,000달러의 연간 소득을 올릴 수 있는 최고의 혹은 유일한 소득원이었다. 코토코 족은 또한 이 범람원을 양과 염소를 키우는 목초지와 주식인 물에 뜨는 벼 부도浮稻의 재배지로 이용했다.

1979년에 로곤 강에 댐이 건설되고 마가 호수가 만들어졌고, 셈리 Ⅱ 벼농사 관개사업에 물이 공급되기 시작했다. 로곤 범람원은 대폭 축소되었고, 어획고는 무려 90퍼센트나 줄어들었다. 이로 인한 연간 경제손실은 어업에서 55만 달러, 목축에서 93만 달러, 범람원 농업에서 3만 1,500달러를 넘어섰다. 셈리 Ⅱ 벼농사 관개사업 관계자들은 마가 호에 저장된 물 전체를 취수하는 것은 불가능하다는 것을 깨닫고, 댐 건설 이

전에 로곤 범람원으로 흘러들던 양과 비슷한 수준으로 범람을 복원하는 방안을 논의하기 시작했다. 그리하여 1994년과 1997년, 두 번에 걸쳐 실험적인 홍수 방류가 시행되었다. 복원사업의 전반적인 효과를 파악하기에는 아직 때가 이르지만, 범람원에서 어업과 목축, 농업이 회복된 것은 성공의 중요한 지표라고 할 수 있다.

자급자족형 농업과 어업을 위해서 댐이 건설되었던 아프리카의 하천(예컨대, 나이지리아의 하데자 강과 남아프리카공화국의 퐁골로 강)에서도 이와 유사한 홍수 복원정책이 실시되고 있다.[61] 미국 뉴멕시코 주의 리오그란데 강과 애리조나 주의 콜로라도 강, 네바다 주의 트러키 강에서도 범람원의 식생조건을 개선하기 위한 홍수 복원사업이 시행되고 있다. 또한 캐나다 앨버타 주의 세인트메리 강의 경우에는 코튼우드 삼림을 복원할 목적으로, 호주의 머레이 강에서는 리버레드 고무나무 삼림을 복원할 목적으로 홍수 유량이 방류되고 있다. 영국 옥스퍼드셔의 콜 강의 경우에는 유럽연합의 지원을 받아서 생물다양성의 개선을 목표로 한 시범사업의 일환으로 홍수가 복원되고 있다.

유량 복원사업이 기대하거나 가정하는 성과는 대부분 여러 해가 지나서야 나타난다. 그러나 캐나다의 세인트메리 강과 네바다 주 트러키 강의 코튼우드 삼림 복원사업에서는 그 성과가 신속하게 나타났다.[62] 방류지침에 따라서 적절한 시기에 충분한 유량을 방류하고 범람원으로 흘러든 물이 서서히 빠질 수 있게 하자, 코튼우드 묘목 수천 개가 싹을 틔웠다.

콜로라도 파이크미노의 교훈

300만 년 전, 툰트라매머드와 아메리칸마스토돈, 검치호랑이가 미국 서부의 초원을 돌아다닐 때, 커다란 물고기 한 마리가 옛 콜로라도 강과 그 지류의 혼탁한 물속으로 돌진해 들어갔다. 어뢰 같은 생김새에 엄청난 힘을 가진 이 육식어는 입에 닿는 거의 모든 것을 먹어치웠다. 이놈은 홍합과 달팽이, 물고기, 심지어 홍수에 휩쓸려온 쥐과 토끼까지 가리지 않고 먹어치웠다. 그리고 그런 왕성한 식욕을 동력으로 삼아서, 한 해도 거르지 않고 멀리 떨어진 겨울철 사냥지와 봄철 산란지를 왕복했다.

후일 콜로라도 파이크미노Colorado pikeminnow라고 명명된 이 거대한 물고기는 생애주기를 하천의 자연 유량 패턴에 맞추어 살았다.[63] 봄철 해빙기에 로키 산맥에서 흘러내린 물로 콜로라도 강이 불어나면, 길이 1.3미터, 몸무게 30킬로그램에 육박하는 이 거대한 물고기는 긴 여행을 시작해야 될 때라는 것을 깨닫고 1,000여 킬로미터에 이르는 산란여행을 떠났다.[64] 홍수는 엄청난 양의 크고 작은 자갈들을 하류로 쓸어다가 좁은 계곡에 쌓아놓았고, 파이크미노는 이곳을 산란지로 삼았다. 홍수는 또한 모래와 진흙을 하류로 쓸어내림으로써 갓 낳은 알이 짓눌리는 것을 막아주었다. 2주 후쯤 치어들이 알에서 깨어날 무렵에도 강물은 아직 풍부해서, 치어들을 홍수로 침수된 얕은 홍수터로 옮겨주었다. 어린 물고기들은 비교적 온도가 높고 곤충들이 많이 사는 얕은 물에서 빠르게 성장했다. 파이크미노는 이처럼 번식기를 해마다 어김없이 찾아오는 홍수기에 맞춘 덕분에 번식성공률을 최대화하여, 수천 마리의 자손을 세상에 내놓았다. 때때로 콜로라도 파이크미노에게 이상적인 조건을 제공하는 홍수가 발생하지 않는 해도 있었다. 그러나 간혹 해를 거르기는 해도 홍수는 꾸준히 이어졌고, 덕분에 이 물고기는 지금까지 100만 세대를 이어올 수 있었다.

콜로라도 파이크미노는 수백만 년 동안 산꼭대기에서부터 큰 강까지 수천 킬로미터를 누비면서 하천 먹이사슬의 왕좌에 올라 있었다. 홍적세 빙하기를 거치면서 툰트라매머드와 아메리칸마스토돈, 검치호랑이는 멸종하고 말았지만, 파이크미노는 살아남았다. 20세기 초반에는 농부들이 물이 넘쳐나는 것을 막기 위해서 관개수로에 바글바글 넘쳐나는 놈들을 갈퀴로 찍어 건져낼 정도로 엄청나게 번성했다. 서부 정착 시대의 사람들은 산더미처럼 잡히는 콜로라도 파이크미노에게 콜로라도 연어라는 이름을 붙이고 그 풍미를 즐겼다. 그러나 20세기 말에 이르러 지구에서 300만 년을 살아온 콜로라도 파이크미노는 멸종위기종 목록에 오르게 되었다.

콜로라도 파이크미노의 강적은 대형댐이었다. 정착지를 넓히기 위해서 미국 서부에 건설된 대형댐들은 하천의 자연 유량 패턴과 온도에 변화를 일으키고, 파이크미노의 서식지를 만들어주던 하천 퇴적물의 이동형태를 변화시켰다. 이러한 서식조건의 변화로 무수한 외래어종이 번식하고 파이크미노를 비롯한 고유어종이 희생되기 시작했다.[65]

1935년에 준공된 후버 댐은 상류의 파이크미노와 하류의 파이크미노를 완벽하게 격리시켰다(그림 2-9). 1960년대에는 '콜로라도 수리사업'이라는 대규모 공공사업의 일환으로 콜로라도 강과 주요 지류에 후버 댐보다 훨씬 큰 댐 여섯 개가 건설되었다. 1962년에 유타 주 그린 강에 건설된 플레이밍고지 댐과 뉴멕시코 주 산후안 강에 건설된 나바호 댐은 파이크미노의 상류 이동로를 차단하고 수 킬로미터에 이르는 하류의 서식지 조건을 변화시켰다. 1963년에 글렌캐년 댐이 완공되어 유타 주와 애리조나 주의 경계에 파웰 호수가 만들어지자, 파이크미노가 하

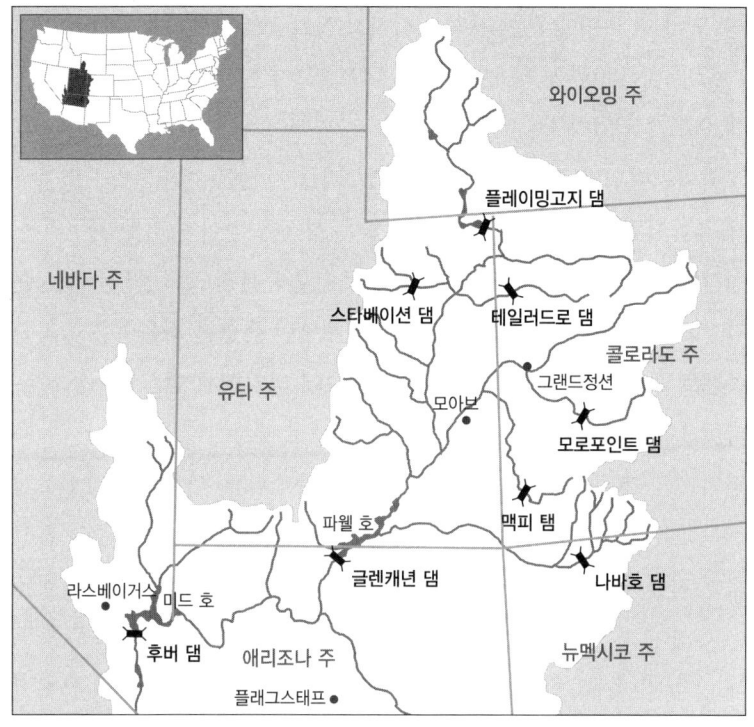

그림 2-9 콜로라도 강 상류 유역

류로 이동할 수 있는 구간이 한층 더 짧아졌다. 거기에 더해 다른 여러 댐들이 건설되면서, 파이크미노는 콜로라도 강의 지류인 거니슨 강, 돌로레스 강, 더세스네 강, 화이트 강 상류로의 이동마저 차단당하고 말았다. 자신들의 생애주기에 반드시 필요한 조상 대대로 물려받은 산란지와 서식지를 빼앗긴 파이크미노는 이제 파웰 호 하류와 콜로라도 강과 여러 지류들 상류의 댐들 위쪽에 갇히는 신세가 되었다. 파이크미노의 분포지역은 본래 활동하던 범위의 25퍼센트로 좁혀졌다.[66] 야생의 파이크미노가 통과할 도리가 없는 콘크리트 벽 사이에 갇히게 된 것이다. 댐과 댐 사이에 갇힌 최후의 서식지 거의 전역에서 홍수마저 사라진 1967년에, 300만 년의 연륜을 가진 이 물고기는 결국 멸종위기종 목록에 오르게 되었다.

파이크미노와 같은 생물종은 생애주기를 자연의 순환주기와 밀접하게 결합시킴으로써 진화 게임에서 좋은 성적을 얻어 승리를 거두지만, 인간이 그 종의 생존에 필수적인 환경조건을 근본적으로 변화시키는 순간, 그 종을 오랫동안 효과적으로 지탱해오던 특별한 적응력은 불리한 족쇄로 돌변한다. 해마다 찾아오는 홍수에 의지해서 번식활동을 하는 파이크미노의 의존성은 인간이 원하는 대로 홍수를 길들이는 순간 파멸의 씨앗이 된다. 진화의 과정은 특정한 종이 다른 종보다 더 왕성하게 번식하고 더 빠르게 성장하고 더 오래 살아남을 수 있게 하는 종의 특성을 촉진한다. 파이크미노와 같은 종이 수행하는 유전적인 기질과 행동은 수없이 많은 세대를 거치면서, 유리한 조건과 불리한 조건 양쪽 모두에 맞추어 미세하게 조정된다. 해마다 봄철 해빙기를 맞아 로키 산맥에서 시작되는 홍수처럼 확실한 조건에 대해서는 더욱 미세하게 적응한다. 이와 같은 진화생물학의 단순한 원칙은 세계 전역의 하천에서 서식하는 생물종들이 직면하고 있는 문제의 대부분을 설명할 수 있다. 지구상의 대규모 하천 수계의 3분의 2 이상에서 인류는 주도권을 쥐고 있으며, 하천 생물종들이 순응해온 자연적인 리듬과는 전혀 다른 방식으로 하천 유량과 영양분, 퇴적물을 조절하고 있다.

멸종위기종 목록에 기재되었던 1967년 당시, 남아 있던 파이크미노 개체군의 상태는 좋지 않았고 거의 멸종 직전에 있었다. 1978년부터 1989년 사이에 콜로라도 상류 유역에서는 파이크미노에 초점을 맞춘 주요 연구들이 열 개 이상 진행되었다.[67] 1992년에 미국 어류야생생물보호청은 연방이 제정한 멸종위기종법에 근거하여 '생물학적 의견서

Biological Opinion'를 발표하여, 플레이밍고지 댐이 파이크미노 외에 세 종의 멸종위기종의 생존을 위협하고 있다고 결론지었다.[68]

어류야생생물보호청의 생물학적 의견서에는 플레이밍고지 댐 하류에 있는 그린 강에서 멸종위기에 처한 고유어종의 개체군을 복원하기 위해서 구축된 여러 가지 생태모델들과 일련의 유량 권고안이 포함되어 있다. 이 유량 권고안은 당시 최첨단 하천공학의 연구 성과를 반영하여 고유어종의 요구와 전체 하천생태계를 고려하고 있었다. 이 의견서를 집필한 학자그룹에는 어류, 수생곤충, 수변식물 등의 생물학에 정통한 학자들뿐 아니라, 서식지가 형성된 물리적 과정과 서식지의 수질에 정통한 학자들이 포함되어 있었다. 이 유량 권고안은 저수위와 다양한 규모의 홍수를 함께 규정하고 있다. 생물학적 의견서에서 가장 주목할 만한 대목은 1992년부터 1996년까지 5개년 실험계획을 통해 유량 권고안을 검증, 개선하자는 제안이다. 이 제안을 토대로 그린 강에 대한 적응형 관리사업이 시작되었다.

예상 밖의 기후와 홍수 피해에 대한 하천 주변 토지 소유자들의 우려 때문에, 계획했던 5년 동안 목표로 삼았던 수준의 홍수는 한 번도 일으킬 수 없었다. 그러나 3년간은 평균 규모의 고수위를 이룰 만큼의 물이 방류되었고, 5년간은 여름과 가을의 저수위 권고치가 달성되었다. 그러나 파이크미노에게서는 기대했던 반응이 나타나지 않았다. 과학자들의 예상이 잘못되었던 것일까?

연구자들은 여러 차례 논의를 거쳐서 새로운 결론을 내리고 모델을 개량했다. 특히 주목할 것은 플레이밍고지 댐 건설 이전의 자연 유황과 마찬가지로, 규모가 큰 홍수와 작은 홍수를 조합해서 방류해야 한다는 인식이 형성되었다는 점이다. 이 연구자들의 가설에 따르면, 대규모 홍수는 크고 작은 자갈들을 옮겨서 어류 서식지를 형성하는 데에 필요할 뿐 아니라, 파이크미노 치어를 잡아먹는 레드샤이너 red shiner와 같은 외래 개체군을 감소시키는 역할을 한다.[69] 그러나 대규모 홍수는 치어들을 급류로 쓸어내리기 때문에 대규모 홍수가 해마다 계속되는 것은 파이크미노의 번식에 이상적인 조건이 아니다. 연구자들은 대규모 홍수 사이사이에 상대적으로 규모가 작은 홍수를 배치하면 파이크미노의 산란과 치어의 성장이 보호되어 번식활동이 왕성해질 거라고 예측했다. 1998년에 연구자들은 이러한 가설을 근거로 유황과 수온에 관한 새로운 권고안을 제시했다. 이 권고안은 홍수의 규모를 더 다양하게 배치하고, 저수위를 자연적인 유량조건에 더욱 근접하는 수준으로 복원시킬 것을 요청했다. 대상기간인 3년 가운데 적어도 1년은 1992년에 작성된 권고안보다 규모가 훨씬 큰 홍수를 발생시키고, 10년에 한 번씩은 홍수 규모를 평균치보다 60퍼센트 이상 확대해야 한다는 내용이었다.

우연인지 몰라도, 1997년과 1998년에는 자연적으로 그린 강의 유량이 늘어나서 어류에게 유리한 대규모 홍수가 발생했다. 중간보고서에 따르면, 홍수에 대한 파이크미노의 반응이 호전된 것으로 확인되었다. 파이크미노의 복원 여부를 판단하기는 아직 이르지만, 초기에 확인된 이런 성공지표는 대단히 고무적인 성과라고 할 수 있다.

하천에는 얼마만큼의 물이 필요한가? 야생생물의 요구에 귀를 기울여야 한다는 것을 터득하게 되었으니, 머지않아 우리는 파이크미노와 개구리, 나무로부터 그 대답을 듣게 될 것이다. 지금 인간 사회는 하천 생태계가 필요로 하는 물을 기꺼이 양보할 의사가 있는가라는 중대한 문제에 직면해 있다.

03

정책결정의 도구상자

- 생태계를 유지하기 위한 물의 배분
- 남아프리카공화국의 물 '필수유보'
- 호주의 대대적인 물정책 개혁과 '취수상한제'
- 생태계의 건강이라는 관점 자체가 없는 미국의 물정책
- 하천의 흐름을 확보하기 위한 경제적인 수단
- 하천정책의 윤리

2000년 11월의 런던 회의에서 세계댐위원회의 최종보고서가 발표되었다. 그 최종보고서는 대형댐이 인류의 지속가능한 개발을 촉진하는 데 있어서 어떤 역할을 하는가를 세계적인 규모로 검토한 사상 최초의 독립적인 보고서였다. 그 회의에서 남아프리카공화국의 전 대통령 넬슨 만델라는 사회와 하천이 직면하고 있는 새로운 난관의 핵심을 포착하는 다음과 같은 연설을 했다. "기존의 제도가 가진 문제점을 파악하는 것은 중요한 과제입니다. 그러나 더 중요하고 더 어려운 과제는 더 나은 접근방법을 가지고 그것에 대한 대안을 제시하는 것입니다." 확실히, 이 점에 대해서 넬슨 만델라만큼 잘 아는 사람은 없을 것이다.

지금까지 인간 사회가 개발하고 써온 하천관리 방법은 오늘날 제대로 기능하고 있지 않다. 우리는 멸종위기종의 비율, 어획량의 감소, 하천 유량의 고갈 등 수많은 지표들을 통해 하천이 위기에 처해 있다는 것을 확인하고 있다. 연구자들이 강에는 얼마나 많은 물이 필요한가를 판정하는 여러 가지 방법론을 발전시킨 지금, 인간 사회는 이제 구체적인 행동으로 나서라는 호소에 직면해 있다. 우리는 과연 그와 같은 물의 수요를 슬기롭게 충족시킬 수 있을 것인가?

최근 들어 물의 이용과 관리를 둘러싼 분쟁이 숱하게 발생하고 있다. 이것은 행동에 나서려는 사람들과 현상유지를 원하는 사람들 사이에서 긴장이 점점 고조되고 있는 현실을 반영하고 있다. 최근 들어, 미국 캘리포니아 주와 오리건 주를 관통하는 클래머스 강 유역에서는 하천의 '수로 밖offstream' 이용(관개 등)과 '수로 내instream' 이용(멸종위기종의 보호 등)에 물을 배분하는 문제를 놓고 분쟁이 계속되고 있다. 아이다호 주 스네이크 강 유역, 네바다 주의 트러키 강-카슨 강 수계, 조지아 주와 앨라배마 주, 플로리다 주를 관통하는 애팔래치콜라 강-채터후치 강-플린트 강 유역, 코네티컷 주의 셰포그 강 수계 등 여러 하천도 비슷한 상황이다. 이와 유사한 분쟁은 동남아시아의 메콩 강, 남아메리카의 파라과이 강, 남아프리카의 오카방고 강 등 세계 각지의 크고 작은 하천 유역에서 발생하고 있다.

  인간의 물이용과 하천 자체가 필요로 하는 물의 양 사이에서 최적의 균형점에 도달하기 위해서는 조정과정이 필요하다. 그렇지만 그런 조정과정이 반드시 인간에게 고통을 안겨준다는 법은 없다. 오히려 인간 사회는 이런 조정과정을 통해서 인간 사회가 하천으로부터 얻을 수 있는 여러 가지 이익을 더 오랫동안 누릴 수 있다. 인간 사회의 대다수 구성원들은 인류의 행복과 우리를 둘러싸고 있는 생태계의 건강이 밀접하게 결부되어 있고, 하천을 보호하는 것은 곧 우리 자신을 보호하는 것이라는 사실을 깊이 이해하게 되었다. 더 나아가, 인간과 자연 사이의, 단일하게 고정된 최적의 물할당량이란 있을 수가 없다. 하천이 건강하게 또 원활히 기능하기 위해서는 얼마만큼의 물이 필요한가에 대한 인간 사회의 과학적 인식이 발전하고 있는 것과 마찬가지로, 하천을 어느 수준까지 보호해야 하는가에 대한 인간 사회의 인식 역시 발전하고 있기 때문이다.

  당장 분명한 사실은 생물다양성의 보존과 중요한 생태계 서비스의 보호를 위해서 필요한 하천 유량을 확보하기 위해서는 이제까지 경제 발전을 위해서 하천을 통제하는 쪽만 중시하고 현 세대와 미래 세대의 이익을 위해 하천생태계의 건강을 보호하는 쪽에는 전혀 관심을 두지 않았던 법과 정책을 변경해야 한다는 점이다. 하천의 이용과 관리에 관한 법제의 개정은 쉬운 일은 아니지만, 꼭 필요한 일이다. 토마스 제퍼슨은 1786년에 다음과 같은 지혜로운 말을 남겼다. "법과 제도는 인류 정신이 진보함에 따라서 같이 진화해가야 한다."[1)]

생태계를 유지하기 위한 물의 배분

하천에 서식하는 생물들과 그들이 담당하는 생태적 기능은 하천 유량의 자연적인 변동패턴(고수위와 저수위, 홍수기와 갈수기)과 조화를 이루면서 수천 년에 걸쳐서 진화해온 것이다. 따라서 담수의 생물다양성과 생태계 서비스를 보호하기 위해서는 생태계의 보전을 고려한 물배분 원칙이 정립되어야 한다. 그때, 어떤 하천의 생태적 건강을 아주 높은 수준으로 유지할 것인가 아니면 인간의 물과 에너지 수요를 충족시키는 것에 우선순위를 두어 어느 정도의 생태환경의 악화를 감수할 것인가를 놓고 사회가 어느 쪽을 선택하느냐에 따라서, 생태유지 배분은 크게 달라진다. 그러나 사회가 어떤 선택을 하더라도, 하천에는 지속가능성 경계가 정해져 있다. 이 경계는 다시 말하면 하천으로부터 뽑아서 쓸 수 있는 물의 양의 한계이면서 동시에 하천의 유량의 자연적인 패턴(수문곡선)의 변경이 허용되는 한계를 의미한다.

연구자들은 이러한 '생태유지 배분eco-support allocation'을 2장에서 언급한 바 있는 '유량 권고안flow prescription'이라는 말로 표현한다. 이 유량 권고안은 특정한 생태적 목표를 달성하기 위해서 한 해의 각 시기에 하천이 필요로 하는 물의 양을 구체적으로 지정한다. 가령 어떤 하천을 특별히 건강한 상태로 유지하고자 한다면, 그 하천의 자연적인 유황을 장래에 가해질 수 있는 해로운 변경으로부터 보호하고 그에 대응하는 생태유지 배분량을 확보해야 한다. 홍수조절이나 수력발전을 위한 댐이 설치되어 있는 하천이라도 아직까지 대부분의 수량이 유지되고 있는 경우에는, 생태유지 배분에 기초하여, 생태유량을 복원하기 위해서 댐과 제방 등 수리시설의 운영방식을 어떻게 변경할 것인지, 또한 아예 시설 자체를 철거해야 하는 상황은 어떤 것인지, 지침을 제시할 필요가 있다. 마지막으로, 댐 건설과 수로 변경이 심하게 이루어진 하천의 경우에는, 생태유지 배분을 이용하여 얼마만큼의 물을 하천으로 돌려보내야 필요한 유황을 확보할 수 있는지, 또한 현재의 유황관리 방식을 얼마만큼 변경하면 예전의 유황 패턴에 가까워질 것인지, 구체적인 목표를 세워야 한다.

생태유지 배분은 단순한 개념이지만, 이것은 대부분의 국가들이 현재 시행하고 있는 정책 및 사업들과는 완전히 맥을 달리하는 개념이다. 얼핏 보기에는 경제성장을 가로막는 장벽으로 보일지도 모르지만, 관점을 달리하면 생태학적으로 해로운 경제성장을 막을 수 있는 유일한 방법이라고도 할 수 있다. 생태유지를 위한 물을 할당하자는 것은 결코 급진적인 생각이 아니다. 어떤 건물에 4층, 5층을 올리겠다고 주춧돌을 빼다 써서는 안 된다는 생각이나 마찬가지로 합리적인 생각이다. 생태계를 유지하는 시스템을 파괴하면서 이룩된 경제성장은 오래 지속될 수도 없을 뿐 아니라 진정한 진보라고 할 수도 없다.

덧붙여서 말하면, 하천 유량의 변경에 과학적인 근거를 가진 한계를 설정하는 것은 사회가 하천에서 얻을 수 있는 종합적인 이익을 최적화하는 결정적인 열쇠다. 생태유지 배분은 하천생태계의 건강, 생물다양성, 생태계 서비스를 확보하면서 동시에 인간이 물이용의 효율성을 높이려는 강력한 동기를 창출한다. 하천 취수가 생태학적으로 지속가능한 한계에 가까워지면 물 관리자들과 이용자들은 물의 보전과 효율적인 소비 방안(예컨대, 주민 1인당 물사용량과 농지 1헥타르당 물사용량, 공업제품 한 단위당 물사용량 등의 소비량 감축 대책)을 모색할 것이다. 노동생산성(노동자 1인당 산출량)의 향상이 경제에 이익을 주듯이, 물생산성(물 1리터당 산출량)의 향상 역시 경제에 이익을 줄 것이다.

비용 대비 효과가 큰 물절약 시책들과 물이용 효율화 수단들을 추진할 경우, 도시, 공업, 농업 부문의 물 소비를 25~50퍼센트 혹은 그 이상으로 줄일 수 있고, 경비와 에너지를 절약할 수 있을 뿐 아니라, 하천과 지하수의 유수시스템을 보호할 수 있다는 것이 세계 각지에서 입증되고 있다.[2] 지속가능성 경계를 설정하여 유량 변경을 제한하면, 소비자들은 이미 배분받은 물을 더욱 효율적으로 이용하려고 노력할 뿐 아니라, 물을 공유하거나 교환하려고 할 것이다. 또한 예전만큼 물을 많이 이용하지 않고도 인간의 물수요를 충족시키는 새로운 방안을 개발하기 위해서 새로운 기술(점적관개 방식, 지역 고유수종을 조경수로 이용하는 방식, 폐수의 재이용, 새로운 산업공정의 설계 등)이 개발될 것이다. 특히 급속한 인구증가와 경제성장이 이루어지고 있는 개발도상국의 경우에는, 농업과 도시의 기반시설을 정비하는 초기 단계부터 물 보전방안을 도입하면 점점 늘어나는 인간의 물수요를 지속가능성 경계 내에서 충족시킬 수 있다. 마찬가지로 에너지효율화 방안들을 활용하면, 수력발전소의 수와 규모를 축소하면서도 늘어나는 전기수요를 충족하고 동시에 생태계를 유지하는 유량을 확보하는 방향으로 댐을 운용할 수 있다.

간단히 말하면, 생태유지 배분은 인간의 물이용과 하천의 변경을 제한하기는 하지만, 경제발전과 사회발전을 구속하는 것은 아니다. 가장 이상적인 생태유지 배분은 각 하천의 건강과 기능을 높은 수준으로 유지하는 것이지만, 60억 세계 인구의 물질적 욕망이 점점 확대되고 있는 현실에서 이것은 실현될 가능성이 없다. 하천의 건강은 다른 사회적·경제적 목표의 달성을 위해서 어느 정도까지는 희생할 필요가 있을 것이다. 그렇지만 물이용의 한계를 설정하는 과정에서, 사회는 더욱 자각적이고 더욱 명확하게, 보호해야 할 하천과 환경의 악화를 허용할 하천을 어떻게 선택할 것이며, 그 근거는 무엇인지를 고려하게 될 것이다.

위에서 말한 바와 같은 방식이 성과를 거두려면, 그것이 광범위한 지역에서 채택되어 실시되어야 한다. 어떤 하천 유역이 생태적 한계에 도달할 때마다 지속가능한 소비의 상한선이 설정되어 있지 않은 인근 하천의 유량을 끌어오는 방식으로 물을 확보한다면, 이것은 세계의 담수 생태계라는 관점에서 볼 때 아무런 도움이 되지 않는다. 이런 방식에 의존한다면, 하천환경의 악화의 도미노효과가 나타날 가능성이 있고, 아무리 오랜 세월이 흘러도 생태계 건강 보호라는 실익을 거둘 수 없을 것이다.

하천의 건강과 기능을 유지하는 데에 필요한 유량을 배분한다는 관점, 더 나아가 이러한 생태유지 배분을 우선해야 한다는 관점은 한 나라 안에서 혹은 국제적인 공간에서 다양한 형식으로 표면화되고 있다. 독립조직인 세계댐위원회가 발표한 7개의 권고사항에는 '하천과 인간의 생활의 유지'가 포함되어 있다. 이 위원회는 또한 "각 하천의 실정에 맞춘 환경유량을 방류하면, 하류의 생태계와 그것에 의존하는 생물군집을 유지하는 데에 도움이 된다"고 말하고 있다.[3] 2001년 12월에 독일의 본에서 열린 국제담수회의에는 118개국 대표들이 모여서 이듬해 남아프리카공화국 요하네스버그에서 개최되는 '지속가능한 개발을 위한 세계정상회의'에 대한 행동지침을 작성했다. 그 행동지침에는 "우리는 물의 배분과 하천 유역 관리와 관련해서 생태계가 가진 가치를 인정해야 한다", "적어도 각 하천생태계가 최소한의 온전성을 유지할 수 있을 정도의 물이 배분되어야 한다"는 내용이 포함되어 있다.[4]

유럽연합은 2000년 말에 주로 수질문제에 주력해왔던 물정책의 근간를 수정하여, 하천 유황에 초점을 두는 새로운 권고안을 발표했다. 이 권고안의 핵심적인 특징은 하천을 비롯한 다른 수역의 생태학적 상황에 대한 평가기준을 확립한 데에 있다. 유럽연합의 권고안은 하천환경의 생태적 특징을 자연적인 상태, 혹은 훼손되지 않은 상태로부터 얼마만큼 벗어나 있는가에 따라서 '아주 좋음', '좋음', '보통', '나쁨', '아주 나쁨' 등으로 분류하는 것이다(이런 분류방식은 2장에서 언급한 남아프리카공화국의 분류방식과 유사하다). 따라서 유럽연합 회원국들은 적어도 "지표수와 지하수를 좋은 상태로 유지하고…… 물의 상태가 악화되는 것을 방지"할 수 있는 방안을 마련해야 한다.[5] 각국은 유럽연합의 권고안을 받아들여 하천취수 및 유황조절의 관리법을 포함한 시행기준을 법제화할 책임이 있다. 이 유럽연합 권고안의 의의는, 권고안이 확립한 생태학적 상태를 분류하는 지표에 하천의 유황과 수로의 특성이 포함되었다는 점에 있다.

유럽이 채택한 새로운 정책의 성과를 평가하기에는 아직 때가 이르지만, 문헌상으로는 유럽의 하천생태계를 보전하는 유황을 보호하고 복원하겠다는 원대한 전망을 밝히고 있다. 그리고 각종 기관과 조직들은 이 새로운 기준에 입각하여 물과 관련된 사업안과 계획을 평가할 수 있다. 예를 들어, 스페인 정부는 유럽연합의 투자를 기대하는 국가적 물 관리 사업의 일환으로 대규모 하천의 수로 변경을 계획하고 있는데, 이 계획은 유럽 물정책에 관한 유럽연합 권고안의 기본원칙 및 목표에 부합하지 않는다는 비판을 사고 있다.[6]

호주와 남아프리카공화국에서는, 연구자들은 환경의 필요유량을 결정하는 새로운 방식을 제안하고 정책입안자들은 생태계 유지를 위해 유량을 배분한다는 개념을 현실적인 정책과 실천에 적용하는 등 큰 진전을 보이고 있다. 이 두 나라의 선례는 하천관리 철학의 대전환이 국제적인 차원에서 갈수록 분명해지고 있는 현상을 뚜렷이 반영하고 있다. 경제발전 단계와 물개발 단계가 서로 다른 이 두 나라의 선례는 다른 나라들에게 좋은 교훈이 되고 있다. 이들의 경험을 통해서 알 수 있듯이, 중요한 교훈은 될 수 있으면 물개발 초기 단계부터(기왕이면 인간의 물이용이 생태적 한계를 넘기 전에) 생태유지 배분 개념을 도입하는 것이 중요하고, 또한 개별 하천 유역 또는 소유역 차원에서 적절한 유황 변경의 한계를 설정하는 과정에 연구자와 정책입안자, 이해관계자의 공동참여를 보장하는 것이 바람직하다는 것이다.

여기서는 우선 이 두 나라의 정책 추진과정을 검토하고 나서 다음으로 미국의 하천 유량보호 현황을 살펴보려고 한다. 미국은 앞의 두 나라와는 달리 생태계를 유지하는 유량을 보장하려는 근본적인 전망이나 정책을 마련하지 못한 상태지만, 연방법과 주법, 그 밖의 법적 권한이 복잡하게 얽혀 있는 미국의 상황 속에는 진보를 기대해도 좋을 만한 여지가 있다. 호주, 남아프리카공화국, 미국 세 나라의 정책이 어떤 관점에서 있는지를 살펴본 후에는 물개혁에 사용되고 있는 또 다른 도구인 경제적 수단과 윤리적 규범에 대해 간단히 설명할 것이다.

남아프리카공화국의 물 '필수유보'

어떤 나라가 존속하고 있는 상황에서 국가의 근간을 형성하는 헌법과 법률, 정책들을 완전히 바꾸어놓을 기회는 많지 않다. 남아프리카공화국에서는 1990년대 초 인종차별제도가 무너지고 넬슨 만델라 대통령을 주축으로 한 민주적인 다수파가 신정부에 진출하면서 이런 역사적인 기회를 손에 넣게 되었다. 새로운 정부는 국가 시스템을 효과적으로 정화하고, 국가를 이끌어갈 새로운 원리를 확립했다. 물에 관한 법률 및 정책의 개혁은 이러한 과정의 중요한 일환이었고, 그 결과 하천의 평가 및 관리와 관련한 완전히 새로운 접근법이 개발되어 지금까지도 발전을 거듭하고 있다. 이런 혁신적인 정책구상은 비록 독특한 환경에서 탄생한 것이기는 하지만, 다른 나라들이 교훈을 얻거나 경우에 따라서는 모방해도 좋을 만한 여러 가지 내용들을 포괄하고 있다.

남아프리카공화국의 새로운 물기본법은 공공신탁의 법리에 바탕을 두고 있다. 공공신탁의 기본 원리에 따르면, 국가는 국민들의 위임에 의거하여 일정한 권한과 자격을 가지며, 공공의 이익을 목적으로 하여 그 권한을 보호할 의무가 있다. 이러한 공공신탁 법리의 기원은 서기 530년 로마의 유스티니아누스 황제가 당대 최고의 학자들을 불러모아 로마제국의 모든 법률을 집대성하여 명문화하도록 하여 만든 '유스티니아누스 법전', 즉 로마법대전(시민법대전)에 나오는, "자연법에 기초하여, 공기와 흐르는 물, 바다, 해안을 인류의 공유물로 한다"라는 규정으로까지 거슬러 올라간다.[7] 훗날 이 개념은 공공신탁의 법리로 확립되어 수백 년 간 지속되었다. 로마법은 중세에는 교회법에 통합되었고, 르네상스 시대에 이르러서는 당대의 철학자들에게 창조적인 자극을 주었으며, 실론(지금의 스리랑카)과 스코틀랜드, 남아프리카공화국 등 대영제국의 영토와 여러 유럽 국가들에서 기본법으로 채택되었다.[8]

인종차별제도가 폐지된 뒤에 입안된 남아프리카공화국의 물관리제도는 공공신탁을 기본원리로 삼았다. "남아프리카공화국의 법률은 그 근원으로 되돌아가서 폭넓은 목적의식을 가지고 일반 국민의 권리를 이해한다.…… 우리나라의 민주주의와 헌법에 깃든 가치들이 새로운 물관리법 안에서 구현될 수 있게 하기 위해서, 물을 공공재로 여기는 관점은 우리나라에 고유하며, 우리나라의 특수한 환경에 맞게 설계된 공공신탁 법리로 재창조될 것이다."[9]

이들이 공공신탁을 형식적으로 채택하는 데에 그치지 않고 정책으로 옮긴 것은 눈부신 진전이었다. 물관리법의 입안자들은 방안에 틀어박혀서 일하지 않았다. 그들은 2년이 넘는 기간 동안 적극적으로 국민들의 여론을 묻고 전국의 아홉 개 주를 돌며 시민 및 이해그룹과의 협의를 진행했다. 1996년, 입안자들의 일부는 크루거 국립공원의 하천을 연구하던 수생생태학자들과 환경보전을 위해 필요한 유량을 평가하는 빌딩블록법을 개발했던 연구자들과 함께 사비 강-샌드 강 수계 학술회의에 참여했다. 학술회의가 끝날 즈음, 입안자들은 건강한 하천이 필요로 하는 유량을 결정하는 새로운 과학적 방법이 충분히 확립되어 있고, 그 방법이 법적 필요조건을 충족한다는 확신을 가지게 되었다.[10]

1998년에 제정된 남아프리카공화국의 '국가물기본법'은 국제적인 물정책에 있어서 획기적인 이정표가 되었다.[11] 이 법에는 공공신탁의 법리와 생태계 서비스의 가치평가, 그리고 인간 사회와 하천의 관계를 근본적으로 개혁할 수 있는 방식으로 하천의 건강을 보존하기 위한 자연 유황 패러다임이 통합되어 있다. 구체적으로 말하자면, 이 법에는 '필수유보Reserve'라고 표현된 물배분이 두 가지 항목으로 나뉘어 규정되어 있다. 그중 하나는 국민들의 기본적인 물수요(음용, 취사, 위생 등)를 충족시키기 위해서 필요하고, 따라서 결코 양보할 수 없는 물배분이다. 필수유보의 두 번째 부분은 생태계의 기능을 유지하여 생물다양성을 보전하고 사회에 필요한 생태계 서비스를 보장하기 위한 물배분이다. 특히, 이 법은 또한 다음과 같이 규정하고 있다.

"인간이 의존하고 있는 생태적 기능을 유지하는 데에 필요한 물의 양과 질, 신뢰성은 절대적으로 유보되어야 한다. 따라서 인간에 의한 물 이용은 개별적으로나 집합적으로나 수중생태계와 연관 생태계의 장기적인 지속가능성을 손상시켜서는 안 된다."

여기서 중요한 것은 이 두 가지 항목으로 이루어진 필수유보는 다른 어떤 물이용보다 우선하며, 이 물만이 권리로 보장된다는 점이다. 필수유보 이외의 목적(관개용수나 공업용수 등)을 위한 물의 이용은 우선순위가

물배분	물의 용도		최종목표	배분유형
인간의 기본적인 필요를 위한 물	인간의 기본적인 필요를 지탱(예: 먹는물, 취사와 위생)		인간의 생존을 위한 수요를 충족	협상 불가
생태계 보존을 위한 물	● 생태계에 특정한 생태를 지탱(물고기의 생존과 레크리에이션)	● 특정한 범위의 재화와 서비스를 제공할 수 있는 생태계의 상태	사회경제적 발전과 복지	현상의 이해당사자와의 대화와 거래를 둘러싼 합의 형성의 교섭
하기를 얻어 이용할 수 있는 물	● 생태계 외부에 적용되는 물에 의존하는 활동들을 지탱(예: 관개)	● 생태계가 제공하는 재화와 서비스의 이용이 일정한 편익을 제공 ● 생태계 외부의 활동들이 일정한 편익을 창출	사회경제적 발전과 복지	현상의 이해당사자와의 대화와 거래를 둘러싼 합의 형성의 교섭

표 3-1 남아프리카의 국가물기본법에 기초한 물배분(출처: van Wyk et al., 2002)

낮고, 인가를 받아야 하는 사항이다(표 3-1).[12]

　물에 관한 새로운 법이 통과되고 1년이 지난 뒤에, 남아프리카공화국 정부는 필수유보의 산정방식에 관한 세부지침을 발표했다.[13] 현재, 남아프리카공화국의 수많은 하천연구자들은 주요 하천 유역의 필수유보 중 생태계가 필요로 하는 유량배분을 산정하는 일에 전념하고 있다. 신뢰할 만한 과학적 근거와 합리적인 법적 근거를 토대로 필요유량을 설정하는 것은 남아프리카공화국의 새로운 물기본법의 성공적인 집행 여부를 판가름하는 중대한 문제다. 또 하나의 중대한 문제는 이미 취수가 과도하게 진행되고 있는 하천 유역에서 발생하는 문제, 이를테면 생태계가 필요로 하는 유량을 충족시키기 위해서 일정한 양의 물을 자연의 하천 수계로 되돌리는 과업을 달성하는 것이다.

　'모방은 최고의 상'이라고 한다면, 남아프리카공화국의 새로운 접근법은 그 상을 이미 받았다고 할 수 있다. 세계적으로 손꼽히는 환경보호조직인 세계자연보전연맹IUCN이 '물과 자연을 위한 구상'이라는 문건에서 필수유보의 개념을 기본원칙에 포함시켰기 때문이다.

　"생태계 고유의 가치와 생태계가 제공하는 편익을 존중한다면, 생태계의 기능을 유지할 수 있도록 생태계에 물을 남겨두어야 한다. 생태계를 위해서 남겨진 물과 인간의 기본적인 생존에 필요한 물은 곧 그 밖의 각종 물이용에 우선하는 필수유보 물이다. 이런 기본적인 수요를 충족시키고 남은 물만이 그 밖의 다른 용도로 배분되어 '이용될 수 있는' 것이라는 인식이 형성되어야 한다."[14]

　남아프리카공화국 정부는 공공신탁 법리를 물에 관한 각종 법률의 기본원칙으로 채택하고, 이런 신탁의 의무를 실행에 옮기는 방법으로 필수유보라는 개념을 확립함으로써, 21세기 물관리에 있어서 독보적이고 선구적인 역할을 수행하고 있다. 모든 정책은 실행에 옮겨질 때에만 가치가 있는 것이고, 정책실행 과정에는 숱한 장애물이 나타난다. 그렇지만 인간과 생태계의 물수요를 발전적으로 충족시키기 위해서 남아프리카공화국의 새로운 법률과 정책이 제시하고 있는 조화로운 물배분 방식의 미래는 매우 밝다.

호주의 대대적인 물정책 개혁과 '취수상한제'

호주는 인간이 거주하는 대륙 가운데 가장 건조한 곳으로, 물과 관련하여 특수한 문제를 안고 있는 나라다. 호주는 20세기 내내 관개와 공업발전, 도시팽창에 필요한 물을 확보하고 저장하기 위해서 막대한 재원을 들여 기반시설 공사를 진행했다. 1인당 저수용량으로 따지면 호주를 앞지를 나라가 없다.[15] 호주는 인구 약 1,900만 명에 대규모 댐이 486개 건설되어 있으므로, 인구 3만9,500명당 하나꼴로 대규모 댐이 세워져 있는 셈이다. 이에 비해 미국은 4만3,200명당 하나, 중국은 5만7,500명당 하나, 인도는 25만 명당 하나꼴로 대규모 댐이 건설되어 있다.[16]

  호주 헌법은 물문제에 대한 연방정부의 권한을 제한하고 있으므로, 물문제에 관한 일차적인 책임은 주와 지방에 있다. 지난 20년 사이에 담수의 부족과 수질악화, 하천과 담수생태계의 광범위한 훼손에 대한 우려가 갈수록 커져갔고, 결국 연방과 주정부는 물 관리 및 이용에 관한 원칙과 정책을 재정비했다.[17] 그 결과, 1994년에 모든 주의 지사들의 승인을 받아 '호주정부협의회COAG 물개혁지침'이 마련되었고, 이 지침은 물의 지속적인 이용과 담수생태계의 보호 강화를 위한 활동이 필요하다는 것을 확인했다.[18] 이 개혁안의 핵심은 각 주정부에게 환경을 정당한 물의 이용자로 인식하고 담수생태계가 필요로 하는 물을 배분할 것을 요청한 데에 있다. '호주농업자원관리협의회'와 '호주-뉴질랜드 환경보존협의회'는 주정부의 활동을 지원하기 위해서 '생태계 보전을 위한 물배분 국가행동지침'을 개발했다. 이 행동지침은 2001년에 개정되었는데, 개정된 지침에는 주정부들이 그간 정책집행 과정에서 얻은 교훈이 반영되어 있다. 이 지침의 목적은 "물에 의존하고 있는 생태계의 서식환경과 생물다양성, 생태적 과정을 지속시키고, 필요한 경우에는 그것을 복원"하는 데에 있다.[19] 지침에 포함된 20개 원칙에는 생태유지 유량의 평가, 책임소재, 주민참여 등의 다양한 내용과 함께 환경에 대한 물의 배분을 법제화할 필요성이 분명하게 명시되어 있다. 또한 환경에 대한 물배분으로도 심각한 생태계의 훼손을 예방하는 성과가 나타나지 않을 경우에는 해당 하천 유역의 취수활동에 "상한cap을 설정해야 한다"는 규정도 있다.

호주의 8개 주정부는 지난 몇 년 전부터, 호주정부협의회가 합의한 목표를 반영하여 새로운 물에 관한 각종 법률을 제정했고, 지금은 각 하천에 대한 환경유량 요구량을 산정하는 단계에 들어서 있다.[20] 예를 들어, 웨스턴오스트레일리아 주의 '물과하천위원회'는 환경유량 요구량을 최우선순위에 놓은 물배분 정책을 확립했다. 이에 따르면, 생태계의 건강 유지를 돕기 위해서 필요한 몫을 남겨두고 난 다음에 나머지 물만 승인을 거쳐서 사용할 수 있다. 웨스턴오스트레일리아 주의 하천들에서는 아직까지 물이 과도하게 취수되고 있지 않다. 따라서 이와 같은 생태계의 유지를 위한 물배분 규정은 다른 하천에서 발생하고 있는 바와 같은 생태계 파괴를 예방하는 데에 도움이 될 것이다.[21]

2000년에 새로운 물기본법이 제정된 퀸즐랜드 주의 경우에는, 환경유량에 관한 조언을 듣기 위해서 여러 전문분야의 연구자들이 참여하는 위원회가 구성되어 있다. 이 위원회는 '벤치마킹법'을 채택하여 환경유량을 산출한다. 즉, 댐과 유황조절로 인해서 악화된 하천의 상황을 활용하여 장래에 이루어질 변경이 어떤 영향을 미칠 것인지 예측하는 것이다. 남아프리카공화국의 연구자들이 자국의 상황에 특별히 유용한 드리프트법(2장 표 2-2 참조)을 채택한 것과 마찬가지로, 호주의 연구자들 역시 벤치마킹법을 자국의 상황에 유익할 뿐 아니라 드리프트법보다 새롭고 발전의 여지가 있는 접근법이라고 여기고 있다. 환경보호 유량의 한계는 '그 수준을 넘어서면 용인할 수 없는 환경파괴가 일어날 위험이 높아지는 변경수준'으로 정의된다. 환경보호 유량의 한계는 생태계의 건강을 유지하기 위해서 얼마만큼의 몫이 배분되어야 하는가를 결정하는 데에 활용되고, 해당 주정부의 물 배분 및 관리 계획을 수립하는 과정에 반영된다.[22]

남아프리카공화국의 경우도 그렇지만, 호주에는 각 하천의 환경보호 유량을 설정하는 기준과 방법을 개발하고 있는 두터운 연구자층이 있고 이들이 행정기관 및 법률기관과 적극적으로 연대하여 협력활동을 전개하고 있으므로, 호주의 물행정 개혁은 성과를 거둘 가능성이 크다. 퀸즐랜드 주 그리피스 대학의 교수이자 환경보호 유량 설정 방법론의 개발에 참여한 선구적인 연구자 앤절라 아싱턴은 지금까지의 진전과정을 이렇게 요약한다.

"최근 10년 사이에 호주에서는 '수로 내 유량' 개념은 수변의 이용자와 '환경'에 대한 '보상적 유량' 혹은 각종 어종의 서식지를 제공하기 위한 '최소유량' 등의 개념에서 발전하여 하천, 범람원 및 관련 수역(내륙호, 습지, 하구, 연안 등을 포함)과 관련된 생물다양성과 생태계의 주요 과정을 지속시키기 위한 유황이라는 개념으로 정착되었다."[23]

그러나 아싱턴은, 호주정부협의회는 목표와 지침을 내놓을 뿐이고 전략의 구체적인 집행은 각 주정부에 맡겨져 있기 때문에 실제 정책은 상당히 다양하게 나타날 수 있다고 지적한다. 더욱 광범위한 국가 차원의 정책이 실행된다면 성공가능성이 훨씬 높아질 것이라는 이야기다.[24]

호주에서는 물관리에 대한 주정부의 개혁과 함께 '취수상한제'라는 또 하나의 선구적인 실험이 진행되고 있다. 머레이 강-달링 강 유역은 호주 최대의 수계로, 내륙 남서지역의 대부분을 차지하고 약 300만 명에게 물을 공급한다(그림 3-1). 이 유역에서는 1944년부터 1994년 사이에 연간 취수량이 3배 이상으로 증가하면서 머레이 강 하류의 유량이 크게 감소했고, 바다로 유입되는 유량 역시 개발 이전의 5분의 1로 급감했다. 머레이 강 하류에서는 예전의 자연적인 조건에서는 20년에 한 번꼴로 심각한 저수위가 발생했던 데에 비해, 지금은 10년에 6년꼴로 심각한 저수위가 발생한다. 이곳에서는 홍수가 줄어들어 습지면적이 줄어들고, 어류의 산란을 유도하던 홍수가 사라져서 재래어종의 개체 수가 급감하고, 염도가 높아지고, 녹조현상이 자주 발생하는 등 하천의 건강 악화를 나타내는 전형적인 신호들이 뚜렷하게 나타난다.[25]

이 하천 유역의 관리 주체는 뉴사우스웨일즈, 퀸즐랜드, 사우스오스트레일리아, 빅토리아, 이상 4개 주와 연방 직할지역인 오스트레일리아 수도 특별구. 이 주들은 '머레이-달링 유역위원회'의 지원을 받으면서 이 하천 유역을 공동관리한다. 유역 전반에 관련된 문제의 결정권은 각 주 및 특별구의 자원담당자들과 중앙정부 대표로 구성된 '각료자문위원회'에 있는데, 자문위원회의 결정이 실효성을 얻으려면 만장일치로 통과되어야 한다.

1990년대 초, 하천환경의 생태학적인 조건이 급격히 악화되자, 각료자문위원회는 유역의 물이용 실태를 감사할 것을 권고했다. 1995년에 공개된 조사보고서는 1988년부터 1994년 사이에 물소비가 8퍼센트 늘

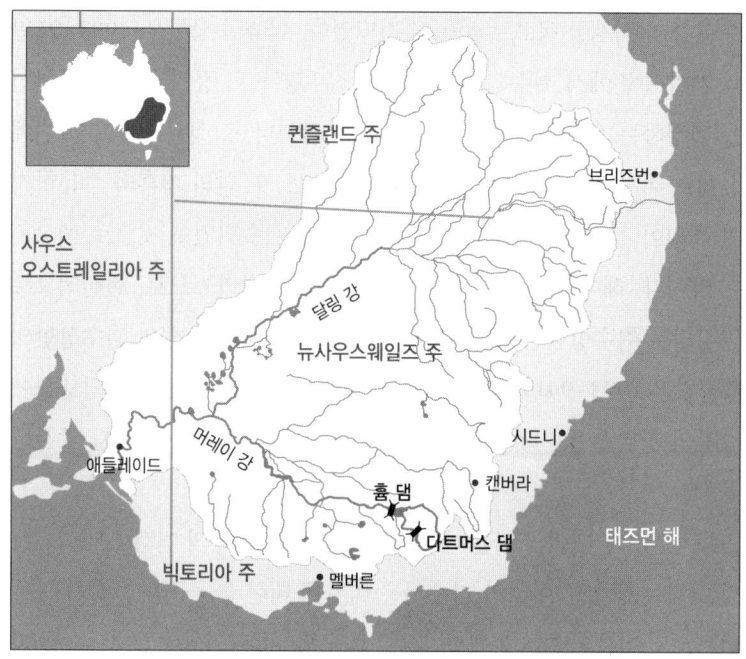

그림 3-1 머레이 강-달링 강 유역

어났는데, 관리기준이 현행대로 유지될 경우 추가로 14.5퍼센트가 늘어날 것이라고 지적했다. 당시의 관리기준은 하천의 이용과 개발을 격려하던 시기에 마련된 것이라서 하천의 건강을 보호한다는 개념 자체가 들어 있지 않았다. 자문위원회는 이런 실태를 확인하고 다음과 같은 결정을 내렸다. "유역 물이용이 창출하는 경제적·사회적 이익과 환경을 위한 하천수의 배분 사이에서 균형점을 찾을 필요가 있다."26) 1995년 중반에 자문위원회는 머레이 강-달링 강 유역에 시한부로 취수상한선을 설정했고, 1997년에는 이 상한선을 영구적으로 확정했다.

이 취수상한선은 처음에는 유역 각 하천의 취수량 감축이 아니라 취수량 증가 억제를 목표로 하여 결정되었다. 이 취수상한은 '1993, 94년의 개발 수준에서 취수되었을 경우의 취수량'으로 정의된다.[27] 상한선을 결정하는 실제적인 방식은 상당히 복잡하다. 그것은 1993, 94년에 실제로 취수되었던 물의 양이 아니라, 1993, 94년의 기후와 수문학적인 특징이 검토하는 해와 비슷했을 경우에 취수되었을 것으로 예상되는 양이다. 해마다 기후와 수문학적인 특징이 달라지므로, 현실적으로 인정되는 취수상한은 해마다 달라진다. 그러나 여러 해의 취수상한의 평균값은 1993, 94년 수준을 넘어서서는 안 된다. 각 주는 해당년도에 각각의 상한선을 지켰는가를 판정하는 내용의 감사보고서를 발간한다.[28]

이 취수상한제의 묘미는 머레이 강-달링 강 수계의 건강이 악화되는 것을 막는 방법뿐 아니라 기존의 소비자에 대한 물공급을 보장하는 방법으로도 이용된다는 점에 있다. 갈수기 혹은 하천 수계가 총수요를 따라가지 못할 때에는, 물이용자는 배분량을 삭감받는 방식으로 고통을 분담한다. 취수상한은 또한 새로운 취수를 막음으로써, 기존의 물이용자가 배분받는 물을 더 오랫동안 최대한 이용할 수 있도록 보장하는 데에도 도움이 된다. 취수상한 설정의 취지는 취수량 증대를 억제하는 데 있을 뿐, 새로운 물수요와 경제발전을 억제하는 데 있지 않다. 새로운 물수요는 추가적인 취수를 통해서가 아니라 물의 보전과 이용의 효율성 향상과 기존에 배분받은 물의 시장화 방법으로 충족시킬 수 있다.[29] 상한 설정은 물이용의 효율성을 향상하고 물의 생산성(취수된 물 1세제곱미터당 생산되는 가치)을 향상시키기 위한 강력한 동기를 유발할 것으로 기대된다. 1999년에 발표된 '물과 호주 경제'라는 연구보고서는 취수상한 설정과 물개혁의 실행으로 25년 후에는 머레이 강-달링 강 유역의 경제규모가 두 배로 증대될 것이라고 전망하고 있다.[30]

머레이 강-달링 강 유역에서 실시된 것과 같은 취수상한제는 하천의 건강을 지키는 유황을 확보하는 데에 필수적인 것이다. 이것은 개별적으로 보았을 때는 큰 우려를 낳지 않는 적은 양의 하천 취수나 하천 유량의 변경이 무수히 많이 축적되어 야기하는 대규모의 영향('작은 결정들의 횡포')을 막을 수 있는 가장 효과적인 방법이다.31) 취수상한이 하천의 건강을 지키는 효과를 발휘할 수 있는 것은 상한이 엄격하게 적용되어 해당 하천에 충분한 물이 남겨지고 생태기능을 지속시킬 수 있는 유황이 확보되는 경우에 한정된다. 호주의 많은 연구자들은 생태계의 건강과 기능을 증진하려면 머레이 강-달링 강 유역에서 시행되고 있는 취수상한을 더 엄격하게 강화할 필요가 있다고 생각한다. 2000년, 여러 연구자들은 다음과 같이 합의한 문헌을 발표했다. "취수상한은 하천 수계가 현재 상태로까지 악화되게 만든 취수 수준을 고려하여 설정되었다. 취수상한은 생태계 파괴의 진행을 늦추는 중요한 진전이라고 여겨지고 있지만, 생태학자들은 취수상한만으로는 하천의 건강이 현저하게 개선되는 결과를 기대할 수 없다고 경고한다."32)

머레이 강-달링 강 유역의 취수상한제는 이미 과도하게 이용되고 있는 대규모 하천 유역에서 본격적으로 시도한 취수상한제의 사례로서는 아마도 호주뿐만 아니라 세계에서 유일한 것일 것이다. 물론 적절한 유황을 실현하기 위해서는, 더 많은 물을 머레이 강으로 되돌려 보내야 할 것으로 생각된다. 연구자와 물관리자, 지역사회들은 환경유량 요구량을 설정하고 적응형 하천관리법을 구상해내기 위한 작업을 진행하고 있다.33) 아직 완벽하다고는 할 수 없지만, 머레이 강-달링 강 유역의 취수상한제와 생태계 기능을 지속시키는 유량 패턴을 설정하려는 시도는 중요한 실험사례로서 눈여겨볼 필요가 있다.

생태계의 건강이라는 관점 자체가 없는 미국의 물정책

미국 내 하천의 유황보호책을 더욱 강화해야 할 필요성이 해를 거듭할수록 뚜렷하게 부각되고 있다. 2세기에 걸쳐서 댐 건설, 제방 설치, 하천의 직선화가 진행되어온 까닭에 미국에서는 자연상태에 가까운 하천 구간은 거의 사라져서, 자유롭게 흐르는 하천 구간은 전체의 2퍼센트에 지나지 않는다.34) 필요로 하는 물의 배분을 둘러싼 인간과 생태계의 대립은 미국 전역에서 갈수록 격렬해지고 있고, 담수생물은 갈수록 위기로 내몰리고 있다.

미국 서부의 대부분의 하천에서는 과도한 취수로 인하여 생태계가 필요로 하는 유량을 충족하는 수역이 거의 혹은 완전히 사라졌다. 독특한 건조기후 때문에 물문제가 심각하게 대두되는 서부와는 달리, 미국의 동부지역은 오랫동안 물문제와는 무관하다고 여겨지던 곳이었지만 최근에는 서부와 비슷한 위기상황이 뚜렷하게 나타나고 있다. 버몬트 주 전체 하천 가운데 500킬로미터 구간은 유량 변경과 대량 취수 때문에 정상적인 기능을 상실한 상태다.35) 매사추세츠 주 입스위치 강은 여름철에 주기적으로 바닥을 드러낸다. 교외 주택지의 잔디에 물을 주기 위해서 지하수를 지나치게 뽑아 써서 하천의 기저유량이 고갈되었기 때문이다.36) 코네티컷 주의 하천들 역시 과도한 물의 취수와 도수로 기능을 상실한 상태다. 코네티컷 주 대법원에 시민소송이 제기되어 있는 셰포그 강도 그중 하나다. 급속하게 성장하고 있는 사우스웨스트 주, 조지아 주, 앨라배마 주, 플로리다 주 사이에서는 애팔래치콜라 강-채터후치 강-플린트 강 유역의 물을 배분하는 문제로 10년 넘게 분쟁이 이어지고 있고, 급속히 늘어나는 취수량과 유황 변경으로 인해 생태계가 심각한 위협에 시달리고 있다.

이처럼 하천 수계가 광범위하게 악화되고 있음에도 불구하고, 미국 내에서는 담수생태계의 생물다양성을 유지하고 생태계 기능을 지속시키는 유량을 보장하는 것과 관련하여 근본적인 전망이나 정책목표가 마련되지 않고 있다. 예로부터 연방정부는 물의 배분과 이용, 관리 문제를 주정부에 일임하고 있다. 그러나 물문제를 주정부에 일임한 채 방관하느냐 마느냐는 연방정부가 스스로 선택할 수 있는 문제다. 미국 헌법에는 주의 법률이 연방의 법률과 분쟁상태에 있을 경우에는 후자가 우선한다는 것이 분명히 규정되어 있다. 물배분과 관련해서는, 연방정부가 리오그란데 관개회사를 상대로 제기한 소송에서 이 개념이 거론되어, 1899년에 사유지와 공유지에서의 연방정부의 물이용은 주가 승인하는 물이용에 우선한다는 획기적인 판결이 내려진 바 있다. 물법을 연구하는 콜로라도 대학의 데이비드 게치스에 따르면, 그 이전의 판례들 역시 특별한 법적 수단을 행사하지 않더라도 물과 관련한 연방법은 주법에 우선한다는 것을 분명히 밝히고 있다.[37]

그러나 물정책의 현실적인 운용에 있어서 연방정부의 기관들은 주의 수리권 및 물배분 체제에 개입하는 경우가 드물고, 주정부들이 대부분의 사안을 좌지우지하고 있다. 각 주는 자체의 주헌법과 주법, 판례 등에 근거하여 물 관련법의 체계를 갖추고 있다. 그리고 동부와 서부에서는 기후, 역사, 경제환경의 차이를 반영하여 서로 다른 법원리를 채택하고 있다.

동부의 주들은 대부분 물에 관한 법률에 이른바 '연안주의 riparian doctrine'를 채용하여 강이나 시내에 인접한 사람이 그 강물이나 시냇물을 합리적으로 이용하는 것을 인정하고 있다. 연안주의의 법리에서는, 개인에게는 수리권이 없다. 주정부는 물의 이용을 허락하지만, 종종 그 이용이 다른 사람에게 부당한 피해를 끼치지 않아야 한다는 조건 내지

법적인 요건을 덧붙이기도 한다.

  이와는 대조적으로, 대부분의 서부 주들은 흔히 '선착순'이라는 말로 요약되는 '선점주의prior appropriation doctrine'를 따르고 있다. 특정 하천의 수리권을 가장 먼저 주장하는 사람에게 최우선권을 주는 것이다. 한번 인정된 수리권은 수리권을 인정받은 사람의 개인자산으로 취급된다. 그러나 이 권리는 법률용어로 말하자면 '용익권usufructory rights'으로, 물을 사용할 권리일 뿐 물을 소유할 권리는 결코 아니다. 따라서 서부 물 관련 법률의 특징은 '안 쓰면 손해다'라는 말로 요약된다. 수리권에는 구체적인 물의 양과 함께 물의 배분서열을 결정하게 되는 날짜가 명시되어 있다. 갈수기가 되면 우선순위가 빠른 수리권자, 즉 수리권을 인정받은 날짜가 빠른 수리권자가 자신의 필요량을 모두 충족시키고 난 뒤에야, 그 나머지가 다음 순위의 수리권자에게 돌아간다. 수리권의 적용과 인정은 주 당국이 관리하고, 법적인 분쟁은 일반적으로 주법원이 다룬다.

  하천에 대한 연방정부의 권한은 이러한 주 차원의 법률체계의 테두리 안에서만 행사된다. 하천에 대한 연방정부의 권한에는 국가환경정책법(1969), 맑은물법(1972), 멸종위기종법(1973) 등의 연방법률과 연방법원의 결정에서 나온 판례, 그리고 연방헌법에 의해 인정된 권한(통상조항, 재산권조항, 연방우월조항) 등이 포함된다. 만일 미국에서도 남아프리카공화국처럼 백지상태에서 법을 정비할 기회가 있다면, 연방법과 주법이 서로 중복되고 때로는 경합하고 있는 현재와 같은 물관리 정책의 틀은 채택되지 않을 것이다. 그러나 현실적으로는 이러한 상황이 제도화되어 있다. 따라서 미국은 수생생태계 보호와 인간의 물이용 사이의 균형점을 찾아가는 과정에서 더 큰 성과를 올릴 수 있도록 이런 권한들을 해석하고 시행하고, 필요한 경우에는 수정해야 하는 과제를 안고 있다.

여기서는 관련된 연방과 주의 법률과 정책을 검토하면서 하천의 유량을 보호하고 복원할 가능성이 높은데도 거의 실현되고 있지 않은 방법들을 소개한다.

연방정부의 정책들

연방정부의 행정기관들이 하천 유량을 개선하기 위해서 사용하는 정책이나 수단들은 적게 잡아도 아홉 가지로 분류된다(표 3-2). 이런 정책수단들은 개별적인 항목별로는 각각 특정한 상황에서 유량을 보존하고 복원하는 성과를 거두면서 실현가능한 정책수단으로 확립되었다. 그러나 이중 어떤 것도 넓은 규모에서 하천 유황을 대폭 개선할 수 있을 만큼 광범위하게 실행에 옮겨진 사례가 없다. 연방정부는 하천의 건강을 보호하기 위해서 하천 변경을 제한할 수 있는 권한을 현재의 법과 권력에 의해 보장받고 있음에도 불구하고 그 권한을 행사하지 않고 있다.

하천에 관한 연방정부의 가장 강력한 권한은 미국 헌법의 통상조항(제1조 8항)과 1972년에 제정된 맑은물법에서 부여한 권한이다. 통상조항에 따르면, 연방정부는 주와 주 사이, 그리고 다른 나라들과의 통상을 규제할 권한을 가진다. 연방의회는 수역에서의 상업적 수운을 인정하는 기관이라는 점에서 물관리의 권한을 가진다. 애초에는 연방의회의 이런 권한은 좁게 해석되어 그 대상이 항해가 가능한 수역에 장애를 발생시키는 활동에 한정되었다. 그러나 시간이 흐름에 따라 연방법원은 '항해가 가능한'이란 용어의 정의와 통상조항이 적용되는 활동의 폭을 확대했다. 데이비드 질리언과 토머스 브라운은 서부 주들에서 시행되는 수로 내 유량보호 수단에 대한 연구논문에서 다음과 같이 말하고 있다.

시책 혹은 수단	주요 담당 기관
관개와 홍수통제, 급수, 수력, 그리고 수운을 위해 건설된 댐 관리의 개선	육군공병대 내무부 개척국 에너지부 테네시 유역청 보네빌 연방전력사업단 서부지역전력청
연방 관할이 아닌 수력발전용 댐의 허가 담수생물종을 멸종위기종으로 지정	연방에너지규제위원회 어류야생물보호청 해양수산청(연어 보호)
멸종위기종 서식지의 보호	내무부장관 어류야생물보호청 해양수산청(연어 보호) 하천에 영향을 미치는 모든 기관
주의 법률체계를 통한 연방의 '필수유보' 수리권 획득	국립공원관리청 산림청 어류야생물보호청 토지관리국 인디언 부족
연방의 '필수유보 이외'의 수리권 확립	산림청 토지관리국
수질 및 전반적인 하천 건강성 보호	환경보호국 육군공병대
하천에 영향을 미치는 공공토지 이용활동의 규제	국립공원관리청 산림청 어류야생물보호청 토지관리국
하천을 자연경관 수계로 지정	미국 의회 주의 요구에 의해 내무부장관이 지정

표 3-2 미국에서 하천 유량의 보호와 관련되어 있는 연방정부 기관들

"결국 법원은 의회가 통상에 관한 권한을 행사할 수 있는 하천이 반드시 항해가 가능한 상태에 있어야 할 필요는 없다고 판결했다. 1972년에 맑은물법이 제정될 즈음에, 법원은 하천, 호소, 소하천, 하구, 습지를 비롯한 미국 내의 수역에 대한 연방정부의 권한을 인정했다."[38]

연방법인 맑은물법Clean Water Act, CWA은 연방의회에 하천의 건강을 지키기 위한 포괄적이며 명확한 권한을 부여했다. 여기에 통상조항으로 인정된 권한을 합하면, 하천 유황을 보호하고 복원하는 데에 필요한 모든 권한이 연방정부에 있다는 것은 의심의 여지가 없다. 이 법은 "국내 수역의 화학적·물리적·생물학적 통합성을 복원하고 지속시킨다"는 목적을 분명히 밝히고 있다. 그러나 30년이 넘는 법 시행과정에서, 연방의회와 이 법을 시행하는 연방정부의 기관들은 물의 화학적인 특성을 보전하는 데에 집중하여 수질기준과 오염규제 조건, 모범적인 관리사례 등에 의거하여 법을 집행해왔을 뿐, 하천의 물리적·생물학적 특성을 보전하기 위해 명시적으로 하천 유황을 규제하는 활동은 거의 한 바가 없다.

1990년대에 몇 가지 사건이 일어나고 법원의 판결이 이어지면서, 맑은물법의 적용범위는 하천의 유황으로까지 확대되었다. 그러나 지금까지의 사례들은 이 법령의 막강한 잠재력을 보여주는 고립된 판례들에 불과해서, 보호의 범위를 폭넓게 확대하는 수준에는 이르지 못하고 있다. 예를 들어보자. 1990년에 미국 환경보호국장 윌리엄 레일리는 맑은물법(제404조)에 규정된 권한을 이용하여, 덴버 시의 상수공급량 확대를 목적으로 하는 투포크스 댐 건설안을 거부했고, 덕분에 콜로라도 주 사우스플래트 강 유역에 있는 풍광이 수려한 치즈먼 협곡은 수몰을 면할 수 있었다. 레일리는 건설안을 거부하는 주요한 이유로 귀중한 송어의 서식장소와 친수 문화공간의 소멸, 가치 있는 자연환경의 파괴, 그리고 덴버 시의 물수요를 충족시키면서도 피해를 줄일 수 있는 대안 등을 들었다.39) 오늘날에는 많은 연구자들이 생태계의 건강을 지키기 위해서는 하천 유황 패턴을 자연상태에 가깝게 복원해야 한다는 데에 동의하고 있다. 이 연구자들과 함께, 그리고 맑은물법에 의거한 활동들의 논리적 연장으로서, 연방과 주는 상호협력을 통해 전국의 하천을 대상으로 생태유량 지침을 확립하는 사업을 펴나가야 한다.

　미국에는 이와 같은 유형의 통합적인 지도력이 형성되어 있지 않은 상황이지만, 하천보호의 책임을 맡고 있는 공무원들은 맑은물법이 아닌 다른 연방법에 의거해서도 맡은 바 임무를 수행할 수 있다. 실제로 이용된 적은 거의 없지만, 공유지를 관할하는 연방 관청이 '유보수리권 reserved water rights'을 매입하는 것도 한 방법이다. 이것은 1908년 윈터스 사와 연방정부 간에 벌어진 소송의 판결에서 유래한 것인데, 연방대법원의 판결에 따르면, 연방정부는 1888년에 몬태나 주의 원주민 부족을 보호하기 위해서 원주민보호구역을 설정하는 과정에서, 명시하지는 않았지만 보호구역 지정의 목적을 달성할 수 있는 양의 물을 원주민 부족들 몫으로 유보해놓았다. 이때 처음으로 정의된 '유보수리권'은 반세기가 넘도록 원주민보호구역에만 적용되는 것으로 여겨졌다. 그러나 연방대법원은 1963년에 애리조나 주정부와 캘리포니아 주정부 간에 벌어진 소송의 판결에서, 유보수리권은 원주민거주지뿐 아니라 연방정부의 모든 보호지에 적용된다고 판시했다. 원주민보호구역뿐만 아니라 국립공원, 삼림, 야생생물보호구역을 비롯하여 연방정부가 보호대상으로 지정한 일체의 토지는, 지정 목적을 달성하기 위해서 요구되는 수준까지 유보수리권을 가질 수 있다고 해석한 것이다. 더욱이 연방정부의 유보수리권이 우선순위를 인정받는 날짜는 그 권리가 최초로 주장된 날짜가 아니라 해당 토지가 보호구역으로 지정된 날짜인데, 그 날짜는 대개 19세기 말에서 20세기 초 사이였다. 따라서 연방정부의 유보수리권은 대부분의 민간의 수리권에 우선한다.

이처럼 유보수리권은 하천의 물을 생태계에 유리한 방향으로 배분할 수 있는 막강한 잠재력을 가지고 있지만, 실제 재판에서 유보수리권을 내세워서 승소한 사례는 거의 없다. 연방정부의 관청들이 유보수리권에 대한 판결을 받으려면 관할 주 법원으로 가야 하는데, 연방정부의 담당자들은 대개는 소송을 진행하는 것을 꺼리고, 실제로 재판이 진행되는 경우에도 주 법원은 이 권리를 인정하는 데에 소극적이기 때문이다. 예를 들어, 현재까지 미국 산림청에 하천 수로 내 유량 보호에 도움이 되는 유보수리권을 인정해준 판례는 없다.[40] 1897년에 제정된 '기본법'에는 국유림의 지정 목적으로 '하천 유황에 유리한 조건을 보장'하는 것이 명확히 규정되어 있고, 수생생물의 다양성을 보호하는 데에 중요한 역할을 하는 것으로 인정된 국유림이 전체 국유림의 3분의 1이 넘는 현실인데도 말이다.[41] 법원이 연방정부의 유보수리권을 가장 선선하게 인정하는 곳은 국립공원이고, 국립공원의 주요한 목적은 '경관과 자연, 역사적인 기념물과 야생생물'을 보존하고, 이것들을 '미래의 세대들이 즐길 수 있도록 훼손되지 않게' 보전하는 데에 있다.[42] 예를 들면, 콜로라도 주 법원은 1993년에 로키산맥국립공원 내의 특별한 용도가 지정되지 않은 물에 대해 연방정부의 유보수리권을 인정했다.[43]

현재로서는 생태적 목적을 위한 하천 유황 보호에 가장 크게 기여하고 있는 것은 연방정부의 멸종위기종법이다. 1973년에 통과된 이 법에 따르면, 내무부는 멸종위기에 처한 종의 목록을 작성해야 하고, 모든 연방 관청들은 이 목록에 오른 종의 지속적인 생존을 위협하는 일체의 활동을 할 수 없다. 멸종위기종법의 법적 권한이 처음으로 분명하게 드러난 계기는 당시 테네시 주에서만 서식하는 것으로 알려져 있던 스네일

다터snail darter라는 물고기와 관련된 소송이었다. 연방정부 산하의 테네시유역청은 스네일 다터가 멸종위기종의 목록에 오르자, 스네일 다터의 서식지를 파괴한다는 이유에서 리틀테네시 강의 텔리코 댐 건설사업을 중단했다. 테네시유역청을 피고로 한 소송에서, 연방대법원은 의회가 멸종위기종법(특히 제7조)을 통과시킨 취지는 멸종위기종 보호를 연방정부 기관의 합법적인 사명과 역할에 우선하는 것으로 취급해야 한다는 것이라고 판결했다.[44]

이렇게 해서 멸종위기종법은 물 관련 정책 및 시행에 큰 영향을 미치게 되었다. 근래에 이 법률의 규정에 따라 물관리에 변화가 일어난 몇 가지를 사례를 소개하면, 캘리포니아 주와 오리건 주의 경계를 이루는 클래머스 강 유역에서는 관개농업용 취수가 금지되었고, 콜롬비아 강 유역에서는 연어 개체수 감소를 야기하는 대형 수력발전 댐들이 운용방식을 변경했거나 스네이크 강 하류의 주요 대형댐 4개처럼 아예 댐 자체가 철거되었으며, 유타 주의 그린 강에 있는 플레이밍고지 댐의 운용절차의 변경이 요구된 것 등을 들 수 있다. 또한 오리건 주 동부와 워싱턴 주를 관통하는 왈라왈라 강 유역의 관개지구 세 곳은 환경보호단체들이 멸종위기종법에 근거해서 바다송어(1998년에 멸종위기종 목록에 오름)의 보호를 위한 집단소송을 제기할 것을 예상하고 최소유량을 유지하는 데에 합의했다.[45]

그러나 멸종위기종법은 담수생태계를 광범위하게 보호하고 복원하는 수단으로 사용되기에는 몇 가지 부족한 점이 있다. 첫째, 이 법은 생태계 전체의 건강보다는 개별 생물종의 보호를 목표로 한다. 이처럼 적용의 폭이 좁다 보니 특정한 생물종의 개체수 회복을 위한 구제책에 그칠 뿐, 생태계 전체에 걸쳐서 생물다양성을 복원하고 보호하는 역할은 거의 하지 못한다. 멸종이 우려되는 연어가 댐을 지나 이동할 수 있도록 계단식으로 어도(물고기길)를 설치하는 것 따위가 그 좋은 예다. 둘째, 이 법의 영향은 직접적이라기보다는 간접적이다. 이 법은 주로 환경보호단체들이 정부를 상대로 소송을 제기할 때 효과를 발휘한다. 셋째, 멸종위기종법은 생태계의 악화가 상당히 진전되고 나서야 시행되는 경우가 많다. 일반적으로 멸종위기종 목록에 오르는 생물종들은 서식장소가 지나치게 줄어들거나 종의 존속이 위태로울 만큼 심하게 파괴된 종들이다. 따라서 멸종위기종법에 의한 생물종 보호정책은 그 성과가 아주 적거나 사후약방문식으로 이루어지는 경우가 많다.

하천 유량의 복원가능성을 끌어올릴 수 있는 또 한 가지 방법은 연방정부가 소유하는 댐들의 새로운 관리기준을 만드는 것이다. 연방정부는 전국적으로 1,932개의 댐을 소유, 운영하고 있으며, 그 대다수가 특별히 큰 규모를 자랑하는 댐들이다(그림 3-2, 그림 3-3). 이 댐들의 가동절차는 개간과 경제발전을 촉진하는 값싼 용수와 전력을 제공하고 홍수를 조절하는 데에 중점을 두는 20세기 방식에서 여전히 벗어나지 못하

그림 3-2 미국의 연방정부 관할 댐들

그림 3-3 미주리 강 유량복원 논란의 초점이 된 육군공병대 관할의 개빈스포인트 댐(사진: 육군공병대 오마하 지부의 해리 웨딩턴)

고 있다. 담수생태계의 보호를 고려하는 경우도 있지만, 보호수준은 최소한도에 지나지 않는다. 뿐만 아니라, 이 댐들을 관리하는 기관들(예컨대, 육군공병대, 내무부 개척국, 그리고 퍼시픽노스웨스트 주 지역의 보네빌 연방전력사업단과 사우스이스트 지역의 테네시유역청 등의 관할 지국들)이 정기적으로 댐 사업의 비용 대비 편익(이것은 댐이 건설되어 수명을 다하는 수십 년 동안 크게 달라질 수 있다)을 평가, 보고해야 할 의무도 규정되어 있지 않다. 담수어종 보호단체인 '트라우트 언리미티드Trout Unlimited'에서 활동했던 스티브 말로크는 다음과 같이 지적한다.

"미국의 납세자들은 연방정부가 관할하는 댐 및 물 관리계획에 수천억 달러를 투자하고 있다. 이처럼 엄청난 투자를 하고 나서 관리를 소홀히 하는 것은 합리적인 행동이 아니다. 우리는 이 댐들을 현재의 수요에 적합하도록 재정비해야 한다."[46]

댐들은 저마다 일련의 운용규칙을 가지고 있고, 그에 따라서 방류량과 방류시기를 정한다. 댐의 운용으로 얻을 수 있는 이익(수력발전, 관개, 홍수조절 따위)의 목록에 하천의 건강 보호가 추가되면, 방류시기를 변경하여 댐 건설 이전의 하천의 자연 유황 가운데 중요한 요소들을 복원할 필요가 있다. 이런 식의 댐 가동 변경은 적게나마 실행에 옮겨지고 있다. 1996년 3월, 연방정부의 담당자들은 그랜드캐년을 흐르는 콜로라도 강에서 하천생태계에 기본적인 서식지 요소들을 복원할 수 있는 봄철의 홍수를 발생시키기 위해 글렌캐년 댐의 수문을 열었다(그림 3-4). 이 실험적인 방류는 성공이라고는 보기 어려운 결과를 낳았다. 그러나 연구자들과 환경보호활동가, 하천관리자들은 '적응형 관리'와 '실천을 통한 학습'이라는 맥락에서, 하천생태계에 이익이 되는 방류를 2003년과 2004년에 두 차례 더 실시하자고 제안했다. 내무부장관은 이 제안의 실행 여부를 결정하지 않은 상태다.[47] 내무부 개척국은 콜로라도 강 토착어종 가운데 멸종될 위기에 놓인 4개 어종의 주요 서식지를 보호하기 위해서 유타 주의 그린 강(콜로라도 강의 주요 지류)에 있는 플레이밍고지 댐의 방류방식을 변경하고 있다. 권장되는 방류일정에 따라 방류가 이루어지면 하천의 자연 유황에 더욱 가까운 유량 패턴이 형성될 것이다. 이곳에서는 현재 적응형 관리프로그램이 진행되고 있다(제2장을 참조하라).[48]

연방정부가 관할하는 2,000여 개의 댐을 대상으로 하천생태계에 이익이 되는 방류지침을 만들어 방류방식을 변경한다면, 하천의 건강 향상과 재래어종의 복원, 생물다양성의 보전에 큰 도움이 될 수 있다. 예컨대, 2002년 7월에 미 육군공병대는 자연보호협회(대규모 민간 환경보호단체)와 제휴관계를 맺고 관할 13개 댐의 방류방식을 하천생태계에 도움이 되는 방향으로 변경하는 사안을 검토했다. 이 사례는 작기는 하지만

그림 3-4 1996년에 실행된 콜로라도 강 글렌캐년 댐의 인공홍수 방류는 댐 운용방식의 변경을 통해 악화된 하천생태계를 복원할 수 있는 가능성을 보여주었다.(사진: 국립공원관리청의 빌 잭슨)

　의미 있는 진전이다. 이 사례가 유익한 성과를 낳는다면, 이를 토대로 연방정부가 관할하는 모든 댐의 방류방식에서 폭넓은 개혁이 시작될 수 있기 때문이다.

　연방정부가 관할하는 관개사업에서 물이용의 효율을 높이도록 요구하는 것 역시 심하게 훼손된 서부지역 하천들의 유황을 복원시키는 데에 크게 기여할 수 있다. 현재 서부 대부분의 지역에서는 하천수의 75퍼센트 이상이 취수되고, 그 대부분이 관개용수로 쓰인다. 연방정부 산하의 공병대는 190여 개의 관개사업을 입안하고 지표수의 약 3분의 1을 관개용수로 공급하고 있다.[49] 관개용수의 생산성을 높이는 유량 보호 방법이 향상되면, 곡물 생산과 농촌경제에 손실을 주지 않으면서 과도한 취수로 고갈된 하천의 유량을 복원하는 성과를 올릴 수 있을 것이다.

연방정부의 간접적인 정책 역시 유망한 수단이 될 수 있다. 예를 들면, 연방정부 소유가 아닌 수력발전 댐들에 대해 운용방식 변경을 전제로 해서 사업허가권을 갱신해주는 방법이 있다. 연방에너지규제위원회 FERC는 1,800여 개의 댐(이 댐들의 총발전량은 미국 전체 수력발전량의 절반에 가깝다)에 대한 사업허가권을 가지고 있다.[50] 댐의 사업허가기간은 일반적으로 30~50년이고, 허가기간이 만료되면 댐 소유자는 다시 연방에너지규제위원회로부터 사업허가를 받아야 한다. 연방에너지규제위원회는 사업허가를 갱신하고자 하는 댐에 대해 그 댐의 운용이 환경에 미치는 영향을 더욱 철저하게 평가하고, 만일 해악이 큰 경우에는 허가갱신의 조건으로 방류방식 변경을 요구하거나 허가신청 자체를 기각할 수 있다. 1994년에 연방에너지규제위원회는 허가신청을 기각하고 공공의 이익을 고려하여 댐의 철거를 명령할 권한을 가지고 있다는 입장을 분명히 밝혔다. 3년 뒤, 연방에너지규제위원회는 이 권한을 실행에 옮겨서 메인 주 케네백 강의 에드워즈 댐의 철거를 명령했다.[51] 1837년에 돌과 목재를 재료로 해서 세워진 이 댐은 주도인 어거스타 시에서 소비되는 총전력량 가운데 아주 작은 몫만을 공급하는 반면에 대서양연어, 에일와이프, 샤드 등 널리 알려진 회유성 어종의 이동로를 차단하고 있었다. 당시 내무부장관 브루스 바비트는 이 획기적인 철거명령서에 서명을 하고 댐 철거를 향한 길을 열어놓는 순간에, 새로운 시대의 개막을 환영하면서 다음과 같이 말했다.

"댐 소유자와 관리자 앞에는 스스로를 방어해야 한다는 까다로운 과제가 놓여 있다. 이제 그들은 댐을 계속 운용하는 것이 경제적으로나 환경적으로나 공익에 부합한다는 것을 감상이나 신화가 아니라 엄연한 사실로서 보여주어야 한다."[52]

주정부가 가진 강력한 도구들

미국의 주정부들은 물의 배분 및 관리에 대해 일차적인 책임을 가지고 있고, 따라서 생태적인 하천 유량을 확보하는 데에 큰 영향력을 미친다. 그러나 지금까지 주정부들은 연방정부와 마찬가지로 이런 권한을 분산적으로 그리고 일관성 없이 행사해왔고, 따라서 하천생태계의 '통합성'을 지키는 데에 거의 기여하지 못했다. 많은 주정부들이 최소유량을 확보하는 정책에 치중하고 있고, 이러한 방법으로는 하천에 물이 항상 흐르게는 할 수 있지만, 생태계가 필요로 하는 유량, 혹은 필요한 유량 변동의 횟수를 확실히 보장할 수 없다. 또한 많은 주정부들이 생태계 보호를 위한 유량이 아니라 낚시, 뱃놀이 따위의 친수문화에 적합한 유량을 확보하는 데에 관심을 기울이고 있다.

주정부가 하천의 건강한 유량을 복원하기 위해서 쓸 수 있는 정책수단의 종류는 다양하다. 정책을 응용하고 실행에 옮기는 능력은 주정부마다 다르지만, 주정부가 선택할 수 있는 정책수단으로는 법제화를 통해 하천의 생태적 유량을 확보하는 방법, 인허가방식을 도입하여 전체적인 유역 차원에서 유량조절의 한계를 설정하는 것, 수로 내 이용을 증대시키는 방향으로 수리권의 인가와 이전을 촉진하는 것, 보존목표의 설정과 목표달성에 필요한 보호사업을 지정하는 것, 법적 문제가 제기되는 경우에는 공공신탁 법리와 같은 법률상의 보호규정을 적용하는 것 등을 들 수 있다.

대부분의 주정부는 관할 수체water body(대개 지표수와 지하수를 포괄하는 개념으로 쓰인다)에 대한 취수허가 신청의 접수, 승인, 각하, 허가조건을 결정하는 권한을 지닌다는 점에서 주정부가 하천의 유황을 보호할 수 있는 잠재력은 크다. 그러나 이 잠재력을 실제로 발휘하려면, 이런 권한을 생태적 유황 유지에 직접적으로 연계시켜야 한다. 예를 들어, 어떤 하천에서 유량을 조절하는 경우, 그 하천에서의 유량조절 총량은 특정 장소, 특정 시기에 정해진 한계를 넘어서지 않아야 한다. 플로리다 물관리국 남서부지구(플로리다 물관리를 책임지고 있는 5개 지구 가운데 하나의 지구)에서 활용하는 '유량 백분율법'은 이런 착상에 근접한 방법이다. 1989년, 이 지구에서는 저수지가 없는 하천에서 직접 취수를 하는 경우, 취수량을 취수 시점에 하천에 흐르고 있는 유량의 일정한 백분율로 제한하기 시작했다.[53] 예를 들어, 피스 강과 알라피아 강의 취수총량은 하루 평균유량의 10퍼센트 이내로 제한되고, 유량이 매우 적은 시기에는 취수가 완전히 금지된다. 이 지구에서는 현재 관할 내 하천의 생태적 건강의 보호를 강화하기 위해 계절과 하천 폭에 따라 취수제한 비율을 다르게 설정하는 방안을 구상하고 있다.

이 체계에서 중요한 것은 유량 백분율과 취수를 연관시키는 방식, 특히 하천의 자연 유황을 유지할 수 있도록 자연 유량의 대부분을 매일 보장하는 방식이다. 만일 취수신청이 접수된 사안에서 총취수량이 한계를 넘을 것으로 판단되면, 그 취수신청은 기각된다. 단, 취수신청자 본인이 자신에 의해 추가되는 취수활동이 생태계에 부정적인 영향을 미치지 않는다는 것을 입증하는 경우는 제외된다. 이 규정은 유연한 운용을 인정하면서도, 물을 이용하고자 하는 사람에게 자신의 취수활동이 생태계에 해를 주지 않는다는 것을 입증할 책임을 부과하고 있다.

최근 들어 뉴잉글랜드 지역의 여러 주들 역시 적극적인 정책을 펼치고 있다. 2000년 7월, 버몬트 주는 수생생태계를 보호하기 위해서 인공적인 유량 변경을 해야 한다는 것을 인정하고 물에 관한 기준을 개정했다. 미국 환경보호국 뉴잉글랜드 지국은 주정부들과 긴밀히 협력하면서 주정부에게 환경유량의 보호를 강화하는 기준을 채택할 것을 권장하고 있다. 뉴잉글랜드 지국은 또한 '코네티컷 하천합동위원회'에 재원

을 지원하여 뉴잉글랜드에서 가장 큰 코네티컷 강 상류의 유량 개선안을 연구하도록 돕고 있다.54)

수리권과 관련하여 선점이론을 채택하고 있는 서부의 여러 주들에서 시급한 문제는 하천의 생태유량을 유지할 수 있도록 '수로 내 수리권'을 확립하는 것이다. 아직까지는 주정부가 이와 관련하여 성과를 거둔 사례는 없다. 많은 주에서 최소 하천 유량을 확보하기 위해서 노력하고 있지만, 전체 생태계의 보전이 아니라 특정 어종의 보호를 목표로 한다는 한계가 있다. 주목할 만한 것은 서부의 모든 주들은 한결같이 신규 점용 수리권 및 기존 수리권의 변경 신청에 대한 평가기준을 갖고 있다는 점이다. 콜로라도 주와 오클라호마 주를 제외한 모든 주가 신규의 점유수리권은 공익에 기여해야 한다고 규정하고 있다. 예전에는 공익을 경제발전과 동일시하는 경향이 있었지만, 최근에는 물의 고갈과 심각한 유량 변경을 막기 위해서 공익의 기준을 사용하는 경향이 점점 늘어가고 있다.55)

그 결과로, 법률적으로 생태계 보호에 배분된 수리권과 관개 혹은 다른 취수목적에 배분된 수리권이 동등한 지위에 있게 되는 경우가 많아졌다. 그럴 경우, 수로 내 유량에 대해 수리권을 인정한다고 해도 수리권이 지정된 시기가 늦어 우선순위가 낮은 경우에는 하천보호에 아무런 도움을 주지 못한다. 일부 주에서는 이런 단점을 개선하기 위해서 우선순위가 높은 수리권을 매입하여 '수로 내 수리권instream water rights'으로 전환하는 정책에 재원을 할당하고 있다. 수로 내 수리권은 또 다른 커다란 한계를 지니고 있다. 유량은 일반적으로 연간 혹은 월간 단위의 고정된 값으로 정량화되는데, 이 유량은 하천의 변화무쌍한 자연 유황 패턴과는 거리가 멀어서 실제로 생태계의 건강을 복원하거나 보호하는 데에는 아무런 도움을 주지 못하는 경우가 많다는 점이 그것이다(그림 3-5).

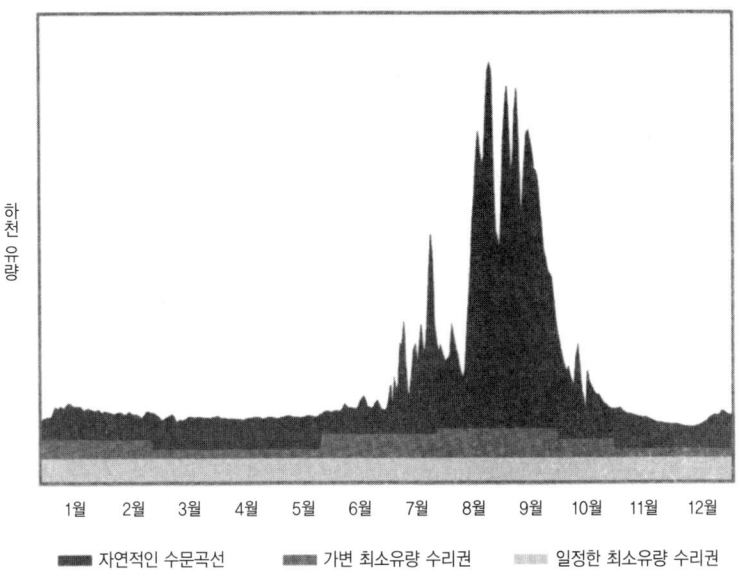

그림 3-5 관습적인 수로 내 유량 수리권: 전통적인 수로 내 유량 수리권은 하천에 고정된 물의 양을 정의하는 방식이다. 그러한 수리권은 일반적으로 보호되어야 할 하나의 고정된 유량수준으로 표현되는데, 간혹 달마다 다르게 설정하는 경우도 있다. 나머지 물은 다른 용도로 이용할 수 있기 때문에, 이러한 접근 방법은 자연적인 하천 유황에 별로 도움이 되지 않는다.(출처: Silk et al., 2000)

    최근에는 이러한 관습적인 수로 내 유량 수리권을 거꾸로 적용하자는 흥미로운 제안이 제시되었다. 이른바 '수로 내 유량 우선 수리권 upsidedown instream flow water rights'은, 생태계 유지 유량은 얼마만큼인가를 산정하고 그 나머지를 취수 혹은 그 밖의 경제적 목적에 배분하는 것이 아니라, 질문의 방향을 바꾸어서 다음과 같이 묻는 것이다. "관개용수, 수력발전, 그 밖의 여러 가지 물개발의 수요뿐 아니라 하천생태계 자체가 필요로 하는 유량을 충족시키기 위해서, 변경할 수 있는 자연 유황은 얼마만큼일까?" 적정한 변경규모가 결정되면, 이에 맞추어 물개발의 한도가 정해지고 그 나머지 유량은 생태계의 기능과 서비스를 보호하는 데에 배분된다(그림 3-6). 국제자연보호협회의 고문변호사 니콜 실크, 로버트 위깅턴과 루이스앤클락 대학 노스웨스턴 법학부의 잭 맥도널드는 '수로 내 유량 우선 수리권'을 연방법에 의해 확보된 수리권(국립공원, 국유림, 그 밖의 국유지와 관련된 수리권)과 주법이 규정하고 있는 유보수리권으로 보는 법리를 강력히 옹호하고 있다.[56] 이들에 따르면, 이러한 권리들은 개발이 지나치게 이루어지지 않은 하천에서 가장 활용도가 높고, 사전예방적인 차원에서 집행될 때 효과가 가장 크다. 즉, 개발에 필요한 적절한 양의 물을 우선 떼어놓았다가, 생태학적인 피해가 일어나는 시기와 경우에 대한 연구자들의 설명이 점차 명확해지기 시작하면 서서히 배분량을 늘리는 것이다.

요컨대, 수로 내 유량 우선 수리권은 미국 서부의 점용수리권 체계 내에서 생태계의 보전과 양립할 수 있는 물개발로 정책의 방향을 전환하는 것이다. 여러 가지 면에서 호주의 일부 지역에서 활용되고 있는 '벤치마킹법'과 비슷한 방법이다. 이것은 이용가능한 최선의 과학적 증거에 근거해서 하천의 건강에 해가 되지 않는다고 판단되는 만큼만 하천 유량을 취수 혹은 변경할 수 있게 허가하자는 생각이다. 사회는 물개발이 이 한계를 초과하면 생태계의 건강에 해를 입힌다는 것을 자각하게 된다.

주정부 차원에서 하천의 유량보호를 위해 활용할 수 있는데도 잘 활용되지 않고 있는 또 다른 수단이 있다. 그것은 바로 주정부의 수질관리기준을 준수하는 것을 전제로 물사업을 허가하는 권한(연방정부의 맑은물법 401조에 근거)이다. 이 권한은 연방정부의 인허가사업에 적용되는데, 그 예로는 연방에너지규제위원회가 관할하는 수력발전사업 인가와 미 육군공병대가 관할하는 수로와 습지의 준설 및 매립, 수로 변경에 대한 허가(맑은물법 404조에 근거) 등을 들 수 있다.[57] 최근의 판례들은 주정부가

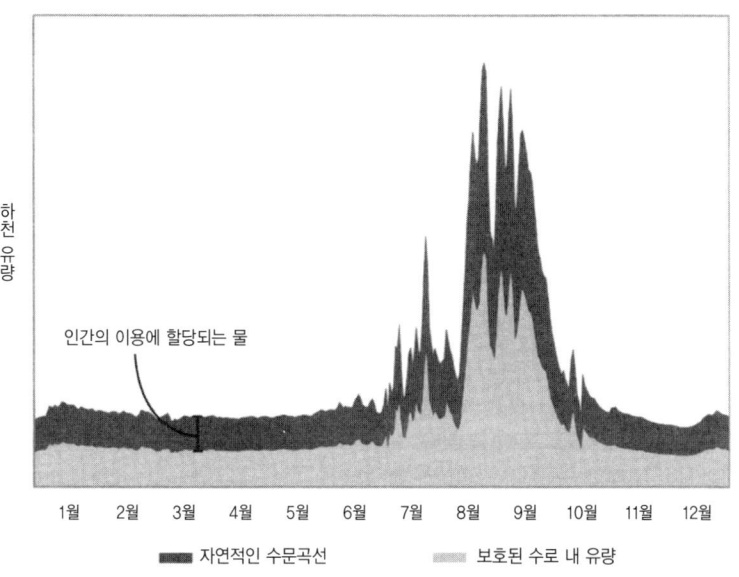

그림 3-6 수로 내 유량 우선 수리권: 수로 내 유량 보호를 위한 역발상의 접근법에서는 인간이 이용할 수 있는 물의 양이 고정되어 있다. 어느 때든지 이 양은 자연적인 하천 유량에서 일정하게 '깎은' 것이다. 취수량을 일정하게 제한함으로써, 하천 유량 변동의 대부분이 보호된다.(출처: Silk et al., 2000)

이런 허가권한을 사용해서 막대한 영향력을 미칠 수 있음을 분명히 보여주고 있다. 1994년에 내려진 중요한 판결(워싱턴 주 환경국에 대한 제퍼슨 카운티 공공사업관할구 제1국의 소송)에서 연방대법원은 주정부는 연방에너지규제위원회가 허가한 사업에 대해서도 자체적으로 지정한 용도로 하천을 이용할 수 있도록 하천 유량의 조건을 강제로 부여할 수 있다고 판시했다. 연방대법원은 대개의 경우 "수체의 수위가 아주 낮아질 경우 지정된 물이용 자체가 심각한 타격을 받게" 되고, 따라서 맑은물법이 수질에만 적용되고 수량에는 적용되지 않는다는 기존의 인식은 "자연스럽지 못한 구분"이라고 판단했다.[58] 연방대법원은 워싱턴 주가 도즈윌립스 강과 관련해서 법으로 규정한 이용목적을 유지하기 위해서는 적절한 하천 유량이 필요하고, 따라서 워싱턴 주가 도즈월립스 강의 수력 발전사업 면허에 하천 유량의 조건을 준수하도록 설정한 것은 정당하다고 인정했다.

이 판결은 상당한 효과를 발휘했다. 예컨대 뉴잉글랜드 지역에서는 코네티컷 강 상류의 최대 수력발전소 '피프틴마일 폭포 사업'의 허가에 영향을 미쳤다. 1996년, 이 사업의 추진 주체는 연방 및 주정부, 지방 행정기관뿐 아니라 환경보호단체가 참여하는 공동조직을 구성하여 연방에너지규제위원회에 허가 갱신을 신청했다. 이듬해에는 협의에 참가한 전원이, 계획된 세 개의 댐에 대해 하류의 서식지를 개선하기 위한 방류 등 운용방식을 변경하는 데에 합의했다. 또한 이 합의서에는 과거에 행해졌거나 현재 진행되고 있는 손해를 완화하기 위한 기금을 설립하여 습지 복원, 수변 완충지역 설치 등의 하천복원 활동에 자금을 지원한다는 내용이 삽입되었다.[59]

퍼시픽노스웨스트 지역에서는, 환경보호단체 '아메리카하천협회'와 연방정부 환경보호국 지국이 아이다호 주, 오리건 주, 워싱턴 주에 대해 주법에 규정된 수질기준에 미달되는 하천 목록을 작성할 때 앞서 서술한 연방대법원의 판결을 고려할 것을 촉구했다. 결국 3개 주는 유량 부족을 이유로 들어서 300개 이상의 유역을 '수질오염구역'으로 지정했다.[60] 2002년 7월, 워싱턴 주 대법원은, 주정부에는 주의 수질기준에 근거하여 지정된 용도에 부합하도록 적절한 하천 유량을 확보할 것을 의무화할 권한이 있으며, 그것은 기존의 수리권에도 적용된다고 판결했다.[61]

몇 개 주의 사례를 살펴보면, 남아프리카공화국의 물에 관한 새로운 법률을 밑받침하고 있는 공공신탁 법리와 동일한 정신에 기초한 법원의 판결이 유량을 보호하고 복원하기 위한 유력한 수단일 수 있다는 것을 확인할 수 있다. 처음에는 공공신탁 법리는 조석潮汐의 영향을 받는 수역에만 적용되었지만, 시간이 지남에 따라 일부 주에서는 이런 해석을 확대하고 있다. 예를 들어, 위스콘신 주에서는 공공신탁 법리가 주 헌법에 확고하게 자리를 잡게 되었고, 법원은 공공신탁의 정의를 습지와 선박운행이 불가능한 구역에까지 확대하여 적용했다.[62]

지금까지 물의 배분과 관리에 관한 공공신탁 법리를 가장 광범위하게 적용한 사례는 2000년 8월의 와이아홀레 방류수로에 대한 판례다. 하와이 주 대법원은 오아후 섬의 물 배분과 관련한 재판에서 하와이 주민에게는 "공공신탁의 원칙이 주의 헌법적 명령의 수준과 다름없다는 것"을 인정하여, 하와이 주의 물정책을 하천보호에 유리한 방향으로 개혁하는 중대한 성과를 올렸다. 하와이 주 대법원의 판단은 주 헌법에 의해 보호를 받는 물의 공공신탁 이용을 생태계 보호, 가정용수, 하와이 원주민의 전통적이고 관습적인 권리의 보호, 이렇게 세 가지로 정의했다(남아프리카공화국의 경우와 비슷한 방식이다). 물의 배분 결정에서, 공공신탁에 의한 이용은 영리목적의 이용보다 우선하여야 한다는 법원의 판결문 내용은 다음과 같다.

"공공신탁에 어떤 의의와 효과가 있음을 인정한다면, 공공신탁은 자원에 관한 모든 사적인 이권으로부터 독립하여 우위에 서야 하고, 어떤 상황에서든 공공자원에 대한 이러한 공적인 권리를 보유해야만 한다. 과거에나 지금이나, 자연이 선사한 물의 혜택에는 모든 사적인 물 배분 및 이용의 밑바탕을 이루는 우월한 공익이 존재한다."

주 대법원은 공공신탁에 관한 의무를 완수하기 위한 첫 걸음으로서 하와이 주가 관할 하천의 유량기준치를 확립해야 한다고 강조했다.[63]

코네티컷 주과 미시간 주에도 역시 주법에 명시된 공공신탁의 책임에 의거한 판례가 있다. 1970년에 제정된 미시간 주의 환경보호법은 주 공공자원의 파괴 혹은 훼손을 금하고 있지만, 주 법원은 오랫동안 물의 배분에 주 환경보호법의 규정을 적용하지 않았다. 그러나 1998년에 미시간 주 대법원은 '훼손'을 넓은 의미로 정의했고, 하급심 재판에서는 골프장의 취수행위를 허가한 주의 결정은 공공신탁을 위반한 것이라는 판결이 나왔다.[64]

코네티컷 주의 환경보호법은 물을 포함한 주의 천연자원을 공공신탁이라고 규정하고 있다. 이 조문은 셰포그 강의 문화적·환경적·미적 가치를 존중하여 강의 유량을 보호하도록 결정한 2000년 2월의 고등법원 판결에서 유력한 역할을 했다. 이 사건은 워터베리 시의 셰포그 강 취수가 공공신탁에 '불합리한 훼손'을 줄 정도인가를 주요 쟁점으로 한 것이었다. 법원은 강의 훼손이 발생했다는 것을 인정하고(상자글 3-1), 당시 물을 보호하는 수단을 이용해서 강의 훼손을 줄일 수 있는 다른 관리수단(널리 알려진 각종 물 보호수단)이 있었음에도 불구하고 강을 훼손시킨 것은 불합리하다고 판결했다.[65] 이 판결은 상급심인 주 대법원에서 뒤집혔는데, 이는 변화하는 시대에 대응한 공공신탁 법리의 적응력이 시대에 뒤떨어진 법률과 원칙에 의해 훼손될 수도 있다는 것을 분명히 보여주는 사례다. 주 대법원은 2002년 6월의 판결에서 하천의 '훼손'을 정의하는 데에 사용할 수 있는 기준은 1979년에 주정부 환경보호국이 설정한 유량기준뿐이라고 판단했다. 그러나 1979년에 설정된 그 유량기준은, 환경보호국의 담당자들조차 생태학적 근거가 결여되어 있으며 현재의 연구수준에 비추어보면 하천의 건강을 지키는 데에 적절하지 못하다고 인정한 것이었다.[66]

대부분의 하천의 물이 이미 과도하게 배분되어 있는 미국 서부의 여러 주들의 경우에는, 기존의 수리권자들에게 위협이 될 수 있다는 점에서 공공신탁의 원칙이 큰 쟁점이 되고 있다. 만일 하천 수계에 공공신탁

상자글 3-1 코네티컷 주 셰포그 강과 공공신탁의 훼손

2000년 2월에 코네티컷 주 고등법원이 내린 판결에서 주요한 사항은, 아래에 발췌한 비벌리 호지슨 판사의 판결문에 확인할 수 있듯이, 셰포그 강 서식지 보전에 있어서 하천의 자연 유황이 담당하는 역할과 자연 유황의 변경이 하천, 즉 공공신탁 자원을 '훼손'한다는 판단이었다. 그러나 주 대법원은 '훼손'의 판단이 이용가능한 최선의 과학에 의거하는 것이 아니라 1979년에 주정부가 설정한 유량기준에 의거해야 한다는 것을 근거로 하여 이 판결을 뒤집었다(본문 참조).

"셰포그 강에는 다양한 전문가들이 특징에 따라 급류대riffle, 완류대run, 소pool로 구분하는 구간들이 있다. 급류대는 강물이 바위들 사이를 부딪히며 흐르는 구간이고, 완류대는 급류대보다 흐름이 완만하거나 수심이 깊어서 물거품이 일지 않는, 강물이 비교적 약하게 흐르는 구간이며, 소는 가장 수심이 깊고 흐름이 가장 느릿한 구간이다.…… 고수위 때는 강바닥의 바위들이 잠길 정도로 유량이 많아지기 때문에 완류대의 특징을 가진 구간이 늘어난다. 저수위 때는 바위들이 물 위로 드러나고 사람이 발만 적시고도 강바닥을 딛고 걸어갈 수 있을 만큼 수심이 얕아진다. 강의 양쪽 기슭 사이에 형성되는 강바닥의 너비는 다양하다. 강물은 고수위 때는 강바닥을 가득 채우거나 넘치고, 저수위 때는 드러난 바위들 사이로 난 좁은 물길로 좁고 얕게 흐르기도 한다."

"피고들이 이 건에서 불합리한 훼손이라고 지칭한 행위는 셰포그 강의 서쪽 지류로부터 특정한 양의 물을 취수하는 행위다. 피고들은 이런 취수행위가 여름철의 하천 유량을 줄이고, 하천의 자연조건을 변경하여 하천을 훼손한다고 주장한다. 피고들은 또한 워터베리 시의 취수행위가 유량 감소의 결과를 입증하는 사례이면서 동시에 별개의 자연자원의 훼손행위로서 어류의 개체군과 저서底棲생물에게 해를 입히고 있다고 주장한다. 여기서 저서생물은 하천생태계의 일부로서 어류의 먹이가 되는 날도래, 하루살이, 진강도래 등의 생물개체군을 뜻한다. 피고인들은 또한 유량의 감소가 레크리에이션과 관련된 하천의 용도를 훼손시키고, 하천의 경관과 심미적 특성들을 훼손시킨다고 주장한다."

"하천에 댐을 건설하면 그 하천이 변경되는 것은 피할 수 없는 일이다. 댐이 설치된 하천은 계절에 따른 자연적인 유량 변동 등 자연적인 유황을 확보하지 못하고, 저수위 때 특정한 방식으로 사용할 목적으로 고수위 때 물의 일부를 저장해두는 댐의 저수 기능에 의해 영향을 받는다."

"본 법정은 일반적인 의미의 '훼손'이란 단어는 여름철의 하천 유량이 5월에서 10월까지 6개월 사이에 자연상태에서 형성되는 유량에 미치지 못할 정도로 줄어드는가 여부를 판단하여 사용하는 것이 가장 적절하다고 결론을 내렸다.…… 하천의 자연 유량은 최소 약 35퍼센트(8월)에서 최고 70퍼센트(6월)까지 줄어든다. 이러한 감소는 중대한 '훼손'에 해당한다."

의 기능을 보호하기 위해서 필요한 유량이 남아 있지 않다면, 법원은 기존의 수리권을 변경하거나 취소하여 주가 공공신탁 의무를 이행하도록 해야 한다는 결정을 내릴 것이다. 모든 주가 공공신탁의 원칙을 인정하고 있지는 않지만, 그것을 인정하는 주의 경우에는 공공신탁은 자연환경으로 물을 되돌릴 수 있는 강력한 도구가 될 수 있다.[67]

공공신탁의 잠재력이 명백히 드러난 최초의 사례는 1983년, 시에라네바다 산맥 동쪽 기슭에 있는 모노 호(캘리포니아 주 관할)에 관한 법원의 결정이다. 로스앤젤레스 시가 캘리포니아 주로부터 모노 호로 유입되는 5개의 하천 가운데 4개 하천의 수리권을 얻어 그 유량의 대부분을 취수하면서, 호수의 수위는 몇십 년 사이에 13.7미터가 낮아지고 저수량은 절반으로 줄었다. 국립오듀본협회, 모노호위원회를 비롯한 환경보호단체들은 모노 호를 공공신탁에 의거하여 보호할 것을 주장하며 소송을 제기했다. 소송은 최종적으로 주 대법원에 상고되었고, 1983년에 공공신탁 원칙이 적용된 판결이 내려졌다. 주 대법원 판결의 골자는 공공신탁의 원칙이 점용수리권과 충돌할 때는 전자가 후자보다 우선한다는 것이었다. 그 판결문에 따르면, "공공신탁의 원칙과 점용수리권은 통합된 물법 체계의 일부다. 공공신탁의 원칙은 주에게 절대적인 권한을 부여하는 통합된 물법 체계 안에서 공공신탁에 의한 이용을 보호하는 기능을 한다. 즉, 주는 개인이 공공신탁을 침해하는 권리를 취득할 수 없게 하고 물배분 과정에서 공공신탁에 의한 이용을 지속적으로 배려할 의무를 지닌다".[68] 결국 로스앤젤레스 시는 모노 호 취수량을 대폭 줄여야 했다.

서부의 다른 주들은 지금까지도 캘리포니아 주 법원의 선례를 따라가기를 주저하고 있다. 심지어는 공공신탁의 원칙을 지지하던 과거의 입장을 번복하는 주들도 있다. 예를 들어, 아이다호 주 대법원은 주 관할 수역에 공공신탁의 원칙이 적용된다고 판결했던 선례가 있었음에도 불구하고, 스네이크 강의 수리권에 관한 사안에 대해서는 공공신탁의 원칙이 적용되지 않는다고 판결했다. 그후 아이다호 주의회는 수리권과 정부지출예산에 공공신탁의 원칙을 적용하는 것을 금지하는 것으로 이 사안을 마무리했다.[69] 공공신탁의 원칙은 아직까지 인간의 요구와 생태계의 요구를 적절히 조화시키는 데에서 분명한 성과를 거두지 못하고 있다. 그러나 공공신탁의 원칙은 변화하는 대중의 가치관과 관심의 변화를 반영하며 오랜 세월에 걸쳐서 발전해온 것인 만큼 앞으로도 그럴 가능성이 높다.

연방과 주의 협력

에버글레이즈 습지(플로리다 주)와 샌프란시스코 만(캘리포니아 주)에서는 생태계 복원 시도가 세계적으로 손꼽힐 만큼 대규모로 진행되고 있을 뿐 아니라, 미국 연방정부와 관련된 주정부들이 생태계 복원을 위해 협력하고 있다는 특징을 가진 곳이다. 세계의 보물로 불리던 에버글레이즈 습지는 급속한 인구증가와 농지로부터의 오염물질 유입, 세계적으로 이름난 '풀의 강'을 지탱해주는 자연의 수문학적 유황에 대한 인위적인 변경행위로 인하여 최근 100년 사이에 반으로 줄어들었다. 연방정부와 플로리다 주는 78억 달러를 투자하여 에버글레이즈 내의 담수 유량과 생태계의 복원을 위한 사업에 착수했다.

연방정부와 캘리포니아 주는 새크라멘토 강과 산호아킨 강이 샌프란시스코 만으로 흘러드는 지점에 형성된 광대한 삼각주의 복원을 목표로 협력사업(칼페드CALFED라는 약칭으로 알려져 있다)을 진행하고 있다. 이 삼각주 지역은 캘리포니아 주의 2,000만 인구와 광대한 관개농지에 물을 공급하는 캘리포니아 수계의 심장부다. 삼각주를 거쳐 샌프란시스코 만으로 흘러들던 새크라멘토 강물과 산호아킨 강물은 삼각주에 이르기 전에 대부분 취수되어 도시와 농장으로 공급되고 있다. 그 결과 서식지가 파괴되어 어류의 개체수가 감소하고 삼각주가 사라질 위기에 처해 있다. 연방정부와 주정부들은 독특한 특징과 생물학적인 풍요로움을 자랑하는 샌프란시스코 만과 에버글레이즈의 복원을 장담하고 있지만, 복원이 이루어지기까지는 엄청난 비용과 수십 년의 기간, 복잡한 과정이 소요될 것이다.[70]

이 두 개의 선도적인 복원사업은 연방정부와 주정부 산하의 행정기관들뿐 아니라 다양한 이해관계자들과 연구자들을 끌어들임으로써 새로운 협력과 협동의 다양한 모델을 제시하고 있다. 이런 독창적인 시도들은 새로운 아이디어들을 양육하고 실험할 수 있는 좋은 기회를 제공한다. 우리는 이렇게 검증된 아이디어들을 향후 포괄적인 물관리 개혁 정책에 반영할 수 있다. 우리는 이러한 기회들로부터 되도록 많은 교훈을 끌어내야 한다.

그러나 무엇보다 잊지 말아야 할 것은 기존의 법과 정책이 애초부터 담수환경 보호를 제대로 시행했다면 지금처럼 막대한 시간과 비용, 노력을 소모하는 에버글레이즈와 베이-델타Bay-delta 복원사업은 필요하지 않았을 것이라는 점이다. 지금도 위기에 처한 생태계 가운데 거의 대부분은 사람들의 관심을 끌지 못하거나 정치적인 추진 주체를 확보하지 못하고 있다. 이 두 가지가 확보되지 않으면 대규모 복원사업의 조직과 재원을 마련할 길이 없다. 이 두 개의 복원사업은 이처럼 심각한 담수생태계의 파괴가 일어나지 않도록 하기 위해서는 더욱 강력한 법적·제도적 수단이 필요하다는 큰 교훈을 던져주고 있다.

하천의 흐름을 확보하기 위한 경제적인 수단

하천생태계의 필요유량과 그에 대응하는 물이용과 유량 변경의 한계를 설정하는 행정당국의 입장에서 가장 큰 어려움은 그 한계를 넘어서지 않으면서 일자리와 생활, 경제 전체의 발전을 유지하는 것이다. 이것이 가능하려면 물의 보전, 리사이클링, 효율성 향상, 다양한 이용자 간의 물 재분배 등을 통한 물의 생산성 향상이 선행되어야 한다. 상황에 따라서는, 이러한 수단들을 통해서 절약한 물을 수로 내 유량으로 돌려서 생태계 필요 유량을 충족시키는 데에 쓰거나, 새로운 물수요를 충족하는 데에 써서 이용되는 물의 총량이 그 하천 유역의 지속가능성 경계를 벗어나지 않도록 해야 한다. 효율적인 물값 설정과 물의 시장화 등 경제적인 동기부여 역시 물의 생산성을 높이는 유용한 도구가 될 수 있다. 물 시장은 또한 환경보호단체, 행정당국 등이 하천의 유량 증대를 목적으로 물 혹은 수리권을 매입할 수 있는 기회를 제공한다.

물관리 당국은 대부분 물 및 급수 요금을 결정하는 권한을 가지고 있지만, 그 권한을 효과적으로 이용하고 있는 경우는 많지 않다. 예를 들어, 대부분의 정부들은 관개용수에 막대한 보조금을 지급하기 때문에, 농업종사자들은 물공급에 소요되는 실제 비용의 20퍼센트에도 미치지 못하는 요금만을 지불하는 경우가 많다. 물요금이 이렇게 낮을 경우, 농업종사자들은 효과적인 관개방식을 채택하거나 지역의 기후에 적합한 곡물을 재배해야겠다는 유인을 가지지 못한다. 물공급에 소요되는 비용 전액을 수익자가 물게 하는 방안은 대개는 실행가능성이 높지 않다. 하지만 요금책정 방식과 요금부과 방식을 물의 효율적 이용을 적극적으로 장려하는 방향으로 개발하는 것은 충분히 가능하다.

그 예로는 현재 캘리포니아 주에서 농장을 대상으로 시도하고 있는 3

단계 요금부과 방식을 들 수 있다. 미국 연방의회는 연방 차원의 대규모 관개사업이 시행되고 있는 주요한 수원 유역인 새크라멘토 강-산호아킨 강 유역 내에서의 어업과 습지환경, 유황 개선을 목표로 하여 1992년에 제정한 '센트럴밸리 사업 조정법'의 일부로 이러한 요금체계를 도입했다. 이 요금체계의 구체적 내용을 소개하면 다음과 같다. 관개지구가 계약한 물 양의 80퍼센트 이하를 사용할 경우에는 예전에 지불했던 사용요금에 고정된 추가요금을 더한 금액이 부과된다. 계약한 물 양의 80~90퍼센트를 사용할 경우에는 1세제곱미터당 10퍼센트의 추가요금이, 계약한 물 양의 90~100퍼센트를 사용할 경우에는 사용량의 10퍼센트에 대해서 훨씬 많은 추가요금이 부과된다(기본요금의 3배에 가까운 추가요금이 부과되는 경우도 있다).[71] 따라서 관개 지구로서는 계약한 물 양 가운데 10~20퍼센트에 대해서 부과되는 높은 추가요금을 피하기 위해서 물사용량을 줄이려는 인센티브가 발생한다. 1980년대 후반, 이와 비슷한 요금체계가 책정된 어느 관개지역에서는 몇 년 사이에 평균 물사용량이 19퍼센트 감소했다. 물사용량의 태반이 관개 목적으로 쓰이는 서부지역의 경우, 이처럼 이용자에게 물이용을 절감하려는 동기를 부여하는 요금체계를 세우면, 하천의 유량복원으로 되돌릴 수 있는 대량의 물을 확보할 수 있다.[72]

드문 사례이기는 하지만, 수리권이 사유재산으로 간주되어 매매되는 일부 국가와 지역들의 경우에는, 사용할 수 있는 경제적인 수단이 훨씬 다양해진다. 칠레와 멕시코는 국가적인 차원에서 수리권 거래를 허용하는 공식적인 제도를 확립했고, 호주의 일부 주와 미국 서부의 여러 주도 이런 체계를 갖추었다. 칠레는 1981년에 개정한 물 관련 법규에서 지표수와 지하수에 대한 재산권을 인정하고, 매입하려는 사람이 누구인지 또 매입하려는 목적이 무엇인지 따지지 않고 거래당사자 쌍방이 합의한 가격으로 물을 거래할 수 있도록 규정하고 있다. 개발도상국인 칠레는 물이 부족하기 때문에 물시장과 권리 양도를 이용하여 갈수록 늘어나는 물수요에 대처하고 있다. 칠레의 일부 도시들은 경제적·환경적으로 막대한 비용이 발생하는 댐을 건설하지 않고 물의 거래를 통해서 농민들로부터 물을 구매하고 있다. 예컨대, 라세레나 시는 수리권의 28퍼센트를 인근 농민들로부터 사들여서 추가적인 댐 건설 수요를 지연시키고 있다. 아리카 시 역시 농민들로부터 지하수에 대한 수리권을 임대하여 물수요의 일부를 충당하고 있다.

칠레의 수리권 거래제도는 흥미로운 특징을 가지고 있다. 즉, 수리권은 원칙적으로 양을 기준으로 해서 인정되지만, 공급가능한 물이 전체 수리권자의 수요를 충족시키지 못할 경우 수리권은 비례배분적인 수리권(하천수나 저수의 배분권)으로 환원된다.[73] 즉, 일부 이용자에게는 필요한 양 전부가 돌아가고 다른 이용자에게는 물 한 방울도 돌아가지 않는 것(미국 서부 대부분의 주에서는 이런 방식이 인정되고 있다)이 아니라, 특정 유역의 물을 이용하는 사람들이 부족한 물을 나누어 쓰며 고통을 분담하는 것이다. 수리권 집행의 책임을 지고 있는 정부 혹은 이용자단체는 생태계 보전을 위해서 유량의 확보가 필요한 경우 개별적인 수리권자에 대해서 수리권 배분비례에 따라 배분수량을 삭감하는 방식으로 환경유량을 보호할 수 있다. 멕시코도 양을 기준으로 수리권을 인정하는 나라지만, 물의 부족과 과잉은 수리권자에게 비례적으로 배분된다. 물부족의 정의에 생태환경에 필요한 유량을 보호한다는 내용을 통합시킬 수도 있다.[74]

호주의 하천관리 분야에서 물의 거래가 활발해지기 시작한 것은 최근의 일이다. 1994년, 호주 정부가 구성한 물개혁회의는 주 경계 내에서뿐 아니라 주 경계를 넘어서는 수리권 이양제도를 도입할 것을 촉구했다. 뿐만 아니라 머레이 강-달링 강 유역에서는 취수상한제가 도입된 후로 활발한 물거래가 이루어지고 있다. 현재 이 유역에서는 '상한과 거래'가 기본적인 물관리 철학이다. 취수에 상한선을 설정함으로써, 새로운 물수요를 물의 보전과 효율성의 향상, 그리고 물거래를 통해서 충족시키는 것이다.

물의 총공급량이 늘어나지 않을 경우 물 재배분은 매우 중요한 의미를 지닌다. 즉, 수리권 거래제는 취수상한제의 성과에 결정적인 영향을 미치는 열쇠다. 1990년대 중반에 취수상한제가 도입된 후, 머레이 강-달링 강 유역에서 거래된 유량은 1990년대 초에 거래된 유량의 5배를 넘어섰다. 그 대부분이 같은 주 내의 물이용자들 사이에서 이루어지는 일시적인 거래였다. 그러나 항구적인 거래 역시 점차 늘어나고 있다.[75] 최근에는 수익성이 높은 면화재배업자가 1,000세제곱미터당 560달러에 항구적인 수리권을 매수한 사례가 있었다.[76] 지금은 인터넷에 물거래를 촉진하기 위한 웹페이지가 개설되어 있고, 새로 구축된 물거래소에서는 중개인들이 물거래사업을 둘러싸고 경쟁을 벌이고 있다. 연구자들은 생태계의 건강을 증진시키기 위해서는 취수상한제의 강화가 반드시 필요하다고 생각한다. 취수상한제가 강화되면, 물의 거래는 더욱 활발해질 것이다.

하천 유량의 복원을 직접적인 목적으로 한 물시장과 수리권 거래의 활용이 세계 어느 곳보다 활발하게 이루어지고 있는 곳은 미국 서부지역이다. 머레이 강-달링 강 유역의 취수상한제나 남아프리카공화국의 필수유보 수리권 등의 규제수단이 없을 경우에, 물을 하천으로 돌릴 수 있는 방법 가운데 하나가 수로 밖 소비에 배분된 수리권을 수로 내 이용으로 돌리는 방법이다. 현재 미국 서부의 모든 주는 구체적인 내용상의 차이는 있긴 하지만 예외 없이 수로 내 수리권의 중요성을 인정하고 있다. 그러나 대부분의 하천들이 인간의 이용에 과도하게 배분되어 있는 상황에서는, 생태적 목적을 위한 수리권을 새롭게 인정하는 것만으로는 별 효과를 볼 수 없는 경우가 많다. 생태적 목적을 위한 수리권은 먼저 차지한 사람이 이기는 선점주의 방식에서는 우선순위가 낮기 때문이다. 그렇지만 우선순위가 높은 기존의 소비용 수리권을 매입하여 수로 내 수리권으로 전환한다면, 어느 정도는 생태적 목적을 달성할 수 있다. 이런 방식으로 확보할 수 있는 물의 양은 너무나 적기 때문에 하천의 유황을 자연상태에 가깝게 복원시키는 데에는 별 도움이 되지 않는다. 그러나 이런 수리권 이양 방식은 하천의 기저유량을 개선하고 제한된 기간 동안이라도 고수위를 공급하여 서식지 조건을 개선하는 방안으로 이용될 수 있다.

수리권 이양 방식에는 다음과 같은 다양한 방법이 있다. 첫째, 단기간의 임대 혹은 일시적인 이양 방식, 둘째, 기간은 상대적으로 길지만 일시적인 임대 방식(예컨대, 5년, 10년 혹은 30년을 기한으로 정하는 계약), 셋째, 물은행(물론 있는 경우에 한하지만)에서 물 혹은 수리권을 매입하는 방식, 넷째, 갈수기 선택권 방식(제한가능급수계약, 갈수기보증계약 혹은 물공급특약이라고도 불린다). 갈수기 선택권 방식은 민간이나 공공기관이 특정한 조건(가령, 가뭄으로 인해서 저수 수준이 극단적으로 위험한 상태에 도달하거나, 중요한 서식지 유지를 위해서 유량을 늘일 필요가 있을 때)하에서 기존 수리권자의 물이용을 일시적으로 차단하는 선택권을 매입하는 방식이다. 다섯째, 수리권의 항구적인 이양.

항구적인 이양의 경우에만 수리권자가 바뀐다. 그러나 일시적인 이양도 전략적으로 이용하기만 한다면 위기상태에 처한 하천의 서식지를 개선할 수 있다. 예를 들어 1988년 겨울, 아이다호 주 스네이크 강의 지류가 동결되어 휘파람고니들이 먹이를 구하는 주요한 장소로 이동할 수 없게 되었다. 자연보전협회와 휘파람고니보호협회는 해빙을 촉진하기 위해서 스네이크 강 상류의 물은행에서 매입한 약 400만 세제곱미터의 물과 지역의 수리지구에서 기부받은 1,230만 세제곱미터의 물을 방류했다.77)

미국의 서부에서 1990년과 1997년 사이에 하천 유량을 늘리기 위한 목적으로 임대, 매수, 기증된 물은 29억4,000만 세제곱미터(콜로라도 강의 연평균 유량의 16퍼센트에 해당한다)에 이른다. 그 가운데 대부분이 임대방식에 의해 이양된 것이고, 항구적인 수리권 이양은 6퍼센트 미만이었다. 그 기간 동안 수리권 이양과 관련하여 소요된 비용은 6,200만 달러에 이른다. 출자자에 따른 구성을 보면, 연방정부 관계당국이 3,350만 달러, 주정부 관계당국이 2,500만 달러, 민간단체들이 300만 달러를 약간 넘는 금액을 지불했다.78) 캘리포니아 주와 아이다호 주, 오리건 주 내에서의 물 확보를 포함한 연방정부의 물 확보는 대부분 내무부 개척국에 의해서 집행되었다. 예를 들어, 1992년 '센트럴밸리 사업 조정법'은 캘리포니아 주정부에게 물 매입자금을 제공했고, 콜롬비아 강 유역에서는 멸종위기종 연어의 서식지를 보호하기 위해서 물 임대계약이 추진되었다. 주정부 차원에서 진행되는 물 조달사업의 예로는 워싱턴 주 환경보호국이 유량복원을 위해 600만 달러의 재원을 들여 적극적으로 수리권을 매입하고 있는 사업을 들 수 있다. 워싱턴 주 환경보호국은 2000년 말에 멸종위기종 보호를 목적으로 유량을 확보하기 위해서 왈라왈라 강의 관개용수 수리권을 대상으로 40만5,000달러를 지불하는 데에 합의했다.79)

민간 분야에서는 환경보호단체들이 물시장에서의 활동을 점차 강화하고 있다. '환경보호협회', '송어보호협회', '자연보전협회' 등의 전국 단위 단체들과 주 단위에서 활동하고 있는 '워터트러스트', '네바다 대유역 토지와 물' 등이 순위가 높은 기존의 수리권을 매입하여 수로 내

수리권으로 전환하는 활동에 활발하게 참여하고 있다.[80] 민간단체들이 수리권 이양을 위해서 주정부 관계당국과 협력하는 사례도 있다. 콜로라도 주의 사례를 들어보면, 수로 내 수리권은 오로지 '콜로라도물보전위원회'에게만 인정된다. 따라서 자연보전협회는 대형 정유업체 셰브론의 자회사로부터 거니슨 강 블랙캐년의 귀중한 수리권을 기증받자, 이 권리를 수로 내 수리권으로 전환시킬 목적으로 '콜로라도물보전위원회'에 이양했다.

물시장에는 유망한 활용방법이 많이 있다. 그러나 수리권 매매는 물을 자연계로 재배분하는 막대한 과업에서 기여하는 바가 크지 않다. 미국 서부는 오래 전부터 담수의 사유가 인정되어온 지역으로, 대부분의 하천에서 유량의 75퍼센트 이상이 관개를 비롯한 인간 활동에 소비되고 있다. 미국 서부의 하천에서 유량을 대량 복원할 수 있는 방법으로는 앞에서 소개한 공공신탁 원칙에 기초하여 수리권을 부인하는 방식과 주의 물 관련 법규를 통해서 '합리적 이용'을 더욱 강력하게 적용하는 방식 이외에 주정부와 연방정부가 기존의 수리권을 대량 매수하여 수로 내 수리권으로 전환시키는 방식이 있을 수 있다.

예를 들어, 캘리포니아 주에서는 연방정부와 주정부가 공동으로 진행하는 칼페드CALFED 프로그램으로부터 '환경물계좌EWA'라는 발상이 탄생했다. 연방정부 개척국과 캘리포니아 주 수자원국으로부터 지원을 받아 만들어진 환경물계좌는 물은행과 비슷한 형태로 생태계를 보호하는 역할을 담당한다. 환경물계좌는 물을 적극적으로 매수 혹은 임대하여 서식지환경 개선을 위해 이용하고 있다. 2001년의 경우, 환경물계좌는 1,000세제곱미터당 60~250달러(물의 위치와 수원이 단가 책정의 기준이었다)를 지불하여 약 4억 7,500만 세제곱미터의 물을 매수했다. 내무부 개척국이 '센트럴밸리 사업 조정법'에 의거하여 운영하고 있는 '물획

득사업' 역시 습지복원을 위한 물 매수에 연간 1,000만 달러의 자금을 투입하고 있다.[81]

물시장은 물이 사적인 이익을 위해서 과도하게 배분되고 있는 상황에서 가장 중요한 역할을 한다. 주정부와 연방정부의 관련당국은 물 이양 과정에서 발생하는 소액의 수수료를 모아서 수리권 이양 혹은 기타 다른 유량복원 절차를 진행하는 데에 이용하는 등의 방식으로 물시장의 활용도를 높일 수 있다. 권리를 이양할 때 수수료(매매되는 물 규모에 비하면 소액에 지나지 않는다)를 매기는 방식은 인간의 이용과 생태계 보전을 위한 이용 사이의 물배분(특히 갈수기에 저수위를 복원하기 위한 배분)을 조금이나마 변화시키는 공정한 방법이 될 수 있다. 그렇지만 물의 시장 조성 및 거래, 이양 방식은 인간의 이용과 생태계 보전을 위한 이용 사이의 물배분 사이에 균형점을 찾아나가는 중차대한 과제를 해결해나가는 데에 있어서 그다지 큰 역할을 할 수 없다. 다시 말하자면, 이런 방법은 담수생태계의 건강과 기능을 보호하기 위한 필요유량을 확보한다는 목적을 달성하는 데에서 훨씬 막강한 힘을 발휘할 수 있는 법규명령 혹은 행정명령을 대체할 수는 없는 것이다.

하천정책의 윤리

하천과 거기에 서식하는 생물에게는 수리권이 인정될까? 이에 대한 대답은 근대의 법제도에서는 대부분 부정적이다. 물은 일반적으로 국가의 소유이고, 정부가 수리권을 개인, 지방자치단체, 기업, 그 밖의 인류의 사업에 부여한다. 어류와 조개류 혹은 하천 자체에 대한 물배분은 정부기관이 그러한 배분이 사회적으로 유익하다고 보는 경우, 혹은 현행의 공공신탁 원칙의 의무를 이행하기 위해서 필요한 경우에만 이루어진다.

　사회는 어떤 방법으로 물을 이용하고 관리할 것인가를 선택할 때, 그 선택으로 다른 생물의 생명이 죽게 되는 상황이 아닌 한은 윤리적인 측면을 쉽게 무시할 수 있다. 그러나 지금은 담수생물이 엄청난 속도로 멸종해가고 있다. 이처럼 우리가 선택한 물관리 방법은 윤리적으로 심각한 영향을 미치고 있지만, 우리는 물과 관련된 계획, 사업, 배분을 논의할 때 윤리적인 측면을 거의 고려하지 않는다. 국민에게 안전한 식수를 공급하지 못하는 정부들이 있고 그 때문에 해마다 수백만 명이 목숨을 잃는 현실을 고려하면, 이러한 태도를 무조건 비난할 수는 없는 일이다. 그러나 우리 인간은 같은 인간에게나 다른 생물에 대해 도덕적 의무를 지닌다. 따라서 물정책을 선택할 때, 물을 특정한 편익을 제공하는 소모품이 아니라 모든 생물의 생명을 지탱하는 원천으로 보는 윤리적인 관점을 도입해야 한다는 것은 우리의 의무다.

　하천 그 자체는 수리권을 가지고 있지 않고 하천의 일부는 사유되기도 한다는 사실은 널리 보급된 사회경제철학과 윤리기준에 부합하는 것이다. 그러나 이러한 사실은 보편적인 진리도 아니고, 불변의 진리도 아니다. 미국의 환경보호활동가 알도 레오폴드는 윤리를 자연환경에까지 확대하는 것을 "발전가능성이 있고 생태적으로 필요한 일"이라고 보고 있다.[82] 하버드 대학 생물학 교수 에드워드 윌슨은 최근 『통섭Consilience』이라는 저서에서, 역사적으로 볼 때 윤리기준은 생물학과 문화의 상호작용 과정에서 탄생하는 것이라고 지적하고 있다. 윌슨의 견해에 따르면, "경험주의적 입장에서 볼 때, 윤리는 사회 전반에 적용될 수 있을 만큼 지속적으로 선호되는 행위이며, 이 행위는 여러 가지 원칙으로 표현된다".[83]

현실적으로, 윤리란 완전히 이해할 수는 없지만 심각한 결과를 빚을 수 있는 복잡한 결정에 직면했을 때 올바른 행동으로 이끌어주는 역할을 한다. 연구자들의 활동을 통해서, 하천의 건강과 생물군집은 자연상태의 유황 변화에 의존한다는 사실이 명백해지고 있다. 얼마나 많은 생태계 서비스가 위기에 처해 있는가는 자연과학자들과 경제학자들의 연구를 통해서 더욱 분명히 밝혀질 것이고, 생태계 보호가 윤리적 행동일 뿐만 아니라 합리적인 행동이라는 사회적 인식이 형성될 것이며, 자연을 보호하는 인간의 행동과 경제적 이익을 추구하는 인간의 행동은 한 곳으로 수렴해갈 것이다. 그러나 생물종의 멸종과 생태계 파괴는 이런 수렴을 기다릴 수 없을 만큼 급속하게 진행되고 있다. 우리는 이러한 위기와 불확실성의 시대를 헤쳐나가서 우리 세대와 미래 세대의 선택을 봉쇄하는 것이 아니라 그것을 보존할 수 있는 행동으로 안내해줄 윤리적 지침을 필요로 한다.

21세기를 맞아 공공신탁의 원칙은 물에 관한 윤리기준을 마련할 수 있는 훌륭한 토대를 제공하고 있다. 그렇지만 공공신탁의 원칙을 실천적인 지침으로 만들기 위해서는 특별한 현실적인 규약과 수단이 마련되어야 한다. 앞서 살펴보았듯이, 생태계를 유지하는 물배분은 하나의 중요한 수단이다. 사전예방의 원칙 역시 중요한 수단이다. 생태계 훼손이 급격한 속도로 진행되고 있고, 생태계 훼손은 복구할 수 없는 경우가 많으며, 담수생태계 서비스는 인간 사회에 있어서 높은 가치를 지니고 있다. 사전예방의 원칙에 따라 이런 상황에 대처할 경우, 우리의 현명한 선택은 남아 있는 담수 서식지의 극히 작은 부분을 보호하는 데에 그치는 것이 아니라 실수를 무릅쓰고 최대한 많은 부분을 보호하기 위해서 행동하는 것이다. 사전예방의 원칙은 보험계약과 같은 역할을 한다. 우리는 불확실성에 직면해 있으므로 특별한 보호책을 마련해야 한다.

하천의 건강을 지키는 데에 사전예방의 원칙을 적용한다면, 하천이 얼마만큼의 물을 필요로 하는가에 대한 과학적 입증이 충분하지 않다는 점을 고려해서 생태계를 유지할 수 있는 자연 유량에 최대한 가까운 유량을 하천에 제공해야 한다. 호주의 연구자들이 사용하고 있는 벤치마킹법은 퀸즐랜드 강의 환경 필요유량을 설정할 때, 어떤 한계를 넘어서면 생태환경이 수용할 수 없는 피해를 일으킬 위험이 높아지는가를 파악하여 유량 변경수준을 정하는 방식으로 사전예방의 원칙을 채택하고 있다. 하와이 주정부는 물배분의 지침으로 사전예방의 원칙을 채택하여 공공신탁의 의무를 부과하는 새로운 물정책을 수립했다. 국제합동위원회(JCC)는 사전예방의 원칙을 가장 엄격하게 인정하고 있는 국제적인 물 관련 기관으로, 이 원칙을 채택하여 캐나다와 미국에 걸쳐 있는 오대호 보호지침을 마련했다. 국제합동위원회가 1999년에 양국 정부에 보낸 보고서는 오대호 보호 5대 원칙 중의 하나로 사전예방의 원칙을 채택하고 있다. 그 내용을 인용한다.

"앞으로 오대호의 물을 얼마만큼 이용할 수 있을지는 불확실하다. 또한 오대호 물의 취수와 소비가 그 유역 생태계의 '통합성'에 얼마만큼 회복 불가능한 피해를 입힐 것인가 역시 불확실하다. 따라서 우리는 미래 세대의 이익을 고려한 물 보호를 목표로 삼아서 신중하게 물을 관리해야 한다. 즉 우리는 하천 수계의 물을 보전하고 물이용의 효율성을 제고하는 데에 유리한 쪽으로 편향을 보여야 마땅하다."[84]

우리는 새로운 과학지식 덕분에 건강한 하천과 그것을 지속시키는 유량의 중요성을 인식하게 되었고, 그에 따라서 새로운 책임을 떠안게 되었다. 생물다양성을 보호하고 후손들에게 선택권을 남겨주기 위해서 하천생태계를 위한 생태계 유지 유량의 설정은 필수적인 것이다. 우리는 과학, 법률, 행정 혹은 경제적인 측면에서의 각종 도구를 이용해서 이런 생태계 유지 유량을 실행에 옮길 수 있다. 물에 관한 기본적인 윤리규정은 우리에게 당장 행동할 것을 요구하고 있다.

04

하천복원의 사례

- 미주리 강은 되살아날 수 있을까
- 호주 브리즈번 강의 유량복원
- 지하수 취수와 산페드로 강의 미래
- 열대의 에스피리투산토 강, 새우를 보호하라!
- 그린 강, 댐의 영향을 어떻게 줄일 것인가
- 남아프리카공화국 사비 강의 물배분

유량복원과 관련된 연구와 정책이 진보함에 따라서, 하천 생태유량의 확보라는 어려운 과제에 도전하고 나서는 지역이 늘어가고 있다. 지역 공동체와 자연보호단체, 각종 수준의 행정기관이 훼손된 하천과 위기에 몰린 생물종을 복원하기 위해서 자연 유황 패턴을 복원하려고 노력하고 있다. 자연보전협회의 자료에 따르면, 20개 국가, 230여 개의 하천에서 유량복원의 시도가 계획 중이거나 진행 중이거나 완료된 것으로 분류되어 있다(표4-1).[1] 이들 사업 가운데 150개 이상은 실행 단계로 넘어갔고, 그 가운데 3분의 1의 사업에서는 하나 이상의 댐이 철거되었다.

 대부분의 경우, 유량복원의 가장 중요한 목적은 어류의 이익을 위한 것이다. 그러나 유량복원은 레크리에이션에 이용되는 기회를 늘리고, 경관의 아름다움을 개선하는 등의 다양한 목적을 위해서 시행되고 있다. 개발도상국에서는 유량복원 사업이 범람원 농업과 목축 혹은 자급자족형 어업 등 자연적인 생태계 서비스에 의존하는 인간의 활동을 활성화하기 위해 설계되는 경우가 많다.

 이러한 복원사업들을 뒷받침하는 과학의 힘은 무척이나 다양하게 발휘되고 있다. 그러나 애석하게도 결과를 평가하고 이익을 측정하기 위해 필요한 모니터 활동과 데이터 수집활동은 이런 과학적 노력의 일부에서만 이루어지고 있다. 그러나 희망이 보이는 명확한 추세는 분명히 존재한다. 생태적 목표는 특정 생물종의 건강만이 아니라 전체 하천생태계의 건강을 추구하는 방향으로 진전하고 있다. 여러 전공분야가 공동으로 생태 필요 유량을 연구하는 것이 표준적인 방식이 되어가고 있다. 또한 유량복원 사업에 재원을 지원하는 사람들이 특정한 조치에 대한 생태계의 반응을 관측하는 과정을 요구하기 시작하면서 적응형 관리를 실시할 기회가 형성되고 있다.

 호주와 남아프리카공화국은 지난 10년 동안 과학과 정책의 통합을

강 이름(소재지)	유량복원의 형태	생태적 목적
바라부 강(미국, 위스콘신)	댐 철거	여러 댐을 철거하여 강물이 막힘없이 흐를 수있는 조건을 복원하고, 수질과 다양한 어종의 산란지 접근성을 개선한다.
벅할로 지류(미국, 오레곤)	농업용수 사용의 축소	봄철과 여름철 유량을 복원하여 연어와 무지개송어 개체군의 이익을 도모한다.
콜 강(영국, 옥스퍼드)	댐 운용의 변경	홍수를 복원하여 수중 서식지와 범람원 서식지를 개선한다.
콜로라도 강(미국, 애리조나)	댐 운용의 변경	인공홍수를 방류하여 하천의 모래톱을 복원하고 하천변 생물 서식지의 수심을 확보한다.
쿠사 강(미국, 앨라배마)	댐 운용의 변경	저수위를 상승시켜 멸종위기의 달팽이와 토착어류 개체군을 보호한다.
그루트 강(남아프리카공화국)	댐 운용의 변경	고수위를 형성하여 멸종위기에 있는 연준모치의 산란을 유도한다.
그위디르 강 (호주, 뉴사우스웨일즈)	댐 운용의 변경	고수위 방류기간을 늘리고 저수위를 상승시켜 조류 서식지와 회귀성 어류를 보호한다.
이첸 강(영국, 뉴햄프셔)	도시 물공급량 축소	유량을 증가시켜 연어와 송어 어업의 이익을 도모한다.
카푸에 저습지(잠비아)	댐 운용의 변경	홍수를 방류하여 멸종위기의 영양과 전반적인 생물다양성을 개선한다.
케네벡 강(미국, 메인)	댐 철거	댐을 철거하여 강물의 자연적인 흐름을 복원하고 다양한 어종의 산란지 접근성을 높인다.

강 이름(소재지)	유량복원의 형태	생태적 목적
키시미 강(미국, 플로리다)	굽이치는 수로의 복원	자연적인 수로를 재생하여 전반적인 생물다양성을 개선한다.
라클런 강 (호주, 뉴사우스웨일즈)	댐 운용의 변경	자연 유량을 복원하여 어류와 조류의 번식에 이익이 되도록 염분과 녹조류를 씻어낸다.
리틀피스메도즈 (미국, 뉴저지)	습지 복원	야생생물 서식지의 상태를 개선하기 위해 습지의 홍수저장 용량을 복원한다.
로곤 강(카메룬)	댐 갑문의 변경	인공홍수를 방류하여 범람원 생태계를 복원하고 생존을 위한 물이용을 가능하게 한다.
미시시피 강 상류 (미국, 미네소타)	갑문과 댐 운용의 변경	저수위를 복원하여 범람원의 식생을 개선한다.
문 강(태국)	댐 갑문의 개방	2년 동안 자연 유량을 회복하여 습지림과 어류 이동을 복원하고 염분을 감소시킨다.
무럼비지 강 (호주, 뉴사우스웨일즈)	댐 운용의 변경	자연적 유량 변동을 복원하여 습지와 수생생물 서식지를 개선한다.
파메헥 천 (캐나다, 뉴펀들랜드)	댐 철거	자연 유량 조건을 복원하여 강송어와 연어의 성장 및 산란을 개선한다.
세인트메리 강 (캐나다, 앨버타)	댐 운용의 변경	저수위를 상승시키고 큰물이 빠지는 속도를 늦춰 코튼우드 수종의 번식을 돕는다.
테오도시아 강(캐나다, 브리티시콜롬비아)	댐 운용의 변경	자연 유량 패턴을 복원하여 연어 개체군과 전반적인 생태계의 복원을 도모한다.
비엔느 강(프랑스)	댐 철거	산란기를 맞은 연어의 이동통로를 제공한다.

표 4-1 하천 유량복원 노력의 사례들(출처: 자연보전협회)

적극적으로 진전시키고 있고, 미국은 생태유량을 특정한 하천의 관리에 적용하기 위한 실천적인 방법을 찾아나서고 있다. 중앙아메리카, 남아메리카, 아시아에서는 생태적 목적을 위한 하천 유량복원의 사례가 드물다. 여기서는 현재 유량복원이 진행 중인 사례를 6개 하천 유역을 중심으로 소개한다. 우리는 미국의 미주리 강, 켄터키의 그린 강, 애리조나의 산페드로 강과 호주 퀸즐랜드의 브리즈번 강, 남아프리카의 크루거 국립공원을 흐르는 사비 강, 그리고 카리브 해 푸에르토리코의 에스피리투산토의 유량복원 사례를 살펴볼 것이다. 이 여섯 가지 사례를 선택한 것은 이 사례들이 가장 모범적이고 성공적인 사례라서가 아니라, 이 사례들이 다양한 형태의 수문학적 조건, 생태적 목표, 인간과의 관계, 정책방향을 망라하고 있고, 따라서 인간을 위한 물과 생태적 필요를 위한 물 사이의 균형점을 되찾는 과제에 직면해 있는 다른 지역들에도 유용한 교훈과 영감을 제공할 것이라고 보기 때문이다.

미주리 강은 되살아날 수 있을까

1804년 5월 14일, 메리웨더 루이스와 윌리엄 클라크는 세인트루이스를 출발해서, 당시 미국 영내에서 가장 긴 강으로 알려졌던 미주리 강을 거슬러 올라가는 탐험길에 올랐다(그림 4-1). 그들은 토머스 제퍼슨 대통령의 지시에 따라 북아메리카 서부의 광활한 영토를 탐험하는 일에 나선 것인데, 제퍼슨 대통령은 그들이 탐험을 시작하기 직전에 프랑스로부터 루이지애나 지방을 매입했다. 루이스와 클라크 탐험대는 지나갈 도리가 없는 그레이트폴스 인근 29킬로미터 구간을 제외하고, 하구에서부터 시작해서 발원지까지 미주리 강 전 구간을 탐사했다. 로키 산맥

그림 4-1 미주리 강 유역

몬태나 주 관할인 미주리 강의 원류에 도착한 1805년 7월까지, 탐험대는 수많은 매혹적인 이야깃거리와 탐험길에서 목격한 식물과 야생생물(동물 122종·아종과 식물 178종)들에 대한 상세한 기록을 축적했다.[2] 이 동식물의 대부분은 그곳에서 오랫동안 살아온 원주민들에게는 이미 잘 알려져 있었을 것이다. 그렇지만 루이스와 클라크의 탐험일지는 독립한 지 얼마 되지 않은 미국이 북아메리카평원과 국토 북서부의 생물학적 다양성을 최초로 확인할 수 있었던 계기였다.

미국이 이 역사적인 탐험의 200주년 기념사업을 준비할 즈음에, 미주리 강 생태계와 생물학적 다양성의 상당 부분은 심각한 위험에 처해 있었다. 루이스와 클라크 탐험대의 여러 가지 발견은 상업적·경제적 발전을 서부로 확장할 수 있는 엄청난 잠재성을 확인해주었을 뿐 아니라, 미주리 강을 크게 훼손시키는 변화를 낳았다. 전형적인 20세기형 방식에 따라 일련의 댐, 저수지, 제방들이 건설되면서, 미주리 강은 자연의 활동을 유지하는 건강한 하천생태계에서 전적으로 인간의 경제를 위해서 봉사하는 빈약한 하천생태계로 뒤바뀌고 말았다. 하지만 최근 몇 년 사이에 미주리 강 수계 가운데 작으나마 일부가 되살아날 수 있다는 희망이 생겨나고 있다. 하천연구자, 환경보호단체, 수자원관리자, 그리고 해당 지역 하천에 이해관계를 가진 사람들이 이 거대한 하천의 생태적 건강성을 얼마간이라도 복원하여 인간 이외의 생물군집이 다시 번성할 수 있을지 없을지를 확인하기 위해서, 아직 확실한 해결책이 제시되지 않았지만, 이 하천의 이용과 관리의 균형점을 잡아가는 고된 (때로는 고통스럽기까지 한) 시도들에 참여하고 있다.

미주리 강은 유럽, 호주, 미국 등 여러 공업국들의 대부분의 큰강과 마찬가지로, 자연상태에서 크게 벗어나는 변화를 겪어왔다. 하류에 해당하는 미주리 강의 3분의 1(구간 길이 1,212킬로미터)은 본래의 범람원과 연결될 수 있는 통로가 완전히 차단되었다. 하천기술자들은 미주리 강과 미시시피 강의 합류점에 있는 세인트루이스 항까지 화물선이 지나다닐 수 있도록 미주리 강의 수로를 깊이 파내고 직선화했다. 본래 변화무쌍하던 유황을 잃어버리고 수운로가 된 미주리 강의 유황은 상류의 저수지에 의해 조절된다. 화물선이 다닐 수 있도록 수심이 2.7미터가 넘도록 수로가 개조되면서, 본래 8월부터 1월 사이에 발생하던 자연적인 저수위는 완전히 사라지고 말았다. 중류에 해당하는 미주리 강의 3분의 1(구간 길이 1,233킬로미터)은 연방정부가 관리하는 대형댐 여섯 개에 의해서 유량이 통제되고 있다. 가장 상류에 있는 포트펙 댐은 1930년대의 극심한 가뭄과 경제공황에 대한 대책으로 연방정부가 시행한 공공사업의 일환으로 1939년에 완공되었다. 나머지 다섯 개는 1952년에서

1963년 사이에 육군공병대와 개척국이 공동으로 추진한 픽–슬로운 사업을 통해서 완공되었다. 이들 댐 저수지들의 총저수량은 906억 세제곱미터로 북아메리카 최대의 저수시스템이다.[3] 상류에 해당하는 미주리 강의 3분의 1은 수로 변경이 상대적으로 적은 곳이지만, 이곳 역시 작은 규모의 댐 4개가 자연 유황을 차단하고 있다.[4]

미주리 강에 건설된, 건설 당시에는 매우 감동적이었던 댐과 제방을 비롯한 각종 시설들은 하천의 자연 유황과 유역에서 진화해온 생명체들의 서식지를 완전히 변화시켰다. 미주리 강의 자연 유량 패턴은 세 가지 특징을 가지고 있었다. 3~4월에는 북아메리카평원에 쌓였던 눈이 녹으면서 큰 홍수가 일어나고, 5~6월에는 로키 산맥의 설괴빙원에서 녹아내린 물과 봄철 강우가 더해지면서 상대적으로 작은 홍수가 일어나고, 8월부터 1월 사이에는 상대적으로 저수위가 나타나는 식이었다(그림 4-2). 본류에 건설된 댐과 저수지는 미주리 강의 홍수 유량을 고르게 만들고, 저수위 유량을 상승시켰으며(댐 건설 이후에 강수량이 상승한 것도 부분적인 원인이다), 연중의, 그리고 여러 해 동안의 유량 변화의 폭을 크게 축소시켰다.

한편으로 이런 유량 변경은 담수생태계에 커다란 변화를 일으키고 있다. 어류를 비롯한 각종 생물은 범람원으로 이동할 수 없게 되었고, 어류, 조류, 강변식물들의 중요한 서식지였던 모래톱과 얕은 물이 사라지고, 생물들에게 생애주기와 관련된 신호를 보내주던 홍수가 사라졌다. 그 결과 미주리 하천생태계에 서식하던 수많은 종이 멸종의 위기로 내몰리게 되었다. 연방정부 혹은 주정부의 기관들은 멸종위기에 있거나 위험에 처해 있거나 희귀하게 된 어류 16종, 조류 14종, 식물 7종, 곤충류 6종, 파충류 4종, 포유류 3종, 홍합류 2종의 목록을 작성했다.[5] 미주리 본류에 서식해온 고유어종 67종 가운데 51종은 서식지의 전체

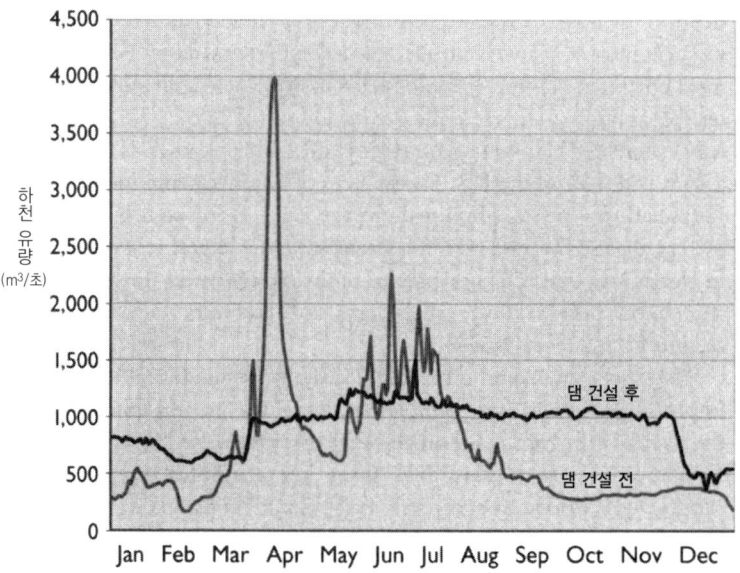

그림 4-2 댐이 건설되기 전과 후의 미주리 강의 유량 변화: 댐 건설 이전과 이후의 수문곡선을 비교해 보면, 미주리 강의 자연적인 유량 패턴은 오늘날 댐으로 조절되고 있는 유량과 상당히 다르다는 것을 알 수 있다.

혹은 일부에서 희소종 혹은 멸종위기종으로 지정되고 개체수가 감소된 것으로 판정되고 있다.[6] 아메리카삽코철갑상어와 조류 두 종이 연방정부의 멸종위기종 목록에 올라 있다. 하천 먹이사슬의 핵심을 이루고 있는 강바닥에 사는 하루살이, 날도래를 비롯한 무척추동물들은 하천 수로 정비가 진행되지 않은 곳에서도 70퍼센트가량 감소했다.[7] 여러 가지 기준에 비추어 볼 때, 미주리 하천생태계의 건강상태는 심각하게 악화되어 있다. 미주리 강은 미국하천협회의 '가장 위기에 처해 있는 하천' 집계에서 2001년과 2002년에 최상위를 차지했다.[8]

봄철 홍수의 맥동을 없애고 하천과 범람원을 단절시키는 것은 특히 생태계의 기능에 대단히 해로운 영향을 끼치고 있다. 매년 발생하는 홍수는 하천과 범람원 전역에 식물의 씨앗과 유기물, 영양분을 퍼뜨림으로써 생태계 전체의 생물생산력을 유지한다. 홍수는 범람원의 못과 웅덩이에 물을 공급하고, 미루나무, 버드나무와 같은 수변식물과 나무의 성장과 번식을 촉진하며, 어류에게 번식을 시작할 때라는 신호를 보내고, 곤충류가 생애주기의 수중생활기에서 벗어나도록 해준다. 또한 수로 안의 어류를 비롯한 여러 생물종들은 홍수 덕분에 범람원으로 이동하여 번식하고, 먹이를 잡아먹고, 성장해서, 불어났던 물이 빠질 때 물을 타고 다시 수로로 빠져나간다. 여러 가지 의미에서, 이런 홍수의 활동과 홍수가 빚어내는 수로와 범람원 일대에 형성되는 드넓은 모자이크 모양의 서식지는 생태계의 생산성, 생물다양성, 그리고 전반적인 건강성의 핵심적인 요소가 된다.

또한 규칙적으로 해마다 되풀이되는 홍수는 퇴적물의 운반과 분산이라는 또 하나의 중요한 역할을 담당한다. 픽-슬로운 사업으로 계획된 댐들이 완성되기 전까지, 미주리 강은 한 해에 평균 1억4,200만 톤에 가까운 퇴적물을 과거 아이오와 주의 수시티 지점으로 실어날랐다. 미주리 강의 별명 '빅머디 Big Muddy'는 여기서 유래한 것이다. 댐들이 완공된 후, 퇴적물 운반량은 97퍼센트 감소했다.[9] 대부분의 퇴적물은 상류의 댐에 갇혔고, 유속이 빠른 홍수가 줄어들면서 이동하는 퇴적물의 양도 줄었다. 물살이 수로 내의 퇴적물을 깎아내어 다른 곳으로 이동시키는 과정이 반복되면 하천은 구불구불한 형태가 된다. 강물이 수로를 벗어나서 범람원으로 넘어가는 가로방향 이동은 미주리 강 수변식물의 번식을 돕고 멸종위기에 처한 물떼새와 쇠제비갈매기가 둥지를 틀 수 있는 모래톱의 형성을 촉진하는 데에 결정적인 영향을 미친다. 적절한 양의 퇴적물이 공급되어야만 하천 수로의 물리적인 구조가 크게 변하지 않는다. 퇴적물이 깎여나간 자리를 새로 밀려온 퇴적물이 쌓여 채우지 않으면 강바닥이 깊어지고, 강바닥이 깊어지면 강물이 수로를 벗어나 범람원으로 넘어가기가 어려워진다. 또한 수로의 깊이와 지하수위는 수문학적인 관련성을 가지고 있으므로, 강바닥이 깊어지면 인접한 범람원의 지하수위가 낮아지고, 지하수위가 낮아지면 습지와 웅덩이, 우각호에 고인 물이 줄어들어서 중요한 서식지가 사라지고 만다.

기록된 사례는 많지 않지만, 늦여름이나 가을에 발생하는 저수위 기간 역시 미주리 하천생태계의 건강을 유지하는 데에 대단히 중요한 요소다. 모래톱과 강비탈이 드러나는 저수위 기간이 있어야만 새들과 거북이 둥지를 틀고 알을 낳는다. 모래톱 주변과 강물이 많은 머리카락 혹은 그물 모양으로 흐르는 곳에 있는 얕은 물은 철갑상어 등의 어류가 치어를 키우기에 이상적인 조건이다. 가을에는 북부의 평원지대에서 날아와 멕시코 만과 남아메리카까지 이동하는 철새들이 저수위 기간이어서 갯벌이 드러난 곳을 찾아와 곤충과 벌레를 잡아먹으며 영양을 보충한다.[10]

미국학술연구회의의 위촉을 받은 연구자그룹은 이러한 자연 과정들이 미주리 하천생태계 전체의 건강을 유지하는 데에 중요하다는 것을 인식하고 다음과 같은 결론을 내렸다.

"하천 변경 이전에 미주리 강과 범람원 생태계를 지탱하던 수문학·지형학적 과정을 어느 정도까지 복원하지 않으면, 미주리 하천생태계의 악화는 계속될 것이다. 다시 말해서, 자연상태의 수문곡선의 특징을 이루는 홍수의 움직임과 구불구불한 하천의 모양과 관련된 침식과 퇴적 작용이 보장되어야 한다."[11]

이 글에는 미주리 강을 재생시키는 데에 필요한 핵심적인 과제가 간단명료하게 제시되어 있다. 하천생태계의 건강 복원과 멸종위기종의 개체수 회복을 실현하기 위해서는 미주리 강 유역의 적절한 범위에서 자연 유량 패턴, 범람원 서식지, 수로의 구조를 적절히 재생시켜야 하는데, 과연 그것이 가능할까? 이 과제를 해결하기 위해서는 구체적인 생태목표의 달성을 겨냥하여 댐 가동방식과 하천의 운용방식을 개선하지 않으면 안 된다. 처음으로 하천관리의 목표를 설정했던 50년 전에는 구체적인 생태목표에 대한 인식이 형성되어 있지 않았다. 그러나 그 뒤로, 사회의 요구와 가치, 과학적 지식은 근본적으로 바뀌었다. 따라서 하천에서 얻을 수 있는 총체적인 사회적·경제적 편익을 최대화하려면, 하천관리 방식의 변화는 필수불가결한 것이다.

미 육군공병대는 미주리 강을 관리하는 주역이다. 육군공병대는 픽-슬로운 개발사업의 주된 목적(홍수조절과 관개, 선박운항, 수력발전, 공업용수 및 생활용수의 공급, 야생생물의 보호, 레크리에이션)을 위해서 미주리 강에 건설된 댐을 운용할 권한을 가지고 있다. 미주리 강 개발사업은 미국에서 개척 활동이 정점에 달했던 1940년대 중반에 계획된 것으로, 하천이용의 목적을 경제성장, 농업발전, 교역활성화에 두고, 하천이용의 효과를 최대화하는 데에 초점을 맞추고 있었다. 연방정부는 한참 뒤에야 환경 관련 법률을 제정하여, 연방정부가 관할하는 사업이 환경에 미치는 영향을 평가할 것(1969년, 국가환경정책법에 규정)과, 수질기준을 충족시킬 것(1972년, 맑은물법에 규정), 위기에 처한 생물종의 생존조건을 악화시키지 말 것(1973년, 멸종위기종법에 규정)을 요구했다. 미주리 강과 관련해서 초기에 설정된 경제적 목표와 나중에 설정된 환경적 목표를 통합시키는 문제는 끊임없는 논쟁을 야기하는 복잡한 문제라는 것이 드러나고 있다.

육군공병대의 기술자들은 1960년대에 처음으로 개발된 '주요운용규정Master Manual'에 의거해서 미주리 강의 댐들을 운용하고 있다. 여기에는 미주리 강의 건강과 생태계 서비스의 보호가 운용목표로 명시되어 있지 않다. '주요운용규정'의 내용에 따르면, 레크리에이션과 어류, 야생생물을 위한 편익의 제공은 우선순위가 가장 낮을 뿐 아니라, 이 목표를 수행하는 것이 우위에 있는 다른 목표의 실현에 심각한 방해를 야기해서는 안 된다고 되어 있다. 댐 운용과 관련된 여러 가지 목표들과 관련한 이와 같은 순위 부여는 육군공병대의 독자적인 판단에 따른 것이었다. 연방의회는 하천관리의 절차를 확정했던 1994년의 법률에서 이 목표들에 대해서 경중을 따지지 않았다. 공병단은 해마다 댐과 저수지의 세부적인 운용계획을 준비하고, 이 댐들의 날짜별 혹은 시간별 방류량과 방류시간은 네브래스카 주 오마하에 있는 '공병대 저수지관제센터'의 직원이 결정한다.

1980년대 말에 공병대는 '주요운용규정'(그 시점에서 최신 개정은 1979년)을 서식지 보호, 생물종의 보존, 레크리에이션 이용과 기타 환경상의 이익에 관한 현대사회의 가치관과 관심을 적절히 반영하는 방향으로 개정하지 않을 수 없었다. 정부기관에서 극심한 갈수기에도 선박운항이 가능한 수준으로 유량을 유지한다는 결정을 내리고 있었기 때문에 상류 유역의 여러 주들은 저수지 레크리에이션 활동이 위축되어 경제적으로 손실을 입고 있었다. 공병대는 다른 한편으로 어류야생생물보호청이 멸종위기종법을 근거로 공표한 긴급의견을 좇아 하천관리 방식을 개편하지 않을 수 없었다. 결국 공병대는 '주요운용규정' 개정작업에 착수했지만, 그로부터 15년 가까운 세월이 흐른 지금(이 책을 집필하는 시점)까지도 개정작업은 완료되지 않았다. 최종 결과에 관심을 가진 다양한 그룹들이 내놓는 의견들이 심각하게 충돌하고 있기 때문에 개정작업이 교착상태에 빠져 있는 것이다(2004년에 개정판이 발표되었으며, 최선의 대안을 찾기 위한 토론은 여전히 진행 중이다 – 옮긴이).

미국학술연구회의는 2002년에 발표한 미주리 강 복원 전망에 대한 보고서를 통해서, 미주리 강의 상황을 개선시킬 수 있는 적응형 관리방법이 과학적인 근거에 입각해서 구체화될 때까지 주요운용규정 개정작업을 중단할 것을 요구함으로써 과거의 관행과는 확실히 구분되는 태도를 보였다. 연구회의는 미주리 강이 처한 곤궁한 상황을 감안해서 주요운용규정의 개정이 잠정적으로 중단된 상태에서도 하천의 건강 복원에 필요한 조치는 지체없이 진행되어야 한다고 권고했다. 연구회의는 실천을 통해 배우는 적응형 관리법을 적용하면 댐과 저수지의 새로운 운용전략이 수립되는 도중에도 하천복원을 위한 진전이 이루어질 수 있다고 보았다.

다행히도 미주리 강 복원이 나아가야 할 방향은 명확하다. 그 방향은 어느 정도까지 자연적인 고수위와 저수위 유량을 복원하고, 일부 구간에서는 하천이 구불구불한 모양을 되찾을 수 있게 하는 쪽으로 맞추어져 있다. 이것을 실행에 옮기려면 반드시 하천이용을 둘러싸고 충돌하는 다양한 이익 간에 타협이 이루어져야 한다. 예를 들어, 자연 유황에 가깝게 유황을 개선하면 레크리에이션 이용에 의한 경제적 이익은 증가하겠지만, 선박운항에 의한 경제적 이익은 감소할 수 있다. 뿐만 아니라, 하천의 경제적 이용의 대부분은 금전적인 가치로 환산할 수 있지만, 생태계 서비스와 담수어종의 보존이라는 이익은 일반적으로 금전적인 가치로 환산하기 어렵다.

그러나 하천이용으로 인한 다양한 이익의 타협점을 찾는 과정은 실제로는 그다지 암울하지 않을 것이다. 철도망의 확장이 주된 원인이겠지만, 미주리 강 하류의 상업적인 선박 통행량은 미주리 강 개발 초기에 예상했던 수준에 미치지 못했다. 오늘날 미주리 강의 상업적인 선박 통행량은 정점을 기록했던 25년 전의 절반에도 미치지 못한다. 미주리 강의 상업적인 선박운항에서 발생하는 연간 순수익은 약 300만 달러다.[12] 뿐만 아니라, 미국학술연구회의가 앞서 언급한 보고서에서 지적한 바와 같이, 여름철 몇 달 동안 몇 대 안 되는 상업적인 선박이 통행할 수 있는 수위를 확보하기 위해서 방류하는 것보다 저수지의 저수량을 늘려서 레크리에이션 이용과 수력발전에 의한 수익을 증대시킨다면 선박운항 쪽에서 발생하는 수익 감소를 충분히 상쇄할 수 있다. 이러한 수익에다가 멸종위기에 몰린 생물종이 얻는 이익과 생태계 서비스가 제공하는 양적으로 평가할 수 없는 이익이 더해지면, 사회가 얻는 순이익의 총합은 훨씬 늘어난다.

육군공병대는 주요운용규정 개정안으로 다양한 대안을 고려하고 있는데, 그 가운데에서 하천의 건강 복원과 멸종위기에 몰린 생물종 보존에 가장 유익한 안은 GP2021이라고 알려진 방식이다. 많은 하천연구자들과 환경보호단체들은 이 대안을 선호한다. 그들은 과거의 미주리 강 유량 패턴을 더 충실하게 모방하는 방식으로 미주리 강을 관리하기 위해서는 유연성이 필요하고, 이 대안을 선택하면 공병대가 유연성을 발휘할 수 있다고 보기 때문이다. 구체적으로 말하자면, 이 방안을 채택하면 봄철의 고수위도 과거의 유황을 모방하고 여름철 저수위도 과거의 자연적인 저수위 유량에 근접할 수 있다.

GP2021은 어류의 산란을 촉진하고, 멸종위기에 처한 조류 2종의 서식지로 활용되는 모래톱과 고유어종의 서식지로 쓰이는 얕은 물을 확대하고, 레크리에이션 이용자에게 혜택을 주는 유량 확보를 목적으로 삼고 있다. 그렇지만 생태계의 관점에서는 이 정도로는 완벽하다고 볼 수 없다. 이 대안이 제시하고 있는 봄철의 고수위는 자연적인 봄철 고수위 발생시기보다는 늦고, 자연 상태에서 발생하는 초여름의 홍수보다는 이른 시점에 형성되기 때문이다. 또한 제안된 봄철 고수위는 자연상태에서 발생할 수 있는 고수위에 현저히 미치지 못하고 현재 제공되는 고수위보다 조금 많은 정도에 지나지 않는다. 뿐만 아니라, 봄철 고수위는 자연상태에서는 3년에 두 번꼴로 발생하는데, 공병대는 이런 늦추어진 봄철 고수위를 3년에 한 번꼴로 발생시키게 된다. 그리고 경제적 이익의 측면에서 살펴보면, 여름철 저수위가 발생하는 일부 기간에는 선박통행량이 줄어들지만, 농산물의 대부분이 출하되는 봄과 가을에는 화물선이 통행할 수 있는 수위가 확보된다. 공병대는 이 방식을 채택하면 홍수조절은 크게 영향을 받지 않으면서 동시에 수력발전량은 약간 늘어날 것으로 예상하고 있다.[13]

미주리 강의 댐들에 대한 운용방식 개정안은 2003년에 확정될 예정이다. 앞서 말한 봄철 고수위 발생을 위한 방류방안으로는 생태계의 건강이나 서식지를 눈에 띄게 개선할 수는 없다고 생각하는 연구자들도 있으므로, 이 안이 채택될 경우에는 그 영향을 관측하고 조정하는 적응형 관리법이 반드시 채택되어야 한다. 이런 봄철 고수위 발생안을 채택할 경우, 개정될 운용방식에 대해 생태계가 보이는 반응을 좀 더 깊게 파악할 수 있는 만큼, 관리법 개정을 실현하는 출발점이 될 수 있을 것이다. 만일 공병대가 미국학술연구회의가 제안한 대로 과학적인 근거를 가진 적응형 관리법이 개발될 때까지 주요운용규정의 개정을 미룬다면, 봄철 고수위 발생안의 실행 결과는 이런 개정과정에 도움이 될 수 있는 유익한 정보를 제공할 수 있을 것이다. 여기서 분명한 것은 댐과 저수지의 관리방식을 변경하지 않으면, 미주리 강의 생태계는 계속 악화될 것이라고 예측할 수 있다는 사실이다.

미주리 강을 되살리기 위해서 이미 몇 가지 행동이 실시되거나 계획되고 있다. 2002년 5월, 공병대는 멸종위기종인 팰리드철갑상어에게 유황 개선과 수온 상승이라는 조건을 제공하는 활동의 일환으로 봄철에 몬태나 주의 포트펙 댐에서 따뜻한 물을 다량으로 방류한다는 계획을 세웠다. 2년 이상 실행되어야 할 것으로 여겨지던 이 실험은 불행히도 중서부 상류에서 발생한 가뭄 때문에 실행 시기가 미루어졌다. 연구자들은 이 실험을 뒤에 다시 실행하기 위해서 필요한 정보를 수집하고 있다.

어머니 자연 역시 유황복원에 추진력을 제공하고 있다. 중서부에서 발생한 호우로 인하여 미주리 강 하류에서는 1993년, 1995년, 1996년에 기록적인 홍수가 발생했다. 여러 곳에서 제방이 무너져 하천과 범람원의 연결이 회복되었다. 연구자들은 이 기회를 이용해서 하천과 범람원의 연결이 항구적으로 지속될 경우 서식지, 생물종, 생태계 서비스의 동력학이 어떻게 회복될 것인지를 관찰할 수 있었다. 하천과 범람원이 다시 연결되면 다양한 동식물에게 당장 유익한 영향을 미친다는 것이 확인되었다. 예를 들어, 강과 습지대가 계속 분리되어 있는 지역에 서식하는 어류는 25종에 지나지 않았던 데에 비해, 홍수가 발생한 후 수로와 연결된 습지대에는 61종의 어류가 서식하게 되었다. 식물 및 수생곤충의 다양성 역시 강과 범람원이 연결된 지역이 그렇지 않은 지역보다 훨씬 풍부했다.[14]

전반적으로 말해서, 최근에 발생한 이런 홍수로부터 배울 수 있는 것은, 자연 유황에 가깝게 유황이 복원되면 모자이크 모양의 서식지가 형성되고 생물종의 생애주기에 결정적인 여러 조건들이 복원되어 다양한 생물종이 이익을 얻는다는 사실이다. 이를 위해서는 댐 관리방식을 변경하는 것뿐 아니라 하천에 인접하여 유익한 범람원의 기능을 하는 토지의 범위를 늘려야 한다. 1986년의 '수자원개발법'은 공병대에게 기존의 연방정부와 주정부의 공유지 7,365헥타르와 토지매각을 희망하는 사람들로부터 매입한 1만2,100헥타르의 토지를 범람원으로 복원할 수 있는 권한을 부여했다. 연방의 1999년의 물법은 앞으로 35년 동안 4만8,000헥타르의 토지매입을 승인했지만, 7억5천만 달러에 이르는 매

입대금을 충당할 재원은 아직까지 확보되지 않고 있다.[15]

어류야생생물보호청 역시 범람원을 매입하여 빅머디 야생생물보호지구에 편입시키고 있다. 굴곡이 심한 한 구간에서는 1943년부터 1986년 사이에 10여 차례나 제방이 무너졌다. 그리고 다시 1993년에 발생한 홍수로 복원이 불가능한 피해를 입자, 정부는 마침내 그 구간의 범람원을 보호지구로 지정하고 대규모의 우회수로를 만들었다. 2000년, 연구자들은 수십 년 만에 처음으로 이곳에서 팰리드철갑상어 치어를 발견했다. 이것은 미주리 강의 미래에 희망이 있다는 분명한 신호다. 현재 빅머디 야생생물보호지구의 면적은 6,730헥타르에 이르는데, 어류야생생물보호청은 토지매각을 희망하는 사람들로부터 토지를 사들여 보호지구를 2만4,280헥타르 이상으로 확장할 계획을 가지고 있다. 어류야생생물보호청의 보호지구 확장사업과 공병대와 주정부의 토지매입 사업을 통해서 확보하게 될 범람원의 총면적은 미주리 주 내 범람원 총면적의 12퍼센트로, 연구자들이 생태계의 건강을 유지하기 위한 필수요건이라고 평가하고 있는 범람원 규모에 도달하게 된다.[16]

이 밖에도 여러 가지 선구적인 사업이 진행되고 있긴 하지만, 엄밀한 과학적 근거에 입각한, 통합적이고 본질적이며 대규모적인 하천복원 사업은 아직까지 실현되지 않고 있다. 연구자들의 연구 결과에 따르면, 미주리 하천생태계가 통합성을 되찾기 위해서는 자연에 가까운 유량 패턴을 복원하고 강과 범람원을 재결합시키고 물길이 그물 모양으로 얽히면서 굽이칠 수 있을 만큼 수로의 폭을 넓혀야 한다. 공병대가 관할하는 대형댐 여섯 개에 대한 주요운용규정의 개정과정과 하천에 인접한 토지를 살아 있는 범람원으로 되돌리려는 적극적인 관심은 미주리 강에 새로운 생명을 불어넣을 수 있는 중요한 기회를 제공하고 있다. 행정의 지도와 시민과 과학자들의 지원, 적절한 자금이 확보된다면, 200년 전 루이스와 클라크가 탐험했던 위대한 강은 본연의 모습을 되찾을 가능성이 높다.

호주 브리즈번 강의 유량복원

태곳적 사람들이 브리즈번 강과 어떻게 어우러져 살았는지는 자가라 부족(브리즈번 강 유역에 최초로 정착한 것으로 알려진 원주민)의 입을 통해 지금까지 전해지고 있다. 자가라 부족의 문화와 경험은 문자 대신 축제와 춤, 구비를 통해서 전해졌기 때문에 기록으로 남아 있는 것이 거의 없다. 그러나 자가라 부족이 이 강에 의지하고, 이 강을 대단히 존경했던 것만은 확실하다. 자가라 부족의 원로인 네빌레 보너의 말을 빌리자면, "우리는 하루하루 필요한 만큼만 사냥을 하고 먹을 것을 채집하는 것을 가장 중시했다".[17]

훗날 브리즈번 강 유역에 정착한 사람들이 가장 중시했던 것은 강을 조금이라도 더 이용하는 것이었다. 그러나 지금은 본연의 특징이 훼손되고 생태적 기능을 상실한 브리즈번 강을 복원하는 문제에 새로운 관심이 모아지고 있다. 브리즈번 강은 퀸즐랜드 주의 유명한 골드코스트를 따라 흐르는 주요한 하천으로, 주도인 브리즈번을 가로지르는 아름다운 모습 때문에 주민들과 방문자들로부터 사랑을 받고 있다. 이 강은 호주 동부의 그레이트디바이딩 산맥에서 시작해서 모어턴 만으로 흘러들어간다(그림 4-3). 모어턴 만은 두 개의 섬 덕분에 남태평양으로부터 보호를 받고 있는 얕은 만으로, 이곳에는 커다란 초식성 해양 포유동물인 듀공 800마리가 거머리말을 뜯어먹으며 살고 있다. 모어턴 만은 어업과 레크리에이션 낚시의 중요한 거점으로, 레크리에이션 낚시만으로

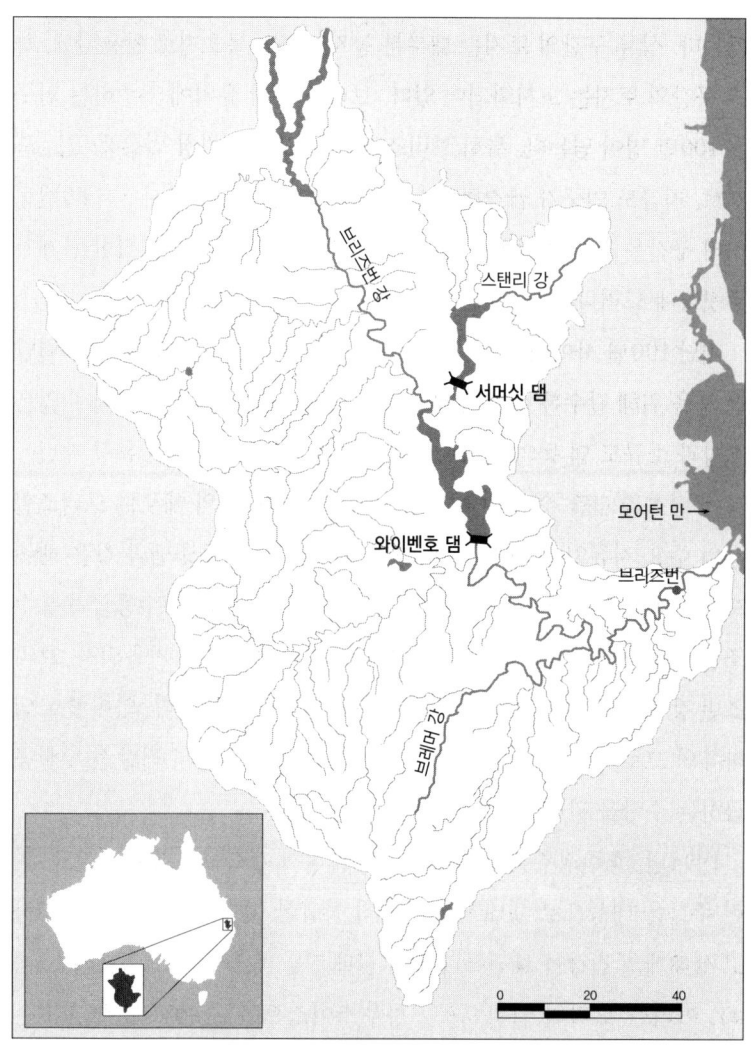

그림 4-3 브리즈번 강 유역

도 연간 2억 2,500만 달러가 넘는 소득을 올린다.[18]
브리즈번 강 유역의 토지 가운데 미개발된 곳은 14퍼센트에 지나지 않는다. 상류 구간의 토지는 대부분 농지, 삼림, 목초지로 활용되고, 하류 구간의 토지는 도시화되어 있다. 브리즈번 강 유역에 거주하는 인구는 100만 명이 넘는다. 특히 브리즈번 시는 인구가 가장 밀집해 있는 도시로, 지금도 인구가 급격하게 늘어나고 있다.[19] 하구에서부터 80킬로미터 구간은 조수의 영향을 받는, 브리즈번 강과 바다의 밀접한 관계가 뚜렷하게 드러나는 곳이다.

지난 100년 사이에 브리즈번 강은 관개, 상수공급, 홍수조절, 수력발전 등을 위해 갈수록 심한 통제를 받아왔다. 여러 개의 대형댐과 수많은 제방과 소규모 댐 등의 다양한 공사로 본류와 지류의 자연 유량 패턴은 많은 변경을 겪을 수밖에 없었다. 주요한 개발사업의 예로는 브리즈번 강의 주요 지류인 스탠리 강에 1955년 완공된 서머싯 댐과 같은 해에 브리즈번 강 본류에 착공된 와이벤호 댐을 들 수 있다. 용수공급과 홍수조절을 목적으로 하여 1985년에 완공된 와이벤호 댐이 가동되자, 브리즈번 강의 중류 유역과 상류 유역은 거의 단절되고 말았다. 와이벤호 댐 하류의 크로스비 산에 설치된 제방은 브리즈번 시와 수력발전소에 공급하는 수량을 관리하고 있다.[20]

1994년, 호주정부협의회는 주요한 물정책 개혁안을 통과시켰고, 관련 주들을 대상으로 생태계가 하천의 정당한 이용자라는 것을 인정하고 생태계의 건강을 보전하기 위한 물배분을 해줄 것을 요청했다(3장 참조). 이러한 노력의 일환으로, '사우스이스트 퀸즐랜드 물위원회'는 1996년에 브리즈번 강에 필요한 생태유량에 관한 연구를 의뢰했다.[21] 그리피스 대학의 연구팀은 생물다양성과 생태계 기능의 보호, 모어턴 만의 어업생산성의 보호에 필요한 유황을 파악하는 것을 연구목표로 설정했다. 연구팀은 이런 환경 필요유량을 충족시키기 위해서 기존의 저수지와 수리시설의 운용방식을 어떻게 변경할 것인가에 대한 구체적인

제안을 내놓았다.[22]

댐이 건설되기 전의 브리즈번 강 본래의 유량 패턴을 확정하고 난 뒤에, 연구팀은 하류의 유량을 강력하게 통제하고 있는 와이벤호 댐의 운용이 생태계에 미치는 영향을 평가하는 중요한 과제에 매달렸다. 그리고 그들은 하천의 유황, 수로의 구조, 서식지의 다양성 등 여러 가지 조건에 중대한 변화가 일어났다는 것을 확인했다. 연구팀이 확인한 변화는 퇴적물 운반의 중단, 중요한 서식지인 여울의 소멸, 수로를 유지하는 홍수 빈도의 저하, 저수위의 인공적인 상승과 최고수위의 인위적인 억제로 인하여 하천의 수문곡선이 전반적으로 평준화된 것 등이었다. 이러한 변경은 당연히 하천과 모어턴 만의 담수생물에게 심각한 영향을 미쳤다(상자글 4-1).

연구팀은 이런 연구 결과를 토대로 해서 특정한 생태목표에 부합하는 일련의 유량기준치를 설정했다. 예를 들어, 연구팀은 어류가 알을 낳고 먹이를 구하는 범람원 서식지를 보존하기 위해 필요한 일일 최소유량을 3,000만 세제곱미터로 설정하고, 회유성 어종의 치어들에게 하류로 이동하도록 자극을 주고 하구와 모어턴 만에 서식하는 어종과 게가 개체수를 늘리도록 자극하기 위해 필요한 일일 최소유량은 4,000만 세제곱미터로 설정했다. 연구팀은 유량뿐만 아니라 기간, 빈도, 시점 등의 유황조건까지 설정했다. 연구팀은 최소유량기준치(일일 유량 최소 50만 세제곱미터에서 최대 1억 세제곱미터까지 단계적으로 설정된 기준치)와 각각의 유량이 지원하는 생태계 및 생물 다양성을 연계시키는 방법으로 일련의 환경유량 계획안을 도출했다. 그리고 브리즈번 강에 환경유량을 공급할 경우에 급수량과 그 급수량 확보의 신뢰성(수자원관리의 핵심적인 요소)이 어떤 영향을 받는가를 파악하기 위해서 이 계획안을 브리즈번 강의 댐과 저수지 시스템의 관리방식에 집어넣어 보았다.

상자글 4-1
브리즈번 강 와이벤호 댐 하류에서 관측된 유량 변경이 생태계에 미치는 영향

- 댐과 제방은 하천 하류지역에 공급되는 퇴적물의 양을 감소시킨다.

- 와이벤호 댐은 뱀장어와 숭어, 오스트레일리안배스 등 여러 어종의 상류 이동을 차단한다.

- 저수위의 상승은 중요한 급류 서식지를 비롯한 다양한 서식지를 크게 감소시킨다.

- 저수위의 상승은 강기슭 모래 속에 알을 묻는 거북과 도마뱀의 번식에 해를 미친다.

- 수로의 퇴적물을 씻어내리고 수로의 형태를 유지하는 홍수의 발생빈도가 줄어든다.

- 수변식생의 변화로 인해서 햇빛 차단과 온도조절이 되지 않고, 따라서 조류藻類가 번성하고 용존산소 농도가 낮아진다.

- 유량 변경과 수변식생의 변화로 인해 수중에서뿐 아니라 지상에서도 먹이를 구할 수 있는 기회가 줄어들 수 있다. 지상에서 생활하는 곤충과 식물들은 레인보우피시, 블루아이즈, 오스트레일리안배스, 빙어 등의 중요한 먹이다.

- 무척추동물의 종 다양성과 개체수가 줄어들면서 어류, 오리너구리 등의 수변생물종의 먹이가 줄어들 수 있다.

- 고수위의 발생빈도 및 규모가 줄어들면서 모어턴 만에서 어류 및 게의 어획량이 줄어들 가능성이 있다.

- 종 다양성의 감소는 먹이사슬, 에너지의 순환, 그리고 물새 등의 높은 위치의 포식자의 번식에 영향을 미칠 가능성이 있다.

(출처: Arthington et al., 2000)

어떤 의미에서는, 연구팀이 파악한 결과는 예사롭지 않았다. 예를 들어, 연구팀은 현재의 기반시설과 급수시설을 가지고 본래의 유황에서 나타나던 극단적인 저수위(50만 세제곱미터 미만의 일일 유량)를 재현하는 것은 불가능하다고 판단했다. 그렇지만 그런 정도의 극단적인 저수위가 발생하지 않으면, 중요한 여울 서식지가 줄어들어 강둑에 알을 낳아 파묻는 거북이나 도마뱀의 번식에 악영향을 미칠 가능성이 있다. 그런데 극단적인 저수위를 재현하는 것은 간단한 문제가 아니다. 막대한 도시의 물수요는 와이벤호 댐에서 취수한 물을 하류의 크로스비 산 제방으로 보낸 다음, 그곳에서 다시 브리즈번 시 남부에 물을 공급하는 방식으로 충족되고 있다. 와이벤호 댐의 하루 방류량이 50만 세제곱미터에 미치지 못할 경우, 이런 도시의 물수요를 충족시킬 수 있는 양의 물이 크로스비 산의 제방까지 도달하지 못한다. 그렇지만 용수 공급체계를 변경하거나(와이벤호 댐에서 크로스비 산 제방까지 이어지는 전용 용수관이나 용수로를 만드는 따위) 브리즈번 시의 용수 공급원 자체를 변경한다면, 와이벤호 댐 하류의 자연적인 저수위를 충분히 재현할 수 있다. 더욱이 이러한 방안들을 도시의 물절약이나 수요저감 수단들과 동시에 실행한다면, 가능성이 더욱 높아진다. 브리즈번 시로 보내야 하는 물의 양이 줄어들기 때문이다.

또한 서식지의 다양성과 생태적 목적을 위해서 극심한 고수위를 복원하려면, 와이벤호 댐 하류에 건설된 자동차통행용 교량의 이용방식을 변경할 필요가 있다. 현행 법은 이 교량들을 5일 혹은 7일 연속으로 물에 잠기게 해서는 안 된다고 규정하고 있다. 자연적인 고수위를 모방하기 위한 유량을 방류하면 교량이 물에 잠기는 기간이 법으로 규정된 기간을 넘길 수도 있다. 하지만 이 경우에도 저수위 복원의 경우와 마찬가지로 여러 가지 대안을 구상할 수 있다. 법률을 개정하여 연중의 특정한 시기에만 규정된 기간 이상으로 통행을 금지하는 방법도 있고, 통행을 차단하지 않고도 고수위의 물이 흘러갈 수 있도록 교량을 개조하는 방법도 있고, 우회 교통로를 개발하는 방법도 있다. 자연적인 저수위와 고수위의 복원과 관련해서, 행정기관은 유량복원이 환경과 경제에 미치는 전반적인 효과뿐 아니라 다양한 대안들을 실행에 옮길 경우에 발생하는 비용과 편익까지 평가해야 한다. 물론 비용과 편익 가운데에는 금전적으로 계산할 수 있는 것도 있고, 그렇지 않은 것도 있을 것이다.

연구팀은 와이벤호 저수지로 흘러드는 유량 가운데 일일 50만 세제곱미터를 초과하는 유량 전체를 방류하면 브리즈번 강의 자연적 유량 패턴을 부분적으로 복원할 수 있다고 결론을 내렸다. 그러나 이런 방법을 택했을 경우, 장기계획의 목표연도인 2031년에는 도시용수 공급량이 60퍼센트나 감소할 것으로 추정되었는데, 이러한 큰 폭의 감소는 물 공급의 관점에서 보면 도저히 수용할 수 없는 수준이다. 도시용수 공급에 큰 지장을 주지 않는 또 다른 방안은 달마다 하루 유량이 처음으로 800만 세제곱미터를 넘어서는 고수위에 도달할 때, 그 수위를 초과하는 유량을 그대로 댐을 거쳐 방류하는 방안이다. 이런 방안은 여러 가지 면에서 생태계에 이익이 되지만, 저수위의 실종으로 인해 생물종과 생태계의 각종 요소들이 입는 손해까지 개선할 수는 없다.

브리즈번 강의 사례가 아니라도, 인간의 목적을 위해 하천을 관리하는 것과 하천 자체에 필요한 물수요를 충족시키는 것 사이의 이러한 갈등은 인간이 관리하고 있는 거의 모든 하천에서 발생하는 문제다. 어디서나 공통되는 하천관리의 과제는 예전에는 소홀히 했던 생태계 건강과 생물다양성 보존, 그리고 새로운 과학적 지식 등의 가치를 반영하여 균형 잡힌 관리목적을 설정하는 것이다. 브리즈번 강의 자연적 유황을 완벽하게 복원하는 방안은 토지소유자들이나 수자원이용자들에게 극심한 혼란을 안겨줄 수 있다는 점에서 여론의 긍정적인 반응을 기대하기 어렵다. 그러나 행정당국이 도시용수의 대체공급, 교량 이용방식의 변경, 우회 교통로 설치 등의 방안을 적극적으로 마련한다면, 브리즈번 강이 자연 유량 패턴에 가깝게 복원될 가능성은 대단히 높다(상자글 4-2).

상자글 4-2 호주 퀸즐랜드 주 브리즈번 강의 환경유량 권고안의 예시

8월부터 11월까지(자연적인 저수위 기간) 와이벤호 댐 하류

- 저수지 운용의 제한조건을 벗어나지 않는 범위 내에서 유량을 되도록 낮게 유지한다.
- 하루 평균유량이 자연상태에서의 평균유량 이하가 되는 상황이 발생하지 않게 한다.
- 강물의 흐름이 완전히 끊기는 상황이 발생하지 않게 한다.
- 자연적인 원인으로 인해서 갑자기 불어난 물과 소규모 홍수는 댐을 통과하게 해서, 일별 저수위의 변동성을 유지한다. 이런 홍수의 지속기간(수위가 상승했다가 하강하는 속도)는 자연상태에서 비슷한 규모의 홍수가 지속되는 기간과 비슷하게 유지해야 한다.
- 자연상태에서의 유량 패턴 및 해마다 달라지는 유량 패턴에 가깝도록 월별 유량을 배분한다.

12월부터 7월까지(자연적인 고수위 기간) 와이벤호 댐 하류

- 자연적인 원인으로 발생하는 중소규모의 홍수는 하류로 흘려보낸다.
- 어류의 상류 이동이 진행될 가능성이 있는 12월부터 3월 사이에는 소규모 홍수의 발생빈도를 자연상태 그대로 유지한다.
- 홍수가 발생했을 때는, 홍수의 규모와 지속기간을 균일하게 할 것이 아니라, 될 수 있는 한 자연상태의 최고유량과 지속기간을 유지하면서 댐을 통과할 수 있게 한다.
- 각 달의 하루 평균유량의 변동은 자연상태의 변동에 가깝게 조정한다.
- 3월과 7월 사이에는 오스트레일리안배스에게 산란을 위해 하류로 이동할 때임을 알릴 수 있도록 하루 430억 리터 이상의 유량을 공급한다.
- 자연적인 원인으로 인해서 갑자기 불어난 물과 소규모 홍수는 댐을 통과하게 해서, 일별 저수위의 변동성을 유지한다.
- 저수지 운용의 제한조건을 벗어나지 않는 범위 내에서 유량을 되도록 낮게 유지하는 시기를 합리적인 빈도로 배치하여, 일시적인 유량 변동성을 형성한다. 일시적인 유량 변동성은 서식지의 다양성을 유지하기 위해서 반드시 필요하다.

(출처: Arthington et al., 2000)

연구팀이 제시하는 권고안의 핵심은 홍수를 저장하고 방류하는 절차를 변경하여, 현재의 저수지관리가 미치는 부정적인 영향을 줄이고, 홍수를 방류할 때 자연상태에 가까운 유량과 기간이 복원될 수 있도록 해야 한다는 것이다. 마지막으로, 연구팀은 저수지관리의 변경을 행하기 전후의 물리적·생태적인 조건을 관측할 것을 권고했다.

퀸즐랜드의 수자원관리자들은 연구팀의 성과를 활용하여 브리즈번 강의 일부 구간과 강 하구에 환경유량 목표를 설정하고 있다. 하구의 환경유량 목표는 모어턴 만의 어업을 지속시키는 데에 초점이 맞추어져 있다. 브리즈번 강에서 사용된 생태적 평가와 유량복원 방안들은 태즈메이니아 주와 웨스턴오스트레일리아 주 등 여러 지역의 하천 유역에 적용되고 있다.[23]

지하수 취수와 산페드로 강의 미래

16세기에 스페인의 탐험가 프란시스코 바스케스 데 코로나도는 지금의 멕시코와 미국 남서부를 탐험하고 탐험일지에 다음과 같은 글을 남겼다.

"늘 느끼는 바지만, 우리 인간은 뭔가 귀중한 것을 가지고 있으면서 자기 마음대로 다룰 수 있을 때는 그것이 가진 가치를 온전하게 평가하거나 인정하지 않는다. 그것을 잃어버리고 나면 그것이 얼마나 아쉬워질지 안다면, 절대로 그런 태도를 보일 리가 없다."[24]

원래 스페인 카스티야 지방의 방언으로 쓴 이 문장은 코로나도 탐험대가 탐험 중에 지나갔을 만한 하천들 가운데 하나인 산페드로 강에 꼭 들어맞는 말이다.

미국 남서부에 있는 산페드로 강은 리오그란데 강과 콜로라도 강만큼 널리 알려져 있진 않지만 막힘없이 자유롭게 흘러가는 몇 안 되는 하천들 가운데 하나다. 21세기에, 그것도 이처럼 건조한 남서부지역에, 단 하나의 댐도 세워지지 않은 강이 흐르고 있다는 것 자체가 주목할 만한 일이다. 그럼에도 불구하고 산페드로 강은 큰 위협에 직면해 있다. 산페드로 강을 위협하는 것은 댐이나 지표수의 전용이 아니라 최근 급증하고 있는 유역 일대 대수층의 지하수 취수행위다. 산페드로 강은 지하수가 하천의 유량을 유지하는 데에서 얼마나 중요한 역할을 하고 있으며, 지하수 취수를 억제하지 않으면 하천생태계 전체가 얼마나 위태로워질 수 있는지를 잘 보여준다. 긍정적인 측면에서 보자면, 산페드로 강은 수자원 보전과 수요 관리가 하천 유량을 보호하는 데에서 얼마나 중요한 역할을 하는지, 그리고 하천을 유지하면서 동시에 지역경제를 유지할 수 있는 해법을 찾아가는 까다로운 작업에서 공동의 협력이 얼마나 중요한 의미를 지니는지를 분명히 보여주는 사례다.

산페드로 강은 멕시코 소노라 주의 여러 산맥에서 발원하여 북쪽으로 흐르다가 국경을 넘어 미국 애리조나 주로 접어들어 힐라 강과 합류할 때까지 댐에 막히는 일이 없이 흘러간다. 강물은 힐라 강과 합류해 흐르다가 유마에서 콜로라도 강 하류로 흘러들고, 콜로라도 강은 다시 남쪽으로 방향을 바꾸어 소노라 주로 흘러갔다가 캘리포니아 만에 남아있는 물을 쏟아넣는다(그림 4-4). 구불구불한 청록색 띠 모양을 이루며 240킬로미터를 흐르는 산페드로 강은 규모에 어울리지 않게 풍부한 생물학적 자산과 생태학적 풍요로움을 자랑하고 있다.

산페드로 강은 북아메리카의 유명한 철새 서식지다. 해마다 중앙아메리카, 멕시코의 월동 서식지와 미국, 캐나다의 번식지 사이를 여행하는 철새들 약 400만 마리가 산페드로 강을 찾아든다. 산페드로 강 계곡

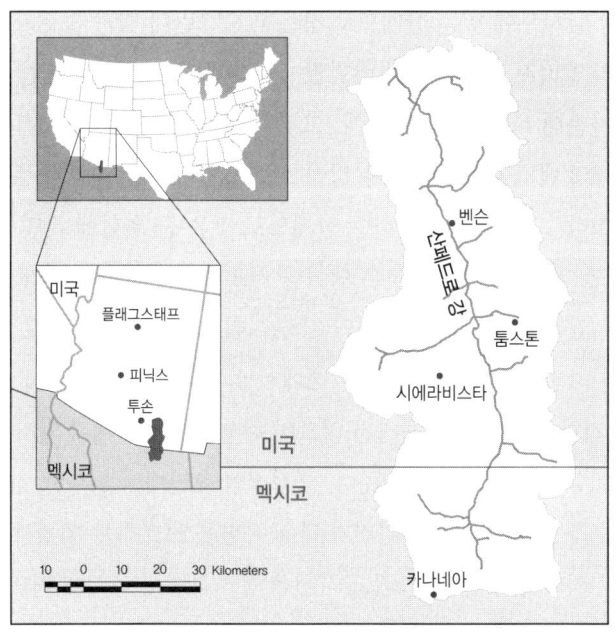

그림 4-4 산페드로 강 유역

에서 확인된 조류는 신열대구의 철새 250종을 포함, 약 390종에 이른다.[25] 세계적으로 유명한 서부노랑부리뻐꾸기 개체군의 15퍼센트 이상이 산페드로 강에서 번식한다.[26] 산페드로 강의 일부 구간은 멸종위기종 목록에 올라 있는 남서부버들솔딱새의 생존에 중요한 서식지로 지정되어 있다. 이 일대에서 조류관찰이 레크리에이션 활동으로 인기가 높은 것은 놀라운 일이 아니다. 2001년에 산페드로 강 상류에 있는 두 곳의 조류관찰지를 찾은 외지방문객들은 1,000~1,700만 달러를 썼고, 결과적으로 1,700~2,800만 달러에 이르는 경제효과를 올리는 한편 350~590개의 일자리를 창출했다.[27]

산페드로 하천생태계에는 다양한 종의 조류가 거대한 군집을 이루고 있을 뿐 아니라, 80여 종의 육생 포유동물 생물군집으로서는 세계 굴지의 풍요로움을 자랑하는 포유류가 서식하고, 파충류와 양서류도 40종 이상이 서식하고 있다. 미국 멸종위기종 목록에 올라 있는 종은 조류로는 남서부버들솔딱새, 어류로는 스파이크데이스spikedace와 로치미노loach minnow라는 2종의 고유어종, 식물로는 미나리과의 수초 후아추카워터엄블Huachuca water-umbel, 포유류로는 재규어가 있다.

산페드로 강 수계는 미국–멕시코 국경지대에서 인공적인 변경이 가장 적고 가장 건강한 하천수계다. 콜로라도 강과 리오그란데 강 등 북에서 남으로 흐르는 강들이 극심한 인공적인 변경과 훼손에 시달리게 되면서, 남서부 하천 서식지에 의존하는 조류와 야생동물들은 더욱 더 산페드로 강에 의존하게 되었다. 철새들은 산페드로 강변에 울창하게 우거진 미루나무와 버드나무 숲을 먹이와 물을 구하고 포식자들의 눈을 피하는 은신처로 이용한다. 이런 서식지가 파괴되면, 달리 쾌적한 서식지를 구하지 못하고 굶주려 죽거나 포식자에 잡아먹히는 새들이 갈수록 늘어난다. 미국의회는 1988년에 산페드로 강이 지닌 독특하고 점점 중요해지는 위상을 인식하고 하천의 69킬로미터 구간과 유역의 일부 지역을 '산페드로 강 국립 자연환경보전지역SPRNCA'으로 지정했다. 그로부터 몇 년 뒤인 1996년, 환경협력위원회(캐나다, 멕시코, 미국이 서명한 북미자유무역협의 부속협정에 의거하여 설립된 기구)는 산페드로 강 국립 자연환경보전지역을 북아메리카의 '중요한 조류 서식지'로 지정했다.

산페드로 강이 이런 활동의 대상으로 지정된 것은 이 강의 가치가 갈수록 높아지고 있다는 사실뿐 아니라 이 강이 훼손될 가능성이 갈수록 높아지고 있다는 사실을 반영하고 있다. 지난 몇십 년 동안 급증하고 있는 유역의 물수요는 생태계의 건강 유지와 생산력을 위협하기 시작했다. 산페드로 강 유역의 강바닥 아래에는 광대한 대수층이 있는데, 하천의 유량은 이 대수층에 의해서 조정된다. 주변의 산악지대에서 흘러드는 우수와 여름철 폭풍우에 의해 생기는 홍수가 범람원 토양으로 스며들면서 이 대수층에 물을 공급한다. 하천의 자연 유황은 범람원의 생물다양성을 유지하고 강변의 미루나무와 버드나무 묘목의 발아와 성장에 필요한 조건을 유지한다. 대수층은 4월에서 6월까지의 건조한 시기에는 하천에 물을 공급하여 강물이 마르지 않게 한다(그림 4-5). 이 기저유량은 강변생태계의 건강과 생산력에 의존해서 살아가는 수많은 동식물의 장기적인 생존 여부를 결정하는 중요한 요소다. 거기에는 건강하고 풍요한 강변의 녹색 회랑에 의존하는 철새들도 포함된다.

산페드로 하천생태계를 지탱하는 지하수는 인간이 이용하는 관개용수, 생활용수, 그리고 후아추카 육군기지에서 사용하는 물의 공급원이기도 하다. 최근 몇십 년 사이에 이 지역에서는 급격한 인구증가와 경제성장이 이루어졌고, 늘어나는 물수요를 충족하기 위해서 지하수 취수량이 늘어났다. 1940년부터 1997년 사이에, 산페드로 상류 유역의 연간 지하수 취수량은 12배로 상승했다(그림 4-6).[28] 1990년대 말에, 해마다 이 지역 대수층에서 취수되는 물의 양은 대수층으로 유입되는 물의 양보다 약 900만 세제곱미터가 많았다. 다른 대책이 마련되지 않을 경우, 2030년에 이르면 지하수 결손량은 1,550만 세제곱미터에 이를 것으로 추정된다.[29] 애리조나 수자원국과 기타 기관이 개발한 모델에 의거하면, 현재 수준의 지하수 취수는 산페드로 강의 기저유량을 감소시킬 것으로 추정된다. 즉, 특정 지점에서 지하수가 하천에 공급되는 양이 정상적인 수준보다 30퍼센트를 밑도는 결과가 나타날 것으로 추정된다.[30]

하천의 기저유량을 지하수에 의존하고 있기 때문에, 현재의 추세는 생태계의 통합성을 근본적으로 위협하고 있다. 기저유량이 충분하지

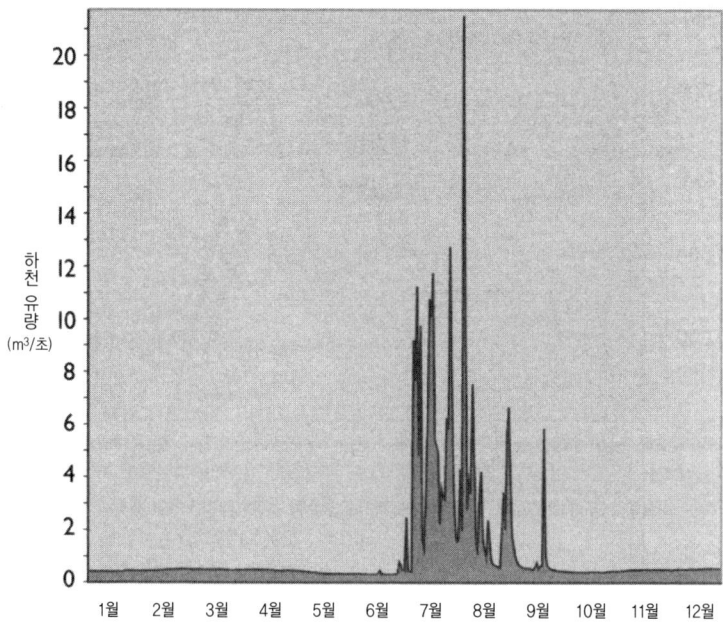

그림 4-5 산페드로 강의 전형적인 수문곡선: 산페드로 강의 수위는 여름철에는 폭풍우로 인해 여러 차례에 걸쳐 상승하지만, 그 외의 계절에는 상당히 낮은 수위가 유지된다. 4월부터 6월까지 이 하천의 기저유량은 지역의 대수층에서 유입되는 물에 의해서 유지된다.

않으면, 지금은 일년 내내 바닥을 드러내는 일이 없는 산페드로 강의 일부 구간이 일시적으로 바닥을 드러내는 상황이 나타날 수 있다. 이런 변화는 강변 서식지에 의존하는 담수생물과 수변식물, 그리고 수많은 조류에게 연쇄적으로 악영향을 미치게 된다. 예를 들어, 구딩스버드나무와 프리몬트미루나무(이 수종이 형성하는 울창한 줄기와 잎은 철새에게 은신처와 그늘을 제공한다)는 천층 지하수가 있어야만 생존할 수 있다. 서식환경이 차츰 건조해지면, 뿌리를 더 깊게 내리고 가뭄에 잘 견디는 다른 수종들이 이 수종들을 밀어낸다. 이런 식생의 전환은 다른 생태적 관계들을 단절시키고, 하천환경은 마침내 그 하천에 의존해왔던 고유한 생물종에 적

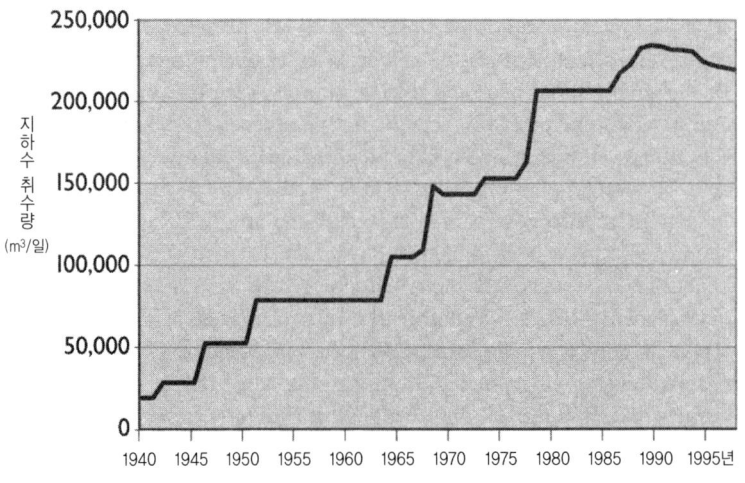

그림 4-6 산페드로 강 상류 유역의 지하수 취수량 추정치(1940~1997)
(출처: Goode and Maddock, 2000)

합하지 않은 환경으로 바뀌게 된다. 환경협력위원회의 위촉을 받아서 여러 분야의 전문가들이 꾸린 연구팀은 1999년에 산페드로 하천생태계를 조사한 결과를 발표하면서, 본격적인 대책이 마련되지 않고 지금과 같은 물이용 추세가 지속되면 "이 지역의 생명의 질과 북반구 전체의 생물다양성을 지탱하고 있는 이 자연자산은 결국 위험에 빠지고 말 것이다"라고 결론지었다.[31]

산페드로 강 유역과 관련하여 우리가 직면하고 있는 과제는 (앞서 소개한 다른 많은 하천 유역과 마찬가지로) 인간의 물수요와 생태계의 물수요를 동시에 충족시키는 방향으로 수자원 이용 및 관리의 균형점을 찾아나가는 것이다. 산페드로 하천생태계가 아직까지 크게 훼손되지 않았기 때문에 복원보다 보존에 중점을 둘 수 있다는 점은 하나의 이점이다. 그러나 환경파괴를 막는 것은 쉬운 일이 아니고 대책을 마련할 수 있는 시간은 얼마 남아 있지 않다. 지금과 같은 속도로 지하수 취수를 계속하고 이를 완화할 수 있는 수단을 강구하지 않는다면, 대수층의 수위와 갈수기의 기저유량은 계속 낮아질 것이다. 이런 추세가 그대로 진행된다면, 생태계가 파괴적인 영향에 시달리게 되는 것은 시간문제다. 더욱이 지역 인구가 계속 늘어나면서 인간이 산페드로 강과 대수층에 가하는 압력은 크게 늘어날 것이다. 이런 압력 속에서 산페드로 강의 기저유량을 유지하기 위해서는, 1인당 물수요를 억제하고 기존의 물이용 패턴을 변경하는 철저한 노력이 필요할 것이다.

지금 우리의 희망은 '산페드로 강 상류 협력체'에 있다. 산페드로 강 상류 협력체는 하천생태계와 유역의 주민들 모두를 보호할 해법을 찾기 위해서 20개 정부기관과 조직들이 연합하여 구성한 단체다. 이 협력체가 설계한 종합적인 수자원보전계획에 따르면, 이 계획의 목적은 "현재와 장래의 주민 및 토지소유자, 그리고 산페드로 강 국립 자연환경보전지역의 합리적인 요구를 충족시키기 위해서 지하수의 장기간 공급이 가능하도록" 보장하는 데에 있다.[32] 이 계획이 설계한 과학적 목표에는 전체 생태계의 건강을 보호하기 위해서 지하수위와 하천 유량을 허용가능한 범위 내로 유지하는 것이 포함되어 있다.

지금까지 이 협력체는 57개의 정책수단을 개발했다. 여기에는 물을 보전하는 방안, 하수를 재활용해서 지하수 취수를 줄이는 방안, 인공적으로 대수층에 물을 보충하는 방안, 활용가능한 물공급 수단을 확대하는 방안 등이 포함되어 있다(표 4-2).[33] 이런 여러 가지 방안들 가운데서 공급할 수 있는 물의 양, 단위비용, 전반적인 정치적·기술적 실현 가능성 등에 근거해서 실행에 옮겨질 방안이 선정되게 된다.[34]

이 협력체가 진행하는 활동의 중요한 특징은 보전계획 입안과 보전활동, 과학적 연구가 긴밀한 상호연관성을 이루면서 발전하는 상황을 허용하는 적응형 관리방법을 채택하고 있다는 점이다. 보전계획이란

수단	물 공급량 추정치 (1,000m³/년)	단위 경비 추정치 (달러/1,000m³)
하수를 이용해서 지하수를 보충한다	4,566	243
경제발전을 억제한다	1,357	162
농업용지를 줄인다	1,111	47
기존의 골프장을 없앤다	839	405
기존의 조경활동을 규제한다	605	81
공원과 골프장에 하수를 이용한다	568	243
공원과 골프장의 잔디 지역을 제한한다	469	405
물절약형 요금제를 제도화한다	284	162
상수공급시설의 누수를 탐지하여 보수한다	235	162

표 4-2 산페드로 강 상류 협력체가 제시한 수자원 보전 및 관리 방안의 예시
(출처: 산페드로 강 상류 협력체, 2002)

문서화되어 고정된 내용이 아니라, 진화해가는 전략이다. 즉, 보전계획은 진행 중인 여러 가지 사업의 결과를 종합하여 새로운 전략을 마련하고 가장 좋은 기술정보를 찾아내는 과정을 통해서 정기적으로 갱신된다. 진행 중인 과학적 연구와 관측을 통해서 확보된 결과는 보전계획의 설계에 필요한 정보를 제공하고, 이로써 연구와 실천은 서로의 성과를 토대로 발전해나간다. 이 협력체는 적응형 관리방법에서 이제까지 가장 저평가되었던 특징, 즉 완전한 해답을 찾기 전이라도 활동을 개시할 수 있다는 점을 효과적으로 활용하고 있다. 협력체는 단일하게 정해진 계획을 단순히 실행하는 차원이 아니라 과정 자체를 중시하면서, 실천해가면서 배우는 방식으로 전진할 수 있다. 생태계 개선활동이 불확실성을 이유로 마냥 보류되는 것이 아니라 당장 시작될 수 있는 것이다.

산페드로 강 상류 협력체에 참여하는 몇몇 행정기관들은 이미 수자원이용의 균형점을 찾기 위한 구체적인 실천에 돌입했다. 분석전문가들은 아직 이러한 대책들이 절약할 수 있는 물의 총량을 계산해내지는

못했지만, 2002년 말에 시작된 이래 지금까지 절약된 물의 양은 연간 총 720만 세제곱미터에 이르는 것으로 추정되고 있다. 물절약 방안을 사용하는 것만으로도 유역의 지하수 수요를 절반으로 줄일 수 있는 것이다. 막대한 재원이 투입된 사례로는, 자연보전협회와 미국 국방부, 개척국이 많은 면적의 농지 및 목초지를 사들여 수자원이용을 보류시키는 조치를 들 수 있다. 이런 농지매입 방식 덕분에 2001년에는 농업용 지하수 취수량이 무려 140만 세제곱미터나 줄었다. 후아추카 육군기지는 해마다 120만 세제곱미터의 처리과정을 거친 하수를 대수층에 공급하고 있다. 대수층에 공급되는 물의 대부분은 과다한 양수로 인해 대수층에 형성되는 '수위강하추(cone of depression : 지하수위가 다른 지역에 비해 현저히 떨어지는 상태 – 옮긴이)'를 완화하기 위해서 전략적으로 중요한 지점에 배치되고 있다.[35] 시에라비스타 시 역시 처리된 하수를 이용해서 지하수를 보충하고 있는데, 처리된 하수를 대수층에 바로 공급하는 것이 아니라 인근 토지에 침투시켜 대수층으로 흘러들게 하는 방식을 쓰고 있다. 이런 방식으로 대수층에 보충될 물의 양은 490만 세제곱미터에 이를 것으로 예상된다.[36]

시에라비스타 시와 후아추카 육군기지는 다른 한편으로 물소비량 감소를 목표로 한 여러 가지 대책을 실행에 옮기고 있다. 후아추카 기지는 물을 낭비하는 오래된 배관설비를 교체하고, 물을 사용하지 않는 소변기 350개, 물절약형 샤워꼭지 1,500개, 그 밖의 여러 가지 물절약 기기들을 설치했다. 시에라비스타 시는 신축되는 공공시설, 상업시설, 산업시설에 잔디 조경을 금지하고, 골프장에 대해서도 물이 많이 쓰이지 않는 잔디를 심도록 하고 잔디 면적을 한 홀당 5에이커 이하로 제한했다.[37] 최근 몇 년 사이에 시에라비스타 시는 신축건물의 절약형 위생시설 설치를 의무화하고, 주택소유자에게는 절수형 변기의 설치를 권유하고 거기에 들어가는 비용을 보상해주었으며, 누수검사를 실시하고, 신축 상업시설에는 물을 사용하지 않는 소변기의 설치를 의무화했다.

산페드로 강 상류 유역에서 현재 진행되고 있는 사업과 관련하여 가장 인상적인 것을 꼽으라면 협력적인 사업진행 방식을 꼽을 수 있을 것이다. 물의 이용과 관리에 관한 각종 결정은 해당 지역의 미래의 삶의 질과 삶의 방식에 근본적인 영향을 미친다는 점에서, 물문제를 둘러싸고 지역주민이 뜨거운 토론을 벌이는 것은 그리 놀랄 일이 아니다. 이런 상황에서 협력체 활동은 갈등을 최소화하고 협력을 촉진하는 구조를 창출한다. 그러한 협력구조를 창출하는 일은 생태계의 물수요를 충족시키기 위해 수자원의 이용방식을 변경할 필요가 있는 유역에서 부딪히는 또 하나의 어려운 문제다.

산페드로 강의 경험은 또한 관련된 모든 사람이 현재 상황을 정확히 이해하고 충분한 설명에 근거하여 여러 대안 중에서 특정한 대안을 선택할 수 있도록 하는 데에서 적응형 관리법에 입각한 건전한 과학과 탁월한 분석이 얼마나 중요한지를 입증하고 있다. "후회 없는 no-regret" 보전계획이 실행에 옮겨지는 동안, 과학자들은 산페드로 강의 수변식물과 수생생물은 언제, 얼마만큼의 물을 필요로 하는가를 정확하게 밝혀내고, 지하수 관리방식의 개선 등 각종 방침 결정에 필요한 수단을 개발해낼 것이다. 20개 구성단체가 구축한 산페드로 강 상류 협력체의 활동에는 이런 모든 정보가 특정한 시기에 특정한 관리방침을 실시할 때 활용되는 협력적인 구조와 과정이 포함된다.

산페드로 강 상류에서 펼쳐지고 있는 이처럼 유망한 과정이 성공을 거둘 것인지 확인하려면 아직은 더 기다릴 수밖에 없다. 여러 지역에서 나타났듯이, 인구의 증가는 인간이 귀중한 생태계에 가하는 압력을 줄이기 위해서 실시되었던 단기적인 대책을 원점으로 돌려버리는 결과를 낳을 수 있다. 산페드로 강 상류의 실험이 성공을 거두고 그 효과가 지속된다면, 그것은 해당 지역의 물 이용 및 관리의 성공에 그치지 않고, 북반구를 가로지르는 여행 도중에 잠시 산페드로 강을 찾아와 화려한 색깔과 아름다운 노래를 자랑하며 휴식을 취하는 수백만 마리 철새들의 성공이 될 것이다.

열대의 에스피리투산토 강, 새우를 보호하라!

푸에르토리코를 처음 찾아온 유럽 사람들은 이 섬을 '여러 강이 흐르는 땅'이라고 불렀다. 푸에르토리코 섬은 카리브 제도에서도 강우량이 가장 많은 지역들 중의 하나로, 17개의 강을 포함해서 1,300개의 물줄기가 흐르고 있다. 이 섬은 9,000평방킬로미터에 못 미치는 면적에 약 400만 명의 인구가 사는, 세계적으로 손꼽힐 만큼 인구밀도가 높은 곳이다. 20세기에 물수요가 급증하면서 푸에르토리코의 물길들은 대단히 큰 압박을 받았다. 1928년부터 1956년 사이에 20개 이상의 댐이 건설되었고, 1956년 무렵에는 거의 모든 물길이 인간의 요구에 맞추어 이용되고 있었다. 저수지에서 도수관들을 통해서 도시로 물이 공급되었고, 전역에 설치된 수력발전용 댐이 섬 전체에 전기를 공급했다. 그후 수십 년 사이에 많은 하천들이 홍수를 조절할 목적으로 정비되었다.[38] 다시 말해서, 이 작은 섬은 세계 각지의 담수생태계가 받고 있는 압박과 변경의 대부분을 겪어온 소우주였다.

수도 산후안 시는 전체 인구의 3분의 1이 밀집해 있는 곳으로, 이 도시 근처에 위치한 여러 하천들은 특별히 큰 압박을 받고 있다. 그중 하나인 에스피리투산토 강은 루끼이요 산맥에서 발원하여 섬 북동쪽 끝

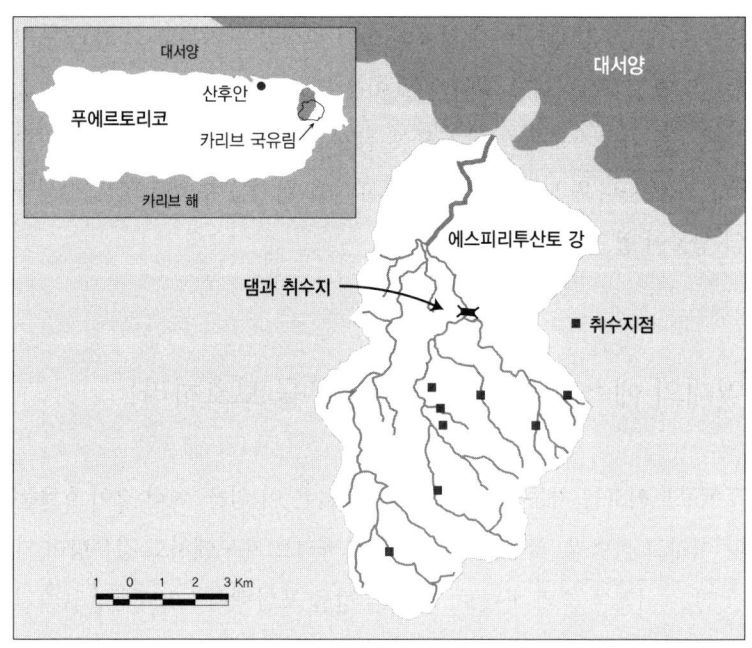

그림 4-7 에스피리투산토 강 유역

에 위치한 카리브 국유림Caribbean National Forest, CNF으로 흐른다(그림 4-7). 이 국유림은 미국의 국유림 가운데 유일한 열대림이고, 카리브 제도에 남아 있는 최대의 원생삼림이다. 레크리에이션, 관광, 생태연구에 적합한 곳으로 인정받아 1976년에 국제연합에 의해 생물권보호구로 지정되었다. 에스피리투산토 강을 비롯하여 아홉 개의 하천이 이 삼림지대를 지나가는데, 그 가운데 여덟 개 하천의 본류마다 하나 이상의 댐이 건설되어 있다. 이 하천들은 국유림 안팎의 여러 지점에 수많은 취수시설이 설치되어 있다. 보통 때에는 카리브 국유림을 경유하는 하천 및 소하천의 일일 유량의 절반이 취수되어 도시 생활용수로 공급되고 있다.[39]

그 결과, 에스피리투산토 강의 유황은 크게 변화했다. 댐의 규모가 작아서 고수위 때는 물이 취수시설을 쉽게 넘어가기 때문에, 수로 내와 수변의 생물군과 홍수에 의존하는 여러 특징들을 유지하는 데에 필요한 홍수는 여전히 지속되고 있다. 그러나 도시 생활용수 공급을 위해서 날마다 막대한 양의 취수가 이루어지고 있기 때문에 에스피리투산토 강을 비롯해서 카리브 국유림을 흐르는 여러 하천들의 유량과 수심, 유속은 크게 달라졌다. 지금은 급증하는 용수 수요에 직면하여 이들 하천생태계의 건강을 지키는 것이 물관리자들의 주요한 관심사다.[40]

얼마 전까지도 열대 수생생태계를 관리하는 사람들은 온대 하천 연구의 성과로부터 대부분의 정보를 얻었다. 그러나 푸에르토리코 등 열대지역에서 이루어지고 있는 최근의 과학적 연구는 하천생태계의 생물다양성과 생태적 과정을 보호하려는 노력과 관련하여 대단히 중요한 의미를 가지는 수생생태계의 독특한 특징을 하나둘씩 밝혀내고 있다.[41]

대부분의 열대 하천 수계에서는 특정한 담수생물종(어류와 새우 등)이 수생생태계의 구조를 좌지우지한다. 예를 들어, 푸에르토리코 산간지대의 작은 하천의 경우에는, 새우가 총중량으로 환산하여 가장 우위를 점하고 있는 동물이다. 새우는 낙엽을 분해하고 미세한 유기물을 소화하여 침전물의 양을 줄이고 영양물의 순환에 영향을 미치는 등 결정적으로 중요한 생태적 역할을 담당한다. 에스피리투산토 강에는 9종 이상의 민물새우가 서식한다(그림 4-8). 이곳의 새우는 하천생태계의 건강과 기능과 관련하여 중요한 역할을 담당할 뿐 아니라 시골 주민들이 즐겨 먹는 중요한 단백질 공급원으로 활용되고 있다.[42]

이 민물새우가 완전한 생애주기를 거치기 위해서는 반드시 이동을 해야 한다. 그러나 이 새우들은 미국 북부에 서식하는 전형적인 회유어종 연어와는 전혀 다른 이동특성을 보인다. 성숙한 연어는 대개는 바다

그림 4-8 에스피리투산토 강의 민물새우: 푸에르토리코의 작은 하천에서 총중량으로 환산하여 가장 우위를 점하고 있는 민물새우는 에스피리투산토 강의 건강에 핵심적인 역할을 담당한다.(사진: 제임스 마치)

에서 지내다가 산란기를 맞으면 담수 서식지를 찾아 하천을 거슬러 올라가는 소하溯河성 회유어종인데, 푸에르토리코의 하천에 서식하는 새우들은 양측회유성兩側回遊性을 지니지만 대부분은 담수에서 생활한다. 성숙한 암컷 새우는 강물에 새끼를 낳고, 어린 새우는 강물을 따라 흘러가서 하구의 염수역에 도달한다. 새끼 새우가 생애주기의 다음 단계로 이동하기 위해서는 염분농도가 높은 환경이 필수적인 것으로 보인다. 새끼 새우는 7~16주가량 하구에서 머물면서 변태를 거쳐 성체로 성장한다. 성체가 된 젊은 새우는 다시 강물을 거슬러 올라가 담수에서 성체기를 보낸다.43)

미국 조지아 주립대학 환경연구소와 산후안 국제열대림연구소의 연구자들은 에스피리투산토 강에 관한 세부적인 연구를 통해서, 하천에서 이루어지는 대규모 취수행위와 작은 댐 하나가 새우에게 심각한 영향을 미치고 있다는 것을 밝혀냈다. 바다로 이동하는 어린 새우들 가운데 42퍼센트가 취수설비로 빨려들어가 목숨이 끊어지고, 하천 수위가 아주 낮을 때는 거의 대부분이 취수설비로 빨려들어간다. 연구진은 현장 관찰을 통해서 얻은 데이터와 30년간의 하천 유량 데이터를 이용해서, 장기적인 새우의 치사율은 취수량에 따라서 평균 34퍼센트에서 62퍼센트 사이라고 추정했다.[44] 뿐만 아니라 하구에서 변태를 거쳐 성체가 되어 하천을 거슬러 오르는 새우의 입장에서 보면 댐은 포식자의 입으로 끌어들이는 인공적인 덫이다. 이 새우들은 흔히 댐의 구조물을 타고 넘어 상류로 이동하기 전에 물고기의 먹이가 되고 만다.[45]

연구자들은 새우의 상류 혹은 하류로 이동하는 시간대와 이동방식을 세밀히 관찰하여 물관리자들에게 새우의 생존율을 높일 수 있는 특별한 지침을 제시했다. 관찰에 의하면, 새우는 주간보다 야간에 더 활발하게 활동한다. 새우는 밤에 새끼를 낳고, 새끼는 어둠을 이용하여 하류로 흘러간다. 이런 활동이 밤에 이루어지는 것은 눈 밝은 포식자의 기습을 피하기 위한 진화적 적응 전략의 결과로 보인다. 새끼 새우가 가장 많이 하류로 흘러가는 시간대는 저녁 7시부터 10시 사이다.[46] 취수설비로 빨려들어가 목숨을 잃는 새끼 새우는 야간 평균으로는 초당 233마리인데, 저녁 7시부터 10시 사이에 죽는 새끼 새우는 초당 1,000마리가 넘는다.[47] 뿐만 아니라, 갓 성체가 된 젊은 새우가 상류로 거슬러 올라가는 시간대도 밤이다. 젊은 새우는 진로를 방해하는 인공 혹은 천연의 장애물을 만나면 물기가 있는 가장자리를 따라서 장애물을 타고 기어오른다. 연구팀은 젊은 새우가 장애물을 타고 기어오르는 행동의 필수적인 촉발제가 물의 흐름이라는 것을 발견했다. 물이 댐을 넘어서 흐르지 않으면 젊은 새우는 장애물을 타고 넘어 상류로 이동할 수가 없으므로 댐 하류에 머무른다. 아무리 적은 양이라도 물이 댐을 넘어서 흐르면 젊은 새우는 댐을 타고 올라가서 상류로의 이동을 계속한다.

연구자들은 이렇듯 자세한 생태학 정보를 이용해서, 새우가 필요로 하는 유량과 인간이 필요로 하는 유량 사이에 균형점을 되찾을 수 있도록 물관리방식 변경안을 내놓을 수 있었다. 연구자들은 새끼 새우들이 대거 이동하는 시간대를 포함해서 저녁 다섯 시간 동안 취수를 중단하면, 취수시설로 인한 치사율은 20퍼센트 미만으로 줄어든다는 것을 확인했다. 댐 너머로 최소한의 물이라도 흘러가게 하고 어류와 새우가 이용할 수 있는 이동로를 설치하면 새우의 생존율을 크게 끌어올릴 수 있다.[48] 이러한 관리방식의 변경은 도시 생활용수 공급을 비롯한 인간의 물이용을 크게 해치지 않으면서 활용할 수 있는 방법이다.

워싱턴앤제퍼슨 대학의 생물학자 제임스 마치의 말을 빌리자면, "이 연구를 통해서 얻은 보람은 감독기관과 물관리자가 우리의 의견에 귀를 기울였다는 점이다". 그 덕분에 푸에르토리코에서 신설되는 댐의 사업허가서에는 새끼 새우의 부유가 가장 많아지는 시기에는 취수할 수 없다는 규정이 명문화되게 되었다. 카리브 국유림으로 흘러드는 하천 가운데 유일하게 댐이 설치되지 않은 마마이스 강의 경우에는, 일반적인 댐과 취수용 구조물을 설치하지 않고 수로에서 직접 물을 취수할 수 있도록 수로 내 취수 방식이 이용되고 있다. 이 수로 내 취수 방식으로 인해서 새우가 목숨을 잃는 경우는 거의 없는 것으로 알려져 있다.[49]

카리브 국유림으로 흘러드는 푸에르토리코의 여러 하천과 관련한 연구는 우리에게 몇 가지 중요한 교훈을 던져준다. 첫째, 댐과 취수시설은 하류에만 영향을 미치는 것이 아니라 상류에도 영향을 미친다는 점을 고려해야 한다. 조지아 대학의 생태학자 캐더린 프링글의 말을 빌리자면, "하천과 소하천의 하류 유역에서 시행되는 변경은 상류 유역에서 작게는 염색체에서 크게는 전체 생태계 차원에까지 영향을 미칠 수 있다".⁵⁰⁾ 둘째, 인공적으로 변경된 생태계 내부에서 살아가는 생물들의 생활사를 자세히 연구하면 관리방식을 간단하게 변경하는 것만으로도 그 생물들을 보호하는 데에 기여할 수 있다. 셋째, 연구자와 물관리자, 관련 행정기관들이 협력을 강화하면 강화할수록, 생태학적인 연구 결과가 의미 있는 관리방식의 개혁으로 전환될 가능성이 높아진다.

그린 강, 댐의 영향을 어떻게 줄일 것인가

1910년에 발행된 한 장의 우편엽서에는 항구에 정박해 있는 증기선 샤프론 호의 사진이 실려 있다. 샤프론 호에 타고 있는 수백 명의 승객은 세계적인 장관 가운데 하나인 매머드 동굴을 보기 위해서 켄터키 주 그린 강을 거슬러 올라가는 사람들이다. 길게 늘어진 흰색 드레스를 입은 여자들과 멋들어진 밀짚모자를 쓴 남자들이 지상 최장의 동굴을 본다는 기대감에 부풀어 샤프론 호의 갑판에 서 있거나 부두를 걸어가고 있다. 그들은 동굴을 다녀온 사람들에게서 아질산 냄새와 섬뜩한 바람을 뿜어내는 '지하세계'의 장관 이야기를 듣고 나선 참이었다.⁵¹⁾

샤프론 호가 수심이 얕은 그린 강을 거슬러 올라갈 수 있었던 것은 수많은 선박운항용 갑문들과 댐들이 설치된 덕분이었다. 그러나 그 시절 대부분의 사람들이 그랬듯이, 여행객들은 이 갑문들과 댐들이 세계적으로 귀중한 수생생물의 다양성을 파괴하고 있다는 것을 미처 깨닫지 못했다. 세계 각지의 수많은 강들에서 그랬듯이, 그린 강의 수면 아래에서 진행되고 있는 생태계의 위기는 거의 100년 가까이 사람들의 관심 밖에 버려져 있었다. 그린 강의 사례는 하천 수계에서 무엇이 사라지고 있는가에 대한 대중적인 인식을 끌어올리는 데에 과학이 얼마나 중요한 역할을 하는가를 입증하고 있다. 그것은 또한 하천을 복원하는 과정에서 수자원공학자들의 기술적인 능력이 어떻게 이용될 수 있는가를 입증하고 있다.

앞서 말한 증기선 샤프론 호의 사진이 세상에 나오기 몇 년 전인 1906년, 미 육군공병대는 그린 강과 오하이오 강의 합류점에서는 300킬로미터 상류, 즉 매머드 동굴에서 이어지는 하류 지점에 그린 강 6호 갑문댐Lock and Dam이라는 이름의 구조물을 건설했다(그림 4-9). 오하이오 강에서는 1811년부터 증기선이 운항되고 있었지만, 그린 강에서는 대형 선박이 홍합이 다량 서식하던 얕은 여울을 지나 동굴까지 안정적으로 운항할 수 있게 된 것은 6호 갑문댐이 들어선 뒤의 일이었다. 새로운 갑문댐이 하천의 흐름을 막으면서 매머드 동굴의 수위는 무려 4미터나 올라갔고, 세계적으로 손꼽히던 다양한 휘귀종 동굴성 동물 군집과 훨씬 더 많은 종의 그린 강 서식 생물이 생존을 위협받게 되었다.

매머드 동굴의 기원은 모든 대륙이 판게아라는 하나의 거대한 땅덩어리로 붙어 있었던 3억 5,000만 년 전으로 거슬러 올라간다. 판탈라사 해의 따뜻한 물 속에는 소라, 조개, 고둥 등 탄산칼슘 성분의 껍질에 싸인 작은 생물들이 가득 차 있었다. 이 생물들의 사체는 고대의 바다 밑에 쌓였다. 7,000만 년의 세월이 흐르는 동안, 바다 밑에 쌓인 육중한 퇴적물에 엄청난 압력이 가해지면서 석회암이 형성되었다. 2억 8,000만 년 전에, 바다 수위가 내려가 석회암이 노출되면서 매머드 동굴이 만들어질 무대가 마련되었다. 지각운동으로 석회암층이 융기하고 휘고 비틀리면서 암석층에 균열이 생기기 시작했다. 이 틈으로 비가 스며들어 석회암을 녹이면서, 지하에는 무수한 굴과 하천, 거대한 동굴이 형성되었다.

다양한 동물이 기온과 습도가 외부세계와 현저하게 다른 동굴의 독

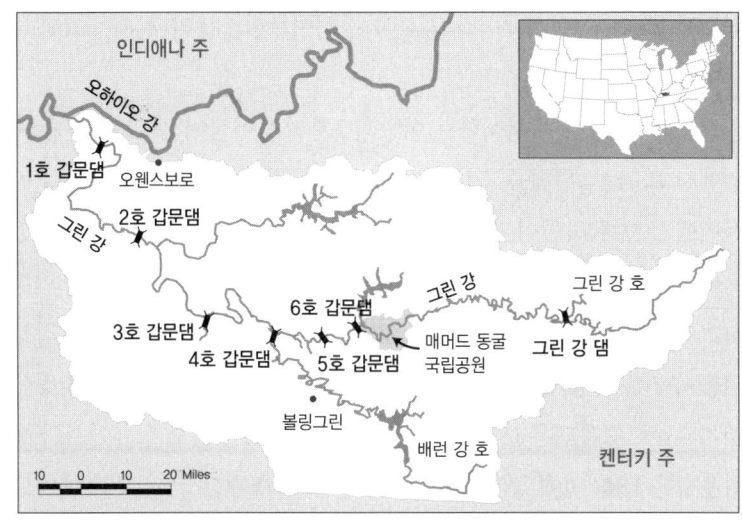

그림 4-9 그린 강 유역

특한 환경을 보금자리로 삼았다. 현재 이 동굴에는 200여 종 이상의 동물이 서식하고 있다. 그중에서도 가장 경이로운 생물은, 어둠속에서만 살아왔기 때문에 동굴을 벗어나서는 살 수 없는 진眞동굴성 동물 42종이다. 빛이 전혀 없는 깊은 동굴 속에서, 많은 물고기들과 가재들은 시각기관은 없고 다른 감각기관은 고도로 발달한 형태로 진화했다. 이들은 위장을 하거나 햇빛으로부터 몸을 보호할 필요가 없기 때문에 대부분 피부색소가 없어져 흰색이 되었다.

그린 강은 미국에서 손꼽히는 다양한 어패류의 서식지다. 이 강에서는 어류 150종 이상, 조개류 70종 이상이 확인되었다. 그중에는 닥터 수스의 책에 나오는 공상의 생물처럼 기발한 이름을 가진 생물이 많은데, 예를 들자면 어류로는 문아이mooneye, 노던호그서커northern hog sucker, 조개류로는 퍼플워티백purple wartyback, 엘리펀트이어elephant ear,

십노즈sheepnose, 멍키페이스monkeyface, 화이트힐스플리터white heelsplitter 등이 있다.

오늘날 그린 강에 서식하는 어종의 3분의 1 이상이 주 혹은 연방 차원에서 희귀종, 위험종, 멸종위기종으로 지정되어 있다. 최근 수십 년 사이에 조개류 14종이 사라졌다. 육군공병대는 직접 소유, 관리하고 있는 그린 강의 갑문댐 구조물 때문에 이 조개류들이 멸종한 것임을 인정하고 있다.52) 육군공병대는 6호 갑문댐을 완공한 뒤에도 세 개의 갑문댐을 추가로 건설했다. 그러나 하구에서 상류로 250킬로미터 지점에 설치된 4호 갑문댐은 1965년에 붕괴되었고, 3호 갑문댐 상류에서의 선박운항은 1981년에 중지되었다. 2001년, 공병대는 그린 강과 매머드 동굴의 생태계를 복원하기 위해서 6호 갑문댐을 철거하자는 제안을 내놓았다. 공병대는 댐 철거안에 대한 환경영향평가에서, 6호 갑문댐은 강물이 막힘없이 흐르는 차가운 서식환경을 느린 유속으로 흐르는 따뜻한 환경으로 바꾸어서 수많은 하천 생물종에게 막대한 피해를 주었다고 설명했다. 갑문댐이 들어선 뒤로 모래와 자갈이 깔린 깊거나 얕은 여울 대신에 바닥이 침니로 채워진 인공 저수지가 형성되었다.

공병대가 6호 갑문댐을 철거하면 27킬로미터의 하천 서식지가 복원될 수 있다. 뿐만 아니라, 멸종위기에 있는 켄터키동굴새우를 비롯해서 매머드 동굴의 수많은 생물이 서식지 복원으로 큰 혜택을 입게 될 것이다.

6호 갑문댐 철거는 그린 강과 매머드 동굴의 생태계 복원에 있어서 대단히 중요한 단계다. 공병대가 6호 갑문댐 철거 제안서를 준비하고 있던 2000년에, 자연보전협회는 독자적인 연구를 진행하여 그린 강의 하천 수계가 안고 있는 더 중대한 문제를 밝혀냈다.

1969년, 공병대는 홍수조절과 레크리에이션 용도로 6호 갑문댐 상류 200킬로미터 지점에 그린 강 댐을 건설했다. 연방정부는 1938년에 '홍수조절법'에 근거하여 그린 강 댐을 비롯한 48개 댐의 건설을 승인했다. 그린 강 댐의 건설을 위한 재원 조달이 완료되기 전인 1962년에 홍수가 발생하여 그 일대를 폐허로 만든 사건이 발생했다. 하류에는 갈수기에는 물을 가두지만 홍수기에는 거의 영향을 미치지 않는 소규모 선박운항용 댐들이 건설되었지만, 그린 강 댐은 강물 한 방울까지 완전하게 차단할 수 있는 43미터 높이로 건설되었다. 강물이 댐을 통과하려면 공병대의 댐 관리자가 조작하는 지름 5미터의 콘크리트관을 지나야 한다. 댐이 건설된 1969년 이후, 그린 강의 유황은 전적으로 공병대의 관리하에 놓이게 되었다.

2000년 자연보전협회가 그린 강 댐이 하천 유량에 미치는 영향을 밝힌 연구에 따르면, 공병대는 연중 대부분의 시기에는 자연 유황과 비슷한 방식으로 저수지의 물을 방류하고 있었다. 즉 물이 저수지로 유입되는 속도와 같은 속도로 물을 방류했다. 그러나 봄과 가을 중 일부 기간에는 저수지가 홍수조절과 레크리에이션 용도에 적합하도록 관리되면서 유황이 크게 변경되었다(그림 4-10). 여름에는 낚시와 뱃놀이를 즐길 수 있도록 저수지 표면적을 최대화하기 위해 저수지의 수위를 높게 유지했고, 겨울에는 겨울철 홍수에 대비한 저수공간을 확보하기 위해서 저수지 수위를 3미터 이상 낮추어서 유지했다.

봄철에는 여름철 고수위를 달성하기 위해서, 가을철에는 겨울철 저수위를 달성하기 위해서 수위 변화가 서서히 이루어졌다. 여름철의 레크리에이션 용도에 대비하여 수위를 높이려고 하는 봄철에는 상당한 유량이 저수지에 갇히기 때문에 하류 수위가 낮아진다. 반대로, 가을철에는 겨울철에 발생하는 홍수에 대비한 저수공간을 확보하기 위해서 상당한 유량이 방류된다. 봄철의 유량조절은 4주 동안, 가을철의 유량조

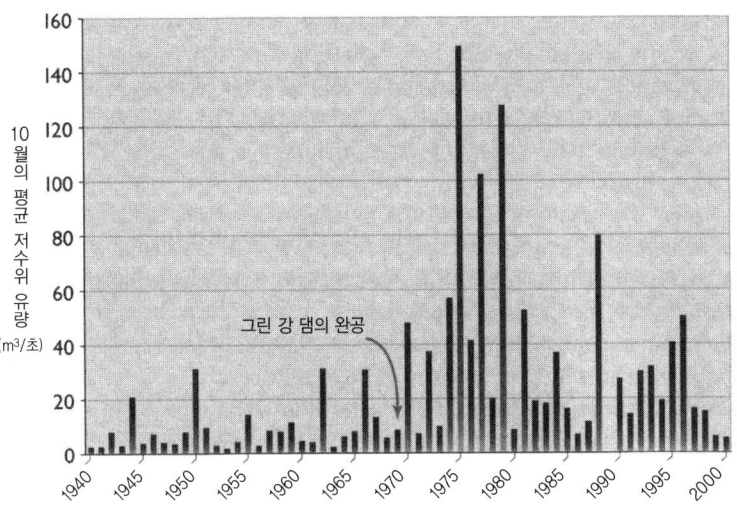

그림 4-10 그린 강의 저수위 유량 변경: 그린 강 댐이 건설된 후 그린 강의 가을 저수위는 크게 달라졌다.

절은 10주 동안 진행되는데, 특히 가을철 방류는 대부분 10월 16일과 12월 1일 사이에 이루어진다. 이처럼 급격한 변동이 일어나는 시기에 하천은 큰 타격을 받는다.

자연보전협회 소속 연구자들은 댐으로 인한 유량 변경이 그린 강의 어패류에 심각한 영향을 미치고 있다고 판단했다. 특히나 우려가 컸던 것은 가을철의 유량조절이었다. 자연상태에서라면 수위가 낮아져야 마땅한 가을철에 대규모 방류가 시행되면, 강물은 수로를 거의 채울 만큼 높은 수위를 유지한다. 〈그림 4-10〉을 보면, 댐 건설 이후의 10월 유량이 댐이 건설되기 이전 10월 유량의 5배에 이르는 것을 알 수 있다. 자연보전협회 연구자들은 계절에 걸맞지 않은 고수위가 장기화되면 어류의 산란과 조개류의 번식이 어려워지고 작은 물고기와 일부 조개류는 하류로 쓸려내려갈 것이라고 걱정했다. 연구자들은 공병대에 이 문제에 대한 협의를 요청했다. 그리고 2000년 6월 8일에 공병대 루이빌 지구 사무실에서 회의를 하기로 합의했다.

자연보전협회 연구자들은 회의가 예정된 날 아침 일찍 만나서 회의에 임할 전략을 논의했다. 연구자 가운데 한 사람인 어느 수문학자는 첫 번째 회의에서 너무 많은 것을 기대해서는 안 된다고 조언했다. 일차협의의 목표는 공병대가 당장 바람직한 방향으로 관리방식을 변경하도록 몰아붙이는 것이 아니라, 공병대의 사업목적을 명확하게 파악하는 것에 두었다. 연구자들은 공병대의 기술자들에게 댐 운용에 어떤 제약이 있는지를 설명해달라고 요구하기로 했다. 저수지가 레크리에이션 용도를 위해서 일정한 수위로 유지되어야 하는 까닭은 무엇인지, 홍수에 대비한 저장공간을 그렇게 넉넉하게 잡은 까닭은 무엇인지도 묻기로 했다. 연구자들은 공병대 기술자들이 현상유지를 위해 강경한 자세로 나올 것이라고 예상했다. 그러나 예상은 크게 빗나갔다.

회의석상에서 연구자들이 댐 운용과 관련하여 기본적인 질문을 던졌을 때, 공병대 루이빌 지구의 상급기술자 밥 비엘은 공병대가 무엇을 잘 못하고 있다고 판단하는지 정확하게 지적해달라고 요청했다. 예상 밖의 단도직입적인 질문을 받은 연구자들은 잠시 당황했지만, 조심스럽게 하천의 동식물이 하천의 자연 유황에 어떤 식으로 의존하고 있는지, 댐으로 인한 유황 변경이 어떤 문제를 일으키는지를 설명하기 시작했다. 그들은 댐 건설 이후의 하천 유량 변화를 나타낸 그래프를 내보이고, 공병대가 댐 운용방식을 변경해서 하천이 받는 충격을 줄여주었으면 좋겠다고 말했다.

비엘은 홍수조절 및 레크리에이션 용도를 위한 댐의 운용목적을 설명했다. 배를 매어놓는 계류장이 여름철 저수지의 예상수위에 맞추어서 세워져 있기 때문에 수위를 낮출 경우 계류장 소유주들의 피해가 크고 분쟁이 일어날 여지가 있다고 덧붙였다. 연구자들이 다시 비관적인 생각에 잠기게 될 무렵, 비엘은 자리에서 벌떡 일어나 칠판 앞으로 나가더니 양측 모두가 원하는 바를 얻을 수 있는 방법을 설명하기 시작했다.

비엘은 겨울철의 저수지 수위를 약 1미터 남짓 높이는 방안을 제안했다. 여름철과 겨울철 저수지 수위의 격차를 줄이면, 봄철에 저수지에 지나치게 많은 양의 물을 저장할 필요도 없고 가을철에 지나치게 많은 물을 방류할 필요도 없다. 게다가 고수위와 저수위의 전환기간을 늘일 경우 그 영향을 더 줄일 수 있다. 연구자들은 기운이 솟았다. 공병대의 기술자들은 생태계와 조화를 이루는 방향으로 댐을 운용할 수 있는 가능성에 대해 관심을 보이면서, 연구자들이 그들의 의견을 전달하기 위해 시간을 내준 데에 감사를 표했다. 회의가 끝난 후 비엘은 연구자들에게 공병대가 댐 운용방식을 수정할 경우에 하천에 어떤 변화가 나타나는지를 관측할 조사 프로그램을 설계해달라고 요청했다.

이 회의가 있고 6개월 뒤, 밥 비엘은 32년간의 공병대 근무를 마쳤다. 비엘은 곧바로 그린 강 댐 운용방식의 개선과 관련한 업무를 지원하고 자연보전협회가 공병대와의 협력관계를 확대할 수 있도록 돕기로 합의하고 자연보전협회로 일자리를 옮겼다. 공병대 루이빌 지구는 새로운 계획에 대한 공병대의 승인을 얻기 위해 다양한 보고서를 준비하는 한편, 강변의 토지소유자들의 의견을 듣는 공청회를 열었다. 자연보전협회의 연구자들은 댐 운용방식을 개선했을 경우에 나타나는 생태학적 변화를 비교할 수 있도록 하천의 건강과 관련된 광범위한 생태학적 데이터를 수집하여 제공했다. 2002년 가을, 공병대는 적응형 관리 프로그램의 첫 단계에 해당하는 새로운 계획의 실행에 돌입했다.

공병대과 자연보전협회는 그린 강 실험의 결과가 나오기도 전에 협력관계를 루이빌 지구 밖으로까지 확대했다. 두 조직은 그린 강에 적용된 것과 같은 제휴방법이 육군공병대가 관리하는 전국 각지의 630개 댐의 운용방식을 개선하는 데에 도움이 될 수 있는지를 확인하고 싶어했다. 2002년, 공병대과 자연보전협회는 '지속가능한 하천 프로젝트'라는 전국적인 협력체의 구성을 발표했다. 공병대의 로버트 플라워스 장군은 협력체에서 조사대상으로 선정된 댐은 13개지만, 앞으로 공병대가 운용하는 모든 댐이 조사대상에 포함되기를 바란다고 말했다.

남아프리카공화국 사비 강의 물배분

인종차별제도가 무너진 1990년대 초에, 남아프리카공화국 국민들은 정부를 개혁하고 법률을 개정할 수 있는 특별한 기회를 갖게 되었다. 3장에서 살펴본 바와 같이, 남아프리카공화국은 1998년에 국가물기본법을 통과시키고 21세기형 물관리를 선도하는 나라가 되었다. 그러나 법률문구로 표현된 비전은 일상의 물관리에 적용되기 시작하면서 엄청난 문제들에 직면하게 되었다. 요하네스버그에 있는 위트워터스란드 대학의 하천생태학자 케빈 로저스의 말을 인용한다. "우리는 물관리를 통해서 남아프리카공화국에 있어서 민주주의란 무엇을 의미하는가를 배우게 될 것이다."

  로저스의 말이 암시하듯이, 남아프리카공화국의 새로운 물기본법의 도입은 남아프리카공화국의 국경을 넘어서는 중요한 사회적 실험이다. 남아프리카공화국의 하천관리자들은 세계 각지의 사회들이 직면하고 있는 근본적인 난제, 즉 인간의 물수요와 생태계의 물수요를 완전히 충족할 수 있을 만큼 물이 충분치 않은 현실을 돌파하기 위해 노력하고 있다. 남아프리카공화국 국민은 해결이 쉽지 않아 보이는 이 난제를 공평하게, 그러면서도 생태학적으로 지속가능한 방식으로 해결하는 방법을 모색하고 있고, 세계는 그 과정을 주목하고 있다.

사비 강 유역은 여러 가지 면에서 개발도상국의 물문제가 집약되어 있는 소우주라고 할 수 있다. 사비 강은 동쪽으로 흘러 세계적으로 유명한 남아프리카공화국의 크루거 국립공원을 지나서 모잠비크의 인코마티 강과 합류한 뒤 인도양으로 흘러들어간다(그림 4-11). 국립공원을 찾은 관광객들은 강 양쪽의 모래톱 사이로 넓게 흐르는 사비 강을 가로지르는 긴 다리를 지나가는 차 속에서 사비 강이 야생생물의 서식지로 얼마나 중요한지를 두 눈으로 확인하게 된다. 다리 위에서도 악어, 하마, 하이에나, 물소, 코끼리, 기린, 개코원숭이, 아프리카대머리황새를 비롯한 수많은 동물들을 쉽게 볼 수 있다. 사비 강 수계는 어류 45종과 다양한 수변식물 군락을 지탱하고 있다. 사비 강의 생물다양성과 물은 수백년 전부터 은데벨레 부족과 샹간 부족에게 중요한 의미를 가지는 것이었다.

오늘날 크루거 국립공원보다 상류 쪽 사비 강 유역의 토지와 물이용 패턴의 급격한 변화는 하천의 건강과 전통적인 강 이용방식, 크루거 국립공원의 엄청난 생물다양성을 위협하고 있다. 산업적인 규모의 삼림을 조성하면서 호주에서 대량으로 이식된 유칼리나무와 소나무는 이 지역 본래의 초원 식생보다 많은 물을 소비하기 때문에, 사비 강의 평균 유량은 15퍼센트 넘게 급감했다.[53] 하천 상류 유역의 드넓은 토지는 바나나와 망고 농장으로 바뀌었다. 관광객 유치를 위해서 새로운 호텔과 콘도미니엄이 세워지고, 박해에 시달리다가 고향으로 돌아오는 흑인들에게 생계를 이어갈 기장과 옥수수 농장을 제공하는 재정착촌이 건설되고 있다. 사비 강의 지류에는 이미 7개의 댐이 건설되고 있으며, 급증하는 인구에게 생활용수 및 농업용수를 공급하기 위해서 사비 강 유역

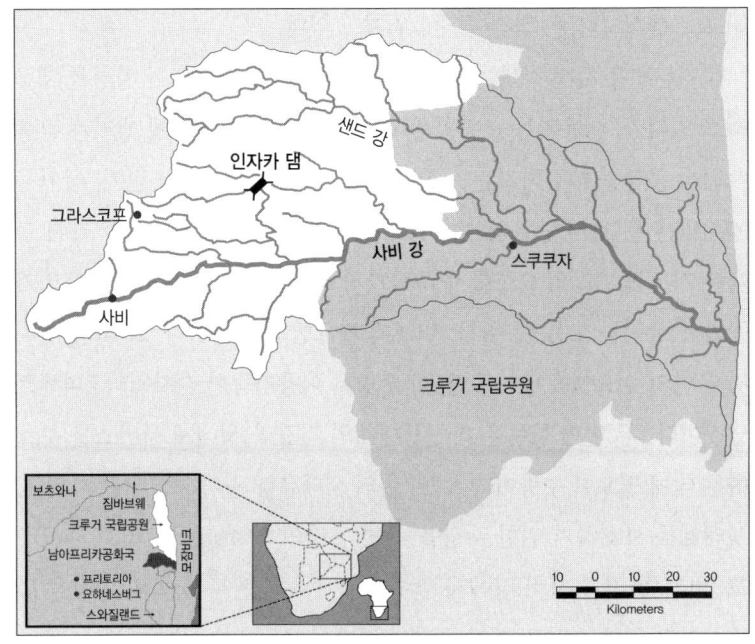

그림 4-11 사비 강 유역

에 6개의 댐 건설안이 검토되고 있다.

이렇듯 물에 대한 수요가 급증하면서 사비 강 유역의 주민들과 물관리자들은 곤경에 부딪히고 있다. 1985년에는, 사비 강 유역의 자연 유량의 약 28퍼센트가 인간의 물수요에 충당되었는데, 그중 절반이 감귤류인 시트러스 농장에, 나머지 절반이 삼림 조성에 배분되었다. 2010년에는 자연 유량의 절반 이상이 인간의 물수요에 충당될 것으로 예상되는데, 수요가 이처럼 급증한 주요한 이유는 재정착촌의 인구가 늘어나고 농업이 자급자족형에서 소규모의 상업적 농업으로 바뀐 데 있다.[54] 사비 강의 물이 점점 줄어들면서, 재정착촌의 물수요와 예로부터 이어져온 시트러스 농장과 삼림의 물수요 사이의 갈등은 심화되고, 하천 시스템의 건강은 점점 위태로워지고 있다.

물기본법은 사비 강의 수자원정책의 의사결정에 강력한 지침을 제공하고 있지만, 이용가능한 수자원이 제한되어 있기 때문에 생기는 각종 사회적 문제를 해결하지는 못한다. 3장에서 살펴본 바와 같이, 국가물기본법은 두 가지 항목의 필수유보reserve를 규정하고 있다. 한 가지 항목은 기본적 인간의 요구를 충족시키기 위한 수량이다. 즉, 남아프리카공화국 국민들의 음용, 취사, 위생에 필요한 최소량이다. 2010년 사비 강 유역의 수요예측에 따르면, 이 수량은 이용가능한 수자원의 7퍼센트 남짓이다. 두 번째 항목은 하천생태계의 건강과 생태계 서비스를 보호하는 데에 필요한 수량이다. 1997년의 생태유량 평가 보고서는 사비 강 생태계를 보호하기 위한 수량을 자연 유량의 약 44퍼센트라고 결론짓고 있다.[55] 결국 사비 강에서 필수유보에 속하는 두 항목의 수량을 충족시키기 위한 수량은 자연 유량의 절반을 조금 넘는 셈이다.

물기본법에 따르면 두 항목의 필수유보로 보호받지 않는 물은 사용허가를 받아서 그 밖의 용도로 쓸 수 있다. 현재의 물이용과 미래에 예상되는 물이용에 대해서 모두 허가가 내려진다면, 사비 강의 물은 2010년에 거의 모두 배분되는 상황에 이를 것으로 예측된다. 달리 말하면, 사비 강에서의 인간의 물이용은 10년 안에 지속가능성 경계에 도달하지만, 사비 강의 생활용수 및 농업용수의 수요는 그후로도 계속 늘어날 것이다. 이렇게 물이 한계에 도달할 경우, 이러한 발전을 억제할 것인가, 아니면 예로부터 삼림이나 시트러스 농장에 사용되던 수량을 줄여서 재정착촌의 지속적인 성장을 보장할 것인가? 물기본법은 어떤 원칙에 입각해서 필수유보 용도 이외의 수자원을 경합하는 각종 수요 사이에 배분할 것인가라는 곤란한 사회적 문제에는 답을 주지 못한다.

물기본법은 이 문제를 지역의 각종 이해집단의 대표와 중앙 및 지방정부의 관련기관을 성원으로 하여 신설한 '유역관리기구'에 위임하고 있다.56) 이 규정의 의도는 연방 수자원산림부Water Affairs and Forestry, DWAF에 의한 중앙집중화된 정책결정을 지양하고 지역 중심으로 물관리의 의사결정이 이루어지게 하려는 것이다. 수자원산림부는 유역관리기구의 활동을 장려하고 유지하기 위해 재원과 행정적 지원을 제공할 것이고, 각 기구의 구성과 기능은 해당 하천 유역의 특수한 여건과 과제를 해결하는 방향으로 유기적인 발전을 이룰 것이다.

새로운 관리기구가 각각 어떤 형태를 갖추게 될지는 예측하기 어렵다. 그러나 사비 강의 경우에는 관리기구가 어떤 기능을 담당해야 하는지가 점점 분명해지고 있다. 물리적인 환경과 인간 환경이 급격히 변화함에 따라, 물관리에 대한 사회의 가치와 우선순위도 변화할 것이 분명하다. 따라서 유역관리기구들은 대중이 정책결정에 참여할 수 있는 방안을 적극적으로 마련해야 한다. 대중적인 참여가 생태학과 관련된 정보에 의해서 성공적으로 뒷받침되면, 하천의 건강을 지킬 수 있는 가능성은 더욱 커진다. 따라서 유역관리기구들은 과학계와 긴밀한 협력관계를 구축할 필요가 있다.

케빈 로저스를 비롯한 여러 사람들은 하천 수계의 바람직한 미래상을 구축하는 데에는 대중 참여가 특히 중요하다고 주장한다.57) 사비 강의 경우에는, 유역 주민, 국립공원관리자, 과학자들이 함께 참여하는 일련의 워크숍을 통해서 자연생태계를 파괴하지 않으면서 각자의 물수요를 충족시킬 수 있는 범위 내에서 자신들이 바라는 바를 설명하는 방식으로 새로운 비전이 구축되었다. 이 그룹은 다음과 같은 사비 강 유역의 비전을 중심으로 협력했다.

- 우리는 지역 하천의 관리자라는 것을 자랑스럽게 여긴다.

- 지역의 하천은 지역 경제와 유산들을 지탱한다.
- 우리는 우리 국민과 국가, 이웃에게 장기간 공평한 이익을 제공할 수 있도록 지역의 하천을 보호하고 관리한다.

로저스는 이러한 합의에 의거한 접근방식을 '미래 구축 future building'이라고 명명했다. 사비 강 유역의 다양한 이해집단들은 로저스를 비롯한 다른 과학자들과의 협력을 통해서 미래의 비전을 구축하기 위한 첫걸음을 내딛고 있다. 로저스의 말을 인용한다. "나는 시트러스 재배 농민과 호텔 개발자, 부족의 주술사가 함께 앉아 이야기를 나누는 것을 보면서 차츰 뭔가가 이루어지고 있다고 느꼈다."

로저스는 이러한 공유된 비전을 만들어가는 과정이 때로는 많은 시간을 소모하고 어려울 수도 있지만, 결국은 쏟아부은 시간만큼의 성과가 나온다고 말한다. 로저스에 따르면, '나'에서 '우리'로의 관점 전환은 참여자들이 자기중심적이고 경쟁적인 입장으로부터 걸어나오기 시작하고, 상대방의 필요와 욕망을 이해하기 시작하는 과정, 가치관과 선호도가 함께 진화해나가는 과정에서 필수적인 첫걸음이라고 했다.

의사통일이 이루어져서 공유된 비전에 이르게 되면, 자연자원관리자와 과학자, 이해관계자는 공유된 비전을 기본방침과 관리목표로 구체화할 수 있다.58) 이러한 세 개의 연계된 요소들, 즉 비전, 기본방침, 관리목표는 수자원관리에 있어서 명확하고 장기간에 걸쳐서 적용될 수 있는 로드맵을 제공한다. 비전을 표현한 문서는 관계자들이 공유하는 일반적인 가치관을 성문화한 것이다. 기본방침은 비전을 더 넓게 정의하는 것이며, 관리자와 정치지도자, 그 밖의 정책결정자에게 관리활동이 의도하는 성과가 어떤 것인가를 구체적으로 파악할 수 있게 한다(상자글 4-3). 관리목표는 바람직한 하천 유량을 포함한 각종 핵심적인 생태계

> **상자글 4-3 남아프리카공화국 사비 강 유역에서 개발된 물관리의 목표들**
>
> **총체성과 종합성**
> - 자원의 공유는 공통의 비전과 협동의 실천을 필요로 한다.
>
> **협력적 거버넌스**
> - 협력관계는 수직방향뿐 아니라 수평방향으로도 창조되어야 한다.
>
> **공평성**
> - 자원의 이용권, 자원이용의 비용과 이익의 배분은 공평하게 이루어져야 한다.
> - 수익은 물이용자뿐만 아니라 하천생태계 관리의 혜택을 입는 모든 사람으로부터 창출되어야 한다.
>
> **효율성**
> - 관리와 운영은 신속하고 효율적인 서비스의 제공을 목표로 실행되어야 한다.
>
> **시민사회의 활성화**
> - 시민사회는 충분한 정보를 제공받으며 적극적으로 참가해야 한다.
> - 상향식 접근방식과 문제의 뿌리까지 밝혀내는 태도가 중요하다는 점이 인식되어야 한다.
>
> **적응성**
> - 정책과 시책은 경험을 통해 개선될 수 있다.
> - 유역관리기관과 각 차원의 이해관계자들의 대표는 투명성과 책임성을 중시하고 문제제기에 대해 개방적인 태도를 가져야 한다.
>
> (출처: 남아프리카공화국 위트워터스란드 대학의 켈빈 로저스와 개인적으로 나눈 대화)

지표의 목표수치로서, 관리자들이 추구해야 할 구체적인 내용들을 제공한다(표4-3). 이때 기본전제는, 각종 생태계 지표를 목표치 범위 내로 유지한다면 기본방침과 종합적인 비전을 실현할 수 있다고 상정하는 것이다. 과학자들은 생태계 지표의 관측 결과를 이용해서 관리자에게 관리전략의 성공 여부를 알려줄 수 있다.

생태계 지표	문제가 발생할 수 있는 한계(관리목표)
하천 유량: 건조기 사비 강의 기저유량	유량이 초당 2.0~4.0세제곱미터 이하로 떨어질 때 (월별로 달라짐)
하천 유량: 건조기 사비 강의 고수위	유량이 초당 5.0~8.0세제곱미터 이하로 떨어질 때 (월별로 달라짐)
하천 수로: 수로의 유형	모래톱 구간의 면적이 수로 전체의 20퍼센트 이하로 줄어들거나, 소의 면적이 수로 전체의 15퍼센트 이하로 떨어질 때
식생: 핵심적인 생물종의 개체군 구조	단 한 종의 수변식물이라도 10년 이내에 재생되지 않을 때
어류: 개별 어종의 분포	단 한 종이라도 서식범위가 50퍼센트 이상 줄어들 때
수생곤충들: 곤충 종류의 풍부성	단 한 종이라도 개체수가 50퍼센트 이상 감소할 때
조류: 서식지의 형태	단 하나의 서식지 형태라도 다시 나타나지 않을 때 (갈대밭, 개펄 등)
수온	온도가 8~25도의 범위를 벗어났을 때

표 4-3 남아프리카공화국 크루거 국립공원 하천생태계 관리에 이용된 생태계 지표 예시
(출처: Rogers and Bestbier, 1997)

양적 관리목표의 개발은 1989년에 시작된 크루거 국립공원 연구사업을 통해서 얻은 과학적 지식으로부터 많은 도움을 받았다. 이 연구사업은 개발에 의해서 국립공원 내의 하천의 건강이 어떤 영향을 받게 될 것인가와 관련하여 늘어가는 관심, 그리고 국립공원 경계 하류의 물수요의 충족을 보장할 것을 요구하는 이웃나라 모잠비크의 정치적 압력

에 대응하여 구축된 것이었다.

사비 강 생태계의 천연적인 복잡성은 과학자들에게 갖가지 어려운 도전을 안겨주고 있다. 사비 강은 지질학적으로 복잡한 환경을 지나 흐르기 때문에, 강물이 부딪히는 암석의 종류에 따라서 강물은 완전히 다른 흐름을 보인다. 하천 폭이 넓은 모래질의 범람원을 만나면 물길은 하나가 되고, 단단한 암반들이 돌출된 지점을 만나면 강물은 큰 강판 위를 지나가는 것처럼 수많은 물길로 나누어진다. 사비 강에는 다섯 가지의 특징적인 수로 유형이 있다.[59]

각각의 수로 유형은 모래가 깔린 곳, 암반이 돌출된 곳, 얕고 물살이 느린 곳, 깊고 물살이 센 곳 등 다양한 특징을 가진 지역이 균일하지 않게 뒤섞인 모자이크 모양의 서식지를 제공하고, 그곳에 서식하는 동식물의 종을 결정한다. 예를 들어, 프라그미테스 모리티아누스*Phragmites mauritianus*라는 이름의 갈대는 모래가 깔린 수로 부근에서 발견되고, 브레오나디아 살리키나*Breonadia salicina*라는 이름의 상록수는 강물이 암반 돌출부를 지나가는 지역에서 바위에 달라붙어서 자란다. 어류 45종이 상이한 수로 유형 내에 형성된 상이한 서식환경에서만 서식한다. 바닥이 암반으로 되어 물살이 센 여울을 좋아하는 물고기도 있고, 수심이 깊고 물살이 완만하며 모래가 깔린 곳을 좋아하는 물고기도 있고, 강기슭 얕은 물에 숨어 지내거나 강변식물이 우거져서 그늘이 지고 물살이 전혀 없는 곳에서 서식하는 물고기도 있다.

그러나 2장에서 살펴보았듯이, 수생 및 수변 서식지는 하천수위의 변화에 따라서 급격하게 변화한다. 남아프리카공화국 하천의 수위변화는 대단히 극심하다. 사비 강의 평균유량은 건조기에는 초당 3~5세제곱미터, 우기에는 초당 15~20세제곱미터, 홍수기에는 초당 289세제곱미터다. 홍수기 평균유량이 건조기 평균유량의 10~100배에 이른다. 어류를 비롯한 이동성 생물은 하천수위가 변하면서 형성되는 다양한 지역으로 이동하여 먹이를 구하거나 산란을 한다. 보통 규모의 홍수가 발생하는 경우에는 특정한 유형의 수로에 서식하는 동식물의 전체적인 조합은 크게 변하지 않는다. 그러나 이따끔 발생하는 대규모 홍수는 하천 수계의 물리적 특성을 재편성한다.

따라서 장기간에 걸쳐서 하천의 건강을 보호하는 데에 적합한 생태 유량 지침을 개발할 때는 반드시 하천생태계의 서식지 다양성과 시간에 따른 가변성을 이해해야만 한다. 크루거 국립공원 연구사업에 참여한 과학자들은 1989년 이후로 하천의 변화를 관찰하면서 많은 것을 배웠다. 그들은 하천의 동식물이 갈수기나 그후에 이어지는 홍수기를 어떻게 견디고 살아남는지 관찰하면서 특정한 종의 생존하거나 사멸하는 요인을 파악했다. 과학자들은 수문학, 지형학, 어류생물학, 식물생태학, 야생생물생태학 등 다양한 전공자들의 전문지식을 이용하여 사비 강 생태계의 기능에 관한 개념적 모델을 개발했다. 그들은 컴퓨터 시뮬레이션을 이용하여 자연생태계가 무너지기 시작하는 변화의 한계를 확인했다. 그들은 이러한 지식을 토대로 허용할 수 있는 변화의 한계를 반영하면서 하천 유량, 수로 변경, 동식물 군락과 관련된 구체적인 관리 목표를 정했다. 과학자들은 국립공원관리자 및 물관리 정책결정자들과 대화를 나누면서 자신들이 얻은 지식을 공유했다.

과학자들은 사비 강이 개발에 특히 취약한 강이라고 설명했다. 그 근거로는 대부분의 물이 사비 강 하천 유역의 특정 지역에서 공급되는데, 퇴적물의 대부분은 다른 지류 유역에서 공급되는 점을 들었다.[60] 대부분의 물(71퍼센트)이 사비 강 지류의 상류 유역에서 공급되는데, 대부분의 토사(70퍼센트)는 샌드 강에서 공급된다. 인간의 이용으로 상류 유역의 하천 유량이 감소하면, 샌드 강에서 흘러내려온 퇴적물은 사비 강 중

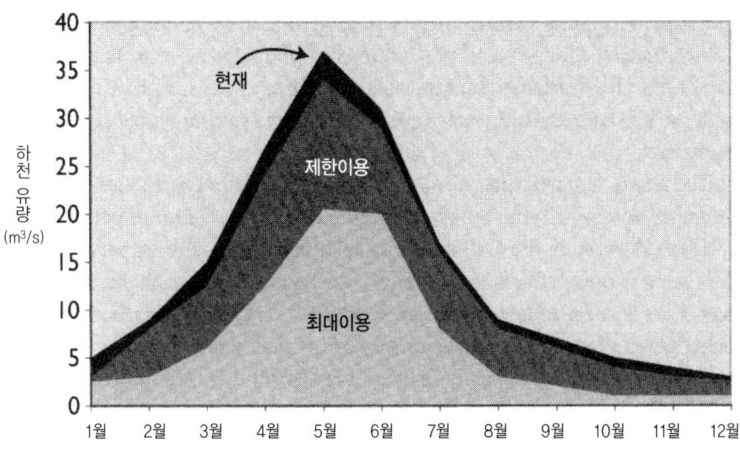

그림 4-12 인자카 댐이 미칠 영향에 대한 예측: 최대이용 시나리오를 위해 관리될 경우 인자카 댐은 사비 강 유량에 상당한 영향을 미칠 수 있다. 제한이용 시나리오를 채택할 경우 이러한 영향을 크게 줄일 수 있다.(출처: O'Keeffee et al., 1966)

류 유역에 쌓여 더 이상 이동하지 못할 것이다. 결국 사비 강 하류는 퇴적물이 쌓여서 브레오나디아 살리시나가 바위에 달라붙어 자라는 암반 돌출 지역은 사라지고 말 것이다. 모래가 쌓인 구간에서는 갈대가 왕성하게 자라나서 하천 유역의 식물다양성이 감소할 것이다. 유량이 줄어들면 어류 군집에도 영향을 미친다. 예컨대, 홍수가 발생해야 산란을 하는 어종과는 달리 수심이 얕고 물살이 느린 환경에서 왕성하게 번식하는 시클리드cichlid와 같은 어종이 생존경쟁에서 유리한 위치를 차지하게 될 것이다.[61]

이러한 과학적 지식은 2001년에 완공된 인자카 댐을 설계할 때에도 활용되었다. 과학자들은, 여러 가지 방안 가운데 '최대이용 시나리오'는 홍수를 억제하여 건조기에 강바닥을 드러내는 지역이 나타나면서 생태계에 심각한 영향을 미칠 것이라고 경고했다. 그들은 그 대안으로 '제한이용 시나리오'를 제시했다(그림 4-12). 이 안은 댐의 방류방식을 변경하여 권장하는 관리목표의 범위를 벗어나지 않도록 저수위를 23퍼센트, 고수위를 16퍼센트만 줄이자는 내용이었다.[62]

인자카 댐 사업의 사례를 통해서, 국가물기본법이 규정한 생태유량이 제대로 반영되고 정확히 운용될 수 있도록 보증하기 위해서는 물 개발과정에 과학자들이 참여하는 것이 결정적으로 중요하다는 것을 알 수 있다. 사비 강 생태계에서 일하고 있는 과학자들은 자신들이 개발한 모델이 완벽하다거나 자신들이 제시한 수치목표가 변하지 않을 거라고 생각하지 않는다. 실제로, 과학자들은 자신들이 설정한 관리목표는 '문제가 발생할 수 있는 한계치'라고 말하며, 기본방침과 비전을 확실히 달성하기 위해서는 과학적 지식의 진보에 따라 조정되어야 할 것으로 생각하고 있다.

사비 강 유역의 물관리자, 과학자, 그리고 물이용자들이 장기적인 협력관계를 구축할 수 있을지 없을지는 시간이 흘러야만 알 수 있는 문제다. 이들은 건강한 하천을 유지하면서 인간의 필요를 충족시킬 것을 요구한 물기본법의 이상을 실현하기 위해서 상호협력하면서 지속적인 노력을 기울여야만 한다. 만일 이들이 성공을 거둔다면, 이들은 자신들이 개발한 수자원 관련 협력방안이 세계 각지에서 채택되는 것을 지켜보게 될 것이다.

05

더 바람직한 하천 거버넌스를 위한 기본원칙

- 생태계 서비스의 가치를 평가하자
- 세계댐위원회가 주는 교훈
- 풀뿌리 거버넌스의 시도
- 기존의 틀을 벗어나서 활동하는 하천유역위원회
- 새로운 리더십의 반짝임

2002년 5월 초, 『뉴욕타임스』 1면에는 다음과 같은 도발적이면서도 밝은 미래를 시사하는 문장으로 시작하는 기사가 실렸다. "과학자들은 미국의 위대한 하천들을 병들게 하는 것이 무엇인지 알고 있다. 또한 그것을 어떻게 치유해야 하는지도 알고 있다."[1)]

물론 과장된 표현일 수 있다. 그러나 블레인 하든은 미주리 강에 초점을 맞춘 이 기사에서, 미주리 강처럼 댐이 많이 들어서 있고 인공화되어 있는 하천이라도 자연 유량 패턴을 일정 정도 복원하면 하천의 건강을 되살릴 수 있고 멸종위기에 있는 어류와 야생생물을 소생시킬 수 있다는 과학계의 의견에 관해 보도하고 있다. 그러나 기사 뒷부분에 미주리 강의 미래를 결정하는 요소는 건전한 과학이 아니라 정치일 공산이 크다는 내용을 읽다보면, 하든이 글머리에서 제시한 희망은 순식간에 사라진다.

미국을 비롯한 세계 각지의 기나긴 수자원의 역사에 대해 잘 알고 있는 사람이라면 이 기사의 결론을 보고도 그다지 놀라지 않을 것이다. 물의 배분과 이용을 둘러싼 끊임없는 갈등상황에는 예외없이 다음과 같은 공통점이 있다. 첫째, 쟁점이 되는 결정으로 영향을 받는 사람들이 빠짐없이 의사결정과정에서 발언권을 가지지 못한다. 둘째, 결정은 광범한 공익보다는 권력과 영향력의 정치적 역학관계를 반영하고 있다.

의사결정이 이런 식으로 이루어진다는 것은 하천의 건강과 하천에 의존하고 있는 인간과 생물의 다양한 공동체를 지탱해야 하는 거버넌스governance가 심각하게 손상되어 있다는 것을 의미한다. 중앙아시아 아랄 해와, 그 인근 '재난지대'에 살고 있는 300만 명의 사람들은 모스크바 중앙정부 계획국이 내린 결정 때문에 피해를 입고 있는 희생양이다. 그 사람들은 그 결정에 일체 관여할 수 없었고, 상류의 하천 변경이 하류에 있는 자신의 주거지와 생업에 어떤 영향을 미치는지에 대해서 제대로 된 설명을 듣지도 못했다. 태국의 문 강에서는 강에 의지하여 생계를 유지하던 주민들의 권리와 요구를 묵살한 채 빡문 댐이 들어선 뒤로 생활권 어업이 붕괴하여 주민들의 항의가 몇 년째 이어지고 있다. 멕시코 북부 콜로라도 강 삼각주에서는 수백 년 동안 풍족하게 생활해온 원주민 코코파 인디언 마을이 사라질 위기에 놓여 있다. 수십 년 전 콜로라도 강물을 미국의 7개 주와 멕시코가 나눠가지기로 결정할 당시, 삼각주에 의지하여 살고 있던 코코파 인디언 마을 사람들과 물고기와 새, 야생생물의 이익은 전혀 고려되지 않았다. 미국 7개 주와 멕시코가 나눠가지기로 한 물의 양은 자연 유량을 초과하는 것이었고, 결국 삼각주와 주민들 몫으로 남겨진 물은 한 방울도 없었다.

거버넌스는 어느 공동체의 정책과 법령을 단순히 모두 모아놓은 것이 아니라, 공동체의 정책과 법률을 형성하는 일체의 과정을 의미한다. 정책과 법령을 어떤 방식으로 결정하고, 누가 제정하고 누가 집행하며, 어떤 가치관과 이해관계를 반영하는가 하는 것도 이 과정에 포함된다. 하천을 공정하게 지속가능한 방식으로 이용하기 위해서는 하천에 관한 정책을 결정하는 장에 더 많은 사람이 참가할 수 있도록 해야 한다. 그러나 대부분의 국가에서는 많은 사람들을 참여시키면서 공정성을 강화하는 정책결정과정에 역행하는 쪽으로 상황이 기울고 있다. 하천 거버넌스의 각종 형태는 대체로 20세기형의 공리주의적 사고를 반영하여 사회의 경제적 발전을 촉진하기 위해서 어떻게 하천을 통제할 것인가라는 기술적인 문제에 초점을 맞추고 있다. 미국은 물론이고 중국, 이집트, 인도, 미국에서도 이런 판단을 내리는 것은 대개는 업무처리의 기술적인 방법을 알고 있는 핵심적인 간부기술자들이다. 이따금 특정한 사업이 추진되기 전에 그 사안에 대해서 많은 사람들의 의견을 청취하기 위해서 마련되는 공청회가 열리는 것 말고는, 대부분의 의사결정은 하향식으로 이루어진다. 심한 경우에는 그 사업과 관련해서 불만을 토로하는 것조차 용인되지 않는다. 이집트 정부의 어떤 관리는 아스완 하이 댐의 건설이 적절한 것인지 의문을 가졌던 사람들 거의 대부분이 결국 당시 대통령 자말 아브단 나세르가 내린 결정을 좇아간 것에 빗대어 우마르 하이얌(페르시아의 수학자, 천문학자이자 시인)의 시 〈루바이야트〉의 한 구절을 인용했다. "한낮에 왕이 입을 열어 한밤중이라고 말하면, 현명한 사람은 달이 보인다고 말한다."[2)]

민주적인 통치가 이루어지고 있지 않은 수많은 나라들은 여전히 중앙에서 결정해서 아래로 내려보내는 정책결정 방식을 사용하고 있다. 중국의 산샤 댐과 남수북조南水北調 사업, 리비아의 대수로 공사, 이집트의 토슈카 지역 개발사업이 대표적인 사례다. 그리 심하지는 않지만, 이런 수자원관리 관습은 미국에도 남아 있다. 이런 경향은 미국의 경우에도 육군공병대와 개척국 등 강력한 수자원 관련 정부기관에서 뚜렷이 나타난다. 『제국의 강들Rivers of Empire』을 집필한 캔자스 대학 역사학자 도널드 워스터는 미국의 서부지역이 이처럼 막강한 권한을 가진 정부기관들의 영향력으로부터 벗어나기가 얼마나 어려운지를 이렇게 지적하고 있다. "언젠가 이 지역은 물부족이라는 대의명분을 내세우는 집중화된 권력과 계층에 의해 지배되는 날을 맞이하게 될지도 모른다."[3)]

그러나 이런 낡은 물 거버넌스는 대쇄신을 앞두고 있다. 많은 나라들이 생태계 파괴의 문제와 경제를 환경과 조화를 이루는 방향으로 공평하게 꾸려가야 한다는 사실에 눈을 뜨고 있다. 특정 지역의 문제에서 전 지구적인 문제에 이르기까지, 다양한 그룹의 사람들이 하천정책 결정 방식의 개선방안과 하천관리 방안과 관련하여 새로운 길을 열어가고 있다. 이런 노력의 핵심을 이루는 것은, 중요한 결정에 의해 영향을 받는 사람들은 그 결정을 할 때 의견을 밝힐 수 있어야 하고, 그 의사결정은 공개적이고 투명해야 한다는 단순한 사상이다. 다음에는 하천 거버넌스를 개선하기 위한 새로운 사례와 가능성에 대해서 살펴볼 것이다. 이런 하천 거버넌스가 점차 확산되면 하천 건강의 보호와 복원의 가능성은 크게 높아질 것이다.

생태계 서비스의 가치를 평가하자

개선된 하천 거버넌스는 물의 배분과 관리에 관한 결정사항에 생태계 서비스를 통합시켜야 한다. 앞서 설명한 바와 같이, 인간 사회는 생태계 서비스가 제공하는 이익을 제대로 파악하지 못했기 때문에, 하천 유량 변경을 사회적으로 바람직한 정도를 넘어서까지 진척시켰다. 생태계 서비스를 물관리 방정식에 포함시키면, 자연 유량의 보전에 큰 도움이 된다. 여기서 관건은 어떻게 생태계 서비스를 보호하는 사람과 그것으로부터 이익을 얻는 사람에게 그 가치를 구체적이고 가시적인 형태로 제시하느냐 하는 것이다.

많은 전통적인 문화체계들은 자연의 활동이 공동체의 복리와 관련해서 얼마나 중요하고 가치 있는 것인가를 이해하고, 이런 인식을 공동체의 생활과 사회규범에 구체화해왔다. 말리의 '디나'라는 문화체계를 예로 들어보자. 니제르 강 삼각주에서는 여러 부족이 생계를 유지하는 방법을 서로 달리 하면서 니제르 강의 자연적인 홍수의 변동을 상호보완적으로 이용하고 있다. 한 부족은 얕은 물에서 물고기를 잡고, 또 다른 부족은 깊은 물에서 물고기를 잡는다. 플라니 족은 목축으로 생계를 꾸리고 다른 부족은 독특한 농사기법에 의지해서 생계를 꾸린다. 디나 시스템은 생태계가 제공하는 각각의 생산적인 요소를 이용할 때 지켜야 할 구체적인 규칙을 포함하고 있다. 예를 들면, 주요한 어장마다 어획 허용일시가 정해져 있고, 허용되는 어업기술에 관한 규칙이 정해져 있다. 이러한 전통적인 거버넌스는 하천과 범람원 생태계가 제공하는 무수히 많은 재화와 서비스의 활용을 최적화하기 위해서 고안된 대단히 체계적인 구조다. 이러한 전통적인 거버넌스는 19세기에 법률의 모습을 갖추고 어업지역, 목축지역, 농업지역을 별도로 지정하고 각각을 다른 부족들에게 배분하도록 성문화되었다.[4]

수백 년에 걸쳐서 하천에 대한 기술적인 통제를 해온 결과, 현대 세계는 인간이 건강한 하천 수계가 제공하는 자연 서비스에 의존할 수밖에 없는 존재라는 사실을 망각해가고 있다. 사람들은 하천의 경제적인 이용에만 치중할 뿐 잃어버린 생태계의 가치에는 전혀 관심을 기울이지 않았다. 우리는 생태계가 제공하는 서비스가 급속하게 사라져가는 상황이 되어서야 그 중요성과 가치를 새롭게 깨닫게 되었다. 우리는 하천과 유역에 대한 이용과 관리의 정책결정과정에서 이런 새로운 인식을 구체화해야 한다.

그 첫걸음으로, 각국은 자국의 천연 담수 자산들의 목록을 작성하고, 그 자산들이 생산하는 일련의 생태계 서비스를 평가하는 것이 도움이 될 것이다. 이 작업은 주요한 유역별로 과학자, 물관리자, 경제학자, 법률가, 농민, 기업가, 환경보호활동가 등으로 구성된 다학제간 패널을 통해서 수행될 수 있다.[5] 이 목록은 중대한 정보격차를 메워서, 사회가 하천과 유역 관리에 관한 현명한 판단을 할 수 있게 할 것이다. 이 목록은 최초로 지구 규모에서 자연자본과 생태계 서비스의 현황을 파악하고 평가하기 위해서 추진되고 있는 '새천년 생태계 평가'의 구축에 기여할 것이다.

자연자산은 다른 형태의 자본에 비해 측정하고 관측하고 가치를 평가하기가 어렵다. 인간 사회는 자연자본이 어떠한 기능을 하는지, 즉 생태계가 어떻게 움직이는지에 대해서 배워야 할 것이 아직도 많이 남아 있다. 그럼에도 불구하고 세계 각지에서는 자연자본을 평가하고 보호하고, 필요에 따라서는 적극적으로 재원을 투자하기 위한 선도적인 시도들이 진행되고 있고, 이 시도들은 생태계를 보호하는 것이 경제적으로 볼 때 합리적이라는 것을 입증하고 있다. 과학자, 경제학자, 정책분석가들은 하천 수계 본래의 유황과 유역의 자연상태의 기능을 일정한 수준으로 보전하고 복원하는 편이 종래의 공학적 혹은 개발주의적인 수자원관리의 접근방식보다 종합적인 이익을 사회에 제공한다는 것을 보여주고 있다. 이러한 사례는 에콰도르의 키토 시, 뉴욕 주의 캣스킬 유역, 남아프리카공화국의 웨스턴케이프 주, 서부아프리카의 범람원 등 매우 다양한 지역에서 나타나고 있다.

 아프리카의 대규모 하천수계에서 이루어지는 어업, 범람원 농업, 목축업은 하나같이 하천의 자연 유황에 의존하고 있다. 서부 아프리카의 말리, 모리타니, 세네갈, 이렇게 세 나라가 공유하고 있는 세네갈 강의 사례를 살펴보자. 수자원 계획입안자들과 공학자들은 전형적인 20세기 방식으로 관개 및 수력발전, 선박운항의 수요를 충족시키기 위해 세네갈 강의 주요 지류인 바펑 강에 대규모의 댐(마난탈리 댐)을 건설하기로 결정했다. 이들은 하류의 주민들이 생계를 의존하고 있는 생태계 서비스가 지닌 경제적 가치가 얼마인지 평가하지 않았다.

 이러한 가치의 평가작업에 착수한 것은 뉴욕 빙엄톤의 발전인류학연구소 연구팀이었다. 먼저 그들은 마난탈리 댐이 수력발전에 필요한 유량과 계획적인 인공홍수의 방류를 통해 하천과 범람원에서 이루어지는 주민들의 전통적인 생활권 어업을 지원하는 데에 필요한 유량을 충분히 저장할 수 있다는 것을 밝혀냈다. 그들은 또한 모든 생산활동을 제대로 평가한다면, 홍수에 기초한 전통적인 생산활동이 낳는 이익은 관개농업이 실시되었을 경우에 예상되는 이익보다 훨씬 크다는 것을 밝혀냈다. 발전인류학연구소 소장 마이클 호로비츠에 따르면, "전통적인 생산활동, 즉 홍수 감수기를 이용한 농업과 목축 및 어업에 의한 단위면적당 순익은 관개농업의 순수익보다 높다. 관개농업의 막대한 초기투자 비용과 반복적으로 소요되는 운영 및 관리 비용을 고려하지 않고서도, 마찬가지 결과가 나온다".[6]

이처럼 완벽한 분석을 토대로 해서 인위적인 홍수를 해마다 거르지 않고 발생시키는 방향으로 댐을 운용한다는 결정이 내려졌다. 이제 성공적인 결과만 남은 듯이 보였다. 그러나 세네갈 정부는 이 전략을 승인해놓고도 제대로 시행하지 않았다. 이 하천 유역을 공유하는 세 나라의 정치적 역학관계와 재정상의 이익 때문에 이 전략은 실종되고 말았다. 현재 댐은 딱 2주 동안만 홍수를 방류하고 있다. 극히 좁은 면적의 범람원이 이 홍수의 혜택을 보고는 있지만, 수력발전이 시작되어 홍수 방류에 필요한 몫을 끌어가게 되면 그 혜택은 더욱 줄어들 것이다. 50만 명에서 80만 명 사이의 사람들이 생계의 전부 혹은 일부를 보장해주던 생산력 높은 범람원을 이용하지 못하고 있다.[7]

한편, 수십억 달러의 재원이 투입된 마난탈리 댐은 기대했던 이익을 제공하지 못하고 있다. 이 댐은 1987년에 준공되었지만, 14년 뒤에야 수력발전을 시작했다. 관개망의 정비하는 데에 지나치게 많은 비용(헥타르당 2만5,000~4만 달러)이 들어가는 바람에 관개를 위해 정비된 토지는 계획면적의 30퍼센트에 못 미치고 있다. 많은 농민들이 씨앗, 농약 등 관개농업에 필요한 자재를 구입할 여력이 없었고, 빚이 늘어나서 가축을 팔아야 했다. 1993년에, 개발원조를 담당하는 독일의 어느 장관은 마난탈리 댐을 가리켜 "경제적으로나 환경적으로나 무의미한 행위"라고 보고한 바 있다.[8] 그리고 아프리카개발은행의 공식적인 평가보고서는 홍수를 해마다 발생시키지 않거나 홍수 규모가 줄어들면서 "유역 생태계가 심각한 교란을 겪고 전통적인 경제활동이 무너진 결과, 이 지역은 세 나라에서 가장 가난한 지역이 되었다"고 보고했다.[9]

정책결정권자들이 자연적인 홍수가 얼마만큼의 이익을 주는지 평가했던 연구자들의 제안을 귀담아 들었다면, 이러한 상황은 피할 수 있었거나 크게 완화될 수 있었을 것이다. 세네갈 강 유역에서는 생태계와 전통적인 경제활동을 지탱하기 위해서 적절한 양의 인공적인 홍수를 일으킨다는 결정이 실행에 옮겨지지 않을 가능성이 크다. 그렇지만, 마난탈리 댐의 사례는 경제적·사회적 이유에서 자연자본과 그것이 제공하는 재화와 서비스를 보존하고 거기에 투자하는 것이 얼마나 중요한가를 보여준다.

마난탈리 댐의 사례에서 분명히 드러나는 '거래'의 유형은 주민들의 생활이 하천 유량의 증감과 밀접한 연관을 가지고 있는 아프리카와 아시아의 여러 하천 유역에서도 똑같이 나타난다. 1장에서 살펴보았듯이, 연구자들은 나이지리아 북부의 하데지아 강와 자마레 강에 대한 비슷한 평가작업을 통해 자연적인 범람원이 제공하는 이익이 계획 중인 관개사업으로 예상되는 이익보다 60배 이상 많다는 것을 확인했다. 나이지리아의 여러 하천 유역에서는 되풀이되는 가뭄과 댐 건설, 그리고 관개농지 확장의 복합적인 영향으로 인해서 습지가 급속하게 줄어들었다.[10] 그러나 생태계 서비스에 대한 인식이 높아진 덕분에, 자연적인 홍수에 기초한 경제활동에 대한 관심은 10년 전에 비해 훨씬 높아졌다. 세계은행이 작성한 2002년 물분야 전략 보고서는 하데지아 강-자마레 강 유역이 "관개 및 도시 생활용수 공급과 범람원 농업을 위한 생태유량이 위기에 처해 있음"을 인정하면서 물관리의 개혁이 필요한 지역이

라고 지적하고 있다.[11]

역사적 전환점이 된 사건의 예로는 어업과 범람원 농업의 쇠퇴로 생계가 위태로워진 주민들이 몇 년에 걸쳐서 항의를 계속한 끝에 2001년에 태국의 문 강에 세워진 댐의 수문이 개방된 사례를 들 수 있다. 태국 정부는 1년 동안 한시적으로 댐 수문을 개방하기로 결정하고, 수문을 영구적으로 개방할 것인지 여부를 결정하기 위한 연구를 의뢰했다. 최종적인 결정은 내려지지 않았지만, 이 지역 주민들은 자연 유황의 일시적인 복원으로 인해서 뚜렷한 혜택을 입고 있다. 어업과 범람원 농업이 재개되면서 예전보다 많은 식량을 확보하게 된 것이다. 지역 관광업 역시 이익을 올리고 있고, 주민들은 태국의 전통적인 새해맞이 축제를 비롯한 여러 행사를 위해 급류와 하천 제방을 이용하고 있다. 지역의 환경 보호단체들은 먹이와 산란지를 찾아서 메콩 강에서 문 강까지 이동하는 다양한 이동성 어종을 포함해서 152종의 물고기가 문 강으로 돌아왔다고 보고하고 있다.[12]

유럽과 미국에는, 주민들이 자연적인 홍수의 변동에 직접적으로 의존하여 생계를 유지하는 대규모 하천-범람원 수계가 그다지 많지 않다. 그러나 이 지역에서도 역시 자연의 홍수완화 기능의 경제적 가치에 대한 인식이 높아지고 있다. 1990년대에 미국 정부는 수억 달러의 예산을 배정하여 2만여 개의 홍수조절용 설비들을 철거하는 시범사업에 착수했다. 이 사업은 연방과 주가 재원을 65대 35의 비율로 분담하여 자연적인 범람원의 기능을 다시 활성화시킴으로써 100개 이상의 공동체에 이익을 제공했다. 그 활동에는 범람원의 토지 매입, 제방 철거, 토지 소유자들의 이주 지원, 그리고 하천이 다시 범람원과 연결될 수 있게 하는 것 등이 포함된다.[11] 유럽공동체는 '범람원의 현명한 이용'이라는 이름의 사업을 전개하고 있다. 이 사업은 최근에 심각한 홍수피해를 겪었던 경험과 '2000년 물관리지침'에 대응하여 설계된 것이다. 이 물관리지침은 생태계 건강 보호를 물 정책과 관리의 핵심적인 부분으로 놓고 있다(3장 참조). 하천 범람원의 현명한 이용이 지속가능한 물관리에 어떻게 기여하는가를 확인하기 위해서 설계된 범람원 복원사업은 영국, 프랑스, 아일랜드, 스코틀랜드에서 6개 시범사업으로 구체화되어 진행되고 있다.[14]

생태계 서비스의 가치에 대한 인식이 높아지고 있지만, 이런 인식을 하천관리의 의사결정과정에 통합하기 위해서는 두 가지 장애물을 거쳐야 한다. 첫째, 해당 지역에서는 생태계 서비스의 경제가치의 산정이 제대로 이루어지지 않고 있다. 둘째, 생태계 서비스의 경제가치가 인정이 되는 경우에도, 생태계 서비스 제공자에게 대가를 지불하는 시장, 가격, 혹은 투자 메커니즘은 존재하지 않는다.

생태계 서비스의 가치를 산정할 때 일반적으로 이용되는 방법은 '대체비용법'이다. 즉, 자연이 제공하는 서비스를 기술적 혹은 공학적인 해결책으로 대체할 경우에 드는 비용으로 보는 것이다. 자연의 서비스 가운데에는 쉽게 산정할 수 있는 기능도 있다. 예를 들면, 토목공학과 환경공학의 기술자들은 질 좋은 식수를 얻기 위해서 오염물질을 처리할 때 드는 비용을 능숙하게 계산한다. 질 좋은 식수를 추가비용 없이 얻을 수 있는 건강한 하천 유역의 수질정화 기능의 가치는 그 유역이 수질정화를 하지 못하는 경우에 운영해야 하는 정화처리시설의 건설과 운영에 소요되는 비용과 같다. 어류와 야생생물의 서식지를 제공하는 기능, 생물생산력이 높은 하구에 담수 유량을 공급하는 기능 등의 가치는 산정하기가 훨씬 어렵기 때문에 다른 방법을 동원해야 하는 경우도 있다.[15]

자연의 방식으로 홍수조절, 수질정화, 어업 등에 기여하는 생태계 서비스에 투자하는 경우, 기술적인 접근방법에 비해 비용이 훨씬 덜 든다. 그러나 생태계 서비스를 제공하는 사람들은 서비스를 계속하면서도 경제적 이익을 얻지 못하면 더 이상 서비스를 제공하지 않을 것이다. 다행히도 생태계 서비스의 혜택을 입는 주체를 서비스를 제공하는 주체와 연계시키기 위한 새로운 자연자산에 투자하는 모델들이 속속 출현하고 있다. 지금까지는 이런 방안들은 대체로 물공급과 수질정화 서비스와 연관되거나 유역의 토지이용 방법의 결정과 연관되어 있다. 건강한 수계는 하천 유량을 보호할 수 있다는 점에서, 그리고 이런 방안들은 각종 생태계 서비스를 보호하는 데에 적용될 수 있다는 점에서 이와 관련된 사례를 살펴볼 필요가 있다.

뉴욕 시는 식수의 대부분을 뉴욕 주의 중부와 북부에 걸쳐 있는 캣스킬 산악지대에 설치된 저수지에서 끌어온다. 이 지역의 개발이 진행되면서 수질이 악화되기 시작했다. 여과처리시설을 운영하려면 건설비용 60~80억 달러에 연간 운영비용 3억 달러가 소요될 것이라는 예측이 나오자, 뉴욕 시는 15억 달러를 투자하여 유역을 복원하고 보호하여 예전과 같은 깨끗한 식수를 이용하는 방안을 선택했다. 뉴욕 시는 환경채권을 발행하는 방법으로 유역과 인근 토지를 매입하고 기존의 소규모 하수처리장을 개선하는 한편, 하천 주변에서의 목축이나 경작을 중단하는 조건으로 농민들에게 헥타르당 250~370달러의 보상금을 지불했다. 이런 각종 시책이 시행된 결과, 농가 수입은 증가하고 유역 대부분의 지역사회의 삶의 질이 향상되는 등 기술적인 방법 대신 자연자산에 투자하는 방법으로 중요한 부수효과가 나타났다. 뉴욕 시의 어느 환경조사관은 이런 결정을 내릴 당시에 다음과 같이 말했다. "여과시설은 문제를 해결하는 일만 한다. 유역을 보호하는 방법으로 문제를 예방하면, 시간과 돈을 절약하고 여러 가지 혜택을 누릴 수 있다."[16]

에콰도르의 수도 키토 시 역시 비슷한 방법으로 식수원 유역을 보호하고 있다. 식수원 유역의 일부는 카야마베-코카 생태보호구역과 콘도로 생태권보호구역에 속해 있지만, 유역의 대부분에서는 키토 시를 비롯한 인근 지역 주민들이 이용하는 수질을 악화시킬 수 있는 목축과 농업을 비롯한 각종 활동에 무방비로 노출되어 있었다. 정부기관과 환경보호단체, 물이용자들은 물이용자가 부담하는 요금을 주요 재원으로 하는 유역보호기금을 만들었다. 키토 시 상하수도국은 수도요금 수입의 1퍼센트를 기금으로 내놓고 있다. 최초의 예상기부금 액수는 30만 5,000달러였다. 키토 시 전력공사는 침식의 감소 등 유역의 개선으로 이익을 얻을 수 있다고 판단해서 연간 4만5,000달러를 기금으로 내놓기로 결정했다. 유역보호활동의 자금은 이 기금의 이자수입으로 충당되는 것이기 때문에, 이 정도의 기금으로는 충분한 활동자금을 확보할 수 없다. 그러나 이것은 시작에 불과하다. 주목할 사항은 물이용자들이 유역이 제공하는 수질 서비스의 중요성을 인정하고 그 대가를 지불하기 시작했다는 점이다.[17]

마지막으로 남아프리카공화국의 웨스턴케이프 주의 사례를 살펴보자. 이곳은 흔히 볼 수 없는 유역관리 방법을 사용했는데, 하천 유황의 복원과 급수량 증가, 생물다양성의 보전을 동시에 추구하면서 비용 대비 효과가 높다는 것이 입증되고 있다. 이 지역에 속하는 재래종 핀보스(관목) 집수유역은 세계 6대 식물지리구에 속하며 세계적으로 손꼽히는 식물다양성을 자랑하고 있는 케이프 식물군락지의 일부다. 핀보스 집수유역은 엄청나게 다양한 식물종이 서식하고 있을 뿐 아니라, 가뭄에도 잘 견디고 생체량biomass이 적어 상대적으로 물을 적게 소비하는 곳이다. 하지만 이 유역에 핀보스보다 물을 상당히 많이 소비하는 호주 아카시아를 비롯한 외래종 식물이 침입하면서 유역의 유량이 크게 줄어들고 있을 뿐 아니라, 이 지역의 특징인 생물다양성과 담수생태계와 물공급의 지속가능성까지도 위협받고 있다.

연구자들은 시야를 넓혀서 핀보스 유역이 제공하는 생태계 서비스를 광범위한 지역을 포괄하는 차원에서 평가한 결과, 경제적인 관점에서만 보더라도 남아프리카공화국이 이 집수유역의 자연자본을 보호하는 데에 투자하는 것이 의미가 있다는 것을 확인했다.[18] 그들은 웨스턴케이프 집수유역이 제공하는 중요한 생태계 서비스인 물공급 기능을 외래종 식물을 제거한 경우와 그렇지 않은 경우를 나누어 조사했다. 유역의 물공급량은 외래종을 제거한 경우가 외래종을 제거하지 않은 경우보다 30퍼센트 많았고, 물의 생산비용은 외래종을 제거한 경우가 14퍼센트나 낮았다. 이는 외래식물종 제거사업의 경제적 효과를 확인하는 것이다. 남아프리카공화국은 '물지킴이' 사업을 조직하여 국민들로 이루어진 팀을 유역에 파견하여 외래종 제거활동을 전개하고 있다. 이런 활동은 하천으로 물을 되돌려보내고 물의 공급량을 늘릴 뿐 아니라, 고용기회의 창출, 생물다양성의 보전, 그 지역의 재래식물들에 의존하고 있는 화훼산업 및 관광산업의 지속에 도움을 주고 있다.

이러한 사례들의 공통점은 생태계 서비스의 가치를 인식하고, 그에 대한 대가를 지불하거나 혹은 그것에 투자한다는 점이다. 물의 이용 및 개발과 생태계의 건강성과 연계시키는 방법은 여러 가지가 있을 수 있다. 가령, 매사추세츠 주 입스위치 강 유역에서는 잔디밭에 물을 주기 위해 지하수를 대량으로 양수하는 까닭에 기저유량이 고갈되어, 1995년, 1997년, 1999년에는 하천이 바닥을 드러냈다. 미국지질학연구협회는 지하수 양수가 없다면 가물 때 강물이 마르지 않고 하루 9,460세제곱미터 이상은 유지될 것으로 추정하고 있다.[19] 따라서 하천을 보호하기 위해서는 잔디밭 살수행위를 물고기 폐사 및 하천 건천화와 연계시키는 방안이 마련되어야 한다. 일부 지역에서는, 여름철 물사용량이 높은 가구에 할증요금을 부과하는 방법만으로도 물을 보전하고 빈번한 살수가 필요치 않은 조경으로 전환하는 효과를 올릴 수 있다. 그러나 보스턴 시처럼 소득수준이 높은 지역에서는 할증요금을 부과하는 것만으로는 별 효과를 거둘 수 없을지도 모른다. 강물이 흐르고 물고기가 살아 숨쉬도록 하기 위해서는 하천 유량이 생태학적인 한계수준 이하로 낮아지는 경우에는 잔디 살수를 엄격히 금지하는 정책을 실시해야 한다.

생태계 서비스의 보호라는 관점을 하천관리의 의사결정에 통합시키기 위해서는, 이해관계자들이 실천에 의해 배우는 적응형 관리철학을 채택해야만 한다. 하천 수계는 생태적으로 복잡하기 때문에, 특정한 조치(외래식물종 제거, 강력한 물절약 시책, 관개농지의 매입, 잔디밭 살수 금지 등등)가 실시될 경우 어떤 결과가 나타날지 확실히 알 수 없다. 따라서 물이용자와 일반 국민이 해야 할 일은 과학자와 물관리자들이 실험하고 관찰하고 경로를 바로잡을 수 있는 여지를 허용하는 것이다. 처음 실시한 시책이 단번에 성공할 리는 없다. 과학자은 물관리자와 댐 운용 담당자가 처한 현실을 인정할 필요가 있다. 특히나 근거가 있는 대안을 제시하라고 요구할 수밖에 없는 그들의 입장을 이해해야 한다. 생태계의 보존과 인간의 하천이용 사이에서 균형점을 찾아가는 것은 물건을 파는 것에 비유할 수 있다. 교섭을 하는 양쪽 당사자는 상대방이 무엇을 원하는지, 상대방에게 실제로 필요한 것이 무언지를 파악하고 그 범위 내에서 협상을 해서 조정에 도달하겠다는 마음가짐을 가지고 있어야 한다.[20]

적응형 관리와 자연 유황 패러다임은 하천 거버넌스를 개선하는 강력한 수단이다. 자연 유량 패러다임에 근거하면, 퇴적물에 서식하는 생물이 생태계의 먹이사슬을 어떻게 지탱하는지, 수변생물 군집의 번식에 필요한 조건은 무언지, 각각의 생물종이 생존하는 데에 필수적인 유량과 시기는 어떠한지 등을 다 알아야만 하천을 보호할 수 있는 것은 아니다. 지금까지 하천의 자연적인 유황 변동은 이러한 각종 중요 요소들을 훌륭하게 돌보았으니 말이다. 적응형 관리에 근거하면, 앞이 보이지 않는다고 가만히 머물러 있는 것은 비합리적인 행동이다. 하천 유량 복원을 추구하는 행동은 어느 정도 불확실성이 있어도 진행할 수 있다.

세계의 대부분의 하천들은 이미 수력발전, 관개, 홍수조절, 용수공급의 용도로 하천 유량이 변경되어왔다. 이런 경우에 예전의 자연 유황이 일부라도 복원된다면 생태계 서비스는 사회에 많은 이익을 안겨줄 것이다. 새로운 댐 건설과 물공급 사업이 예정된 하천의 경우에는 계획 초기단계부터 생태유량의 배분을 고려하면 사회에 훨씬 많은 종합적인 가치를 안겨줄 가능성이 높다. 이 장의 나머지 부분에서는 이런 목적들을 달성할 수 있는 바람직한 하천 거버넌스의 지침과 사례, 새로운 착상에 대해 소개한다.

세계댐위원회가 주는 교훈

1997년에 30명의 물전문가들이 스위스의 글랜드에 모였다. 그들은 세계은행과 세계자연보전연맹(국제적인 대규모 민간 환경조직)에 현재 세계적으로 큰 논쟁을 불러일으키고 있는 대형댐 문제를 검토하기 위한 독립적인 기구의 구성을 검토하라고 요청했다. 그 결과로, 대형댐의 '개발효과'를 검토하고, 앞으로 나타날 물과 에너지 관리방법을 평가하기 위한 기준을 마련하고, 댐의 계획과 설계, 건설, 운전, 관측, 철거 등에 관한 기준과 지침을 개발하는 것 등을 설립목적으로 삼아, 세계댐위원회 WCD가 출범했다. 그렇지만 세계댐위원회는 아무런 법적 권한도 가지고 있지 않으며, 어떤 연구 성과나 제안을 제출할 수는 있지만 그것은 아무런 강제성을 가질 수 없다. 그러나 이 위원회가 설계된 과정과 업무 처리방식, 결정을 내리는 방식, 연구 결과를 작성하는 방식은 세계적인 환경 관련 의사결정에서 하나의 분수령을 이룬다고 말할 만하다. 세계댐위원회는 세계적인 환경 거버넌스의 수준을 크게 끌어올리고 있을 뿐 아니라, 나아가 하천 거버넌스를 구축할 수 있는 토대와 골조를 제공하고 있다.

세계댐위원회는 세계적인 환경 및 개발 문제와 관련하여 지난 30년 동안 진행되어온 국제위원회, 국제회의, 국제학술포럼의 성과를 토대로 탄생했다. 이런 종류의 회의는 총 10여 차례가 열렸는데, 대표적인 사례를 꼽자면, 1970년대 후반에는 브란트위원회, 1980년대에는 브룬틀란트위원회(환경과 개발에 관한 세계위원회), 1990년대 중후반에는 삼림, 해양, 물에 관한 독립적인 세계위원회를 들 수 있다. 이런 회의들은 환경 및 개발 문제에 대한 대중의 관심을 이끌어내고 정치적 경각심을 불러일으켰을 뿐 아니라, 그 과정에서 지구환경 거버넌스를 크게 발전시키기도 했다. 예를 들어, 브룬틀란트위원회가 획기적인 성과를 거둔 후로, 지역 주민의 의견을 듣기 위한 공청회가 널리 확산되었다. 최근에 구성된 삼림과 담수에 관한 위원회들도 같은 접근법을 취하고 있다.[21] 이러한 세계적인 위원회들은 대부분 국제적으로 이름이 알려진 '저명인사', 즉 정부나 국제기관에서 경험을 쌓은 인물들로 구성된다. 이런 구성 덕분에 위원회는 지명도와 영향력을 얻을 수 있겠지만, 위원회에 대표를 보내지 않은 사회집단에 대해서는 정통성을 인정받을 수 없다. 따라서 이런 위원회는 그 활동으로 영향을 받게 되는 광범위한 계층의 사람들로부터 큰 지지를 받을 수 없다.

이와는 대조적으로, 세계댐위원회는 그 사명과 성과에 영향을 미칠 가능성이 있는 다양한 그룹과 이해관계집단의 대표를 의도적으로 포함하여 구성되었다. 12명의 위원들은 다양한 이해관계를 가진 사람들을 포괄하고 있다. 그중에는 댐 건설업자도 있고, 적극적으로 대형댐 반대운동을 전개하고 있는 인권활동가도 있다. 각 위원은 직접 세계댐위원회의 업무에 깊게 관여하여 책임을 지고 있을 뿐 아니라, 그 인물이 있다는 사실 자체만으로도 과거의 다른 위원회들은 확보할 수 없었던 광범한 대표성을 확보하고 있다. 무엇보다도 중요한 것은 2년 이상의 활동이 위원들에게 서로 교제하면서 다른 위원의 처지와 관심, 세계관을 이해할 수 있는 기회를 제공한다는 점이다. 세계 굴지의 엔지니어링회사 어시 브라운 보베리의 사장 괴란 린달은 개인용 제트비행기를 타고 남아프리카공화국 케이프타운에서 열리는 세계댐위원회 회의에 참석하러 올 것이다. 메다 파카라는 위원은 인도 나마다 강의 보호를 위해 대형댐 건설에 반대하는 주민운동을 주도하면서 단식투쟁을 하느라 허약해진 몸으로 회의에 도착할 것이다.[22] 위원들은 함께 활동하면서 서로의 의견이 어디까지 일치하는지, 모두가 이익을 얻을 수 있는 지점은 어디인지를 찾아가야 한다. 그러나 그들은 저마다 회의장 밖에서의 역할이 있다. 그들은 자신의 이익을 대변해주기를 기대하는 지지자들 앞에서 부끄럽지 않도록 책임 있게 행동해야 한다.

또 한 가지 세계댐위원회의 중요한 특징은 위원회 자신이 대형댐에 대한 새로운 지식과 세계적인 경험을 단순히 공유하고 보고하는 것을 넘어선 중대한 사명을 짊어지고 있다고 생각한다는 점이다. 이런 태도의 결정적인 열쇠는 위원들의 정열과 삶의 목적이다. 카데르 아스말 의장의 결단과 철학도 한몫을 한다. 그는 인종격리정책 시대에 인권변호사로 활동하다 아일랜드에서 망명생활을 했고, 남아프리카공화국의 수자원산림부 장관을 맡았던 사람이다. 2000년 11월 발간된 세계댐위원회의 최종보고서 서문에서 아스말 의장은 다음과 같이 밝히고 있다.

"나는 우리가 '댐위원회' 이상의 존재라고 단언한다. 우리는 수많은 사람들이 물과 에너지자원을 개발 또는 이용할 수 있게 하는 최선의 방법이 너무나 적은 사람들에 의해서 결정되는 상황에서 깊게 패인 자해의 상처를 치유하는 위원회다."23)

위원회는 한마디로 새로운 거버넌스를 적극적으로 모색했다.

이러한 사명과 구성을 지닌 세계댐위원회는 대형댐을 둘러싼 세계적인 규모의 난관에 대한 해결책을 제안하는 것으로 귀결될 이론 구축과 실천적 방안의 모색에 나섰다. 복잡한 문제를 해결하려는 시도들이 흔히 그렇듯이, 그 과정이 완벽하게 진행된 것은 아니었다. 그러나 위원회는 그 활동과정을 통해 과거에 이루어진 댐 관련 의사결정과정이 간과했던 바람직한 거버넌스의 기본원칙을 구체화해냈다. 위원회는 공개성, 포괄성, 참여성, 투명성, 그리고 책임성 등 바람직한 거버넌스의 기본원칙에 근거한 과정이 현실에서 구체화될 수 있을 뿐 아니라, 다양한 이해관계를 지닌 사람들이 받아들일 수 있는 일련의 권고안을 만들어낼 수 있음을 입증했다. 주목할 만한 점은, 세계댐위원회는 합의 형성을 위해 지도성을 희생하는 과오를 범하지 않았다는 사실이다. 위원회가 제시한 연구 결과와 권고안은 의미 없는 단어들의 나열이 아니다. 위원회는 댐과 관련하여 미래에 이루어질 의사결정의 공평성과 지속가능성을 강화하기 위한 청사진을 제시하고 있다. 위원회가 제시한 권고안 가운데는 하천생태계와 하류의 지역사회를 지속시킬 수 있는 방향으로 설정된 환경유량이라는 개념을 확인하는 내용도 포함되어 있다(상자글 5-1).

이런 청사진이 개발되기까지는 엄청난 시간과 노력이 들어갔다. 위원회는 대형댐에 관한 방대한 지식을 축적하는 데에 활동의 중심을 두

> **상자글 5-1**
> **대형댐과 관련하여 새로운 정책지침을 마련하기 위한 세계댐위원회의 권고안**
>
> - 대중의 지지를 획득한다
> - 각종 방안들에 대한 종합적인 평가를 수행한다
> - 기존 댐들의 문제를 검토한다
> - 하천과 인간의 생활을 유지한다*
> - 각종 권리를 인정하고 이익을 배분한다
> - 정책의 준수 방안을 확보한다
> - 평화, 발전, 안전의 추구를 목표로 하천을 공유한다
>
> *하천과 인간의 생활을 유지한다(권고안의 본문)
>
> 하천과 유역, 수생생태계는 지구생태계를 움직이는 엔진이다. 이것들은 지역사회가 생활과 생계를 의존하고 있는 토대다. 댐은 환경을 변화시키고, 복구 불가능한 충격을 야기하는 각종 위기상황을 창출한다. 하천 유역의 생태계를 이해하고 보호하고 복원하는 것은 인간 사회의 공정한 발전과 모든 생물종의 온전한 생존을 촉진하기 위한 필수적인 전제다. 하천개발과 관련된 각종 방안의 평가와 의사결정은 부정적인 영향을 피하는 것을 우선적인 목표로, 하천 시스템의 건강과 통합성을 훼손하는 활동을 최소화하고 완화하는 것을 차선적인 목표로 두어야 한다. 가장 긴급한 사항은 바람직한 위치 선정과 사업설계를 통해서 부정적인 영향을 피하는 것이다. 세심하게 설계된 환경유량의 방류는 하류생태계와 그에 의존하는 지역사회를 유지하는 데에 도움이 된다.

(출처: 세계댐위원회, 2000)

었다. 이 지식은 세계댐위원회가 자체적으로 만들어낸 귀중한 성과로, 과거의 그 어떤 사례보다 방대한 것이었다. 이렇게 축적된 지식에는 파키스탄의 타벨라 댐, 미국의 그랜드쿨리 댐, 태국의 빡문 댐 등 8개 대형 댐에 대한 깊이 있는 사례연구, 대형댐과 관련한 가장 종합적인 최신 통계 조사, 댐과 관련된 주요 사안에 대해서 깊이 있는 연구를 진행한 17개의 연구보고서, 관개, 용수공급, 홍수조절, 전력공급과 관련한 각종 해결책을 검토한 4개의 연구보고서와 무수히 많은 자발적인 제안서가 포함되어 있다. 세계댐위원회는 아시아 남부(스리랑카의 콜롬보), 라틴

아메리카(브라질의 상파울로), 아프리카와 중동(이집트의 카이로), 동남아시아(베트남의 하노이), 이렇게 네 개의 주요 지역에서 협의회를 개최했다. 59개 나라에서 다양한 직업에 종사하는 사람들 1,400여 명이 이 협의회에 참석했다.[24] 세계댐위원회는 경제적인 여건으로 인한 불참을 방지하기 위해서 발표자 전원에게 여행경비를 제공하여 사람들의 신임을 얻었다. 위원회는 또한 개별적인 사례 연구를 위해서 세계 각지의 여러 나라, 여러 하천 유역에서 20회의 협의회를 주최했다.[25] 이상의 모든 활동의 준비는 남아프리카공화국 케이프타운에 있는 상임사무국이 담당했다.

활동규모가 엄청나게 큰 것처럼 보일 수도 있다. 그러나 세계댐위원회는 보통 대형댐 하나를 건설하는 데에 소요되는 것보다 훨씬 짧은 시간 안에 훨씬 적은 비용으로 이 격렬한 논란을 빚어내는 주제에 대한 논의를 재조직하고 일련의 원칙들을 제시했다. 세계댐위원회는 수많은 지역에서 정당성과 도덕적 권위를 인정받고 있기 때문에 세계댐위원회가 제시한 원칙들은 강력한 영향력을 행사한다. 이 원칙들은 대형댐의 건설을 추진하는 정부나 기타 기관들의 의사결정과정을 판단할 수 있는 구체적인 척도를 제공한다.

물론 세계댐위원회의 연구 결과와 권고안을 불편한 간섭으로 여기고 이를 거부하는 정부도 있다. 그 대표적인 나라가 중국, 인도, 터키다. 현재 건설 중이거나 운영하고 있는 대형댐 가운데 상당한 비율이 이 나라들에 위치해 있다. 뿐만 아니라, 국제대형댐회의, 국제수력발전협회, 국제관개배수협회 등 대규모 조직을 형성하고 있는 국제적인 댐 건설 업체 연합조직들 가운데 일부는 세계댐위원회의 권고안을 거부하고 있다. 물론 이 조직에 속하는 지부들 가운데에는 개별적으로 세계댐위원회의 권고안에 대해 부분적인 지지를 표명하고 있는 곳도 있다.[26]

이와는 대조적으로, 영국. 네덜란드, 독일 그리고 스웨덴 등 여러 유럽 국가들은 세계댐위원회의 권고안을 승인하거나 지지하고 있다. 유엔 산하기구인 세계보건기구WHO와 유엔환경계획UNEP은 이 권고안을 높이 평가하고 지지하는 입장을 보이고 있다. 유엔환경계획은 세계댐위원회 사업의 진척을 도울 목적으로 '댐 및 개발 프로젝트'를 조직했다. 뿐만 아니라, 시카고의 하자 엔지니어링 사 대표가 세계댐위원회의 보고서를 '타당한 접근방법'이라고 평가하는 등 일부 건설회사와 엔지니어링회사들 역시 이를 지지하는 태도를 보이고 있다.[27]

세계은행은 세계댐위원회의 후원자임에도 불구하고, 자체적으로 개발한 댐에 관한 정책과 시책에 세계댐위원회의 권고안을 적용하는 것을 꺼리고 있다. 세계은행이 개발한 물 분야의 새로운 전략의 초안을 보면, 세계댐위원회의 핵심적인 원칙과 지침들을 포함시키려는 의도가 없다는 것을 알 수 있다.[28] 세계자연보전연맹IUCN은 세계댐위원회의 또다른 후원자로서, 세계댐위원회의 권고안의 이행과 채택, 적용을 적극적으로 권장하고 있다. 세계자연보전연맹은 이를 위해서 "79개 주, 113개 정부기관, 754개의 비정부조직과 181개국의 1만여 명의 과학자들과 전문가들로 이루어진 국제적인 협력체의 독특한 조직구조를 최대한 이용할 것이다"라고 밝히고 있다.[29]

세계댐위원회의 마지막 장은 지금으로부터 몇 년 뒤 대형댐과 그로 인해 영향을 받는 인간과 생태계의 미래에 위원회가 미치는 영향이 더욱 분명하게 드러난 다음에야 쓰여질 것이다. 세계댐위원회는 권고안을 작성할 권한만을 가지고 있고, 이행을 강제할 힘은 없다. 세계댐위원회의 핵심적인 원칙들과 권고안들을 주요한 조건으로 내세워서 차관과 지원을 결정하는 방법은 세계은행과 지역의 개발은행들, 원조기관들이 할 수 있는 일이다. 국제하천네트워크(본부는 캘리포니아에 있다)와 같은 단체들은 세계댐위원회의 권고사항을 제대로 이행하지 않거나 무시하고 댐 건설 관련 결정을 내리고 있는가를 지적하는 방식으로 이러한 기관들의 주의를 환기시키고 있다. 세계댐위원회가 구축한 토대와 구성을 튼튼한 구조물로 만드는 것은 기존의 기관들이 맡아야 할 몫이다.

풀뿌리 거버넌스의 시도

남아프리카공화국의 새로운 물기본법은 제정 후 몇 년 동안 물 관련 국제회의의 화두가 되었다. 그것은 국가 차원에서 두 가지의 필수유보 유량 개념을 고안한 최초의 사례였다. 그런데, 그것은 흥미로운 발상이지만, 실효성이 있을까? 목적이야 칭찬할 만하지만, 현실성이 있을까?

새로운 영역을 개척하는 사람은 누구나 깨닫는 일이지만, 새로운 방법을 이론적으로 구상하는 것과 그것을 실제로 실행하는 것은 전혀 차원이 다른 일이다. 남아프리카공화국이 생태계의 건강은 공익을 증진한다는 기본적인 인식을 물정책에 반영한 것은 전통적인 유형의 물 거버넌스에 대한 직접적인 도전이다. 특정 유역에 다양한 이해관계가 걸려 있는 집단을 대표하는 사람들로 구성된 그룹만이 특정한 하천을 최적의 조건에서 활용하는 방법은 무엇인가를 결정할 수 있다. 남아프리카공화국의 새로운 물정책에 따르면, 참여형 의사결정과정은 단순한 구색 갖추기가 아니라, 정책의 핵심적인 비전을 실행하기 위한 필수적인 전제다.[30]

남아프리카공화국의 상황에 비추어 볼 때, 생태계 필수유보 유량은 확고한 과학적 근거를 가지고 있기는 하지만, 본질적으로는 사회적인 개념이다. 생태계 필수유보 유량은 환경의 이익을 고려해서 환경에 배분된 물이라는 오해를 바로잡는 것이야말로 새로운 물기본법을 집행하려는 사람들의 핵심적인 과업이다. 필수유보 유량은 인간에게 이익을 주는 가치 있는 재화와 서비스의 흐름을 보장하기 위해서 의도적으로 자연수로에 남겨두는 물이다. 자연수로에서 취수되는 물은 사회경제적 발전과 인간의 복리를 목표로 삼는다. 필수유보 유량 역시 마찬가지다.

남아프리카공화국은 바람직한 하천 거버넌스의 구축을 목표로 하여 세 가지 항목으로 적극적인 노력을 전개하고 있다. 세 가지 방식이란, 하천이 제공하는 이익을 산정할 때 반드시 생태계 서비스의 가치를 추가시키는 것, 생태계 서비스의 가치를 유지하기 위해서 생태유량 기준을 설정하는 것, 그리고 참여형 의사결정을 통해서 하천이 제공하는 각종 이익을 공정성과 지속가능성을 제고하는 방향으로 배분하는 것이다. 협상과 대화를 통해서 하천의 관리와 이용을 위한 비전을 공동으로 정의하고 공유하는 것은 하천 유역 내에서 생활하는 주민들이 맡아야 할 몫이다. 관개용수와 같은 취수에 의한 하천이용으로 얻어지는 이익과 그러한 취수의 결과 생태계 서비스가 사라지면서 받게 되는 손실을 고려하여 적절한 균형점에 이르는 것 역시 주민들의 몫이다. 이상적인 방식은 이해관계자들이 타협이 아니라 합의를 통해서 균형점에 이르는 것이다. 타협이란 개개인의 이익을 토대로 한 입장들 사이의 차이를 좁혀가는 것이기 때문에 모든 사람이 타협의 결과에 대해 만족하지 못하는 상황이 나타나는 경우가 많다. 이와는 대조적으로, 합의는 공동체에 대한 책임의 정신에 입각하여 개개인이 원하는 바를 조화롭게 발전시킨 결과로 나타나는 것이며, 바람직한 미래의 상태에 대한 공동의 비전을 낳는다.[31] 이 과정에 참여하는 사람들이 하천의 자연적 기능과 다른 참여자의 요구 및 가치관을 이해하게 됨에 따라서, 개개인이 원하는 바 역시 조화롭게 진화해가고, 그 결과 모든 참여자가 공동의 목적을 향하여 조금씩 다가서게 된다. 이런 과정은 훨씬 많은 시간이 소요되지만, 정당성과 지속적인 효력을 가진 결과를 만들어낼 가능성이 높다(표 5-1).

남아프리카공화국의 과학자 케빈 로저스는 10년이 넘도록 크루거 국립공원을 지나가는 사비 강 유역 및 여러 하천 유역의 주민들 간의 대화를 활성화하기 위해서 노력해왔다. 로저스와 동료 과학자들은 유역의 주민들이 '공동의 미래를 구상'하는 협력활동을 통해 다른 사람들이 원하는 바와 필요로 하는 바에 귀를 기울이는 과정에서 본인이 우선시하는 사항과 바람을 수정해간다는 것을 확인했다. 참여자들의 시야가 넓어지기 때문에 자신에게 무엇이 가장 좋은 것인가라는 관점에 기울었던 관심이 공동체를 위해서 무엇이 가장 좋은가라는 관점으로 발전한다. 이해관계자들 사이의 이러한 대화는 로저스 등의 과학자들이 말하는 전략적인 적응형 관리의 핵심이며, 적응형 관리의 목표는 과학계와 관리주체, 그리고 지역사회의 협력을 활성화하여 하천 유역의 모든 이해관계자에게 이익을 주는 방향으로 물을 배분하고 관리할 수 있도록 합의를 도출하는 것이다. 이러한 접근방법은 적응형 관리를 남아프리카공화국의 상황에 맞게 응용한 형태로, 남아프리카공화국 말로 우분투(ubuntu, 당신을 개인으로 본다), 시무녜(simunye, 우리는 하나다), 그리고 바토펠레(batho pele, 국민이 우선이다)라는 세 개의 개념을 통합한 것이다.[32]

전략적 적응형 관리 개념에 따르면, 하천생태계의 바람직한 상태나 비전을 결정할 때는 이해관계자들이 집단적으로 생태목표를 설정해야 한다. 어떤 하천에 대해서는 매우 높은 수준의 생태적 건강성을 유지하는 것이 생태목표가 될 수 있고, 다른 하천에 대해서는 물에 대한 인간의 절박한 요구를 수용하기 위해서 상당한 훼손을 허용하는 것이 생태목표일 수도 있다. 이와 같은 전체적인 비전은 유량 처방안을 포함한 관리목적과 운용목표로 구체화되어 해당 유역 내의 토지와 물 관리자의

하향식(전문가 중심)	상향식(이해관계자 중심)
타협	합의
● 대결을 통해 도달	● 협력에 의해 도달
● 소외감―투자의 중지	● 주인의식―수용
● 관계가 손상됨	● 관계가 개선됨
● 단기간의 효율이 높음	● 단기간의 효율이 낮음
● 전반적인 효율은 낮음	● 전반적인 효율이 높음

표 5-1 상향식 거버넌스와 하향식 거버넌스에 의거할 경우의 예상 결과 비교

활동지침이 된다.[33] 이 과정에는 또한 생태계 건강의 정도에 따라서 하천의 각각의 부분을 '자연 그대로의 상태다', '좋다', '보통이다', '좋지 않다' 등으로 분류하고, 이를 통해서 이상적인 상태와 비교할 때 현재 상태가 어떤가를 비교하는 과정이 포함되기도 한다. 이러한 방법을 활용하면, 이해관계자들이 바라는 미래를 달성하기 위해서 중요한 하천의 특정 구간을 강화하고, 자연상태 그대로인 구간을 엄격한 보호지역으로 설정할 수 있다. 로저스와 동료 과학자들은 여러 그룹의 이해관계자들과 공동작업을 진행하는 과정에서, 그들에게 생태학적인 용어로 자신이 바라는 하천의 바람직한 상태를 정의해보라고 요구하는 것은 '불만과 혼란만 야기'할 뿐이라는 것을 깨달았다. 그러나 "누구나 배경이나 교육정도에 상관없이…… 상품과 서비스와 관련된 용어를 이용해서는 자원의 질에 관해 논의할 수 있기" 때문에, 이 과학자들은 이것을 이용해서 공통의 토대를 찾는다.[34]

하천에 관한 다양한 지표, 즉 어군, 수생곤충, 수변식물, 전체적인 서식지의 통합성 등을 이용하여 하천의 각 구간을 분류하는 작업에서 연구자가 담당하는 역할은 중요하다. 이러한 지표는 하천의 상태를 나타

낼 뿐 아니라, 유역을 관리하는 사람들이 관리상황을 점검하는 데에도 도움을 준다. 사비 강 유역에서 활동하는 연구자와 하천관리자는 생물다양성의 보호가 비전의 주요한 목표로 설정되어 있기 때문에 하천의 유량, 퇴적물의 공급, 그리고 수질의 변화에 의해 생물다양성이 어떠한 영향을 받게 될지를 예측하고 실증해야 하는데, 이들이 부딪히는 가장 어려운 문제는 어떤 지표도 유역 차원에서 변화한다는 점이다(4장 참조).[35] 이 연구자들은 생태계의 구조와 기능, 구성에서 수용가능한 변화의 한계들을 설정하여 자신들이 명명한 '일어날 가능성이 있는 이해관계의 한계값'(적응형 관리 철학을 반영하는 용어다)을 개발했다. 과학연구는 유역의 비전을 표현한 문서에 반영되어 있는 사회적 가치에서 추진력을 얻고, 나아가 그 가치에 대응하여 이루어진다. 연구자들의 임무는 유역의 비전을 통해서 사회적 목표의 달성과 직접 연관된다. 따라서 연구자들이 도출한 지표와 생태학적 한계값은 유역 차원에서 광범위하게 적용될 수 있을 만큼 실용적인 것이어야 한다. 이러한 과정 속에서 시민, 연구자, 관리자들이 새로운 지식을 얻어가면서 창조성과 학습의 정신이 이 협력체 속으로 스며드는 것이야말로 가장 바람직한 일이다.

  남아프리카공화국에서는 수많은 물전문가들이 물 정책 및 거버넌스에 관한 독특한 실험을 성공으로 이끌기 위해 노력하고 있다. 그러나 그 길은 탄탄대로가 아니라 수많은 함정이 도사리고 있는 길이다. 세계 각지의 물행정 관료조직의 사례와 마찬가지로 남아프리카공화국 수자원산림부 역시 지휘통제형 관리체제의 유산을 계승하고 있고, 공무원들은 이를 수정하여 새로운 참여형 접근방식을 적용하려고 시도하고 있다. 이 법률을 시행하기 위해 전국적으로 설치된 물관리 기관들은 전문적인 지식을 주로 수자원산림부에 의지하고 있는데, 수자원산림부는 생태계 관리를 해본 경험보다 물의 이용에 대한 규제권과 인허가권을 행사해본 경험이 훨씬 많은 기관이다. 그렇기 때문에 생태 유지 유량이 적극적으로 관리되기보다는 물 관련 인허가 건수를 제한하는 방식으로만 정의되고 보호되는 데에 그칠 우려가 있다. 이것은 새로운 법률의 취지와는 분명히 어긋나는 것이다. 뿐만 아니라 연구자들이 개발한 유량 권고안을 실행에 옮기고 장기간에 걸친 하천생태계의 변화를 관측, 평가하는 일에도 적절한 재원이 투입되지 않고 있다. 케빈 로저스, 더크 루 그리고 해리 빅스 등의 남아프리카공화국 연구자들은 다음과 같이 경고한다. "이 법률을 시행하기 위해 우리가 세운 기관은 혁신적이고 지극히 공정하다는 확신을 가질 수 있어야 한다. 그렇지 않으면, 진보적인 법률은 관료주의 때문에 엄청난 곤란을 겪게 될 것이다."[36]

하천 거버넌스와 관련한 남아프리카공화국의 새로운 실험은 이제 막 시작되었을 뿐이지만, 벌써부터 몇 가지 중요한 교훈을 던져주고 있다. 특히 중요한 것은 대화와 참여, 합의도출을 위한 과정이 절실히 필요하다는 것, 그리고 시민, 이해관계자, 연구자, 물관리자가 구체적인 협력관계를 구축할 수 있도록 지원하는 기관이 필요하다는 것이다. 확실한 평가를 내리기에는 섣부른 감이 있지만, 남아프리카공화국은 기능부전에 빠진 불공정한 하천 거버넌스를 바람직한 거버넌스로 대체해가는 과정에 있다.

기존의 틀을 벗어나서 활동하는 하천유역위원회

정치지리적인 면에서의 하천의 위상과 자연지리적인 면에서의 하천의 위상은 전혀 다르다. 역사적으로 하천은 국가와 국가, 주와 주를 가르는 경계로 이용되어왔기 때문에, 정치적인 지도에서 하천은 국가와 국가를 가르는 모습으로 그려져 있다. 그러나 하천은 생태학적으로는 이러한 국가들 사이에 펼쳐진 넓은 유역의 중앙을 달리고 있고, 따라서 자연지리적인 지도에서는 유역의 국가들을 하나로 연결하는 모습으로 그려져 있다. 이렇게 여러 국가에 걸쳐 있는 하천을 합리적이고 총체적인 방법으로 관리하기 위해서는, 서로 다른 정치주체들이 스스로가 동일한 생태계의 일부임을 자각하고 하천보호를 위해서 협동하며 하천이 제공하는 재화와 서비스를 공평하게 이용할 필요가 있다.

안타까운 일이지만, 대부분의 하천은 이런 식으로 관리되고 있지 않다. 현재 2개국 이상의 영토를 지나는 하천은 261개다. 1800년대 초기에 국제하천의 항해 이외의 이용과 관련하여 145개의 국가간조약이 체결되었다. 그러나 오레곤 주립대학의 애런 울프와 동료 연구자들이 분석한 결과에 따르면, 그중 절반 이상이 하천의 감시 규정이 없고, 3분의 2가 체결국 간의 수자원 배분에 관한 구체적인 규정이 없으며, 5분의 4는 실시기구에 관한 규정이 없다. 뿐만 아니라, 이 조약들이 다루고 있는 하천 유역이 셋 이상의 국가에 걸쳐 있는 경우가 많은데도, 서명한 국가가 둘뿐인 조약이 86퍼센트에 이른다.[37] 중요한 이해관계자들이 교섭 테이블에서 빠져 있는 경우가 대부분이었던 것이다. 그리고 단 한번도 교섭 테이블에 참석하지 못한 관계자가 하나 있는데, 그것은 바로 하천 수계 그 자체다.

유역 차원에서 하천을 관리할 수 있는 기관은 생태유량의 배분, 그리고 유량의 배분에 따른 물이용과 유황 변경의 상한 설정에 없어서는 안 될 요소다. 수로 내 이용과 수로 밖 이용 사이의 경쟁과 갈등, 그리고 공유하천의 상류 이용과 하류 이용 사이의 경쟁과 갈등을 줄이기 위해서도 이런 기관은 반드시 필요하다. 하나의 하천을 공유하는 여러 정치주체의 대표들로 이루어지는 국가 간 하천 유역위원회 혹은 주(州) 간 하천 유역위원회가 구성되어야만, 하천이 지닌 하나하나의 기능을 총체적인 시각에서 고려하여 하천이 제공하는 모든 편익을 공평하게 공유할 수 있다. 뿐만 아니라, 하천의 자연 유황 패턴을 복원하기 위한 모든 노력은 정치적인 경계가 어떻게 설정되어 있는지와 관계없이 하나의 하천을 단일한 실체로 파악할 때만 실효성을 거둘 수 있다.

최근의 사례를 보면 알 수 있듯이, 하천 유역위원회는 하나의 주, 하나의 국가의 법률의 테두리 안에서 구상될 수 있는 해결책보다 창조적인 해결책을 창안할 수 있다. 국가간협정 혹은 주 간의 협정은 일반적으로 국가나 주의 정책을 뛰어넘고, 상당한 유연성을 제공하여 하천의 보호 및 관리 방법의 완전성을 강화하는 데에 기여한다. 예를 들어, 호주의 혁신적인 취수상한제는 머레이 강-달링 강 유역의 주 혹은 준주 정부의 물관리자와 연방정부의 물 담당 장관으로 구성된 '각료자문위원회'에서 결정된 것이다. 3장에서 설명한 것처럼, 머레이 강-달링 강 유역의 각료자문위원회는 종래와 같은 하천의 경제적인 이용과 하천의 필수적인 생태적 기능 사이에서 더 나은 균형점을 찾아야 한다는 취지에서 취수상한제 도입을 결정했다. 인근 주들이 엇비슷한 약속조차 내놓지 않는 상황에서 어떤 주가 단독으로 자발적으로 취수를 제한하겠다고 나선다는 것은 상상할 수 없는 것이다.

유럽의 경우에는, 새로운 국제협력 관계가 다뉴브 강에 새 생명을 불어넣고 있다. 다뉴브 강은 독일의 슈바르츠발트에서 발원하여, 유역에 14개국 8,000만 명의 사람들을 품은 채 동쪽으로 2,840킬로미터를 달려 흑해로 흘러든다(그림 5-1). 다뉴브 강은 지난 200년 동안 인공적인 수로정비, 습지의 파괴, 무분별한 수질오염, 허다한 댐 건설로 크게 훼손되었다. 다뉴브 강 상류 1,000킬로미터에는 58개 이상의 댐이 건설되어 있다. 주변 삼림의 상당 부분이 사라지고, 범람원은 물이 닿지 않

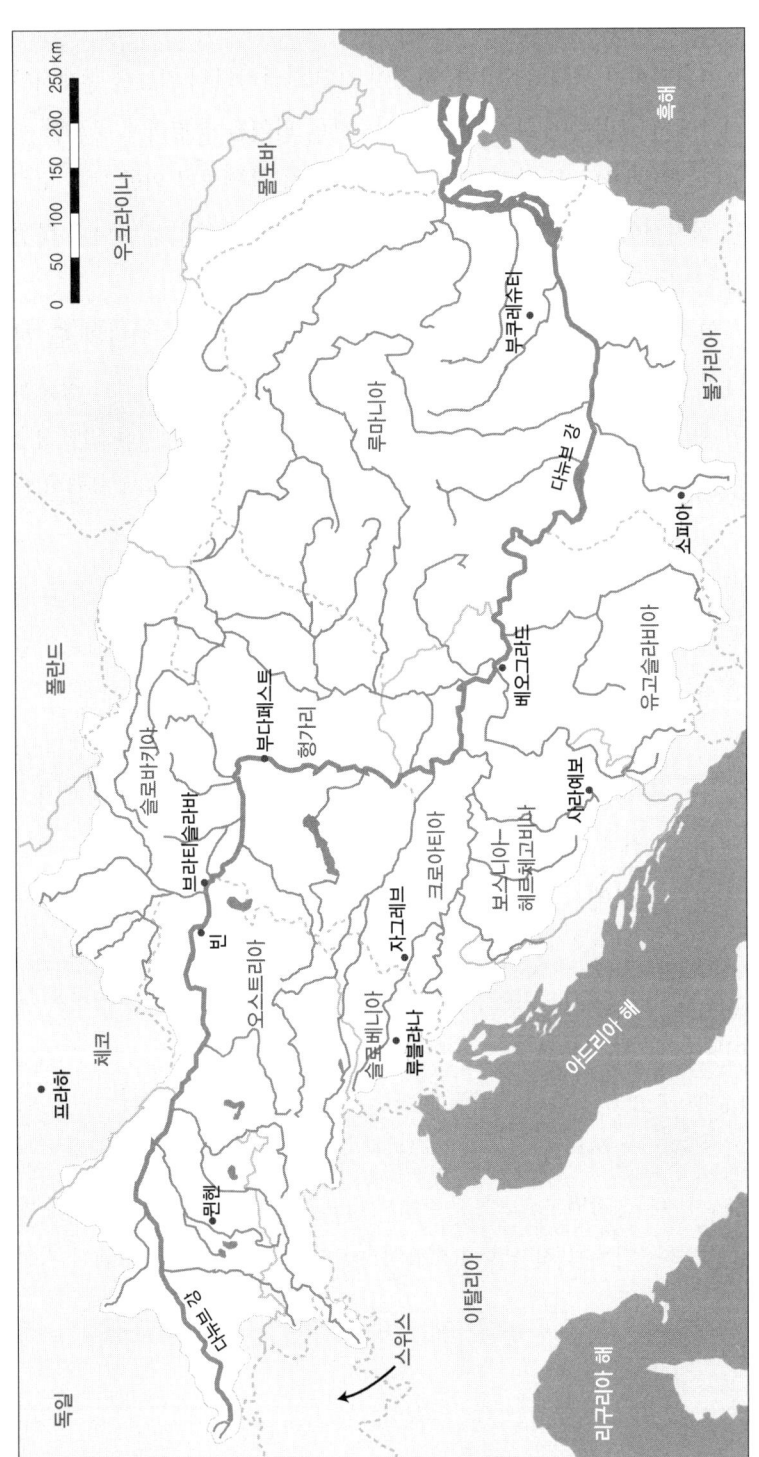

그림 5-1 다뉴브 강 유역

는 곳이 되었다. 불가리아에서는 무려 90퍼센트의 범람원 습지가 사라졌다.[38] 유럽 최대의 습지생태계로 320종의 조류가 서식하는 다뉴브 강 삼각주는 상류에서 운반되는 엄청난 오염물질, 그리고 오염물질을 씻어내는 홍수 유량의 감소로 인해 심하게 파괴되었다.

소련이 붕괴하고 철의 장막이 무너진 후에, 다뉴브 강 유역의 여러 국가들은 새로운 협력과 협동의 기회를 맞았다. 그들은 많은 시간을 낭비하지 않았다. 1991년 9월, 불가리아의 소피아에 다뉴브 강 유역 여러 국가의 환경장관들이 모여서 하천복원계획을 구상하기 시작했다. 1994년, 대부분의 다뉴브 강 유역 국가들과 유럽위원회(유럽연합의 행정집행기관)는 '다뉴브 강의 보호와 지속가능한 이용을 위한 협정'에 서명했다. 이 협정은 지속가능하고 공평한 물관리를 직접적으로 요구하는 법적 수단이다.[39] 그해 말에는 루마니아의 부쿠레슈티에 각국의 환경장관과 유럽연합의 환경담당관이 모여서 '다뉴브 전략행동계획'을 작성했다. 그 계획에는 다음과 같은 내용이 들어 있다. "수변 서식지와 생물다양성의 보전, 복원, 관리는 유역의 자연적인 자산을 유지하기 위해서……또한 자연의 정화능력과 동화능력을 확립하기 위해 중요한 것이다."[40]

다뉴브 강에 관한 협력체제의 실현은 옛 공산권 국가들과 서방 국가들을, 그리고 독일, 오스트리아 등의 부유한 국가들과 불가리아, 루마니아 등의 가난한 국가들을 단합시켰다는 점에서 주목할 만하다. 하천 유역 협력체계의 형성으로 창출된 주요한 이점은 계획의 실현을 위한 국제적인 정부기관들과 그룹들의 협조와 자금제공이 이루어지게 되었다는 점이다. 예를 들어, 불가리아, 루마니아, 몰도바, 우크라이나, 4개국 정부들은 다뉴브 강 하류, 프루트 강, 다뉴브 강 삼각주 인근의 범람원 서식지를 연결하는 60만 헥타르의 네트워크를 형성하기로 약속했다.[41] 이 협정은 민간 환경보전단체인 세계야생생물기금이 2000년 6

월에 시작한 '다뉴브 강을 위한 푸른 수변' 사업의 일환이다. 유엔 기구들을 비롯한 각종 기구들이 제공하는 재원을 활용하고 있는 이 사업의 초기 목표는 건강한 범람원 생태계의 복원으로 서식지 제공, 오염물질 감소, 어획고 증대를 이루는 데에 있다. 이 사업의 최종 목표는 푸른 수변 사업을 다뉴브 강의 전 구간으로 확대하는 것이다.[42]

다뉴브 강 삼각주의 80퍼센트를 품고 있는 루마니아에서는 생태계의 복원이 허약해진 경제의 활성화와 병행되지 않으면 안 된다. 가난한 나라들이 흔히 그렇듯이, 루마니아 국민들은 생활의 개선이라는 조건이 수반되어야만 환경복원을 지지할 것이다. 상류와 하류의 협력관계가 지속가능한 개발이라는 어려운 시련을 헤쳐나갈 수 있을지는 아직까지 알 수 없는 일이다. 이 목표를 이루기 위한 한 가지 전제조건은 생태계 서비스 복원의 가치를 인정하는 것이다. 어느 연구 결과에 따르면, 2억 7,500만 달러를 투자하여 루마니아의 습지를 복원하는 것만으로도 삼각주가 제공하는 생태계 재화와 서비스(오염물질 감소, 홍수조절, 어업의 활성화 등) 덕분에 6년 내에 투자액을 회수할 수 있다고 한다.[43] 당시 루마니아의 대통령 이온 일리에스쿠는 2001년 4월에 이 사업을 지지하는 연설에서, 과거의 다뉴브 강 개발이 "받아들일 수 없는 물질적·인적 부담"을 안겨주는 결과를 낳았다고 지적하면서, 유역의 다른 13개국과의 협력을 통해서 다뉴브 강과 삼각주를 부활시킬 것을 약속했다.[44]

미국의 경우에는, 조지아 주, 앨라배마 주, 플로리다 주가 상류 대 하류의 분쟁을 해결하기 위해서 물배분에 관한 새로운 협약을 체결하는 데에 착수했고, 적어도 지금까지는 법정소송에 의한 분쟁해결의 방법을 피해가고 있다. 이 세 주 사이의 분쟁은 하천 수계의 물을 어떻게 공동이용할 것인가를 두고 벌어지고 있다. 세 개 주를 흐르는 애팔래치콜라 강-채터후치 강-플린트 강 수계는 애틀랜타 시를 북쪽에서 남쪽으

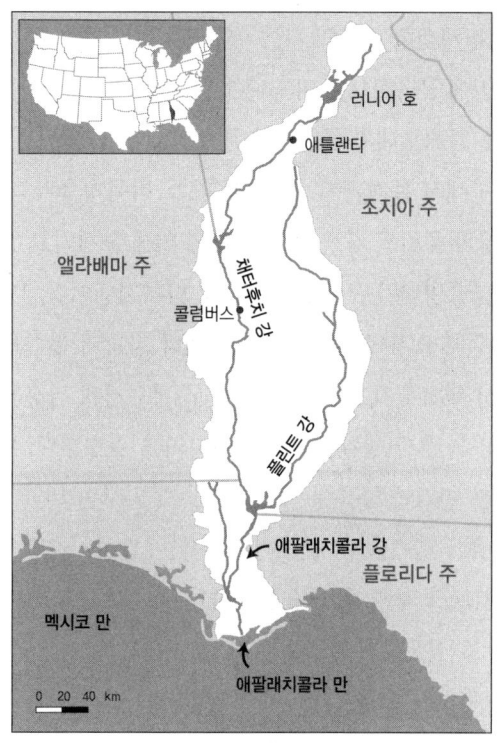

그림 5-2 애팔래치콜라 강 유역

로 가로질러 플로리다를 지나 애팔래치콜라 만으로 흘러든다(그림 5-2). 이 유역에서는 애틀랜타 시 근교의 폭발적인 인구증가와 조지아 주 남서부의 관개의 확대로 인해 물수요가 급격히 증가했다. 인간의 물수요는 유황 변경을 초래하여 유역의 희귀종 홍합류와 어류 등 담수생물이 필요로 하는 유량을 격감시켰다. 애팔래치콜라 강에는 미국에서 멸종 위기 생물종이 가장 집중되어 있는 곳이다. 유역의 말단에 있는 애팔래치콜라 만은 북아메리카에서 가장 생산력이 높은 강으로, 막대한 양의 블루크랩과 새우, 플로리다산 굴 어획고의 90퍼센트를 공급한다. 이곳의 굴들이 계속 서식할 수 있느냐는 애팔래치콜라 강이 충분한 양의 신선한 담수를 만에 공급하느냐 마느냐에 달려 있다. 이 강이 충분한 양의 담수를 만으로 흘려보내지 못하면 스톤크랩을 비롯한 해수성 포식동물들이 멕시코 만에서 몰려들어 굴을 대량으로 먹어치우기 때문이다.

  채터후치 강과 플린트 강은 16개의 댐에 의해 통제되고 있는데, 그중 다섯 개가 육군공병대가 운영하는 대규모 다목적댐이다. 1989년, 공병대는 조지아 주의 요청에 동의하여 애틀랜타 근교의 물수요 급증에 대응하기 위해서 채터후치 강 상류의 대규모 저수지에 저장된 물의 용도를 수력발전용수 대신 생활용수로 변경하기로 결정했다. 앨라배마 주는 이런 물배분 변경이 하류에 미칠 영향을 우려하여 1990년에 공병대를 상대로 소송을 제기했다. 플로리다 주도 애팔래치콜라 만으로 유입되는 애팔래치콜라 강의 유황을 보전하기 위해서 앨라배마 주의 고소에 합류했고, 조지아 주는 공병대 편에 섰다. 그러나 이 세 주들은 문제를 법정에서 해결하는 대신 대화와 다양한 정보의 수집을 통해 입장의 차이를 조정하고 실현가능한 대안을 모색하는 방법을 선택했다. 이런 논의가 진행되면서, 1997년에는 '애팔래치콜라 강-채터후치 강-플린트 강 유역 협정'이 체결되었다. 각 주는 "이 세 하천 수계의 수질, 생태, 생물다양성을 보호하고 이 유역에 속하는 각 주가 지표수를 평등하게 분배하는 배분방식을 작성하는" 틀이 마련되었다.[45] 이 협정에 의거해서 세 주의 주지사와 미국 대통령에 의해 임명된 연방정부 대표로 이루어진 유역위원회가 구성되었다. 주 대표위원들이 물배분방식을 받아들이면, 연방대표위원은 이 방식이 연방법에 부합하는지를 평가하여 동의 여부를 결정한다.

  교섭은 장기간에 걸쳐서 지루하고 힘들게 진행되어 2003년 6월 시점까지는 최종결론에 도달하지 못했다. 그러나 이 협정은 이 하천 수계의 유량배분 과정에 생태유량을 통합시키는 매개체가 되었다. 플로리다 주가 제안한 배분방식은 생태유량을 두 가지 조건으로 제시했다. 첫째, 애틀랜타 시의 주요 수원인 러니어 호수(채터후치 강의 비포드 댐 상류에 있는 연방정부 관할의 대형 저수지)의 취수량을 제한하자는 것이었다. 즉 조지아 주가 애틀랜타 시의 물공급을 늘릴 목적으로 유역 바깥에서 물을 끌어와 러니어 호에 저장하는 것을 막을 방법은 없지만, 채터후치 강의 물배분에 대해서는 취수상한을 설정하자는 주장이었다. 둘째, 주요 저수지들이 각각 개별적인 방류계획을 작성하되, 자연 유황에 가깝게 설계하도록 하자는 것이었다. 플로리다 주는 또한 공병대에 대해 애팔래치콜라 만으로 유입되는 담수 유량의 최소 한계를 보장할 수 있도록 하류에 있는 연방정부 관할의 저수지를 운용할 것을 촉구하고 있다.[46]

세 주가 합의를 이룰 수 있을 것인가, 법정분쟁을 피해갈 수 있을 것인가는 여전히 지켜보아야 할 문제다. 이 위원회는 종래에 세워졌던 전형적인 하천 유역 계획에 비해 유역의 생태적 가치에 많은 관심을 두고 있고, 현재까지는 모든 관계자가 동의할 수 있는 균형점을 실현하기 위해서 상대방의 입장을 배려하고 있다. 그렇기는 해도, 과학적인 기초를 가진 유량 권고안, 그리고 그것에 대응하는 취수와 유황 변경의 상한이 개발되어 있지 않은 까닭에 교섭이 지연되고 있다. 뿐만 아니라, 각 주가 제시하는 물배분방식은 하나같이 이 세 하천 수계의 생물다양성 보호를 위해서 어류야생생물보호청과 환경보호국 두 기관이 개발한 유량지침을 명확히 반영하고 있지 않다.[47]

덧붙여 말하자면, 유역에서 지속가능한 개발을 달성하기 위해서는, 농업용수 부문과 애틀랜타 시 등의 생활용수 부문에서 얼마나 적극적인 물보전 대책이 실행에 옮겨지느냐에 달려 있다. 매사추세츠 주의 입스위치 강 유역의 사례에서 보았던 것처럼, 도시 근교 신개발지의 주택을 둘러싸고 있는 잔디는 이 세 하천 유역의 물수요를 압박하고 있다.

아직까지는 하천의 대부분이 본격적인 변경을 겪지 않고 있지만 주요한 댐 건설이 예정되어 있는 개발도상국의 경우에는 특히 하천유역위원회가 종래와는 달리 생태적으로 안전한 물관리방식을 추진할 가능성이 높아지고 있다. 개발도상국들은 개발선진국들의 경험을 통해서 지금까지 여러 가지 경제적 목적을 위해서 하천을 조각조각 잘라내고 나면 건강한 유황의 복원은 어렵다는 중요한 교훈을 명심해야 한다. 댐을 비롯한 사회기반시설을 건설하기 전에 하천이 주는 이익을 총체적으로 평가한다면, 효율성과 공평성, 지속가능성이 강화된 물배분 시스템을 확립할 가능성이 높다.

동남아시아를 흐르는 거대한 메콩 강은 중국의 티베트 고원에서 발원하여 5개국(미얀마, 라오스, 태국, 캄보디아, 베트남)의 국경과 영토를 지나간다(그림 5-3). 열대에 속하는 이 유역에서는 우기에는 충분한 물이 흐르지만, 건기에는 물부족이 나타나기 때문에 메콩 강 삼각주로 유입되는 연간 유량은 총유량의 2퍼센트 미만에 불과한 실정이다. 최근 수십 년 동안, 유역의 모든 나라가 농업생산과 경제의 확대에 적극적으로 매달리면서 물과 관련된 분쟁이 점차 뜨거워지고 있다. 명확한 물배분방식이 마련되지 않으면, 즉 각국의 취수량을 설정하거나 삼각주와 하천생태계를 보호할 수 있도록 충분한 물을 공급하는 등의 방안이 보장되지 않으면, 이곳에서는 물을 둘러싼 분쟁과 생태계의 파괴라는 익숙한 상황이 나타나게 될 것이다.

생물학적으로, 많은 생물종이 위기에 몰려 있다. 메콩 강 유역은 어류가 최소한 500종(무려 1,200~2,000종이라고 추정하는 연구자들도 있다)이 서식하는 곳으로, 어류 종의 다양성에서 세계에서 세 번째로 꼽히고 있다.[48] 자연적인 홍수 유황 아래에서는 하류의 캄보디아와 베트남에서는 믿을

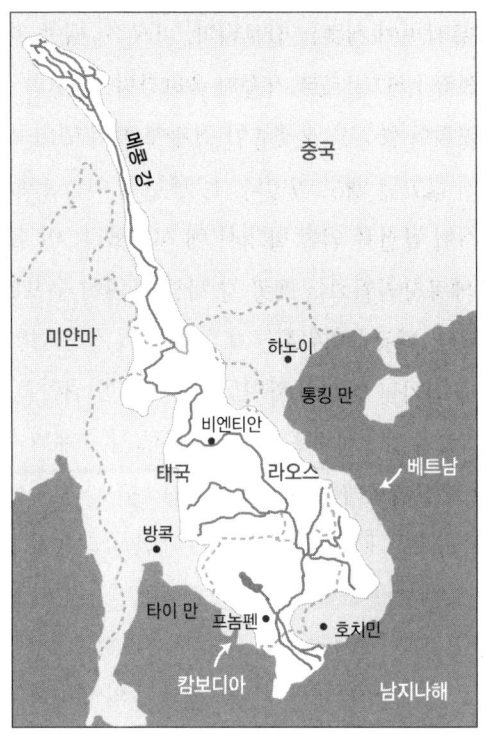

〈그림 5-3〉 메콩 강 유역

수 없을 만큼 엄청난 어업생산력이 유지된다. 우기에는 메콩 강의 수위가 높아져서 톤레사프 강으로 유입되고, 동남아시아 최대의 담수호 톤레사프 호(캄보디아)에 물을 공급한다. 이 호수는 우기에는 건기에 비해 5배나 넓은 면적이 형성되고, 어류에게 삼림의 습지대로 이동하여 먹이를 얻고 산란을 할 수 있는 환경을 제공한다. 홍수 유황에 의지하는 캄보디아의 어획고는 매년 40만 톤을 넘어서고 있다. 베트남에 속하는 메콩 강 삼각주에서도 거의 비슷한 양의 어획이 이루어진다.[49] 이 일대의 주민들은 동물성 단백질의 대부분을 이들 어류에서 얻고 있다.

메콩 강 공동관리의 시초는 캄보디아, 라오스, 태국, 베트남이 메콩위원회를 창설한 1957년으로 거슬러 올라간다. 전쟁과 정치불안으로 인해 메콩위원회의 활동은 오랫동안 침체에 빠져 있었고, 캄보디아는 아예 참가하지 않았던 때도 있었다. 1995년에 이들 4개국은 '메콩 강 유역의 지속적인 발전을 위한 합의서'에 서명했다. 이 협정에 의해 새롭게 설치된 메콩강위원회는 메콩 강 하류 유역의 수자원개발을 이끌 전략을 입안했다. 메콩강위원회는 또한 유역의 각 지점의 매월 최저유량을 결정할 때 참가국 전체의 합의도출을 지원할 권한을 가진다.[50] 미국의 애팔래치콜라 강-채터후치 강-플린트 강 수계의 협정과 마찬가지로, 메콩 강의 합의서에도 역시 일반적인 원칙과 절차는 규정되어 있지만, 서명국에 의한 개별적인 물배분에 대한 규정은 없다. 2002년 말의 시점에서, 물배분과 관련한 이러한 개별적인 안건들은 여전히 미해결 상태에 있다. 이는 하천의 상류 이용자와 하류 이용자, 그리고 수로 내 이용과 수로 밖 이용 등 다양한 이용주체 간의 물수요의 적절한 균형점을 찾는 일이 대단히 어려운 일이라는 것을 알 수 있는 또 하나의 사례다.

그러나 아직까지는 메콩 강 본류 유역의 4분의 3에 해당하는 미얀마와 라오스 국경 남쪽에는 댐이 하나도 건설되어 있지 않다. 메콩강위원회는 메콩 강 하류에 수력발전용 댐 건설예정지 12곳을 선정했지만, 이 댐들이 가까운 시일 안에 건설될 가능성은 높지 않다. 그러나 중국은 메콩강위원회에 참여하고 있지 않으며, 이미 메콩 강 상류에 대형댐 두 개를 건설했고, 추가로 6개의 댐을 건설할 계획을 세우고 있다. 홍콩 대학의 생물학자 데이비드 더전에 따르면, 2010년이 되면 메콩 강에서는 중국이 건설한 댐으로 인해 우기에는 유량이 감소하고 건기에는 유량이 무려 50퍼센트가 증가해서 수문곡선이 거의 평탄하게 될 것으로 예측

된다.[51)]

메콩 강 하천관리의 의사결정에 생태유량이라는 개념을 도입하는 것은 이곳의 독특한 생물다양성을 보호하고 하천이 제공하는 각종 이익을 공평하게 배분하는 데에서 결정적으로 중요한 요소다. 이러한 잠재적 이익(수력발전, 홍수조절, 용수공급, 농업생산, 어업생산, 생물종 보전 등) 사이의 균형점을 찾는 것은 대단히 복잡한 일이다. 뿐만 아니라, 메콩강위원회의 4개국은 하나같이 상류에서 이루어지는 중국의 결정에 영향을 받게 될 것이다. 중국이 메콩강위원회에 참여하여 책임 있는 협력체제에 동참하지 않는 한, 주변국들은 거의 아무것도 할 수 없는 실정이다.

이런 실정에서 유역의 미래가 어떻게 될지를 분명히 파악하기란 불가능한 일이다. 하지만 생태유량이 어느 정도 고려되는 희망적인 조짐이 나타나고 있다. 2001년 11월, 남아프리카공화국 환경유량 연구의 선구자인 케이프타운 대학의 생태학자 재키 킹은 메콩강위원회의 4개국 대표가 참석한 회의에서 생태유량이 얼마나 중요한지에 대해 발표했다. 2002년 5월, 재키 킹은 세계은행이 지원하는 메콩강위원회의 자문위원으로서 각 가맹국을 돌면서 광범위한 당국자와 이해관계자에게 환경유량 개념을 설명했다. 메콩강위원회는 유역 내에서 생태유량에 관한 시범연구를 실시할 계획을 세우고 있다. 재키 킹의 말을 인용한다.

"환경유량 평가를 통해서, 정책결정자들은 수자원 개발계획에서 사회적·생태적 영향과 관련하여 종래에는 확보할 수 없었던 정보를 사전에 확보할 수 있다. 이제는 댐 건설비용과 물의 상업적 가치에 대한 종래의 기술적·경제적 정보뿐만 아니라 앞서 말한 정보들을 고려할 필요가 있다. 이런 사항이 고려되면, 널리 받아들여질 수 있는 이해의 조정을 실현하는 정책결정은 더욱 어려워지겠지만, 균형점은 좀 더 바람직한 방향으로 이루어질 가능성이 있다."[52)]

메콩 강은 개발도상국의 국경을 넘어서 복잡한 하천의 관리에 생태유지 유량을 통합하는 중요한 시범사례일뿐 아니라, 세계에서 가장 생물다양성이 풍부한 수계로서 되돌릴 수 없는 유황 변경의 위험에 직면해 있는 곳이다. 기존의 틀을 벗어나서 활동할 수 있는 조직이 있다고 해서 반드시 그런 활동이 이루어지리라는 보장은 없다. 외부의 지원을 받고 있는 메콩강위원회가 21세기형 물관리라는 어려운 과제에 대응하여 여러 국가들에 걸쳐 있는 대형 하천을 지속가능한 방향으로 관리할 수 있을지는 앞으로도 유심히 지켜보아야 할 것이다.

새로운 리더십의 반짝임

남아프리카공화국이 지난 10년 동안 물 거버넌스에서 지도적인 역할을 담당하게 된 것은 결코 우연이 아니다. 넬슨 만델라 전 대통령은 로비슨 섬 감옥에서 나온 후로 인종격리정책 폐지 후의 국가정치와 사회제도의 재편성에 자신의 신념을 적용하기 시작했다. 그는 첫 내각을 구성할 때, 물 관할 관청의 장에 토목공학자 대신 인권변호사 카데르 아스말을 임명했다. 만델라 대통령은 국가가 새로운 물관리의 방향을 설정하기 위해서는 거버넌스의 기본원리인 윤리, 정의, 평등에 입각할 필요가 있다는 것을 이해하고 있었다. 그는 내각 안뿐 아니라 국가 규모에 어울리지 않게 많은 수의 과학자, 정책담당자, 시민 속으로 새로운 유형의 지도력을 고취했다. 남아프리카공화국의 시도가 최종적인 성과를 내놓기까지는 여러 해가 걸리겠지만, 만델라 대통령과 아스말 장관의 지도력은 세계 물문제의 역사에서 주요한 전환점으로 기록될 것이다.

사회가 변화하면 지도력도 변해야 한다. 하천의 경우, 담수생태계의 서비스가 지니는 가치와 자연 유량이 하천의 건강 보호에 없어서는 안 될 역할을 한다는 점에 대한 새로운 지식이 필요하다. 그러나 새로운 하천 거버넌스와 관리방식을 정립하기 위해서는 새로운 지식만으로는 충분하지 않다. 이런 전환이 가능하기 위해서는 변화를 추동하는 행동이 필요하다. 행정기관, 민간조직, 헌신적인 개인이 새로운 지도력을 발휘하고, 그들의 경험으로부터 더 큰 행동을 촉구하는 동기를 제공하게 될 것이라는 희망이 보이고 있다.

하천관리의 균형점을 하천보호를 중시하는 방향으로 옮길 수 있는 단기적인 가능성은 물관리의 권한을 위임받은 정부기관에게 있다. 민주주의가 제 기능을 발휘하기 위해서는 해당 정부기관은 국민에게 봉사해야 하지만, 이 기관들은 아직까지는 공공재인 물의 보호를 위한 활동을 재편성하는 일에 적극적으로 나서고 있다고 하기 어렵다.

국제적인 차원을 살펴보면, 유럽연합 의회와 유럽연합위원회가 개발한 새로운 물관리지침은 유럽의 여러 하천을 위한 대전환의 가능성을 제시하고 있다. 이런 정책 지도력이 발휘되면서, 유럽연합 가맹국 15개국(몇 년 안에 10여 개국이 가맹할 예정이다)은 하천환경의 악화 방지뿐 아니라 생태계 건강의 달성이라는 의무를 지게 되었다. 오대호 유역에 속하는 미국 8개 주와 캐나다 2개의 행정구는 2001년 6월에 '오대호 헌장'의 부칙을 채택하여 지도적인 역할을 맡았다. 이 부칙은 "오대호는 두 나라의 공공재이며, 오대호 연안의 주와 행정구의 신탁재산이다"라고 규정하고, 유역의 하천과 소하천에 대한 장래의 유황 변경에 대해 담수생태계에 이로운 방향의 유황복원 수단을 채택할 것을 요구하고 있다.[53] 대서양을 둘러싼 양쪽 대륙에서 각각 이러한 정책이 실시된 결과, 유럽과 오대호 유역의 하천과 소하천은 20년 후에는 현재보다 훨씬 건강한 상태가 될 가능성이 높다.

또한 북아메리카의 경우에는, 주정부와 지방의 자원관리기관들로 구성된 수로 내 유량위원회Instream Flow Council, IFC가 하천의 유황 보호를 관할하는 조직의 부재를 보완하는 역할을 담당하고 있다. 1998년에 설립된 이 위원회는 수생생태계를 보존하기 위한 정부의 수로 내 유량 계획의 유효성을 개선하는 일을 진행하고 있다. 이 위원회는 공공자원 관리자의 책임은 공공재를 보호하는 것이라고 강조하면서, "공공재의 목적 훼손 행위는 가능한 경우에는 언제나 방지되거나 최소화되어야 한다"고 권고하고 있다.[54] 이 위원회는 공공 물 관리자에 대한 지침에서 "비록 많은 하천에서 변경이 상당히 진행되었지만, 전체 주와 지방의 자연자원관리기관은 유황에 관련된 자연상태 그대로의 과정을 재구축하고 유지하는 것을 궁극적인 목적으로 삼아야 한다"고 제시하고 있다.[55]

지역 차원의 지도력은 긍정적인 사례를 보여주는 것만으로도 변화를 확대하는 원동력을 제공할 수 있을 것이다. 미 육군공병대의 공학자 밥 비엘은 켄터키 주 그린 강에 설치된 댐들의 운영방식에 대한 새로운 규제 설정과 관련해서, 자연보전협회의 과학자들과의 협력을 통해서 연방정부기관인 공병대 내부에서 개혁을 확대할 수 있는 기회를 열었다. 그린 강의 경험을 통해 공병대와 자연보전협회의 공동사업으로 구축된 '지속가능한 하천 프로젝트'는 13개의 연방정부 관할 댐들의 운영과 관련하여 서식지와 생태계의 기능을 보호하면서 동시에 인간의 요구를 충족시킬 수 있는 방식을 검토했다.[56]

하천과 범람원의 연결을 복원하려는 지역 차원의 노력들 역시 육군공병대에게 홍수조절과 하천복원을 위한 귀중한 시범사례를 제공하고 있다. 공병대와 플로리다 주의 물관리 책임자는 인공수로화된 키시미 강에 자연상태 그대로의 굽이치는 수로를 복원함으로써 하천을 치유하는 방안에 관한 많은 교훈을 얻을 것이고, 이 교훈은 다른 지역에도 유효하게 적용될 것이다. 캘리포니아 주 나파 카운티(포도주의 주요 생산지)의 경우에는, 많은 시민그룹이 공병대에 대해 종래와 같은 하천관리방식 대신에 나파 강을 범람원과 연결시키고 하천을 지역사회의 생활권으로 복귀시키려는 방안을 개발하도록 격려했다. 시민그룹의 참가자들이 새로운 관리방안을 지탱하는 기반 마련을 목표로 하여 다양한 노력을 기울인 결과, 나파 카운티에서는 1998년에 주민투표가 실시되어 하천복원 재원 마련을 위한 지방소득세 인상이라는 성과를 거두었다. 현재는 도시 중심부의 부흥, 홍수피해의 감소 등 홍수 손해보험료율의 절약, 레크리에이션과 조류관찰에 이용할 수 있는 아름다운 공원 및 산책로 조성, 관광수입의 증가, 쓰레기 불법투기가 아니라 뱃놀이에 이용할 수 있는 조건이 형성됨으로써, 이처럼 복원된 하천의 생태계 서비스가 되돌려준 이익은 세금증가분을 상쇄하고 있다. 이 사업은 미처 완성되지 않은 상태인데도, 이 사례를 배우려는 사람들이 호주, 중국, 아르헨티나 등 세계 각지에서 줄을 잇고 있다.[57] 처음에는 소극적이고 회의적인 태도를 보이던 공병대도 이제는 이 계획을 적극적으로 검토하고 있다. 1998년에 소득세 인상에 관한 주민투표가 실시된 후, 공병대 홍보담당관은 기자회견에서 다음과 같이 발표했다. "공병대는 과거에 시행했던 사업과는 전혀 다른 방향으로 나파 카운티에서 계획을 수립하고 있다. 이 계획은 공병대의 업무수행 방향을 완전히 변화시킬 것이다."[58]

비슷한 예를 더 들어보면, 인도의 여러 마을에서는 빗물모으기 운동을 비롯한 각종 유역 프로젝트의 잠재적 가치와 관련된 풍부한 지식을 축적했다.[59] 뉴델리에 있는 '과학과 환경 센터'의 연구자들은 이러한 방법이 생태학적 유해성 때문에 점점 더 논쟁의 초점이 되고 있는 대형 댐 계획을 부분적으로라도 대체할 수 있는 대안이라고 보고 있다. 지역사회 차원에서 관리되는 이런 빗물모으기 운동은 사회적으로 허용될 수 있고 생태학적으로 지속가능할 뿐 아니라 실용적인 방법으로서, 마을 단위의 물수요를 충족시킬 수 있는 대체수단이 될 뿐 아니라, 더 나아가 인도의 전국 단위, 지방 단위의 물관리 정책의 입안과 시책 관리에 전면적으로 채택될 가능성이 크다.

하천 거버넌스와 관리방식의 재정립은 많은 종류의 리더십을 필요로 한다. 하천의 건강과 사회정의의 실현을 목적으로 삼아서 특정한 이해관계세력의 반대를 무릅쓸 수 있는 정치활동의 주체도 필요하다. 물관리 인력의 경우에는 기존의 관행을 벗어나서 생각하고 행동하는 인재가 필요하다. 특정한 유역의 하천관리를 개혁하는 주체로 나서거나 보이지 않는 곳에서 땀을 흘리는 시민이 필요하다. 또한 학계에서는 공적으로 인정받지 못하더라도 정책과 관리의 개혁을 위해서 기꺼이 헌신하는 과학자도 필요하다. 수많은 시민, 과학자, 환경보호활동가, 공무원들이 건강한 하천과 하천이 지탱하는 생명을 진지하게 걱정하고 있다. 정열을 불태울 기회가 주어진다면, 이들은 건설적인 개혁을 이끌 힘을 발휘하는 주력부대가 될 수 있다. 사회와 정치의 개혁자인 테오도어 루즈벨트 대통령은 다음과 같이 말했다. "우리는 현재 누리고 있는 혜택을 빚지고 있고 마땅히 그 빚을 갚아야 한다는 것을 절대로 잊어서는 안 된다." 이 말이 웅변하듯이, 지식, 기술, 정열 또는 힘을 가진 사람들은 지구의 하천들을 지키기 위해서, 또한 현대 세대와 미래 세대가 하천으로부터 받는 모든 이익을 지키기 위해서 지도력을 발휘하고 혼신의 노력을 기울여야만 한다.

06

맺는글:

우리는 지구의 강들을 구할 수 있을까?

우주공간에서 발견한 여러 가지 사실들과 관련해서 우리의 가장 큰 관심을 끄는 문제는 지구 이외의 천체에 물이 있을 가능성이 있는가 하는 것이다. 지구의 위성인 달의 양극에는 얼음이 있을 가능성이 있다. 화성은 지구보다 차갑기 때문에 지상에는 만년설 형태로 된 얼음이 있고 지표 밑에는 물이 있을 것으로 추정된다. 목성의 위성 유로파에는 지중에서 뿜어나오는 분화열 덕분에 액체 형태의 물이 있을 가능성이 있다.

그렇지만 드넓은 대양과 육지 위를 기다란 띠 모양을 이루며 흐르는 담수, 그리고 수많은 호수와 대수층과 같은 형태로 물이 존재하는 태양계의 행성 혹은 위성은 오직 지구뿐이다. 지구의 물은 태양에너지에 의해서 재생되고 순환한다. 다채롭고 아름다운 지구의 경관과 생명체들은 물이 있기에 가능한 것이다. 그러나 자연은 더 이상의 물을 만들어내지 않을 것이다. 다시 말하면, 현재 지구에 있는 물의 양은 장래에 지구에 있을 물의 양과 같다.

우리는 이 책의 마지막 장에 '우리는 지구의 강들을 구할 수 있을까?'라는 제목을 붙였지만, 우리 이전 세대들은 결코 이런 질문을 던져본 적이 없을 것이다. 이 질문은 불길한 느낌을 준다. 과연 우리는 지구의 강들을 구하는 일을 감당할 수 있을까? 그러나 하천에 대한 통제력의 수준을 보면 우리는 충분히 그럴 만한 위치에 있다. 오늘날 대부분의 강은 자연이 아니라 인간에 의해 통제되고 있다.

인간이 수문환경에 가하는 충격은 1950년 이후로 무려 아홉 배나 증가했다.[1] 단기간에 엄청난 변화가 이루어진 것이다. 인간이 하천에게 가하는 충격 중에서 관개용수, 공업용수, 도시 생활용수로 이용하기 위한 직접적인 취수활동에서 비롯하는 것은 일부에 지나지 않는다(최근 50년 사이에 취수량은 세 배로 증가했다). 나머지 대부분의 충격은 댐, 저수지, 제방의 건설과 운영 등 인간이 자연 유황 패턴을 변경하는 과정에서 비롯하는 것이다. 수천 년에 걸쳐서 지구의 수생생태계 안에서 진화를 거듭해온 생물종들은 오늘날 인간이 가하는 충격 때문에 크게 동요하고 있다. 인간에게 떠밀려, 오랜 진화과정을 거치면서 준비할 겨를도 없었던 생존경쟁으로 내몰리고 있는 것이다. 인간은 막강한 지배력 덕분에, 지구상의 수생생태계를 보살피는 역할을 맡게 되었다.

오늘날 생태학자들은 인간이 자연을 보살피는 행동은 이타적인 행동이 아니라 자신을 보전하기 위한 합리적인 행동이라고 경고하고 있다. 수생생태계가 제공하는 재화와 서비스는 인간의 복지에서 너무나 중요한 것이기 때문에, 인간은 그런 재화와 서비스가 없으면 그리 오래 버틸 수 없다. 수생생태계는 인간이 의존하고 있고 그 무엇으로도 대체할 수 없는 여러 가지 기능을 수행한다. 그러나 과학기술은 인간에게 이런 의존관계로부터 벗어날 수 있는 자유를 선사하는 것이 아니라, 오히려 이런 의존관계를 분명히 인식하지 못하도록 가로막고 있다. 하지만 우리가 인식을 하든 못하든, 인간이 하나의 생물종으로 살아갈 수 있느냐 여부는 다른 생물종들과 공존할 수 있느냐 여부에 달려 있다.

인류의 욕구와 야망이 너무나 클 뿐 아니라 계속 더 커져가고 있는 상황에서, 우리 앞에는 다른 생물종들을 돌보는 임무를 어떻게 수행할 것인가라는 어려운 과제가 놓여 있다. 몇십 년 뒤에는 물압박국가(1인당 물 이용가능량을 기준으로 물풍요국가, 물압박국가, 물빈곤국가로 분류하는 개념을 사용할 경우)들에 사는 인구가 약 30억 명에 이를 것이다. 이런 국가들의 하천과 담수생물종에게는 과연 희망이 있을까? 1995년 이후 지구 인구는 35억 명이나 불어났다. 앞으로 50년 후에는 30억 명이 더 늘어날 것으로 추측되고 있다. 인류는 건강하고 안전하게 삶을 보장하는 충분한 물과 식량 그리고 에너지를 이용할 수 있어야 한다. 뿐만 아니라, 현재 10억 명에 이르는 고소득국 국민들이 높은 수준의 소비생활을 하고 있고, 중간소득국의 국민들 역시 고소득국 국민들이 누리고 있는 수준의 높은 소비생활을 하기를 바라고 있다. 육류를 많이 섭취하고, 값비싼 의복과 자동차를 소유하고, 골프를 즐기고, 푸르고 싱싱한 잔디밭이 딸린 넓은 집을 가지는 것이 그들의 꿈이다. 세계 인구가 늘어나고 세계적으로 1인당 물수요가 늘어남에 따라서, 인류가 담수생태계에 미치는 전반적인 충격은 더욱 강력해지고 있다.

이 정도의 곤경을 겪는 데서 끝날 일이 아니다. 물걱정이 없는 미래를 만들어가려는 우리의 노력은 온실가스의 축적으로 인한 세계적인 기후변화로 인해 더욱 복잡한 상황에 내몰리게 될 것이다. 빙하와 고산지대의 두터운 눈덩어리는 세계의 수많은 강에 물을 공급하는 천연 저수지 역할을 하고 있는데, 이런 빙하와 눈덩어리가 기후변화로 인해 녹아가고 있다. 기온이 상승하면 상승할수록, 그리고 눈 대신에 비의 형태로 내리는 강수량이 많아지면 많아질수록, 빙하와 높은 산의 눈덩어리는 더 빠른 속도로 녹아내릴 것이다. 알프스 산맥이나 알래스카 산맥에서는 이미 빙하가 줄어들고 있다. 그러나 녹아내리는 속도가 가장 빠른 빙하와 고산지대의 눈덩어리는 아프리카, 아시아, 라틴아메리카의 고위도지역에 있다. 이 지역들은 저소득국이 많이 분포되어 있을 뿐 아니라, 세계적으로 손꼽힐 만큼 높은 속도로 인구가 증가하고 있는 곳이다. 일정 기간 동안에는 빙하가 빠른 속도로 녹아들면서 하천 유량은 늘어난다. 그렇지만 언젠가 빙하는 사라질 것이다. 볼리비아의 수도 라파스 시의 공무원들은 도시에 물을 공급하는 빙하가 급격하게 줄어들고 있다면서 머지않아 물이 부족하게 될 거라는 우려를 공공연히 드러내고 있다. 프랑스의 연구소에서 볼리비아의 빙하 문제를 연구하고 있는 수문학자 로버트 갈라이어는 『뉴욕타임스』에 다음과 같은 글을 기고했다.

"우리가 사용하고 있는 수자원이 점점 줄어들고 있다는 것은 큰 문제다. 우리는 당장 50년 뒤에는 어떤 일이 일어날지 따져보아야 한다. 50년이면, 바로 내일이다."2)

인구동태, 소비동향, 기후변동 등의 압력이 진행되고 있는 상황에 비추어 보면, 하천과 하천이 부양하는 생명체의 운명은 대단히 어두워 보인다. 그렇지만 아직까지는 담수 생물다양성이 크게 파괴되리라고 단정할 수 없다. 인류 역시 하천이 부양하는 생명체다. 역시 생물종인 우리 자신을 구해야 한다는 압박감은 생명체가 의존하고 있는 수생생태계를 구하고자 하는 충동에 불을 붙일 것이다.

문제는 인류가 생명활동의 질과 지상 환경의 질이 어느 정도가 되어야 이런 본능적인 충동에 이끌려 행동에 나서게 될지 알 수 없다는 점이다. 선조들로부터 이어받은 물길을 열심히 왕복하는 콜로라도 파이크 미노는 그때까지 남아 있을까? 현재 개체수가 200마리 이하로 줄어든 양쯔 강의 돌고래는 중국 최장의 하천에 그때까지 남아 있을까? 연어는 그때까지 살아남아 북유럽과 미국 동해안의 뉴잉글랜드 지방과 태평양 연안 북동부의 대하천에서 신비로운 회유를 하고 있을까? 아니면 평생을 양어장에 갇혀 살다가 인간의 식탁에 오르는 신세가 되어 있을까? 연안에 가까운 하구에는 충분한 담수와 영양물이 공급되어 그에 의존하는 개체군의 증가를 부양할 수 있을 만큼 생산력을 유지하고 있을까? 물을 머금었다가 부유성 미생물을 걸러내고 다시 뱉어내는 조개류는 그때도 여전히 강물을 정화하고 있을까? 그때까지도 넓은 범람원이 남아서 어류에게 먹이를 구하고 산란을 할 장소를 제공하고, 열대의 생물다양성을 유지하고, 수백만에 이르는 개발도상국 저소득계층의 생활을 도울 수 있을까?

현재의 동향을 보면 앞서 제기한 질문에 대해 긍정적인 답은 하나도 나올 것 같지 않다. 우리는 담수생태계의 심각한 훼손, 생물종의 멸종,

자연의 생태계가 제공하는 서비스의 소멸이라는 암울한 상황을 향해서 빠르게 다가가고 있다. 우리는 당연히 우리 자신이나 후손들이 이런 세상에서 살기를 바라지 않는다. 그러나 하루빨리 진로를 바꾸지 않으면 이런 상황은 머지않아 현실이 될 것이다.

지구상의 하천생태계를 멸망이 아니라 개선하는 방향으로 진로를 수정할 기회는 대단히 제한되어 있다. 앞에서 소개한 과학적 수단과 혁신적 정책이 마련되어 있는 지금은 하천복원 운동을 전 지구적인 규모로 전개하기에 알맞은 때다. 현재 진행 중인 각종 하천복원 노력은 우리의 희망을 북돋는 소식을 전하고 있다. '기회만 주어지면 하천생태계는 대개는 회복된다. 하천과 범람원의 연결을 복원하면 어류 및 수변식물의 군집은 다시 늘어날 것이다. 댐을 없애면 오래 전에 사라졌던 생물종이 상류지역으로 되돌아갈 것이다. 저수지에서 홍수 유량을 방류하면 주요 서식지의 개선이 현실로 나타날 것이다.' 오늘날 하천의 환경복원을 지원하는 과학은 충분히 성숙하여, 사회가 인간과 생태계의 물수요의 균형점을 되찾는 일에 더 많은 투자를 하는 것을 주저하지 않아도 될 정도로 확고한 힘을 갖추었다. 뿐만 아니라, 앞서 제시한 몇몇 사례에서 보았듯이, 하천의 건강 개선이 사회적·경제적 혼란을 최소화하는 방식으로 이루어질 가능성도 있다.

하천복원 운동이 추진력을 얻기 위해서는, 인간의 수요를 위해서 물이 취수되고 있는 상황에서도 정부는 하천의 건강을 보호하는 정책을 신속하게 실행에 옮겨야 한다. 남아프리카공화국의 선도적인 사례에서 보았듯이, 이런 정책은 생태계의 건강을 보호하기 위해서 필요한 유량을 적절한 시기에 제공하는 하천 유황을 의미하는 담수 필요유량을 설정해야 한다. 수자원관리자들은 적응형 관리 혹은 실천을 통해 배운다는 새로운 철학을 수용해야 한다. 어떤 결과가 나올지 불확실하다는 것을 핑계로 행동을 미루는 태도는 더 이상 통할 수 없다. 결과를 확실히 예측할 수 없는 상황이라고 해도, 실험, 관찰, 평가, 그리고 정기적인 목표의 재설정 과정에 의지하면 진보가 이루어질 수 있다. 생물종의 멸종과 돌이킬 수 없는 변화가 눈앞으로 다가오고 있는 상황이니만큼, 일단 시작을 하고 실천하면서 배우는 태도를 가지는 것이 중요하다.

궁극적으로, 이러한 정책과 관리수단의 개혁이 지속적인 효과를 발휘하려면, 사회가 담수생태계와 맺는 관계는 몇 가지 중요한 측면에서 변화가 이루어질 필요가 있다. 다양한 측면에서 우리의 생활에 영향을 미친다는 점에서, 물과 조화로운 관계를 유지하는 생활로 이동하기 위해서는, 불가피하게 사회가 우선으로 여기는 순위와 개인의 선택에서 근본적인 변화가 이루어져야 한다.

첫째, 인간 공동체는 자연의 순환과정과 조화를 이루는 행동방식을 배워야 한다. 인류는 다른 생물종과 마찬가지로 자연의 일부다. 그러나 자연의 다양성과 조화를 이루면서 생활하는 다른 생명체와는 달리, 인간은 안정적인 수자원 확보를 위해서 자연의 다양성을 적극적으로 부정하거나 그에 맞선다. 따라서 근대 수자원관리의 주요한 목적 가운데 하나는 자연적인 조건을 바꾸어서라도 도시와 농촌에 가장 큰 이익을 주는 조건이라고 여겨지는 상황을 창출하는 것이었다. 그러나 이런 행동은 자연의 순환과정에 자신의 생명활동의 순환과정을 맞추어 살아가는 지구상의 수많은 동반자들의 생존가능성을 짓밟는 일이다. 인간 이외의 생물종에게 있어서, 홍수는 좋은 서식지를 형성하는 필요조건이다. 가뭄이 들 때는 인간과 마찬가지로 다른 생물종 역시 필사적으로 물을 찾는다. 한 번도 마르는 일이 없던 하천이 인간의 지나친 취수 때문에 정기적으로 바닥을 드러내면, 그 안에서 진화해온 생명체는 오래 살아남을 수 없다. 인간 공동체가 자연의 순환과정에 맞추어가면서 수생생물군과 공존하지 않으면, 자연의 생물군집은 사라질 것이고, 그들이 담당하던 생태계 서비스 역시 사라지고 말 것이다.

이것을 실천적인 관점으로 해석하면, 수자원 관리계획을 세울 때는 해마다 예외없이 인간에게 가장 유리한 방향으로만 계획을 세우는 것이 아니라, 물이 부족한 해에는 고통을, 물이 풍부한 해에는 남는 물을 자연의 공동체와 함께 공유하는 방향으로 계획을 세워야 한다. 가뭄이 들었을 때는, 우리는 인간의 수요를 위해 쓸 수 있는 물공급량을 확보하기 위해서만이 아니라 역시 물을 필요로 하는 다른 생물종의 수요를 배려해서 우리의 물이용방식에 변화를 주어야 한다. 우리는 급수량의 제한 등 물이용을 제한하는 수단들을 수자원관리의 비효율성을 드러내는 것이 아니라 우리를 둘러싼 생명과 공존하려는 바람을 드러내는 것이라고 여기는 자세를 가져야 한다. 이런 정책은 단기적으로는 경제적 손실을 야기할 수 있지만, 장기적으로는 더욱 건강하고 더욱 회복력이 있는 생태계가 실현되어 그것으로부터 가치 있는 재화와 서비스라는 경제효과를 제공받게 될 것이다. 인간은 모든 생명체를 보호해야 할 도덕적 의무가 있다고 보는 사람들의 입장에서 보면, 이러한 조정정책은 도덕적 의무에서 나오는 당연한 행동이다.

둘째, 우리는 인구증가와 수자원의 소비증가를 억제하고 수자원의 생산성을 높임으로써 수문환경에 대한 인간의 압력을 줄일 필요가 있다. 세계에서 가장 물압박이 심한 지역 가운데 일부에서 급속히 인구가 증가하고 있다. 여기에는 서아시아와 중앙아시아 남부, 아프리카의 거의 전역, 그리고 미국의 남서부 등이 포함된다. 현재 지구상에는 매년 독일의 총인구에 해당하는 7,700만 명이 늘어나고 있다.[3] 인구증가율을 낮추는 것은 전 지구적으로나 지역적으로나 인간과 생태계의 물수요를 충족하는 데에서 결정적으로 중요한 의미를 가진다. 또한 물과 에너지의 1인당 사용량을 줄일 경우, 특히 선진국의 소비자 약 2억 명이 이를 실천할 경우, 수자원관리자는 필요한 댐과 저수지의 수와 규모를 줄여서 환경보호에 필요한 유량을 확보하는 방향으로 유연한 정책을 펼 수 있다.

물생산성 향상은 물이용량을 하천의 건강을 보호하기 위해 설정된 지속가능성 경계 내로 유지하기 위해서 매우 중요한 요소다. 물생산성이란 자연환경으로부터 취수한 물 1리터당 산출되는 결과물이나 이익을 말한다. 특히 중요한 것은 전 세계의 식량생산 체계에서 물생산성을 높이는 것이다. 현재 담수 생태환경에서 끌어다 쓰는 물의 약 70퍼센트가 관개용수로 쓰이고 있다. 그러나 물 1리터당 생산량이 종래의 관개방식의 2배에 이르는 경우가 많은 점적관개 방식이 시행되는 곳은 전 세계 관개농지의 1퍼센트에 지나지 않는다.[4] 미국의 캘리포니아 주나 중앙아시아 등 건조한 기후에서는 물을 많이 소비하는 곡물을 비효율적인 관개방식으로 재배하는 경우가 적지 않다. 개인적인 차원에서는, 식사습관을 잘 선택하는 것만으로도 한 사람이 하천과 대수층에 미치는 영향을 크게 줄일 수 있다. 미국의 전형적인 식사습관에 맞추려면, (증발산량으로 환산해서) 매년 1인당 1,970세제곱미터의 물이 필요하지만, 똑같은 양의 영양분을 채식으로 섭취할 경우에는 필요한 물의 양은 1인당 950세제곱미터로 낮아진다.[5] 동물성 단백질을 식물성 단백질로 대체하여 섭취하면, 엄청난 양의 물을 절약할 수 있다. 이렇게 되면, 동일한 양의 물을 소비해서 한 사람이 아니라 두 사람에게 식량을 공급할 수 있는 것이다.

셋째, 수자원의 상품화와 민영화가 전 세계적인 규모에서 진전되고 있는 상황에서, 우리는 수자원은 공공재로서 현재 세대와 다가올 세대가 공유할 수 있도록 보존해야 한다는 점을 재확인해야 한다. 비교적 최근에 이르러 수자원의 소유와 관리를 통해 이익을 추구하려는 경향이 나타나고, 빠르게 확산되고 있다. 이것은 생태계의 건강과 생물종의 보호를 크게 위협하는 요인이다. 수자원을 이용한 이익 추구를 목표로 하는 사람들은 수자원을 절약하거나 생태계 서비스를 보호하려는 동기를 좀처럼 가지기 어렵다. 세계무역기구만큼 강제력을 가진 공적인 기관으로 '세계생태기구'가 구성되어 있다면 더할 나위가 없을 것이다. 이런 기구가 없는 상황에서는, 국제연합의 기후변화협약, 생물다양성협약 등과 같은 국제담수협약으로 환경보호시책을 추진할 모체를 구축할 필요가 있다. 이런 국제담수협약의 일차적인 목표는 생태계의 건강 유지를 목적으로 하는 물배분 설정에 동의하고, 이러한 물배분을 생존에 필수적이지 않은 2차적인 인간의 물이용보다 우선하는 데에 동의하는 것이다.

마지막으로, 우리는 담수환경 및 그에 의존하는 생물종을 돌보는 자로서 지켜야 할 윤리적인 도리를 다해야 한다. 우리는 생태계를 위해서 물을 배분할 때에, 실수를 하더라도 배분이 부족한 쪽보다는 지나쳐서 넘치는 쪽이 훨씬 낫다고 생각할 필요가 있다. 자연계의 각종 서식지와 생물종은 생명유지 시스템을 구성하는 요소로서, 인간이 각각의 기능을 알고 있느냐 모르느냐, 또 그 기능의 가치를 알고 있느냐 모르느냐 하는 문제와는 무관하게, 꾸준히 그 기능을 수행하고 있다. 그것이 없어도 심각한 해악이 일어나지 않는다고 확신할 수 없을 때에는, 모든 생명유지 요소를 그대로 보전하는 것이 타당하다. 이미 너무나 많은 요소가 사라졌거나 위험에 처해 있는 상황이니만큼, 남아 있는 것을 보전하는 것은 더욱 더 중요하다.

여기서 강조하고 싶은 것은 하천을 돌보는 임무를 감당하는 자로서 지켜야 할 도리는 자연계의 아름다움과 신비를 존경하는 태도라는 점이다. 우리 인간은 자연계를 창조한 것도 아니고 자연계를 완벽하게 이해할 수도 없으면서, 자연의 지배권을 손에 넣었다. 우리는 겸손한 태도를 가지고 이제까지 우리의 오만한 태도가 뿜어냈던 해악을 씻어내야 한다. 또한 우리는 과학과 정책, 기술의 정수를 자연을 조작하는 데가 아니라 오랜 세월에 걸쳐서 검증된 생명유지의 순환과정에 우리 자신을 효과적으로 적응시키는 데에 써야 한다.

옮긴이 후기

4대강 살리기를 둘러싼 논쟁이 큰 사회적 이슈가 되는 것을 보면서, 또 이러한 논쟁을 통해 하천살리기에 대한 사회적 합의점을 찾아가기보다는 갈등이 심화되는 것을 보면서 하천살리기에 대해 좀 더 깊이 성찰할 수 있는 기회가 있었으면 좋겠다는 생각을 했다. 대운하 논쟁이 한창이던 때에 몇몇 사람들과 함께, 하천을 살린다는 것이 과연 무엇을 의미하고 어떻게 하는 것이 하천을 살리는 길인가에 대해 차분하게 제시해주는 책이 필요하지 않느냐는 얘기를 나눈 적도 있었다.

 정치적 논란을 떠나서 좀 더 근본적으로 생명이 흐르는 하천이란 무엇인가에 대한 진지한 고민이 필요하다. 하천살리기에 대한 커다란 사회적 논란이 일고 있지만, 하천을 살린다는 말의 진정한 의미가 무엇인지에 대한 깊은 성찰이 부족한 것 같다는 것이 우리의 생각이었다. 그래서 이와 관련된 여러 책들을 검토하다가, 직접 책을 쓰는 것보다 이 책 『생명의 강』을 번역하는 것이 훨씬 더 좋겠다고 판단했다. 저자들이 하천에 관해 쓴 더 대중적이고 더 최근에 나온 책도 있지만 굳이 6년 전에 나온 이 책을 번역한 것은, 이 책이 현재 논란이 되고 있는 4대강 살리기의 주요한 논점들에 대해 많은 시사점을 주고 있기 때문이다.

미국을 비롯한 세계의 많은 나라들이 대공황기에 대규모 하천개발 사업을 어떻게 했는지, 그리고 그로 인해 발생한 여러 가지 문제들이 무엇이고, 현재의 평가는 어떠한지를 살펴보면, 우리나라의 4대강 사업을 좀 더 거시적인 안목에서 다시 짚어볼 수 있을 것으로 생각된다.

이 책은 여섯 개의 장으로 구성되어 있다. 제1장은 하천살리기가 왜 필요한가에 대한 설명을 담고 있다. 특히, 20세기의 하천통제 패러다임이 21세기의 하천살리기 패러다임으로 어떻게 전환되어야 하는가를 20세기의 하천관리방식으로 인해 발생한 다양한 문제점들을 보여주면서 설명하고 있다. 저자들은 생명이 살아 있는 하천이 주는 편익과 생태계가 인간에게 주는 서비스의 귀중함에 대해 강조하면서, 20세기의 급속한 하천개발이 이러한 편익과 서비스에 어떠한 영향을 주었는가를 구체적인 사례를 통해 생생하게 보여준다. 제1장에서 저자들이 강조하고 있는 것은 하천관리에서 '지속가능성 경계sustainability boundary'를 설정해야 한다는 점이다. 현대 자원관리의 대원칙인 지속가능한 개발은 미래 세대의 복지를 위태롭게 하지 않으면서 현재 인류의 요구를 충족시키기 위한 개발이다. 지속가능한 수자원개발을 위해서는 미래 세대가 누려야 할 하천환경을 훼손하지 않으면서 우리의 필요를 충족시켜야 한다. '지속가능성 경계'는 이러한 지속가능한 개발을 위해서 설정해야 할 수자원개발의 한계선이다. 저자들은 1990년대 이후에 발전한 하천에 관한 풍부한 과학적 지식이 인간과 하천의 완전히 새로운 관계를 정립할 수 있는 조건을 창출하고 있다고 낙관하고 있다. 인간과 하천 양쪽이 모두 건강을 유지하면서 공존하는 관계야말로 우리 세대와 미래 세대에게 막대한 혜택을 줄 것이라는 저자들의 전망은 요즘 우리 사회의 화두가 되고 있는 녹색성장의 진정한 지향점이라고 할 수 있을 것이다.

제2장의 주제는 하천에는 얼마나 많은 물이 필요한가 하는 것이다. 우리나라의 4대강 사업을 둘러싼 논란에 이론적 측면의 시사점을 주는 부분이라고 할 수 있다. 20세기식 하천관리에서는 강에는 항상 일정한 수심 이상의 물이 고정적으로 유지되어 있어야 한다. 인간을 위한 강의 이용이라는 관점에서만 볼 때, 안정적인 수자원이용과 수운을 위한 수로를 확보하는 데에는 하천 유량이 변하지 않고 일정한 수심으로 유지되는 것이 유리할 수도 있다. 그러나 저자들은 이러한 하천관리방식을 집중적으로 비판하면서, 강을 살리는 데에는 하천 유량의 복원이 아니라 하천의 자연적인 유황의 복원이 필요하다고 역설한다. 자연상태의 하천에서는 똑같은 유량이 항상 일정하게 흐르지 않는다. 비가 많이 올 때는 강에 물이 넘쳐흘러서 범람원까지 잠겼다가, 갈수기에는 모래톱과 습지가 드러난다. 지진파나 전파의 맥동처럼, 하천에는 그 지역의 기후와 특성에 맞는 고유한 진동수와 진폭을 갖는 저마다의 물흐름의 고유한 특성이 있다. 그것이 바로 하천의 유황flow regime이다. 하천 주변의 생태계와 주민들은 오랫동안 이러한 하천 유량의 맥동에 적응하는 삶을 영위해왔다. 하천살리기는 다름 아닌 이러한 하천의 자연적인 유황을 복원하는 것이다. 요컨대 2장에서 저자들은 하천살리기의 구체적인 방향과 목표를 어떻게 설정해야 하는가를 보여주고 있다고 할 수 있다.

제3장과 제4장에서는 하천살리기에서 선도적인 국가들의 정책과 주요한 하천복원 사례를 통해서 생명을 되찾아가는 하천들의 실제 모습을 보여주고 있다. 예를 들어, 남아프리카공화국의 '리저브Reserve'와 호주의 '캡Cap'은 아직 국내 학계에서도 적절한 우리말을 정하기 전인 새로운 개념이다. '리저브'는 우리나라에 유보수리권이라는 용어로 소개된 적이 있지만, '유보'라는 말로는 인간의 기본적인 물이용과 하천생

태계 보존을 위한 유량은 다른 모든 물이용에 대해 우선권을 갖고 유보되어야 한다는 뜻을 충분히 담기 어려운 듯해서, 여기에서는 '필수유보' 혹은 '보존유량' 등으로 필요에 따라 다른 용어로 번역했다. 호주의 '캡'은 공공경제학 등의 분야에서는 낯설지 않은 '상한'을 의미한다. 즉, 하천의 정상적인 기능과 하천생태계의 건강을 유지하기 위해서는 넘지 말아야 할, 인간이 개발하여 이용할 수 있는 하천 유량의 '상한선'을 의미한다. 물수요가 늘더라도 이 상한을 넘어서 하천에서 취수를 해서는 안 된다는 것이 현대 하천관리의 일반적인 원칙이 되어가고 있다. 이러한 상한의 기준으로 볼 때, 우리나라는 OECD 30개국 가운데 두 번째로 과도하게 취수가 이루어지고 있는 나라로, 하천의 평균 취수율이 40퍼센트에 근접하고 있다.

이 장들에 제시되어 있는 여러 하천의 사례들은 주로 하천살리기의 초창기의 다양한 노력들을 보여주고 있다. 이미 우리에게 익숙한 것들도 있고, 현재 매우 흥미롭게 진행 중인 사례들도 있다. 2003년에 쓰여진 이 책에서 제시하고 있는 개별 사례들을 인터넷에서 검색해보면, 하천살리기의 노력들이 얼마나 빠르게 진행되고 확산되어가고 있는가를 직접 확인할 수 있을 것이다. 미국 글렌캐년 댐의 '인공홍수'는 이미 우리 언론에서도 여러 차례 소개한 바 있으며, 미주리 강이나 그린 강의 사례들은 우리나라 4대강 사업에도 많은 시사점을 주는 사례라고 할 수 있다. 물론 이러한 사례가 주는 시사점은 독자에 따라 다를 것이다. 아마도 현재 추진 중인 4대강 사업을 찬성하는 사람들은 미국에서 대공황기의 위기탈출을 위해 무엇을 어떻게 했는가를 관심 있게 보려 할 것이고, 이에 비판적인 사람들은 그 후유증과 현재 나타나고 있는 문제점을 주로 보려 할 것이다. 그러나 어떻든 여러 관점을 가진 다양한 독자에게 하천살리기와 관련된 유익한 교훈을 줄 것임은 분명하다고 확신한다.

하천살리기를 둘러싸고 심각한 논란에 싸여 있는 우리 사회가 가장 관심을 가져야 할 부분이 바로 제5장에서 논하고 있는 바람직한 물 거버넌스water governance와 적응관리adaptive management일 것이다. 1970년대 말 이후 국가 중심의 관리체계 위상과 역할의 한계에 대한 논의가 활발해짐에 따라 주목을 받게 된 거버넌스governance는 정부government에 대비되는 개념으로, 흔히 '협치', '공치共治', '관리체계' 등의 용어로 번역되기도 했지만 최근에는 그냥 '거버넌스'로 부르고 있다. 아직은 생소할지 모르지만, '거버넌스'와 '적응관리'는 조만간 모두에게 익숙한 개념이 될 것이다. 그리고 바람직한 거버넌스는 타협이 아니라 합의를 통해서 가능하다는 저자의 지적은 4대강 사업과 관련하여 갈등을 빚고 있는 우리 현실을 두고 하는 얘기처럼 들리지만, 책을 읽으면서 느꼈던 감동을 옮긴이 후기에서 자세하게 얘기하는 것은 독자에 대한 예의가 아닐 것이라는 말로, 이 장에 대한 소개는 그쳤으면 한다. 마지막으로, 저자들은 결론에 해당하는 제6장에 '우리는 지구의 강들을 살릴 수 있을까'라는 사뭇 도전적인 제목을 달았는데, 이는 범지구적 차원에서 하천살리기 운동을 지금 당장 시작해야 한다는 저자들의 절절한 호소라고 할 수 있을 것이다.

이 책에서 제시하고 있는 하천살리기는 환경만을 고려한 하천복원이 아니라 인간과 환경 모두를 이롭게 하는 하천살리기다. 하천복원의 가장 선진적인 사례들에 대한 소개이므로, 현재의 하천관리정책의 주도적 경향이라기보다는 앞으로의 하천관리가 추구해야 할 방향을 제시하고 있다고 보아야 할 것이다.

이 책이 하천살리기와 관련해서 우리에게 주는 시사점은 무엇일까? 앞에서도 잠깐 언급했듯이 독자마다 느끼는 바가 다르겠지만, 옮긴이가 보기에 가장 중요하다고 생각되는 것 두 가지만 들어보면 다음과 같다.

먼저, 하천관리 패러다임의 전환이다. 지금까지의 전통적인 하천관리 패러다임은 항상 하천에 일정한 수위의 물이 흘러야 한다는 것이었다. 즉, 하천의 유량을 완벽하게 통제하여 일정한 수량이 하천에 흐르도록 하는 것이 하천관리의 목표였다. 그러기 위해서는 하천에 가능한 한 많은 댐과 유량조절을 위한 시설들이 설치되어야 한다. 현재 정부의 4대강 사업에서 가장 논란이 되고 있는 부분이 하천에 일정한 수심을 확보하고 항상 고정된 유량이 흐르도록 한다는 구상인데, 이는 하천의 유황을 고려하지 않는 전통적인 하천관리정책의 전형이라고 할 수 있다.

이 책의 저자들이 책 전반에 걸쳐서 가장 강조하고 있는 것은, 하천을 살리기 위해서는 하천에 항상 일정한 수심의 고정된 양의 물이 있어야 되는 것이 아니라 계절과 기후에 따라 발생하는 자연적인 유황이 복원되어야 한다는 것이다. 자연적인 유황을 변형시켜 하천 유량을 일정하게 하면 하천의 건강성과 생태적 기능을 심각하게 훼손할 수 있다. 즉 홍수기에는 많은 물이 흐르고 갈수기에는 모래톱과 얕은 물의 생물서식지가 드러나는 것이 건강한 하천의 모습이고, 그것이 바로 하천의 생태적 기능을 복원하는 것이다. 물론 대도시를 많이 지나는 우리나라 하천들의 경우에는, 홍수기에 하천으로 일시에 너무 많은 물이 밀려들어 오히려 자연 홍수량보다 많이 흐르고 갈수기에는 하천이 거의 말라버리는 경우가 많아서 책에서 제시한 여러 사례들과 조건이 다른 점들이 많다. 그러나 저자들이 기본적으로 강조하고 있는, 하천의 건강성과 생태계 서비스를 복원하기 위해서는 자연적인 하천의 흐름을 최대한 복원해야 한다는 원칙에는 재론의 여지가 없을 것이다.

다음으로 하천살리기의 가장 중요한 조건으로 좋은 하천 거버넌스의 구축을 들고 있는 것이다. 이 책에서 저자들이 얘기하고 싶어하는 것은 인간 중심의 하천관리에서 환경 중심의 관리로 어떻게 이행하는가 하는 일반적인 환경론의 구도가 아니다. 이들은 오히려 하천복원사업을 둘러싼 개발과 환경의 갈등이 어떻게 서로 소통하고 공감대를 형성하여 하천살리기를 위해 협력하고 같이 노력해가는가를 보여주려 하고 있다. 그래서 단순히 하천환경의 복원을 위해 댐을 해체하는 사례가 아니라, 정책입안자, 댐 관리자, 수리수문 전문가, 생태학자, 환경단체 활동가 등이 머리를 맞대고 인간의 물이용 욕구와 하천의 건강성 회복이라는 현재로서는 좀체로 양립할 수 있을 것 같지 않은 가치들을 동시에 추구하기 위해 댐 운용방식을 변화시켜가는 사례를 제시하고 있다. 언뜻 시간낭비일 것 같고 불필요하게 지나친 노력을 쏟아붓는 것 같은 지리한 협의와 토론 과정이 왜 중요한지를 여러 하천복원의 실례를 통해서 보여주고 있는 것이다.

그러나 공감대 형성이 필요하다고 해서, 하천을 살릴 완벽한 대안이 나올 때까지 아무것도 하지 않고 기다려야 한다는 것은 아니다. '적응관리'란 불확실성을 갖고 있지만 일단 시작하고 실천을 통해서 배우는 것 learning by doing이다. 과학적으로 완벽하진 않지만 서로가 필요하다고 인정하는 최소한의 사업을 일단 시작하는 것이 중요하다. 4대강 사업을 전면 백지화해야 한다거나 정해진 마스터플랜을 속도전으로 밀어붙여야 한다고 주장하는 사람들 모두가 깊이 생각해볼 대목이다.

이 책이 하천살리기에 관심을 가진 많은 분들에게 치열한 현안의 논쟁에서 잠시 한 발짝 떨어져서 조금 더 근본적이고 원칙적인 문제들에 대해 생각해볼 기회를 드릴 수 있다면, 옮긴이로서는 더할 나위 없는 영광일 것이다.

미주

제1장

1. Stanley Roland Davison, *The Leadership of the Reclamation Move-ment, 1875-1902* (New York : Arno Press, 1979).
2. 골드워터가 텔레비전 프로그램에서 한 발언이다. "An American Nile," program two of the documentary series *Cadillac Desert : Water and the Transformation of Nature*, distributed by Public Broadcasting System and Columbia TriStar Television, first aired on July 1, 1997.
3. Sandra Postel, "Entering an Era of Water Scarcity : The Challenges Ahead," *Ecological Applications* 10 (August 2000) : 941-948.
4. James A. Gore and F. Douglas Shields Jr., "Can Large Rivers Be Restored?" *BioScience* 45 (March 1995) : 142-152.
5. Carmen Revenga et al., *Pilot Analysis of Global Ecosystems : Freshwater Systems* (Washington, D.C. : World Resources Institute, 2000).
6. Robert Costanza et al., "The Value of the World's Ecosystem Services and Natural Capital," *Nature* 387 (May 1997) : 254-260.
7. N. LeRoy Poff et al., "The Natural Flow Regime : A Paradigm for River Conservation and Restoration," *BioScience* 47 (December 1997) : 769-784 ; Brian Richter et al., "How Much Water Does a River Need?" *Freshwater Biology* 37 (1997) : 231-249.
8. Sandra Postel, *Pillar of Sand : Can the Irrigation Miracle Last?*(New York : W. W. Norton, 1999).
9. 다음의 책들을 참고하라. Gretchen C. Daily, ed., *Nature's Services : Societal Dependence on Natural Ecosystems*(Washington, D.C. : Island Press,1997) ; Paul Hawken, Amory Lovins, and L. Hunter Lovins *Natural Capitalism : Creating the Next Industrial Revolution*(Boston, Mass. : Back Bay Books, 1999).
10. Sandra Postel and Stephen Carpenter, "Freshwater Ecosystem Services," in Daily, ed., *Nature's Services* (주 9), pp. 195-214.
11. Costanza et al., "World's Ecosystem Services" (주 6).
12. Catherine M. Pringle, Mary C. Freeman, and Byron J. Freeman, "Regional Effects of Hydrologic Alterations on Riverine Macrobiota in the New World : Tropical-Temperate Comparisons," *BioScience* 50(September 2000) : 807-823 ; Catherine M. Pringle, "River Conservation in Tropical Versus Temperate Latitudes,"

in P. J. Boon, B. R. Davies, and Geoffrey E. Petts, eds., *Global Perspectives on River Conservation : Science, Policy, and Practice* (New York : John Wiley&Sons, 2000), pp. 371-381.

13. Richard E. Sparks, "Need for Ecosystem Management of Large Rivers and Their Floodplains," *BioScience* 45 (March 1995) : 168-182.

14. Postel, *Pillar of Sand* (주 8) ; quote from M. S. Drower, "Water-Supply, Irrigation, and Agriculture," in C. Singer, E. J. Holmyard, and A. R. Hall, eds., *A History of Technology* (New York : Oxford University Press, 1954).

15. Postel, *Pillar of Sand* (주 8).

16. Edward B. Barbier and Julian R. Thompson, "The Value of Water : Floodplain Versus Large-Scale Irrigation Benefits in Northern Nigeria,"*Ambio* 27 (1998) : 434-440.

17. Richard A. Haeuber and William K. Michener, "Natural Flood Control," *Issues in Science and Technology* (Fall 1998) : 74-80.

18. E. Rykiel, "Ecosystem Science for the Twenty-First Century," *BioScience* 47 (October 1997) : 705-708.

19. National Research Council, *Restoration of Aquatic Ecosystems : Science, Technology, and Public Policy*(Washington, D.C. : National Academy Press, 1992).

20. Michael S. Flannery, Part Ⅱ Rule Revision : Evaluation of Potential Impacts to Streams and Estuaries, Memorandum, Respondent's Exhibit 442, February 28, 1989.

21. 인공적인 수문환경의 변경에 대한 상세한 평가는 다음을 참조하라. David M. Rosenberg, Patrick McCully, and Catherine M. Pringle, "Global-Scale Environmental Effects of Hydrological Alterations : Introduction," *BioScience* 50 (September 2000) : 746-751.

22. Charles Vörösmarty and Dork Sahagian, "Anthropogenic Disturbance of the Terrestrial Water Cycle," *BioScience* 50 (September 2000) : 753-765.

23. Matts Dynesius and Christer Slilsson, "Fragmentation and Flow Regulation of River Systems in the Northern Third of the World," *Science* 266 (1994) : 753-762.

24. B. F. Chao, "Anthropogenic Impact on Global Geodynamics Due to Reservoir Water Impoundment," *Geophysical Research Letters* 22 (1995) : 3529-3532. 인간의 영향에 대해서는 다음 문헌을 참조하라. Sandra Postel, Gretchen C. Daily, and Paul R. Ehrlich, "Human Appropriation of Renewable Fresh Water," *Science* 271 : 785-788.

25. World Commission on Dams(WCD), *Dams and Development : A New Framework for Decision-Making* (London : Earthscan, 2000).

26. WCD, *Dams and Development*, pp. 8-10.

27. WCD, *Dams and Development*.
28. Pringle et al., "Hydrologic Alterations" (주12).
29. C. J. Vörösmarty, P. Green, J. Salisbury, and R. B. Lammers, "Global Water Resources : Vulnerability from Climate Change and Population Growth," *Science* 289 (July 2000) : 284-288.
30. Stuart E. Bunn and Angela H. Arthington, "Basic Principles and Ecological Consequences of Altered Flow Regimes for Aquatic Biodiversity," *Environmental Management* 30 (April 2002) : 492-507.
31. 이 부분의 기술은 다음 문헌을 참고했다. Steven W. Carothers and Bryan T. Brown, *The Colorado River Through Grand Canyon : Natural History and Human Change* (Tucson : University of Arizona Press, 1991).
32. David Dudgeon, "Large-Scale Hydrological Changes in Tropical Asia : Prospects for Riverine Biodiversity," *BioScience* 50 (September 2000) : 793-806.
33. Michael Collier, Robert H. Webb, and John C. Schmidt, *Dams and Rivers : Primer on the Downstream Effects of Dams* (Denver, Colo. : U.S. Geological Survey, 1996).
34. William J. Mitsch et al., "Reducing Nitrogen Loading to the Gulf of Mexico from the Mississippi River Basin : Strategies to Counter a Persistent Ecological Problem," *BioScience* 51 (May 2001) : 373-388.
35. Richard E. Sparks, John C. Nelson, and Yao Yin, "Naturalization of the Flood Regime in Regulated Rivers : The Case of the Upper Mississippi River," *BioScience* 48 (September 1998) : 706-720.
36. Mitsch et al., "Reducing Nitrogen Loading" (주34).
37. Pringle et al., "Hydrologic Alterations" (주12).
38. Harald Frederiksen, Jeremy Berkoff, and William Barber, *Water Resources Management in Asia* (Washington, D.C. : The World Bank, 1993).
39. Dudgeon, "Hydrological Changes" (주32).
40. Revenga et al., *Global Ecosystems* (주5).
41. Revenga et al., *Global Ecosystems* (주5).
42. Peter B. Moyle and Robert A. Leidy, "Loss of Biodiversity in Aquatic Ecosystems : Evidence from Fish Faunas," in P. L. Fiedler and S. K. Jain, eds., *Conservation Biology : The Theory and Practice of Nature Conservation, Preservation, and Management* (New York : Chapman and Hall, 1992).
43. Anthony Ricciardi and Joseph B. Rasmussen, "Extinction Rates of North American Freshwater Fauna, *Conservation Biology* 13 (1999) : 1220-1222.
44. Bruce Stein, Lynn S. Kutner, and Jonathan S. Adams, eds., *Precious Heritage : The Status of Biodiversity in the United States* (New York : Oxford University

Press, 2000).

45. 탄광의 카나리아 비유는 다음 인터뷰에서 인용했다. Richard Neves, "The Man Behind the Mussel," *The Nature Conservancy*, January-February 2001.

46. 사례의 인용은 Stephen J. Chaplin et al., "The Geography of Imperil-ment : Targeting Conservation Toward Critical Biodiversity Areas," in Stein et al., eds., *Precious Heritage* (주 44). pp. 159-199.

47. Pringle et al., "Hydrologic Alterations" (주 12).

48. Stein et al., eds., *Precious Heritage* (주 44), p. 181.

49. Stein et al., eds., *Precious Heritage* (주 44), p. 157.

50. World Wildlife Fund, *The Status of Wild Atlantic Salmon : A River by River Assessment* (Washington, D.C. : 2001).

51. Pringle et al., "Hydrologic Alterations" (주 12).

52. Pringle et al., "Hydrologic Alterations" (주 12).

53. WCD, *Dams and Development* (주 25), pp. 380-381.

54. 다음 문헌을 참고하라. Khalil H. Mancy, "The Environmental and Ecological Impacts of the Aswan High Dam," in Hillel Shuval, ed., *Developments in Arid Zone Ecology and Environmental Quality* (Philadelphia : Balaban ISS, 1981) ; Gilbert White, "The Environmental Effects of the High Dam at Aswan," *Environment* (September 1988), pp. 5-11, 34-40.

55. Richard Beilfuss, Africa Program Director, International Crane Foundation, Baraboo, Wisc., November 2002(저자와의 이메일 교신).

56. 저자와의 이메일 교신. 강돌고래는 라오스 영내의 메콩 강에도 기록이 남아 있다. 이들은 유전적으로 바다 돌고래와 같은 것으로 보이지만, 현재에는 바다 돌고래 무리에서 완전히 분리되어 있다.

57. David Dudgeon, "The Ecology of Tropical Asian Rivers and Streams in Relation to Biodiversity Conservation," *Annual Review of Ecological Systems* 31 (2000) : 239-263.

58. Dudgeon, "Tropical Asian Rivers."

59. Dudgeon, "Hydrological Changes" (주 32) ; Dudgeon, "Tropical Asian Rivers" (주 57).

60. Dudgeon, "Hydrological Changes" (주 32).

61. Dudgeon, "Tropical Asian Rivers" (주 57).

62. Margaret A. Palmer et al., "Linkages Between Aquatic Sediment Biota and Life above Sediments as Potential Drivers of Biodiversity and Ecological Processes," *BioScience* 50 (December 2000) : 1062-1075.

63. Palmer et al., "Linkages."

64. P. S. Lake et al., "Global Change and the Biodiversity of Freshwater Eco-

systems : Impacts on Linkages Between Above-Sediment and Sediment Biota," *Bio Science* 50 (December 2000) : 1099-1107.

65. 인용은 모두, Sandra Postel, "Where Have All the Rivers Gone?" *World Watch*, May-June 1995.

66. 다음의 보고서를 참조하라. American Rivers, Friends of the Earth, and Trout Unlimited, *Dam Removal Success Stories : Restoring Rivers Through Selective Removal of Dams That Don't Make Sense* (Washington. D.C. : 1999). 댐 철거에 관한 과학적 분석에 대해서는 다음 논문을 참조하라. N. LeRoy Poff and David D. Hart, "How Dams Vary and Why It Matters for the Emerging Science of Dam Removal," *BioScience* 52 (August 2002) : 659-668.

67. Bruce Babbitt, "What Goes Up, May Come Down," *BioScience* 52 (August 2002) : 656-658.

68. Susanne Wong, "Villagers Chart River Recovery Since Pak Mun Gates Opened," *World Rivers Review* 17 (August 2002) : 10-11.

제2장

1. 아프리카 남부에서 뱀신의 이름은 다양하다. 잠베지 강 연안의 주민들이 숭배하는 뱀신 '냐미냐미'의 이름은 짐바브웨 영내의 어느 지역의 별명에서 나온 것이다.

2. Patrick McCully, *Silenced Rivers : The Ecology and Politics of Large Dams* (London : Zed Books, 1996).

3. Michael Goulding, Nigel J. H. Smith, and Dennis J. Mahar, *Floods of Fortune : Ecology and Economy along the Amazon* (New York : Columbia University Press, 1996).

4. Donald L. Tennant, "Instream Flow Regimens for Fish, Wildlife, Recreation and Related Environmental Resources," *Fisheries* 1 (July/August 1975) : 6-10.

5. Instream Flow Council, *Instream Flows for Riverine Resource Stewardship* (n.p. : Instream Flow Council, 2001).

6. Rebecca E. Tharme, "A Global Perspective on Environmental Flow Assessment : Emerging Trends in the Development and Application of Environmental Flow Methodologies for Rivers," *Rivers Research and Application* (in press).

7. Clair B. Stalnaker, "Low Flow as a Limiting Factor in Warmwater Streams," in L. A. Krumholz, ed.,*The Warmwater Streams Symposium* (Bethesda, Md. : American Fisheries Society, 1981), pp. 192-199.

8. Tennant, "Instream Flow Regimens" (주4).

9. Instream Flow Council, *Instream Flows* (주5).

10. Kenneth D. Bovee, *A Guide to Stream Habitat Analysis Using the Instream Flow Incremental Methodology* (Denver, Colo. : U.S. Fish and Wildlife Service, 1982).

11. B. A. Richardson, "Evaluation of In-Stream Flow Methodologies for Freshwater Fish in New South Wales," in I. C. Campbell, ed., *Stream Protection : The Management of Rivers for Instream Uses* (Victoria, Australia : Water Studies Centre, Chisholm Institute of Technology, 1986), pp. 143-167.

12. D. Scott and C. S. Shirvell, "A Critique of the In-Stream Flow Incremental Methodology and Observations of Flow Determination in New Zealand," in J. F. Craig and J. B. Kemper, eds., *Regulated Streams : Advances in Ecology* (New York : Plenum Press, 1987), pp. 27-43 ; Angela H. Arthington and Brad J. Pusey, "In-Stream Flow Management in Austrailia : Methods, Deficiencies, and Future Directions," *Australian Biologist* 6 (1993) : 52-60 ; Jackie M. King and Rebecca E. Tharme, *Assessment of the Instream Flow Incremental Methodology and Initial Development of Alternative Instream Flow Methodologies for South Africa* (Pretoria, South Africa : Water Research Commission, 1994).

13. Angela H. Arthington, Jackie M. King, Jay H. O'Keefe, Stuart E. Bunn, J. A. Day, Brad J. Pusey, David R. Bluhdorn, and Rebecca E. Tharme, "Development of an Holistic Approach for Assessing Environmental Flow Requirements of Riverine Ecosystems," in John J. Pigram and Bruce P. Hooper, eds., *Proceedings of an International Seminar and Workshop on Water Allocation for the Environment* (Armidale, Australia : The Centre for Water Policy Research, 1992), pp. 69-76 ; Merryl Alber, "A Conceptual Model of Estuarine Freshwater Inflow Management," *Estuaries* 25 (2002) : 1246-1261 ; Instream Flow Council, *Instream Flows* (주 5) ; Jackie M. King and Delana Louw, "Instream Flow Assessments for Regulated Rivers in South Africa Using the Building Block Methodology," *Aquatic Ecosystem Health and Management* 1 (1998) : 109-124.

14. Arthington et al., "Holistic Approach" (주 13).

15. Richard E. Sparks, "Risks of Altering the Hydrologic Regime of Large Rivers," in John Cairns, Barbara Niederlehner, and D. R. Orvos, eds., *Predicting Ecosystem Risk*, Vol. 20 (Princeton, N.J. : Princeton Scientific Publishing, 1992), pp. 119-152.

16. Keith F. Walker, Fran Sheldon, and James T. Puckridge, "A Perspective on Dryland River Ecosystems," *Regulated Rivers* 11 (1995) : 85-104.

17. N. LeRoy Poff, J. David Allan, Mark B. Bain, James R. Karr, Karen L. Prestegaard, Brian D. Richter, Richard E. Sparks, and Julie C. Stromberg, "The Natural Flow Regime : A Paradigm for River Conservation and Restoration,"

BioScience 47 (December 1997) : 769-784.

18. Poff et al., "The Natural Flow Regime."

19. Arthington et al., "Holistic Approach" (주 13).

20. Richardson, "In-Stream Flow Methodologies" (주 11) ; Scott and Shirvell, "Critique" (주 12) ; Rebecca E. Tharme, *Review of International Methodologies for the Quantification of the Instream Flow Requirements of Rivers* (Pretoria, South Africa : Department of Water Affairs and Forestry, 1996) ; Angela H. Arthington and M. Jacinta Zalucki, *Comparative Evaluation of Environmental Flow Assessment Techniques : Review of Methods* (Canberra, Australian Capitol Territory : Land and Water Resources Research and Development Corporation, 1998).

21. Angela H. Arthington, "Wounded Rivers, Thirsty Land : Getting Water Management Right," Inaugural Lecture, April 1997 (Nathan, Queensland, Australia : Centre for Catchment and In-Stream Research, Griffith University, 1997).

22. Arthington et al., "Holistic Approach" (주 13).

23. Tharme, *International Methodologies* (주 20).

24. Rebecca E. Tharme and Jackie M. King, *Development of the Building Block Methodology for Instream Flow Assessments and Supporting Research on the Effects of Different Magnitude Flows on Riverine Ecosystems* (Cape Town, South Africa : Water Research Commission, 1998).

25. Tharme and King, *Development of the Building Block Methodology for Instream Flow Assessments*.

26. Jackie M. King, Rebecca E. Tharme, and M. S. DeVilliers, eds., *Environmental Flow Assessments for Rivers : Manual for the Building Block Methodology* (Pretoria, South Africa : Water Research Commission, 2000).

27. Tharme, "Global Perspective" (주 6).

28. Tharme, "Global Perspective" (주 6).

29. Angela H. Arthington and Rina Lloyd, *Logan River Trial of the Building Block Methodology for Assessing Environmental Flow Requirements* (Queensland, Australia : Griffith University, 1998).

30. Sandra O. Brizga, Angela H. Arthington, Brad J. Pusey, Mark J. Kennard, Stephen J. Mackay, Garry L. Werren, Neil M. Craigie, and Satish J. Choy, "Benchmarking, a 'Top-Down' Methodology for Assessing Environmental Flows in Australian Rivers," in *Proceedings of International Conference on Environmental Flows for Rivers* (Cape Town, South Africa : Southern Waters Consulting, 2002).

31. Sandra O. Brizga, *"Burnett Basin Mater Allocation and Management Plan : Proposed Environmental Flow Performance Measures"* (Brisbane, Queensland, Australia : Department of Natural Resources, 2000).

32. 저자와의 사신. Jackie King, Freshwater Research Unit, Zoology Department, University of Cape Town, Cape Town, South Africa, October 2002.

33. Jackie M. King, Cate Brown, and Hossein Sabet, "A Scenario-Based Holistic Approach to Environmental Flow Assessments for Rivers," *Rivers Research and Applications* (in press).

34. Geoffrey E. Petts, "Water Allocation to Protect River Ecosystems," *Regulated Rivers* 12 (1996) : 353-365.

35. Adaptive management is well described in a number of publications, including C. S. Holling, ed., *Adaptive Environmental Assessment and Management* (New York : John Wiley & Sons, 1978) ; Carl Walters, *Adaptive Management of Renewable Resources* (Caldwell, N. J. : Blackburn Press, 1986) ; C. S. Holling, "What Barriers? What Bridges?" Chap. 1 in Lance H. Gunderson, C. S. Holling, and Stephen S. Light, eds., *Barriers and Bridges to the Renewal of Ecosystems and Institutions* (New York : Columbia University Press, 1995) ; Kai N. Lee, *Compass and Gyroscope* (Washington, D.C. : Island Press, 1993).

36. Brian D. Richter, Ruth Mathews, David L. Harrison, and Robert Wigington, "Ecologically Sustainable Water Management : Managing River Flows for Ecological Integrity," *Ecological Applications* 13 : 206-224.

37. Vicky J. Meretsky, David L. Wegner, and Larry E. Stevens, "Balancing Endangered Species and Ecosystems : A Case Study of Adaptive Management in the Grand Canyon," *Environmental Management* 25 (May 2000) : 579-586 ; Carl Walters. Josh Korman, Larry E. Stevens, and Barry Gold, "Ecosystem Modeling for Evaluation of Adaptive Management Policies in the Grand Canyon," *Conservation Ecology* 4(2) : 1 [online] URL : http : //www.consecol.org/vol4/iss2/art1.

38. Clair B. Stalnaker and Edmund J. Wick, "Planning for Flow Requirements to Sustain Stream Biota," Chap. 16 in Ellen E. Wohl, ed., *Inland Flood Hazards : Human, Riparian, and Aquatic Communities* (London : Cambridge University Press, 2000).

39. Lou A. Toth, "Principles and Guidelines for Restoration of River/Floodplain Ecosystems-Kissimmee River, Florida," in John Cairns, ed., *Rehabilitating Damaged Ecosystems* (Cherry Hill, N. J. : Lewis Publications, CRC Press, 1995), pp. 49-73.

40. Carl L. Walters, Lance Gunderson, and C. S. Holling, "Experimental Policies for Water Management in the Everglades," *Ecological Applications* 2 (May 1992) : 189-202.

41. Richard E. Sparks, John C. Nelson, and Yao Yin, "Naturalization of the Flood Regime in Regulated Rivers : The Case of the Upper Mississippi River," *BioScience* 48 (September 1998) : 706-720.

42. A. I. Robertson, P. Bacon, and G. Heagney, "The Responses of Floodplain Primary Production to Flood Frequency and Timing," *Journal of Applied Ecology* 38 (February 2001) : 126-136.

43. Kevin H. Rogers and Regina Bestbier, *Development of a Protocol for the Definition of the Desired State of Riverine Systems in South Africa* (Pretoria, South Africa : Department of Environmental Affairs and Tourism, 1997) ; Elise R. Irwin and Mary C. Freeman, "Proposal for Adaptive Management to Conserve Biotic Integrity in a Regulated Segment of the Tallapoosa River, Alabama, U.S.A.," *Conservation Biology* 16 (October 2002) : 1212-1222.

44. James T. Peterson, University of Georgia, Athens, Ga., July 2002(저자와의 이메일 교신).

45. Robert Glennon, *Water Follies : Groundwater Pumping and the Fate of America's Fresh Waters* (Washington, D.C. : Island Press, 2002).

46. Glennon, *Water Follies*.

47. Carmen Revenga, Jake Brunner, Norbert Henninger, Ken Kassem, and Richard Payne, *Pilot Analysis of Global Ecosystems : Freshwater Systems* (Washington, D.C. : World Resources Institute, 2000).

48. Glennon, *Water Follies* (주 45) ; Wayne B. Solley, Robert R. Pierce, and Howard A. Perlman, *Estimated Use of Water in the United States in 1995*, Circular 1200 (Denver, Colo. : U.S. Geological Survey, 1998).

49. Mario Sophocleous, "From Safe Yield to Sustainable Development of Water Resources—the Kansas Experience," *Journal of Hydrology* 235(August 2000) : 27-43.

50. Glennon, *Water Follies* (주 45).

51. Poster presented at "Environmental Flows for River Systems" conference in Cape Town, South Africa, March 3-8, 2002.

52. "Flow Restoration Database" at www.freshwaters.org.

53. Private e-mail communication with Jon Hornsby, Division of Wildlife and Freshwater Fisheries, Alabama, July 2002.

54. Stalnaker and Wick, "Flow Requirements" (주 38).

55. Solley et al., *Estimated Use of Water* (주 48).

56. Peter R. Wilcox, G. Mathias Kondolf, W. V. Matthews, and A. F. Barta, "Specification of Sediment Maintenance Flows for a Large Gravel-Bed River," *Water Resources Research* 32 (1996) : 2911-2921.

57. McBain and Trush, *Trinity River Restoration Program : A Summary of the United States Secretary of the Interior Record of Decision, December 19, 2000* (Arcata, Calif. : 2001).

58. Stalnaker and Wick, "Flow Requirements" (주 38).

59. "Flow Restoration Database" at www.freshwaters.org.

60. M. C. Acreman, F. A. K. Farquharson, M. P. McCartney, C. Sullivan, K. Campbell, N. Hodgson, J. Morton, D. Smith, M. Birley, D. Knott, J. Lazenby, and E. B. Barbier, *Managed Flood Releases from Reservoirs : Issues and Guidance*, Report to DFID and the World Commission on Dams (Wallingford, U.K. : Centre for Ecology and Hydrology, 2000).

61. "Flow Restoration Database" at www.freshwaters.org.

62. "Flow Restoration Database" at www.freshwaters.org.

63. Robert T. Muth, Larry W. Crist, Kirk E. LaGory, John W. Hayse, Kevin R. Bestgen, Thomas P. Ryan, Joseph K. Lyons, and Richard A. Valdez, *Flow and Temperature Recommendations for Endangered Fishes in the Green River Downstream of Flaming Gorge Dam* (Lakewood, Colo. : Upper Colorado River Recovery Program, 2000).

64. David B. Irving and Timothy Modde, "Home-Range Fidelity and Use of Historical Habitat by Adult Colorado Squawfish (*Ptychocheilus lucius*) in the White River, Colorado and Utah," *Western North American Naturalist* 60 (2000) : 16-25.

65. Robert J. Behnke and D. E. Benson, *Endangered and Threatened Fishes of the Upper Colorado River Basin* (Fort Collins, Colo. : Colorado State University Cooperative Extension Service, 1983).

66. U.S. Fish and Wildlife Service, *Colorado Squawfish* (Ptychocheilus lucius) *Recovery Goals : Amendment and Supplement to the Colorado Squawfish Recovery Plan* (Denver, Colo. : U.S. Fish and Wildlife Service Region 6, 2002) ; Muth et al., *Temperature Recommendations* (주 63).

67. Muth et al., *Temperature Recommendations* (주 63).

68. U.S. Fish and Wildlife Service, *Final Biological Opinion on Operation of Flaming Gorge Dam* (Denver, Colo. : U.S. Fish and Wildlife Service, 1992).

69. Kevin R. Bestgen, *Interacting Effects of Physical and Biological Processes on Recruitment of Colorado Squawfish* (Ph.D. diss., Colorado State University, 1997)

제3장

1. National Research Council, *The Missouri River Ecosystem : Exploring the Prospects for Recovery* (Washington, D.C. : National Academy Press, 2002), p. 109.

2. Amy Vickers, *Handbook of Water Use and Conservation* (Amherst, Mass. :

Waterplow Press, 2001); Sandra Postel, *Last Oasis : Facing Water Scarcity* (New York : W. W. Norton, 1992, rev. ed. 1997).

3. World Commission on Dams (WCD), *Dams and Development : A New Framework for Decision-Making* (London : Earthscan, 2000).

4. International Conference on Freshwater,*Water—A Key to Sustainable Development : Recommendations for Action*, Bonn, Germany, December 3-7, 2001.

5. European Parliament and Council of the European Union, Directive 2000/60/EC establishing a framework for Community action in the field of water policy, *Official Journal of the European Communities* (December 22,2000) L 327 : 1-72.

6. See articles and links at the World Wildlife Fund-Europe Web site at www.panda.org/about_wwf/what_we_do/freshwater/news/news.cfm?uNewsID=2753.

7. Institutes of Justinian 2.1.1. as cited in Supreme Court of California, *National Audubon Society et al., Petitioners v. The Superior Court of Alpine County, Respondent ; Department of Water and Power of the City of Los Angeles et al., Real Parties in Interest*. 33 Cal.3d 419, 1983.

8. Will Durant, *Caesar and Christ* (New York : Simon and Schuster, 1944).

9. South African Department of Water Affairs and Forestry, White Paper on Water Policy, Pretoria, South Africa, 1997.

10. Jackie M. King, Rebecca E. Tharme, and M. S. DeVilliers, eds., *Environmental Flow Assessments for Rivers : Manual for the Building Block Methodology* (Pretoria, South Africa : Water Research Commission, 2000); Jackie King, private e-mail communication, September 2002.

11. South African National Water Act No. 36 of 1998, *Government Gazette* Vol. 398, No. 19182, Cape Town, August 26, 1998.

12. South African National Water Act No. 36 of 1998 (주 11), Part 3 : "The Reserve," and Appendix 1 : "Fundamental Principles and Objectives for a New Water Law in South Africa."

13. Jay H. O'Keefe, "Environmental Flow Assessments Within the South African Integrated Planning Process for Water Resources," in King et al., *Flow Assessments* (주 10), pp. 41-64.

14. IUCN (The World Conservation Union), *Vision for Water and Nature : A World Strategy for Conservation and Sustainable Management of Water Resources in the Twenty-First Century* (Gland, Switzerland, and Cambridge, U.K. : 2000),p.15.

15. Industry Commission, "A Full-Repairing Lease : Inquiry into Ecologically Sustainable Land Management," Draft Report, 1997.

16. WCD, *Dams and Development* (주 3); Population Reference Bureau, *World*

Population Data Sheet (Washington, D.C. : 2000).

17. Department of Resources and Energy, *Water 2000 : A Perspective on Australia's Water Resources to the Year 2000* (Canberra : Australian Government Publishing Service, 1983).

18. 배경정보는 에이전시 웹사이트를 참조하라. www.affa.gov.au/water-reform/facts2.html.

19. Agriculture and Resource Management Council of Australia and New Zealand, and the Australian and New Zealand Environment and Conservation Council, "National Principles for the Provision of Water for Ecosystems," Revised Draft, November 2001.

20. Jon Nevill, *Freshwater Biodiversity : Protecting Freshwater Ecosystems in the Face of Infrastructure Development* (Canberra, Australia : Water Research Foundation of Australia, 2001).

21. "The Delicate Balance of Sharing Water," *World Water and Environmental Engineering*, July-August 2001.

22. Angela Arthington, "The Water Act (Qld) 2000 : Environmental Flow Objectives," Paper delivered to the Queensland Environmental Law Association Seminar, *Water Bill 2000*, University of Queensland, St. Lucia, 2000.

23. Arthington, "The Water Act (Qld) 2000."

24. Angela Arthington, Brisbane, Queens-land, Australia, August 28, 2001(저자와의 이메일 교신).

25. Don J. Blackmore, "The Murray-Darling Basin Cap on Diversions—Policy and Practice for the New Millennium," *National Water* (June 1999) : 1-12.

26. Murray-Darling Basin Commission (MDBC), "The Cap"(Canberra, Australia : 1999).

27. MDBC, "Cap."

28. MDBC, *Striking the Balance : Murray-Darling Basin Cap on Diversions—Water Year 1997/98* (Canberra, Australia : 1998).

29. MDBC, "Cap" (주 26).

30. Blackmore, "Murray-Darling Basin Cap" (주 25).

31. Nevill, *Freshwater Biodiversity* (주 20).

32. J. Whittington et al., "Ecological Sustainability of Rivers of the Murray-Darling," in *Review of the Operation of the Cap* (Canberra, Australian Capital Territory : Murray-Darling Basin Ministerial Council, 2000) ; author communication with scientists at Riversymposium 2001, Brisbane, Australia, August 27-31, 2001.

33. Chris Gippel, Trevor Jacobs, and Tony McLeod, "Environmental Flows and

Water Quality Objectives for the River Murray," presented at *Riversymposiuim 2001*, Brisbane. Australia. August 27-71. 2001.

34. Arthur C. Benke, "A Perspective on America's Vanishing Streams," *Journal of the North American Benthological Society* 9 (March 1990) : 77-88.

35. U.S. Environmental Protection Agency (USEPA), New England Office, "Ensuring Adequate Instream Flows in New England" (Boston : 2000).

36. U.S. Geological Survey, *Concepts for National Assessment of Water Availability and Use* (Reston, Va. : 2002).

37. David H. Getches, "The Metamorphosis of Western Water Policy : Have Federal Laws and Local Decisions Eclipsed the States' Role?" *Stanford Environmental Law Journal* 20 (1) : 3-72.

38. David M. Gillilan and Thomas C. Brown, *Instream Flow Protection : Seeking a Balance in Western Water Use* (Washington, D.C. : Island Press, 1997), p. 178.

39. Gillilan and Brown, *Instream Flow Protection*.

40. Lois G. Witte, "Still No Water for the Woods," Paper prepared for the ALIABA Federal Lands Law Conference, Salt Lake City, Utah, October 19, 2001. 미 연방 산림국은 사법조치에 따라 아이다호 주에서 수로 내 유보수리권을 일시적으로 확보했지만, 최초에 판결문을 쓴 판사가 주민심사에 의해 파면된 후, 아이다호 주 대법원의 재심으로 결정이 역전되었다.

41. Organic Administration Act, 16 U.S.C. 473 et seq., June 4, 1897. 다음 논문에서 인용. Witte, "Still No Water for the Woods." 수생생물의 종의 다양성 문제에서 중요한, 연방 산림국 관할의 토지에 관한 데이터도 같은 논문에서 인용했다.

42. National Park Service Organic Act of 1916, as quoted in Gillilan and Brown, *Instream Flow Protection* (주 38), p. 182.

43. Field presentation in Rocky Mountain National Park for "Managing River Flows for Biodiversity Conservation : A Conference on Science, Policy, and Conservation Action," Fort Collins, Colo., July 30-August 2, 2001.

44. Gillilan and Brown, *Instream Flow Protection* (주 38). 그러나 결국 텔리코 댐은 건설되었다. 1979년에 정식으로 서명되어 법제화된 연방정부 지출법안에서는 이 프로젝트는 ESA 관할에서 제외되었다. TVA 당국은 살아 있는 스네일다터를 다른 하천으로 옮긴 다음 댐 건설을 완료했다.

45. "Conservation Groups Support Endangered Species Deal to Restore Flows in the Walla Walla River," press release, June 28, 2001, accessed from the Web site of American Rivers at www.amrivers.org/pressrelease/instreamflow6.28.01.htm.

46. American Rivers and Trout Unlimited, "International Report Reveals Flaws in United States Regulation of Dams," press release, November 20, 2000, Washington, D.C.

47. Brent Israelsen, "Grand Canyon Flood, Part 2," *The Salt Lake Tribune*, September 24, 2002.

48. Michael Collier, Robert H. Webb, and John C. Schmidt, *Dams and Rivers : Primer on the Downstream Effects of Dams*, Circular 1126 (Denver, Colo. : U.S. Geological Survey, 1996) ; Upper Colorado River Case Study Panel Presentation at the conference, "River Flows" (주 43).

49. Sandra Postel, *Pillar of Sand : Can the Irrigation Miracle Last?* (New York : W. W. Norton, 1999).

50. Gillilan and Brown, *Instream Flow Protection* (주 38).

51. Margaret B. Bowman, "Legal Perspectives on Dam Removal," *BioScience* 52 (August 2002) : 739-747.

52. U.S. Department of the Interior, "Interior Secretary Signs Landmark Conservation Agreement to Remove Edwards Dam," press release, Washington, D.C., May 26, 1998.

53. Michael S. Flannery, Ernst B. Peebles, Ralph T. Montgomery, "A Percent-of-Flow Approach for Managing Reductions of Freshwater Inflows from Unimpounded Rivers to Southwest Florida Estuaries," *Estuaries* 25 (December 2002) : 1318-1331.

54. USEPA, New England Office, "Adequate Instream Flows" (주 35).

55. Gillilan and Brown, *Instream Flow Protection* (주 38).

56. Nicole Silk, Jack McDonald, and Robert Wigington, "Turning Instream Flow Water Rights Upside Down," *Rivers* 7 (April 2000) : 298-313.

57. Gillilan and Brown, *Instream Flow Protection* (주 38).

58. Supreme Court of the United States, Majority opinion in *PUD No.1 of Jefferson County v. Washington Department of Ecology*, Washington, D.C. : 1994 ; for more on the context and implications of this important case, and how it could be used to protect and restore flows, see Katherine Ransel, "The Sleeping Giant Awakens : *PUD No. 1 of Jefferson County v. Washington Department of Ecology*," *Environmental Law* 25 (Spring 1995) : 255-283.

59. USEPA, New England Office, "Adequate Instream Flows" (주 35).

60. American Rivers Web site at www.amrivers.org/instreamflow/regulatorystrategies.htm.

61. Katherine Ransel, Senior Counsel, American Rivers, September 2002(저자와의 이메일 교신). 법원의 결정에 대해서는 다음의 웹사이트를 참조하기 바란다. www.courts.wa.gov/opinions/.

62. Melissa Scanlan, "Access to Wisconsin Water : The Public Trust Doctrine—Past, Present, and Future," presented at *Waters of Wisconsin Forum*, Madison, Wisc., October 22, 2002.

63. Barry Usagawa, "Landmark Hawaii Supreme Court Decision Creates Water Use Prioritization and Re-Use May Become the Key Solution," in *Proceedings of the Water Sources Conference* (American Water Works Association and others), Las Vegas, Nev., January 27-30, 2002. Text of the court decision is available at www.hawaii.gov/jud.

64. Dan A. Tarlock, Presentation for Water Resource Management for Line Officers, U.S. Forest Service, Prescott, Ariz., 2000.

65. State of Connecticut Superior Court, *City of Waterbury, Town of Wolcott, Town of Middlebury and Town of Watertown v. Town of Washington, Town of Roxbury, Steep Rock Association, Inc., Roxbury Land Trust, and Shepaug River Association, Inc.*, No. X01-UWY-CV97-140886 Waterbury, Conn., February 16, 2000.

66. Rivers Alliance of Connecticut, "CT Supreme Court Reverses Shepaug River Decision," Website at www.riversalliance.org/legal_watch.htm. The state Supreme Court decision is available at the Court's Website at www.jud.state.ct.us/supapp/external/Cases/AROcr/260cr80.pdf.

67. For an excellent review of the evolution of and controversy over the doctrine, see Helen Ingram and Cy R. Oggins, "The Public Trust Doctrine and Community Values in Water," *Natural Resources Journal* 32 (1992) : 515-537.

68. Supreme Court of California, *National Audubon Society et al., Petitioners v. The Superior Court of Alpine County, Respondent ; Department of Water and Power of the City of Los Angeles et al., Real Parties in Interest*, 33 Cal.3d 419, 1983.

69. Getches, "Metamorphosis" (주 37).

70. Dan A. Tarlock, "Water Policy Adrift," *Forum for Applied Research and Public Policy* (Spring 2001) : 63-70.

71. Richard W. Wahl, "United States," in Ariel Dinar and Ashok Subramanian, eds., *Water Pricing Experiences : An International Perspective* (Washington, D.C. : The World Bank, 1997).

72. Mateen Thobani, "Formal Water Markets : Why, When, and How to Introduce Tradable Water Rights," *The World Bank Research Observer* 12 (February 1997) : 161-179.

73. Thobani, "Formal Water Markets."

74. Thobani, "Formal Water Markets."

75. Blackmore, "Murray-Darling Basin Cap" (주 25).

76. Stephen Wyatt, "Trading in Water Licenses Attracts Big Money," *Financial Times*, February 17, 1999.

77. Gillilan and Brown, *Instream Flow Protection* (주 38).

78. Clay Landry, "Market Transfers of Water for Environmental Protection in the Western United States," *Water Policy* 1 (1998) : 457-469.

79. "Washington Department of Ecology Buys Private Water Rights for Fish," *U. S. Water News*, January 2001.

80. Landry, "Market Transfers" (주78).

81. Josh Newcom, "Is the California Water Market Open for Business?" *Western Water* (March-April 2001).

82. Aldo Leopold, *A Sand County Almanac* (New York : Oxford University Press, 1949), p. 203.

83. Edward O. Wilson, *Consilience : The Unity of Knowledge* (New York : Vintage Books, 1998), p. 262.

84. International Joint Commission, *Protection of the Waters of the Great Lakes : Interim Report to the Governments of Canada and the United States* (Washington, D.C., and Ottawa, Ontario : 1999), p. 28.

제4장

1. The Nature Conservancy, Freshwater Initiative, "Flow Restoration Database," at www.freshwaters.org.

2. Thomas Schmidt and Jeremy Schmidt, *The Saga of Lewis and Clark* (New York : DK Publishing, 1999).

3. National Research Council (NRC), *The Missouri River Ecosystem : Exploring the Prospects for Recovery* (Washington, D.C. : National Academy Press, 2002).

4. David L. Galat and Robin Lipkin, "Restoring Ecological Integrity of Great Rivers : Historical Hydrographs Aid in Defining Reference Conditions for the Missouri River," *Hydrobiologia* 422/423 (2000) : 29-48.

5. Galat and Lipkin, "Great Rivers."

6. NRC, *Missouri River Ecosystem* (주3).

7. NRC, *Missouri River Ecosystem* (주3).

8. Summaries of the most endangered rivers, accessed from the American Rivers Web site at www.americanrivers.org.

9. NRC, *Missouri River Ecosystem* (주3).

10. David L. Galat, U.S. Geological Survey, Biological Resources Division, Missouri Cooperative Fish and Wildlife Research Unit, University of Missouri, Columbia, Mo., private e-mail communication, September 2002.

11. NRC, *Missouri River Ecosystem* (주3), p. 3.

12. NRC, *Missouri River Ecosystem* (주 3).

13. U.S. Army Corps of Engineers, *Missouri River Master Water Control Manual—Review and Update*, Revised Draft Environmental Impact Statement, August 2001 ; American Rivers Web site at www.americanrivers.org.

14. David L. Galat et al., "Flooding to Restore Connectivity of Regulated, Large-River Wetlands," *BioScience* 48 (September 1998) : 721-733.

15. NRC, *Missouri River Ecosystem* (주 3).

16. NRC, *Missouri River Ecosystem* (주 3).

17. City Council of Brisbane (Queensland, Australia), "The Jagara Are the People of the Brisbane River Watershed," at www.brisbane-stories.powerup.com.au/maggil /02mag_pages/mag_aborigines21.htm.

18. Cooperative Research Centre for Catchment Hydrology (CRC), background information at www.catchment.crc.org.au, accessed April 2002 ; all dollar figures are U.S. dollars.

19. CRC, www.catchment.crc.org.au.

20. Sandra O. Brizga, "Hydrology," in Angela H. Arthington et al., *Environmental Flow Requirements of the Brisbane River Downstream from Wivenhoe Dam* (Brisbane, Queensland : South East Queensland Water Corporation, and Centre for Catchment and In-Stream Research, Griffith University, 2000), pp. 65-85.

21. Angela H. Arthington et al., *Environmental Flow Requirements of the Brisbane River Downstream from Wivenhoe Dam* (Brisbane, Queensland : South East Queensland Water Corporation, and Centre for Catchment and In-Stream Research, Griffith University, 2000).

22. Angela H. Arthington, "Brisbane River Trial of a Flow Restoration Methodology (FLOWRESM)," in A. H. Arthington and J. M. Zalucki, eds., *Water for the Environment : Recent Approaches to Assessing and Providing Environmental Flows* (Brisbane : AWWA, 1998), pp. 35-50 ; Arthington ei al., *Flow Requirements* (주 21).

23. Angela Arthington, Centre for Catchment and In-Stream Research, Griffith University, Queensland, Australia, private e-mail communication with author, March 27, 2002.

24. Quote appears in Commission for Environmental Cooperation (CEC), *Ribbon of Life : An Agenda for Preserving Transboundary Migratory Bird Habitat on the Upper San Pedro River* (Montreal : 1999).

25. San Pedro Expert Study Team, *Sustaining and Enhancing Riparian Migratory Bird Habitat on the Upper San Pedro River* (Montreal : CEC, 1999).

26. San Pedro Expert Study Team, *Bird Habitat*.

27. Patricia Orr and Bonnie Colby, "Nature-Oriented Visitors and Their Expenditures : Upper San Pedro River Basin," University of Arizona, Tucson, 2002.

28. Tomas Charles Goode and Thomas Maddock Ⅲ, *Simulation of Groundwater Conditions in the Upper San Pedro Basin for the Evaluation of Alternative Futures* (Tucson, Ariz. : University of Arizona, 2000).

29. San Pedro Expert Study Team, *Bird Habitat* (주 25).

30. San Pedro Expert Study Team, *Bird Habitat* (주 25).

31. San Pedro Expert Study Team, *Bird Habitat* (주 25).

32. Upper San Pedro Partnership (USPP), *Upper San Pedro Conservation Plan 2002 Progress Report* (Sierra Vista, Ariz. : 2002a).

33. USPP, *Upper San Pedro Conservation Plan*.

34. USPP, *Upper San Pedro Partnership Planning Activity : 2002 Progress Report* (Sierra Vista, Ariz. : 2002b).

35. USPP, *Upper San Pedro Conservation Plan* (주 32).

36. "Upper San Pedro Partnership Water Conservation Strategies," *Sierra Vista Herald*, November 11, 2001.

37. USPP, *Upper San Pedro Conservation Plan* (주 32).

38. Catherine M. Pringle and Frederick N. Scatena, "Freshwater Resource Development : Case Studies from Puerto Rico and Costa Rica," in L. U. Hatch and M. E. Swisher, eds., *Managed Ecosystems : The Mesoamerican Experience* (New York : Oxford University Press, 1999).

39. Jonathan P. Benstead, James G. March, Catherine M. Pringle, and Frederick N. Scatena, "Effects of a Low-Head Dam and Water Abstractions on Migratory Tropical Stream Biota," *Ecological Applications* 9 (February 1999) : 656-668.

40. Frederick N. Scatena and Sherri L. Johnson, *Instream-Flow Analysis for the Luquillo Experimental Forest, Puerto Rico : Methods and Analysis* (Rio Piedras, Puerto Rico : U.S. Forest Service and International Institute of Tropical Forestry, 2001).

41. Catherine M. Pringle, "Exploring How Disturbance Is Transmitted Upstream : Going Against the Flow," *Journal of the North American Benthological Society* 16 (February 1997) : 425-438.

42. Benstead et al., "Effects of a Low-Head Dam" (주 39).

43. James G. March, Jonathan P. Benstead, Catherine M. Pringle, and Frederick N. Scatena, "Migratory Drift of Larval Freshwater Shrimps in Two Tropical Streams, Puerto Rico," *Freshwater Biology* 40 (1998) : 261-273.

44. Benstead et al., "Effects of a Low-Head Dam" (주 39).

45. Pringle and Scatena, "Freshwater Resource Development" (주 38).

46. March et al., "Larval Freshwater Shrimps" (주 43) :

47. Benstead et al., "Effects of a Low-Head Dam" (주 39).

48. Benstead et al., "Effects of a Low-Head Dam" (주 39).

49. James G. March, Jonathan P. Benstead, Frederick N. Scatena, and Catherine M. Pringle, "Damming Tropical Island Streams : Problems, Solutions, and Alternatives," *BioScience* (in review).

50. Pringle, "Disturbance" (주 41).

51. U.S. National Park Service, Web site for Mammoth Cave National Park at www.nps.gov/maca/home.htm.

52. U.S. Army Corps of Engineers, *Environmental Assessment—Green River Lock and Dam Nos. 3, 4, 5, 6 and Barren River No. 1* (Louisville, Ky. : Louisville District, June 2001).

53. D. C. Weeks, Jay H. O'Keeffe, A. Fourie, and Brian R. Davies, *A Pre-Impoundment Study of the Sabie-Sand River System, Mpumalanga with Special Reference to Predicted Impacts on the Kruger National Park*, Vol. 1 (Pretoria, South Africa : Water Research Commission, 1996).

54. G. L. Heritage, A. W. van Niekerk, B. P. Moon, L. J. Broadhurst, K. H. Rogers, and C. S. James, *The Geomorphological Response to Changing Flow Regimes of the Sabie and Letaba River Systems* (Pretoria, South Africa : Water Research Commission, 1997).

55. Rebecca E. Tharme, *Sabie-Sand River System : Instream Flow Requirements* (Pretoria, South Africa : Department of Water Affairs and Forestry, 1997).

56. Kevin H. Rogers, Dirk Roux, and Harry Biggs, "Challenges for Catchment Management Agencies : Lessons from Bureaucracies, Business, and Resource Management," *Water SA* 26 (October 2000) : 505-511.

57. Kevin H. Rogers and Regina Bestbier, *Development of a Protocol for the Definition of the Desired State of Riverine Systems in South Africa* (Pretoria, South Africa : Department of Environmental Affairs and Tourism, 1997).

58. Rogers and Bestbier, *Protocol*.

59. Heritage et al., *Geomorphological Response* (주 54).

60. Heritage et al., *Geomorphological Response* (주 54).

61. Jay H. O'Keeffe, D. C. Weeks, A. Fourie, and Brian R. Davies, *A Pre-Impoundment Study of the Sabie-Sand River System, Mpumalanga with Special Reference to Predicted Impacts on the Kruger National Park*, Vol. 3 (Pretoria, South Africa : Water Research Commission, 1996).

62. O'Keeffe et al., *Sabie-Sand River System* (주 61).

제5장

1. Blaine Harden, "Dams, and Politics, Channel Flow of the Mighty Missouri," *The New York Times*, May 5, 2002.

2. Khayyám quoted in Patrick McCully, *Silenced Rivers : The Ecology and Politics of Large Dams* (London : Zed Books, 1996), p. 238.

3. Donald Worster, *Rivers of Empire : Water, Aridity, and the Growth of the American West* (New York : Oxford University Press, 1985), p. 329.

4. Fikret Berkes, Mina Kislalioglu, Carl Folke, and Madhav Gadgil, "Exploring the Basic Ecological Unit : Ecosystem-Like Concepts in Traditional Societies," *Ecosystems* 1 (1998) : 409-415.

5. A similar idea is fleshed out in Geoffrey Heal et al.,"Protecting Natural Capital Through Ecosystem Service Districts," *Stanford Environmental Law Journal* 20 (2001) : 333-364.

6. Michael M. Horowitz, "The Management of an African River Basin : Alternative Scenarios for Environmentally Sustainable Economic Development and Poverty Alleviation," in Proceedings of the International UNESCO Symposium, *Water Resources Planning in a Changing World* (Karlsruhe, Germany : Bundesanstalt für Gewässerkundef, 1994).

7. World Commission on Dams(WCD), *Dams and Development : A New Framework for Decision-Making* (London : Earthscan, 2000).

8. Peter Bosshard, "An Act of Economic and Environmental Nonsense," 1999, accessed via the Web site of International Rivers Network at www.irn.org/programs/safrica/index.asp?id=bosshard.study.html.

9. As quoted in Bosshard, "An Act of Economic and Environmental Nonsense."

10. W. M. Adams, *Wasting the Rain : Rivers, People, and Planning in Africa* (London : Earthscan Publications, 1992).

11. The World Bank, *Water Resources Sector Strategy : Strategic Directions for World Bank Engagement*, draft (Washington, D.C. : March 2002).

12. Susanne Wong, "Villagers Chart River Recovery since Pak Mun Gates Opened," *World Rivers Review* 17 (August 2002).

13. IUCN (The World Conservation Union), *Vision for Water and Nature : A World Strategy for Conservation and Sustainable Management of Water Resources in the Twenty-First Century* (Gland, Switzerland, and Cambridge, U.K. : IUCN, 2000).

14. European Union Life-Environment Project, "Wise Use of Floodplains," Website at www.floodplains.org (accessed November 21, 2002).

15. For a good overview of these methods, see Lawrence H. Goulder and Donald Kennedy, "Valuing Ecosystem Services : Philosophical Bases and Empirical Methods," in Gretchen C. Daily, ed., *Nature's Services* (Washington, D.C. : Island Press, 1997).

16. Quote is contained in Geoffrey Heal, *Nature and the Marketplace : Capturing the Value of Ecosystem Services* (Washington, D.C. : Island Press, 2000), pp.50-51.

17. Martha Echavarria, "FONAG : The Water-Based Finance Mechanism of the Condor Bioreserve in Ecuador," working draft (Quito, Ecuador : The Nature Conservancy, November 2001).

18. Brian W. van Wilgen, Richard M. Cowling, and Chris J. Burgers, "Valuation of Ecosystem Services : A Case Study from South African Fynbos Ecosystems," *BioScience* 46 (March 1996) : 184-189.

19. U.S. Geological Survey, *Concepts for National Assessment of Water Availability and Use* (Reston, Va. : 2002).

20. Brian D. Richter and Kent H. Redford, "The Art (and Science) of Brokering Deals Between Conservation and Use," *Conservation Biology* 13 (June 1999) : 1235-1237.

21. This section draws heavily upon Navroz K. Dubash, Mairi Dupar, Smitu Kothari, and Tundu Lissu, *A Watershed in Global Governance? An Independent Assessment of the World Commission on Dams* (India : World Resources Institute, Lokayan, and Lawyers' Environmental Action Team, 2001).

22. Dubash et al., *Watershed in Global Governance?*

23. Kader Asmal, "Globalisation from Below," Preface to WCD, *Dams and Development* (주7).

24. World Commission on Dams, CD-ROM, World Commission on Dams Secretariat, Cape Town, South Africa, 2000.

25. Dubash et al., *Watershed in Global Governance?* (주21).

26. Patrick McCully, "One Year after the World Commission on Dams : Reflections on the Diverse Reactions to Groundbreaking Report," *World Rivers Review* 16 : June 2001.

27. McCully, "One Year After" (including quote).

28. The World Bank, *Water Resources Sector Strategy* (주11).

29. IUCN (The World Conservation Union), "Statement on the World Commission on Dams," Gland, Switzerland, 2001.

30. Tamsyn Sherwill and Kevin Rogers, "Public Participation in Setting the Goals for Integrated Water Resource Management : A Means to Equity and Sustainability?" Appendix 6 in Brian E. van Wilgen et al., "Principles and Processes for

Supporting Stakeholder Participation in Integrated River Management : Lessons from the Sabie-Sand Catchment," Final Report Project K5/1062, Water Research Commission, Pretoria, South Africa, 2002.

31. For more on the idea of coevolution of preferences, see Robert Costanza and Carl Folke, "Valuing Ecosystem Services with Efficiency, Fairness, and Sustainability as Goals," in Daily, ed., *Nature's Services* (주 15), pp. 49-68.

32. Kevin Rogers, Dirk Roux, and Harry Biggs, "Challenges for Catchment Management Agencies : Lessons from Bureaucracies, Business, and Resource Management," *Water SA* 26 (April 2000) : 505-511. The authors articulate SAM (strategic adaptive management) as a local derivative of adaptive resource management, as originally developed by C. S. Holling (see C. S. Holling, ed., *Adaptive Environmental Assessment and Management* [London : John Wiley & Sons, 1978]).

33. Kevin Rogers and Harry Biggs, "Integrating Indicators, Endpoints, and Value Systems in Strategic Management of the Rivers of the Kruger National Park," *Freshwater Biology* 41 (1999) : 439-451.

34. Ernita van Wyk et al., "Big Vision, Complex Reality : Building Common Understanding of Policy Intention for River Management in South Africa," Appendix 8 in van Wilgen et al., "Stakeholder Participation" (주 30).

35. Rogers and Biggs, "Integrating Indicators" (주 33).

36. Rogers et al., "Challenges" (주 32).

37. Aaron T. Wolf, "Transboundary Waters : Sharing Benefits, Lessons Learned," Thematic Background Paper prepared for the Secretariat of the International Conference on Freshwater, Bonn, Germany, 2001. See also Sandra L. Postel and Aaron T. Wolf, "Dehydrating Conflict," *Foreign Policy* (September-October 2001) : 60-67.

38. World Wildlife Fund (WWF), Living Waters Program—Europe, "A Green Corridor for the Danube," Web site at http : //www.panda.org/about_wwf/ where_we_work/europe/where/danube_carpathian/danube_river_basin/lower_dan ube_green_corridor.cfm, accessed June 17, 2003.

39. Rhoda Margesson, "Reducing Conflict over the Danube Waters : Equitable Utilization and Sustainable Development," *Natural Resources Forum* 21 (January 1997) : 23-38.

40. Quote appears on the Web site of WWF , Living Waters Program—Europe (주 38).

41. Karen F. Schmidt, "A True-Blue Vision for the Danube,"*Science* 294 (2001) : 1444-1447.

42. WWF , Living Waters Program—Europe (주 38).

43. Schmidt, "Vision for the Danube" (주 41).

44. Schmidt, "Vision for the Danube" (주 41).

45. Quote is contained in Brian Richter, Ruth Mathews, David L. Harrison, and Robert Wigington, "Ecologically Sustainable Water Management : Managing River Flows for Ecological Integrity," *Ecological Applications* 13 : 206-224.

46. State of Florida, "ACF Allocation Formula Agreement— Apalachicola-Chattahoochee-Flint River Basin," Draft proposal, January 14, 2002.

47. Richter et al., "Ecologically Sustainable Water Management" (주 45).

48. The 500 figure is from David Dudgeon, "Large-Scale Hydrological Changes in Tropical Asia : Prospects for Riverine Biodiversity," *BioScience* 50 (September 2000) : 793-806.

49. Claudia Ringler, *Optimal Water Allocation in the Mekong River Basin*, Discussion Papers on Development Policy (No. 38) (Bonn, Germany : Center for Development Research, 2001).

50. Ringler, *Mekong River Basin*.

51. Dudgeon, "Hydrological Changes" (주 48).

52. Jackle King, Freshwater Research Unit, Zoology Department, University of Cape Town, Rondebosch, South Africa, private e-mail communication with authors, September 2002.

53. *The Great Lakes Charter Annex : A Supplementary Agreement to The Great Lakes Charter*, signed June 18, 2001.

54. Instream Flow Council (IFC), *Instream Flows for Riverine Resource Stewardship* (n.p. : IFC, 2002), p. 17.

55. IFC, *Instream Flows*, pp. 91-92.

56. For more information, see The Nature Conservancy's Freshwater Initiative Web site at www.freshwaters.org.

57. Gretchen C. Daily and Katherine Ellison, *The New Economy of Nature : The Quest to Make Conservation Profitable* (Washington, D.C. : Island Press, 2002).

58. Quote contained in Timothy Egan, "For a Flood-Weary Napa Valley, a Vote to Let the River Run Wild," *The New York Times*, April 25, 1998.

59. Anil Agarwal and Sunita Narain, eds., *Dying Wisdom* (New Delhi : Centre for Science and Environment, 1997).

제6장

1. 여기서는 대형댐의 증가 수치를 가지고 인간이 미치는 충격의 증가를 유추했다.

2. Juan Forero, "As Andean Glaciers Shrink, Water Worries Grow," *The New York Times*, November 24, 2002.

3. Danielle Nierenberg, "Population Growing Steadily," in Linda Starke, ed., *Vital Signs* (New York : W. W. Norton, 2002).

4. Sandra Postel, *Pillar of Sand* (New York : W. W. Norton, 1999).

5. Frank Rijsberman and David Molden, "Balancing Water Uses : Water for Food and Water for Nature," Background Paper prepared for the International Conference on Freshwater, Bonn, Germany, 2001.

참고문헌

Acreman, M. C., F. A. K. Farquharson, M. P. McCartney, C. Sullivan, K. Campbell, N. Hodgson, J. Morton, D. Smith, M. Birley, D. Knott, J. Lazenby, and E. B. Barbier. *Managed Flood Releases from Reservoirs : Issues and Guidance*. Report to DFID and the World Commission on Dams. Wallingford, U.K. : Centre for Ecology and Hydrology, 2000.

Adams, W. M. *Wasting the Rain : Rivers, People, and Planning in Africa*. London : Earthscan Publications, 1992.

Agarwal, Anil, and Sunita Narain, eds. *Dying Wisdom*. New Delhi : Centre for Science and Environment, 1997.

Agriculture and Resource Management Council of Australia and New Zealand, and the Australian and New Zealand Environment and Conservation Council. "National Principles for the Provision of Water for Ecosystems." Revised Draft, November 2001.

Alber, Merryl. "A Conceptual Model of Estuarine Freshwater Inflow Management." *Estuaries* 25 (2002) : 1246-1261.

American Rivers. Web site at www.amrivers.org/instreamflow/regulatorystrategies.htm.

———. "Conservation Groups Support Endangered Species Deal to Restore Flows in the Walla Walla River." Press release, June 28, 2001, accessed from the Web site www.amrivers.org/pressrelease/instreamflow6.28.01.htm.

———. Summaries of the most endangered rivers. Accessed from the Web site www.americanrivers.org.

American Rivers, Friends of the Earth, and Trout Unlimited. *Dam Removal Success Stories : Restoring Rivers Through Selective Removal of Dams That Don't Make Sense*. Washington, D.C. : 1999.

American Rivers and Trout Unlimited. "International Report Reveals Flaws in United States Regulation of Dams." Washington, D.C. Press release, November 20, 2000.

Arthington, Angela. "The Water Act (Qld) 2000 : Environmental Flow Objectives." Paper delivered to the Queensland Environmental Law Association Seminar, *Water Bill 2000*. University of Queensland, St. Lucia, 2000.

Arthington, Angela H. "Wounded Rivers, Thirsty Land : Getting Water Management Right." Inaugural Lecture, Centre for Catchment and In-Stream Research, Griffith University, Nathan, Queensland, Australia. April 1997.

Arthington, Angela H. "Brisbane River Trial of a Flow Restoration Methodology (FLOWRESM)." pp. 35-50 in A. H. Arthington and J. M. Zalucki, eds., *Water for the Environment : Recent Approaches to Assessing and Providing Environmental Flows.* Brisbane : AWWA, 1998.

Arthington, Angela H., Jackie M. King, Jay H. O'Keefe, Stuart E. Bunn, J. A. Day, Brad J. Pusey, David R. Bluhdorn, and Rebecca E. Tharme. "Development of an Holistic Approach for Assessing Environmental Flow Requirements of Riverine Ecosystems." Pp. 69-76 in John J. Pigram and Bruce P. Hooper, eds., *Proceedings of an International Seminar and Workshop on Water Allocation for the Environment.* Armidale, Australia : The Centre for Water Policy Research, 1992.

Arthington, Angela H., and Rina Lloyd. *Logan River Trial of the Building Block Methodology for Assessing Environmental Flow Requirements.* Queensland, Australia : Griffith University, 1998.

Arthington, Angela H., and Brad J. Pusey. "In-Stream Flow Management in Australia : Methods, Deficiencies, and Future Directions." *Australian Biologist* 6 (1993) : 52-60.

Arthington, Angela H., and M. Jacinta Zalucki. *Comparative Evaluation of Environmental Flow Assessment Techniques : Review of Methods.* Canberra, Australian Capitol Territory : Land and Water Resources Research and Development Corporation, 1998.

Arthington, Angela H., et al. *Environmental Flow Requirements of the Brisbane River Downstream from Wivenhoe Dam.* Brisbane, Queensland : South East Queensland Water Corporation, and Centre for Catchment and In-Stream Research of Grifith University, 2000.

Asmal, Kader. "Globalisation from Below." Preface to World Commission on Dams. *Dams and Development : A New Framework for Decision-Making.* London : Earthscan, 2000.

Babbitt, Bruce. "What Goes Up, May Come Down." *BioScieizce* 52 (August 2002) : 656-658.

Barbier, Edward B., and Julian R. Thompson. "The Value of Water : Floodplain Versus Large-Scale Irrigation Benefits in Northern Nigeria." *Ambio* 27 (1998) : 434-440.

Behnke, Robert J., and D. E. Benson. *Endangered and Threatened Fishes of the Upper Colorado River Basin.* Fort Collins, Colo. : Colorado State University Cooperative Extension Service, 1983.

Beilfuss, Richard. Africa Program Director, International Crane Foundation, Baraboo, Wisconsin, e-mail communication with authors, November 2002.

Benke, Arthur C. "A Perspective on America's Vanishing Streams." *Journal of the North American Benthological Society* 9 (March 1990) : 77-88.

Benstead, Jonathan P., James G. March, Catherine M. Pringle, and Frederick N. Scatena. "Effects of a Low-Head Dam and Water Abstractions on Migratory Tropical Stream Biota." *Ecological Applications* 9 (February 1999) : 656-668.

Berkes, Fikret, Mina Kislalioglu, Carl Folke, and Madhav Gadgil. "Exploring the Basic Ecological Unit : Ecosystem-Like Concepts in Traditional Societies." *Ecosystems* 1 (1998) : 409-415.

Bestgen, Kevin R. *Interacting Effects of Physical and Biological Processes of Recruitment of Colorado Squawfish.* Ph.D. diss., Colorado State University, 1997.

Blackmore, Don J. "The Murray-Darling Basin Cap on Diversions-Policy and Practice for the New Millennium." *National Water* (June 1999) : 1-12.

Bosshard, Peter. "An Act of Economic and Environmental Nonsense." (1999). Accessed via the Web site of International Rivers Network at www.irn.org/programs/safrica/index.asp?id=bosshard.study.html.

Bovee, Kenneth D. *A Guide to Stream Habitat Analysis Using the Instream Flow Incremental Methodology.* Denver, Colo. : U.S. Fish and Wildlife Service, 1982.

Bowman, Margaret B. "Legal Perspectives on Dam Removal." *BioScience* 52 (August 2002) : 739-747.

Brizga, Sandra O. "Hydrology." Pp. 65-85 in Arthington et al., *Environmental Flow Requirements of the Brisbane River Downstream from Wivenhoe Dam.* Brisbane, Queensland : South East Queensland Water Corporation, and Centre for Catchment and In-Stream Research, Griffith University, 2000.

——. *Burnett Basin Water Allocation and Management Plan : Proposed Environmental Flow Performance Measures.* Brisbane, Queensland, Australia : Department of Natural Resources, 2000.

Brizga, Sandra O., Angela H. Arthington, Brad J. Pusey, Mark J. Kennard, Stephen J. Mackay, Garry L. Werren, Neil M. Craigie, and Satish J. Choy. "Benchmarking, a 'Top-Down' Methodology for Assessing Environmental Flows in Australian Rivers." In *Proceedings of International Conference on Environmental Flows for Rivers.* Cape Town, South Africa : Southern Waters Consulting, 2002.

Bunn, Stuart E., and Angela H. Arthington. "Basic Principles and Ecological Consequences of Altered Flow Regimes for Aquatic Biodiversity." *Environmental Management* 30 (April 2002) : 492-507.

Carothers, Steven W., and Bryan T. Brown. *The Colorado River Through Grand Canyon : Natural History and Human Change*. Tucson : University of Arizona Press, 1991.

Chao, B. F. "Anthropogenic Impact on Global Geodynamics Due to Reservoir Water Impoundment." *Geophysical Research Letters* 22 (1995) : 3529-3532.

Chaplin, Stephen J., et al. "The Geography of Imperilment : Targeting Conservation Toward Critical Biodiversity Areas." In Stein et al., eds., *Precious Heritage*.

City Council of Brisbane (Queensland, Australia). "The Jagara Are the People of the Brisbane River Watershed," at www.brisbane-stories.powerup.com.au/maggil/02mag_pages/mag_aborigines21.htm.

Collier, Michael, Robert H. Webb, and John C. Schmidt. *Dams and Rivers : Primer on the Downstream Effects of Dams*. Circular 1126. Denver, Colo. : U.S. Geological Survey, 1996.

Commission for Environmental Cooperation (CEC). *Ribbon of Life : An Agenda for Preserving Transboundary Migratory Bird Habitat on the Upper Sun Pedro River*. Montreal : 1999.

Cooperative Research Centre for Catchment Hydrology (CRC). Background information at www.catchment.crc.org.au.

Costanza, Robert, and Carl Folke. "Valuing Ecosystem Services with Efficiency, Fairness, and Sustainability as Goals." Pp. 49-68 in Gretchen C. Daily, ed., *Nature's Services : Societal Dependence on Natural Ecosystems*. Washington, D.C. : Island Press, 1997.

Costanza, Robert, et al. "The Value of the World's Ecosystem Services and Natural Capital." *Nature* 387 (May 1997) : 254-260.

Daily, Gretchen C., ed. *Nature's Services : Societal Dependence on Natural Ecosystems*. Washington, D.C. : Island Press, 1997.

Daily, Gretchen C., and Katherine Ellison. *The New Economy of Nature : The Quest to Make Conservation Profitable*. Washington, D.C. : Island Press, 2002.

Davison, Stanley Roland. *The Leadership of the Reclamation Movement, 1875-1902*. New York : Arno Press, 1979.

Department of Resources and Energy. *Water 2000 : A Perspective on Australia's Water Resources to the Year 2000*. Canberra : Australian Government Publishing Service, 1983.

Drower, M. S. "Water-Supply, Irrigation, and Agriculture." In C. Singer, E. J. Holmyard, and A. R. Hall, eds., *A History of Technology*. New York : Oxford University Press, 1954.

Dubash, Navroz K., Mairi Dupar, Smitu Kothari, and Tundu Lissu. *A Watershed in*

Global Governance? An Independent Assessment of the World Commission on Dams. India : World Resources Institute, Lokayan, and Lawyers' Environmental Action Team, 2001.

Dudgeon, David. "Large-Scale Hydrological Changes in Tropical Asia : Prospects for Riverine Biodiversity." *BioScience* 50 (September 2000) : 793-806.

——. "The Ecology of Tropical Asian Rivers and Streams in Relation to Biodiversity Conservation." *Annual Review of Ecological Systems* 31 (2000) : 239-263.

Durant, Will. *Caesar and Christ.* New York : Simon and Schuster, 1944.

Dynesius, Matts, and Christer Nilsson. "Fragmentation and Flow Regulation of River Systems in the Northern Third of the World." *Science* 266 (1994) : 753-762.

Echavarria, Martha. "FONAG : The Water-Based Finance Mechanism of the Condor Bioreserve in Ecuador." Working Draft. Quito, Ecuador : The Nature Conservancy, November 2001.

Egan, Timothy. "For a Flood-Weary Napa Valley, a Vote to Let the River Run Wild." *The New York Times*, April 25, 1998.

European Parliament and Council of the European Union. Directive 2000/60/EC establishing a framework for Community action in the field of water policy. *Official Journal of the European Communities* (December 22, 2000). L 327 : 1-72,

European Union Life-Environment Project. "Wise Use of Floodplains." Web site at www.floodplains.org (accessed November 21, 2002).

Flannery, Michael S. Part II Rule Revision : Evaluation of Potential Impacts to Streams and Estuaries. Memorandum. Respondent's Exhibit 442, February 28, 1989.

Flannery, Michael S., Ernst B. Peebles, and Ralph T. Montgomery. "A Percent-of-Flow Approach for Managing Reductions of Freshwater Inflows from Unimpounded Rivers to Southwest Florida Estuaries." *Estuaries* 25 (December 2002) : 1318-1331.

Forero, Juan. "As Andean Glaciers Shrink, Water Worries Grow." *The New York Times*, November 24, 2002.

Frederiksen, Harald, Jeremy Berkoff, and William Barber. *Water Resources Management in Asia.* Washington, D.C. : The World Bank, 1993.

Galat, David L., et al. "Flooding to Restore Connectivity of Regulated, Large-River Wetlands." *BioScience* 48 (September 1998) : 721-733.

Galat, David L., and Robin Lipkin. "Restoring Ecological Integrity of Great Rivers : Historical Hydrographs Aid in Defining Reference Conditions for the Missouri River." *Hydrobiologia* 422/423 (2000) : 29-48.

Getches, David H. "The Metamorphosis of Western Water Policy : Have Federal Laws and Local Decisions Eclipsed the States' Role?" *Stanford Environmental Law Journal* 20 (1) : 3-72.

Gillilan, David M., and Thomas C. Brown. *Instream Flow Protection : Seeking a Balance in Western Water Use.* Washington, D.C. : Island Press, 1997.

Gippel, Chris, Trevor Jacobs, and Tony McLeod. "Environmental Flows and Water Quality Objectives for the River Murray." Presented at *Riversymposium 2001.* Brisbane, Australia, August 27-31, 2001.

Glennon, Robert. *Water Follies : Groundwater Pumping and the Fate of America's Fresh Waters.* Washington, D.C. : Island Press, 2002.

Goode, Tomas Charles, and Thomas Maddock III. *Simulation of Groundwater Conditions in the Upper San Pedro Basin for the Evaluation of Alternative Futures.* Tucson, Ariz. : University of Arizona, 2000.

Gore, James A., and F. Douglas Shields Jr. "Can Large Rivers Be Restored?" *BioScience* 45 (March 1995) : 142-152.

Goulder, Lawrence H., and Donald Kennedy. "Valuing Ecosystem Services : Philosophical Bases and Empirical Methods." In Gretchen C. Daily, ed., *Nature's Services : Societal Dependence on Natural Ecosystems.* Washington, D.C. : Island Press, 1997.

Goulding, Michael, Nigel J. H. Smith, and Dennis J. Mahar. *Floods of Fortune : Ecology and Economy along the Amazon.* New York : Columbia University Press, 1996.

Haeuber, Richard A., and William K. Michener. "Natural Flood Control." *Issues in Science and Technology* (Fall 1998) : 74-80.

Harden, Blaine. "Dams, and Politics, Channel Flow of the Mighty Missouri." *The New York Times,* May 5, 2002.

Hawken, Paul, Amory Lovins, and L. Hunter Lovins. *Natural Capitalism : Creating the Next Industrial Revolution.* Boston, Mass. : Back Bay Books, 1999.

Heal, Geoffrey. *Nature and the Marketplace : Capturing the Value of Ecosystem Services.* Washington, D.C. : Island Press, 2000.

Heal, Geoffrey, et al. "Protecting Natural Capital Through Ecosystem Service Districts." *Stanford Environmental Law Journal* 20 (2001) : 333-364.

Heritage, G. L., A. W. van Niekerk, B. P. Moon, L. J. Broadhurst, K. H. Rogers, and C. S. James. *The Geomorphological Response to Changing Flow Regimes of the Sabie and Letaba River Systems.* Pretoria, South Africa : Water Research Commission, 1997.

Holling, C. S. "What Barriers? What Bridges?" In Lance H. Gunderson, C. S.

Holling, and Stephen S. Light, eds., *Barriers and Bridges to the Renewal of Ecosystems and Institutions.* New York : Columbia University Press, 1995.

Holling, C. S., ed. *Adaptive Environmental Assessment and Management.* New York : John Wiley & Sons, 1978.

Horowitz, Michael M. "The Management of an African River Basin : Alternative Scenarios for Environmentally Sustainable Economic Development and Poverty Alleviation." In Proceedings of the International UNESCO Symposium, *Water Resources Planning in a Changing World.* Karlsruhe, Germany : Bundesanstalt für Gewärkundef, 1994.

Industry Commission. "A Full-Repairing Lease : Inquiry into Ecologically Sustainable Land Management," Draft Report, 1997.

Ingram, Helen, and Cy R. Oggins. "The Public Trust Doctrine and Community Values in Water." *Natural Resources Journal* 32 (1992) : 515-537.

Instream Flow Council. *Instream Flows for Riverine Resource Stewardship.* N.p. : Instream Flow Council, 2001.

International Conference on Freshwater. *Water—A Key to Sustainable Development : Recommendations for Action.* Bonn, Germany, December 3-7, 2001.

International Joint Commission. *Protection of the Waters of the Great Lakes : Interim Report to the Governments of Canada and the United States.* Washington, D.C., and Ottawa, Ontario : 1999.

Irving, David B., and Timothy Modde. "Home-Range Fidelity and Use of Historical Habitat by Adult Colorado Squawfish *(Ptychocheilus lucius)* in the White River, Colorado, and Utah." *Western North American Naturalist* 60 (2000) : 16-25.

Irwin, Elise R., and Mary C. Freeman. "Proposal for Adaptive Management to Conserve Biotic Integrity in a Regulated Segment of the Tallapoosa River, Alabama, U.S.A." *Conservation Biology* 16 (October 2002) : 1212-1222.

Israelsen, Brent. "Grand Canyon Flood, Part 2." *The Salt Lake Tribune*, September 24, 2002.

IUCN (The World Conservation Union). "Statement on the World Commission on Dams." Gland, Switzerland, 2001.

——. *Vision for Water and Nature : A World Strategy for Conservation and Sustainable Management of Water Resources in the Twenty-First Century.* Gland, Switzerland, and Cambridge, U.K. : IUCN, 2000.

King, Jackie M., Cate Brown, and Hossein Sabet. "A Scenario-Based Holistic Approach to Environmental Flow Assessments for Rivers." *Rivers Research and Applications*, in press.

King, Jackie M., and Delana Louw. "Instream Flow Assessments for Regulated Rivers in South Africa Using the Building Block Methodology." *Aquatic Ecosystem Health and Management* 1 (1998) : 109-124.

King, Jackie M., and Rebecca E. Tharme. *Assessment of the Instream Flow Incremental Methodology and Initial Development of Alternative Instream Flow Methodologies for South Africa.* Pretoria, South Africa : Water Research Commission, 1994.

King, Jackie M., Rebecca E. Tharme, and M. S. DeVilliers, eds., *Environnzental Flow Assessments for Rivers : Manila1 for the Building Block Methodology.* Pretoria, South Africa : Water Research Commission, 2000.

Lake, P. S., et al. "Global Change and the Biodiversity of Freshwater Ecosystems : Impacts on Linkages Between Above-Sediment and Sediment Biota." *BioScience* 50 (December 2000) : 1099-1107.

Landry, Clay. "Market Transfers of Water for Environmental Protection in the Western United States." *Water Policy* 1 (1998) : 457-469.

Lee, Kai N. *Compass and Gyroscope.* Washington, D.C. : Island Press, 1993.

Leopold, Aldo. *A Sand County Almanac.* New York : Oxford University Press, 1949.

Mancy, Khalil H. "The Environmental and Ecological Impacts of the Aswan High Dam." In Hillel Shuval, ed., *Developments in Arid Zone Ecology and Environmental Quality.* Philadelphia : Balaban ISS, 1981.

March, James G., Jonathan P. Benstead, Catherine M. Pringle, and Frederick N. Scatena. "Migratory Drift of Larval Freshwater Shrimps in Two Tropical Streams, Puerto Rico." *Freshwater Biology* 40 (1998) : 261-273.

March, James G., Jonathan P. Benstead, Frederick N. Scatena, and Catherine M. Pringle. "Damming Tropical Island Streams : Problems, Solutions, and Alternatives." *BioScience* (in review).

Margesson, Rhoda. "Reducing Conflict over the Danube Waters : Equitable Utilization and Sustainable Development." *Natural Resources Forum* 21 (January 1997) : 23-38.

McBain and Trush. *Trinity River Restoration Program : A Summary of the United States Secretary of the Interior Record of Decision, December 19, 2000.* Arcata, Calif. : 2001.

McCully, Patrick. "One Year after the World Commission on Dams : Reflections on the Diverse Reactions to Groundbreaking Report." *World Rivers Review* 16 : June 2001.

———. *Silenced Rivers : The Ecology and Politics of Large Dams.* London : Zed Books, 1996.

Meretsky, Vicky J., David L. Wegner, and Larry E. Stevens. "Balancing Endangered Species and Ecosystems : A Case Study of Adaptive Management in the Grand Canyon." *Environmental Management* 25 (May 2000) : 579-586.

Mitsch, William J., et al. "Reducing Nitrogen Loading to the Gulf of Mexico from the Mississippi River Basin : Strategies to Counter a Persistent Ecological Problem." *Bio Science* 51 (May 2001) : 373-388.

Moyle, Peter B., and Robert A. Leidy. "Loss of Biodiversity in Aquatic Ecosystems : Evidence from Fish Faunas." In P. L. Fiedler and S. K. Jain, eds., *Conservation Biology : The Theory and Practice of Nature Conservation, Preservation, and Management.* New York : Chapman and Hall, 1992.

Murray-Darling Basin Commission (MDBC). "The Cap." Canberra, Australia : 1999.

——. *Striking the Balance : Murray-Darling Basin Cap on Diversions—Water Year 1997/98.* Canberra, Australia : 1998.

Muth, Robert T., Larry W. Crist, Kirk E. LaGory, John W. Hayse, Kevin R. Bestgen, Thomas P. Ryan, Joseph K. Lyons, and Richard A. Valdez. *Flow and Temperature Recommendations for Endangered Fishes in the Green River Downstream of Flaming Gorge Dam.* Lakewood, Colo. : Upper Colorado River Recovery Program, 2000.

National Research Council (NRC). *Restoration of Aquatic Ecosystems : Science, Technology, and Public Policy.* Washington, D.C. : National Academy Press, 1992.

——. *The Missouri River Ecosystem : Exploring the Prospects for Recovery.* Washington, D.C. : National Academy Press, 2002.

Neves, Richard. "The Man Behind the Mussel." *The Nature Conservancy.* January-February 2001.

Nevill, Jon. *Freshwater Biodiversity : Protecting Freshwater Ecosystems in the Face of Infrastructure Development.* Canberra, Australia : Water Research Foundation of Australia, 2001.

Newcom, Josh. "Is the California Water Market Open for Business?" *Western Water* (March-April 2001).

Nierenberg, Danielle. "Population Growing Steadily." In Linda Starke, ed., *Vital Signs.* New York : W. W. Norton, 2002.

O'Keeffe, Jay H. "Environmental Flow Assessments Within the South African Integrated Planning Process for Water Resources." Pp. 41-64 in King et al., eds., *Environmental Flow Assessments for Rivers : Manual for the Building Block Methodology.* Pretoria, South Africa : Water Research Commission, 2000.

O'Keeffe, Jay H., D. C. Weeks, A. Fourie, and Brian R. Davies. *A Pre-Impoundment Study of the Sabie-Sand River System, Mpumalanga with Special Reference to Predicted Impacts on the Kruger National Park.* Vol. 3. Pretoria, South Africa : Water Research Commission, 1996.

Orr, Patricia, and Bonnie Colby. "Nature-Oriented Visitors and Their Expenditures : Upper San Pedro River Basin." University of Arizona, Tucson, 2002.

Palmer, Margaret A., et al. "Linkages Between Aquatic Sediment Biota and Life above Sediments as Potential Drivers of Biodiversity and Ecological Processes." *BioScience* 50 (December 2000) : 1062-1075.

Petts, Geoffrey E. "Water Allocation to Protect River Ecosystems." *Regulated Rivers* 12 (1996) : 353-365.

Poff, N. LeRoy, J. David Man, Mark B. Bain, James R. Karr, Karen L. Prestegaard, Brian D. Richter, Richard E. Sparks, and Julie C. Stromberg. "The Natural Flow Regime : A Paradigm for River Conservation and Restoration," *BioScience* 47 (December 1997) : 769-784.

Poff, N. LeRoy, and David D. Hart. "How Dams Vary and Why It Matters for the Emerging Science of Dam Removal." *BioScience* 52 (August 2002) : 659-668.

Population Reference Bureau. *World Population Data Sheet.* Washington, D.C. : 2000.

Postel, Sandra. "Entering an Era of Water Scarcity : The Challenges Ahead." *Ecological Applications* 10 (August 2000) : 941-948.

———. *Last Oasis : Facing Water Scarcity.* New York : W. W. Norton, 1992, rev. ed., 1997.

———. *Pillar of Sand : Can the Irrigation Miracle Last?* New York : W. W. Norton, 1999.

———. "Where Have All the Rivers Gone?" *World Watch,* May-June 1995.

Postel, Sandra, and Stephen Carpenter. "Freshwater Ecosystem Services." pp. 195-214 in Gretchen C. Daily, ed., *Nature's Services : Societal Dependence on Natural Ecosystems.* Washington, D.C. : Island Press, 1997.

Postel, Sandra, Gretchen C. Daily, and Paul R. Ehrlich. "Human Appropriation of Renewable Fresh Water." *Science* 271 (1996) : 785-788.

Postel, Sandra L., and Aaron T. Wolf. "Dehydrating Conflict." *Foreign Policy* (September-October 2001) : 60-67.

Pringle, Catherine M. "Exploring How Disturbance Is Transmitted Upstream : Going Against the Flow." *Journal of the North American Benthological Society* 16 (February 1997) : 425-438.

———. "River Conservation in Tropical Versus Temperate Latitudes." Pp. 371-381 in

P. J. Boon, B. R. Davies, and Geoffrey E. Petts, eds., *Global Perspectives on River Conservation : Science, Policy and Practice*. New York : John Wiley & Sons, 2000 ;

Pringle, Catherine M., Mary C. Freeman, and Byron J. Freeman. "Regional Effects of Hydrologic Alterations on Riverine Macrobiota in the New World : Tropical-Ternperate Comparisons." *BioScience* 50 (September 2000) : 807-823.

Pringle, Catherine M., and Frederick N. Scatena. "Freshwater Resource Development : Case Studies from Puerto Rico and Costa Rica." In L. U. Hatch and M. E. Swisher, eds., *Managed Ecosystems : The Mesoamerican Experience*. New York : Oxford University Press, 1999.

Ransel, Katherine. "The Sleeping Giant Awakens : PUD No. 1 of Jefferson County v. Washington Department of Ecology." *Environmental Law* 25 (Spring 1995) : 255-283.

Revenga, Carmen, Jake Brunner, Norbert Henninger, Ken Kassem, and Richard Payne. *Pilot Analysis of Global Ecosystems : Freshwater Systems*. Washington, D.C. : World Resources Institute, 2000.

Ricciardi, Anthony, and Joseph B. Rasmussen. "Extinction Rates of North American Freshwater Fauna. *Conservation Biology* 13 (1999) : 1220-1222.

Richardson, B. A. "Evaluation of In-Stream Flow Methodologies for Freshwater Fish in New South Wales." Pp. 143-167 in I. C. Campbell, ed., *Stream Protection : The Management of Rivers for Instream Uses*. Victoria, Australia : Water Studies Centre, Chisholm Institute of Technology, 1986.

Richter, Brian D., Ruth Mathews, David L. Harrison, and Robert Wigington. "Ecologically Sustainable Water Management : Managing River Flows for Ecological Integrity." *Ecological Applications* 13 : 206-224.

Richter, Brian D., and Kent H. Redford. "The Art (and Science) of Brokering Deals Between Conservation and Use." *Conservation Biology* 13 (June 1999) : 1235-1237.

Richter, Brian, et al. "How Much Water Does a River Need?" *Freshwater Biology* 37 (1997) : 231-249.

Rijsberman, Frank, and David Molden. "Balancing Water Uses : Water for Food and Water for Nature." Background paper prepared for the International Conference on Freshwater, Bonn, Germany, 2001.

Ringler, Claudia. *Optimal Water Allocation in the Mekong River Basin*. Discussion Papers on Development Policy (No. 38). Bonn, Germany : Center for Development Research, 2001.

Rivers Alliance of Connecticut. "CT Supreme Court Reverses Shepaug River

Decision." Web site at www.riversalliance.org/legal_watch.htm.

Robertson, A. I., P. Bacon, and G. Heagney. "The Responses of Floodplain Primary Production to Flood Frequency and Timing." *Journal of Applied Ecology* 38 (February 2001) : 126-136.

Rogers, Kevin, and Harry Biggs. "Integrating Indicators, Endpoints, and Value Systems in Strategic Management of the Rivers of the Kruger National Park." *Freshwater Biology* 41 (1999) : 439-451.

Rogers, Kevin H., and Regina Bestbier. *Development of a Protocol for the Definition of the Desired State of Riverine Systems in South Africa.* Pretoria, South Africa : Department of Environmental Affairs and Tourism, 1997.

Rogers, Kevin H., Dirk Roux, and Harry Biggs. "Challenges for Catchment Management Agencies : Lessons from Bureaucracies, Business, and Resource Management." *Water SA* 26 (October 2000) : 505-511.

Rosenberg, David M., Patrick McCully, and Catherine M. Pringle. "Global-Scale Environmental Effects of Hydrological Alterations : Introduction." *BioScience* 50 (September 2000) : 746-751.

Rykiel, E. "Ecosystem Science for the Twenty-First Century." *BioScience* 47 (October 1997) : 705-708.

San Pedro Expert Study Team. *Sustaining and Enhancing Riparian Migratory Bird Habitat on the Upper San Pedro River.* Montreal : CEC, 1999.

Scanlan, Melissa. "Access to Wisconsin Water : The Public Trust Doctrine—Past, Present, and Future." Paper presented at *Waters of Wisconsin Forum.* Madison, Wisc., October 22, 2002.

Scatena, Frederick N., and Sherri L. Johnson. *Instream-Flow Analysis for the Luquillo Experimental Forest, Puerto Rico : Methods and Analysis.* Rio Piedras, Puerto Rico : U.S. Forest Service and International Institute of Tropical Forestry, 2001.

Schmidt, Karen F. "A True-Blue Vision for the Danube." *Science* 294 (2001) : 1444-1447.

Schmidt, Thomas, and Jeremy Schmidt. *The Saga of Lewis and Clark.* New York : DK Publishing, 1999.

Scott, D., and C. S. Shirvell. "A Critique of the In-Stream Flow Incremental Methodology and Observations of Flow Determination in New Zealand." Pp. 27-43 in J. F. Craig and J. B. Kemper, eds., *Regulated Streams : Advances in Ecology.* New York : Plenum Press, 1987.

Sherwill, Tamsyn, and Kevin Rogers. "Public Participation in Setting the Goals for Integrated Water Resource Management : A Means to Equity and Sustainability?"

Appendix 6 in Brian E. van Wilgen et al., "Principles and Processes for Supporting Stakeholder Participation in Integrated River Management : Lessons from the Sabie-Sand Catchment." Final Report Project K5/1062, Water Research Commission, Pretoria, South Africa, 2002.

Shiklomanov, Igor A. "Assessment of Water Resources and Water Availability in the World." St. Petersburg, Russia : State Hydrological Institute, 1996.

Silk, Nicole, Jack McDonald, and Robert Wigington. "Turning Instream Flow Water Rights Upside Down." *Rivers* 7 (April 2000) : 298-313.

Solley, Wayne B., Robert R. Pierce, and Howard A. Perlman. *Estimated Use of Water in the United States in 1995*. Circular 1200. Denver, Colo. : U.S. Geological Survey, 1998.

Sophocleous, Mario. "From Safe Yield to Sustainable Development of Water Resources—the Kansas Experience." *Journal of Hydrology* 235 (August 2000) : 27-43.

South African Department of Water Affairs and Forestry. White Paper on Water Policy. Pretoria, South Africa, 1997.

South African National Water Act No. 36 of 1998. *Government Gazette* Vol. 398, No. 19182. Cape Town, August 26,1998.

Sparks, Richard E. "Need for Ecosystem Management of Large Rivers and Their Floodplains." *BioScience* 45 (March 1995) : 168-182.

———. "Risks of Altering the Hydrologic Regime of Large Rivers." Pp. 119-152 in John Cairns, Barbara Niederlehner, and D. R. Orvos, eds., *Predicting Ecosystem Risk*. Vol. 20. Princeton, N.J. : Princeton Scientific Publishing, 1992.

Sparks, Richard E., John C. Nelson, and Yao Yin. "Naturalization of the Flood Regime in Regulated Rivers : The Case of the Upper Mississippi River." *BioScience* 48 (September 1998) : 706-720.

Stalnaker, Clair B. "Low Flow as a Limiting Factor in Warmwater Streams." Pp. 192-199 in L. A. Krumholz, ed., *The Warmwater Streams Symposium*. Bethesda, Md. : American Fisheries Society, 1981.

Stalnaker, Clair B., and Edmund J. Wick. "Planning for Flow Requirements to Sustain Stream Biota." Chap. 16 in Ellen E. Wohl, ed., *Inland Flood Hazards : Human, Riparian, and Aquatic Communities*. London : Cambridge University Press, 2000.

State of Connecticut Superior Court. City of Waterbury, Town of Wolcott, Town of Middlebury and Town of Watertown v. Town of Washington, Town of Roxbury, Steep Rock Association, Inc., Roxbury Land Trust, and Shepaug River Association, Inc. No. X01-UWY-CV97-140886 Waterbury, Conn., February 16,

2000.

State of Florida. "ACF Allocation Formula Agreement—Apalachicola-Chattahoochee-Flint River Basin." Draft proposal, January 14, 2002.

Stein, Bruce, Lynn S. Kutner, and Jonathan S. Adams, eds., *Precious Heritage : The Status of Biodiversity in the United States*. New York : Oxford University Press, 2000.

Stiassny, Melanie L. J. "An Overview of Freshwater Biodiversity." *Fisheries* 21 (September 1996) : 7-13.

Supreme Court of California. *National Audubon Society et al., Petitioners v. The Superior Court of Alpine County, Respondent ; Department of Water and Power of the City of Los Angeles et al., Real Parties in Interest*. 33 Cal.3d 419, 1983.

Supreme Court of the United States. Majority opinion in *PUD No. 1 of Jefferson County v. Washington Department of Ecology*. Washington, D.C. : 1994.

Tarlock, Dan A. Presentation for Water Resource Management for Line Officers. U.S. Forest Service, Prescott, Ariz., 2000.

——. "Water Policy Adrift." *Forum for Applied Research and Public Policy* (Spring 2001) : 63-70.

Tennant, Donald L. "Instream Flow Regimens for Fish, Wildlife, Recreation and Related Environmental Resources." *Fisheries* 1 (July/August 1975) : 6-10.

Tharme, Rebecca E. *Sabie-Sand River System : Instream Flow Requirements*. Pretoria, South Africa : Department of Water Affairs and Forestry, 1997.

——. "A Global Perspective on Environmental Flow Assessment : Emerging Trends in the Development and Application of Environmental Flow Methodologies for Rivers." *Rivers Research and Application*, in press.

——. *Review of International Methodologies for the Quantification of the Instream Flow Requirements of Rivers*. Pretoria, South Africa : Department of Water Affairs and Forestry, 1996.

Tharme, Rebecca E., and Jackie M. King. *Development of the Building Block Methodology for Instream Flow Assessments and Supporting Research on the Effects of Different Magnitude Flows on Riverine Ecosystems*. Cape Town, South Africa : Water Research Commission, 1998.

"The Delicate Balance of Sharing Water." *World Water and Environmental Engineering* (July-August 2001).

The Great Lakes Charter Annex : A Supplementary Agreement to The Great Lakes Charter. Signed June 18, 2001.

The Nature Conservancy. Freshwater Initiative. "Flow Restoration Database." www.freshwaters.org.

The World Bank. *Water Resources Sector Strategy : Strategic Directions for World Bank Engagement*. Draft. Washington, D.C. : March 2002.

Thobani, Mateen. "Formal Water Markets : Why, When, and How to Introduce Tradable Water Rights." *The World Bank Research Observer* 12 (February 1997) : 161-179.

Toth, Lou A. "Principles and Guidelines for Restoration of River/Floodplain Ecosystems—Kissimmee River, Florida." Pp. 49-73 in John Cairns, ed., *Rehabilitating Damaged Ecosystems*. Cherry Hill, N.J. : Lewis Publications, CRC Press, 1995.

Upper San Pedro Partnership (USPP). *Upper San Pedro Conservation Plan 2002 Progress Report*. Sierra Vista, Ariz. : 2002a.

———. *Upper San Pedro Partnership Planning Activity : 2002 Progress Report*. Sierra Vista, Ariz. : 2002b.

"Upper San Pedro Partnership Water Conservation Strategies." *Sierra Vista Herald*, November 11, 2001.

Usagawa, Barry. "Landmark Hawaii Supreme Court Decision Creates Water Use Prioritization and Re-Use May Become the Key Solution." In *Proceedings of the Water Sources Conference*. American Water Works Association and others, Las Vegas, Nev., January 27-30, 2002.

U.S. Army Corps of Engineers. *Missouri River Master Water Control Manual—Review and Update*. Revised Draft Environmental Impact Statement, August 2001.

———. *Environmental Assessment—Green River Lock and Dam Nos. 3, 4, 5, 6 and Barren River No. 1*. Louisville, Ky. : Louisville District, June 2001.

U.S. Department of the Interior. "Interior Secretary Signs Landmark Conservation Agreement to Remove Edwards Dam." Press release, Washington, D.C., May 26, 1998.

U.S. Environmental Protection Agency (USEPA). New England Office. "Ensuring Adequate Instream Flows in New England." Boston, 2000.

U.S. Fish and Wildlife Service. *Colorado Pikeminnow* (Ptychocheilus lucius) *Recovery Goals : Amendment and Supplement to the Colorado Squawfish Recovery Plan*. Denver, Colo. : U.S. Fish and Wildlife Service Region 6, 2002.

———. *Final Biological Opinion on Operation of Flaming Gorge Dam*. Denver, Colo. : U.S. Fish and Wildlife, 1992.

U.S. Geological Survey. *Concepts for National Assessment of Water Availability and Use*. Reston, Va. : 2002.

U.S. National Park Service. Web site for Mammoth Cave National Park at www.nps.

gov/maca/home.htm.

van Wilgen, Brian W., Richard M. Cowling, and Chris J. Burgers. "Valuation of Ecosystem Services : A Case Study from South African Fynbos Ecosystems." *BioScience* 46 (March 1996) : 184-189.

van Wyk, Ernita, et al. "Big Vision, Complex Reality : Building Common Understanding of Policy Intention for River Management in South Africa." Appendix 8 in van Wilgen et al. "Principles and Processes for Supporting Stakeholder Participation in Integrated River Management : Lessons from the Sabie-Sand Catchment," Final Report Project K5/1062, Water Research Commission, Pretoria, South Africa, 2002.

Vickers, Amy. *Handbook of Water Use and Conservation*. Amherst, Mass. : WaterPlow Press, 2001.

Vörösmarty, C. J., P. Green, J. Salisbury, and R. B. Lammers. "Global Water Resources : Vulnerability from Climate Change and Population Growth." *Science* 289 (July 2000) : 284-288.

Vörösmarty, Charles, and Dork Sahagian. "Anthropogenic Disturbance of the Terrestrial Water Cycle." *BioScience* 50 (September 2000) : 753-765.

Wahl, Richard W, "United States." In Ariel Diners and Ashok Subramanian, eds., *Water Pricing Experiences : An International Perspective*. Washington, D.C. : The World Bank, 1997.

Walker, Keith F., Fran Sheldon, and James T. Puckridge. "A Perspective on Dryland River Ecosystems." *Regulated Rivers* 11 (1995) : 85-104.

Walters, Carl. *Adaptive Management of Renewable Resources*. Caldwell, New Jersey : Blackburn Press, 1986.

Walters, Carl L., Lance Gunderson, and C. S. Holling. "Experimental Policies for Water Management in the Everglades." *Ecological Applications* 2 (May 1992) : 189-202.

Walters, Carl, Josh Korman, Larry E. Stevens, and Barry Gold. "Ecosystem Modeling for Evaluation of Adaptive Management Policies in the Grand Canyon." *Conservation Ecology* 4 (2000).

"Washington Department of Ecology Buys Private Water Rights for Fish." *U.S. Water News* (January 2001).

Weeks, D. C., Jay H. O'Keeffe, A. Fourie, and Brian R. Davies. *A Pre-Impoundment Study of the Sabie-Sand River System, Mpumalanga with Special Reference to Predicted Impacts on the Kruger National Park*. Vol. 1. Pretoria, South Africa : Water Research Commission, 1996.

White, Gilbert. "The Environmental Effects of the High Dam at Aswan." *Environ-*

ment (September 1988).

Whittington, J., et al. "Ecological Sustainability of Rivers of the Murray-Darling," In *Review of the Operation of the Cap*. Canberra, Australian Capital Territory : Murray-Darling Basin Ministerial Council, 2000.

Wilcox, Peter R., G. Mathias Kondolf, W. V. Matthews, and A. F. Barta. "Specification of Sediment Maintenance Flows for a Large Gravel-Bed River." *Water Resources Research* 32 (1996) : 2911-2921.

Wilson, Edward O. *Consilience : The Unity of Knowledge*. New York : Vintage Books, 1998.

Witte, Lois G. "Still No Water for the Woods." Paper prepared for the ALI-ABA Federal Lands Law Conference, Salt Lake City, Utah, October 19, 2001.

Wolf, Aaron T. "Transboundary Waters : Sharing Benefits, Lessons Learned." Thematic background paper prepared for the Secretariat of the International Conference on Freshwater. Bonn, Germany, 2001.

Wong, Susanne. "Villagers Chart River Recovery since Pak Mun Gates Opened." *World Rivers Review* 17 (August 2002) : 10-11.

World Commission on Dams (WCD). CD-ROM, World Commission on Dams Secretariat, Cape Town, South Africa, 2000.

———. *Dams and Development : A New Framework for Decision-Making*. London : Earthscan, 2000.

World Wildlife Fund. Living Waters Program—Europe. "A Green Corridor for the Danube," Web site : http : //archive.panda.org/europe/freshwater/initiatives/danube.html, accessed June 8, 2002.

———. *The Status of Wild Atlantic Salmon : A River by River Assessment*. Washington, D.C. : 2001.

Worster, Donald. *Rivers of Empire : Water, Aridity, and the Growth of the American West*. New York : Oxford University Press, 1985.

Wyatt, Stephen. "Trading in Water Licenses Attracts Big Money." *Financial Times*, February 17, 1999.

생명의 강
── 인간과 자연을 위한 21세기 강살리기의 새로운 패러다임

2009년 10월 5일 초판 1쇄 찍음
2009년 10월 20일 초판 1쇄 펴냄

지은이 | 샌드라 포스텔 · 브라이언 릭터
옮긴이 | 최동진

펴낸이 | 정종주
기획편집 | 이재만, 이영호
마케팅 | 김창덕

펴낸곳 | 도서출판 뿌리와이파리
등록번호 | 제10-2201호(2001년 8월 21일)
주소 | 서울시 마포구 서교동 451- 48 2층
전화 | 02)324-2142~3
전송 | 02)324-2150
전자우편 | puripari@hanmail.net

디자인 | 페이지
출력 | 경운프린테크
종이 | 화인페이퍼
인쇄 및 제본 | 영신사
라미네이팅 | 금성산업

값 15,000원
ISBN 978-89-90024-97-8 (03300)

* 이 도서의 국립중앙도서관 출판시도서목록(CIP)은
  e-CIP 홈페이지(http://www.nl.go.kr/ecip)에서 이용하실 수 있습니다.
  (CIP 제어번호 : CIP 2009003009)